Wolfgang Dorn

Zentral-
anatolien

*Von Ankara durch das anatolische
Hochland: Kulturlandschaften zwischen
Orient und Okzident*

DUMONT
Kunst-Reiseführer

Die wichtigsten Orte auf einen Blick

Adada ☆ (C2) 214	Hacıbektaş ☆☆ (J4) 368
Afyon ☆☆ (C3/4) 161	İhlara-Tal ☆☆ (H3) 292
Ağzıkara Han ☆ (H3) . . . 362	Ilgın (E3) 195
Aizanoi ☆☆ (A4) 149	İncesu (K4) 318
Akşehir (D3) 192	Isparta (C2) 205
Aksaray (H3) 284	İvriz ☆☆ (H1) 272
Alaca Hüyük ☆ (J7) . . . 115	Kadın Hanı (E3) 196
Ankara ☆☆ (F6) 65	Karaman ☆ (G1) 256
Arslankaya ☆ (B4) 169	Karapınar ☆ (G2) 269
Antiochia ad	Karatay Hanı ☆ (L4) . . . 328
Pisidiam ☆ (D3) 209	Kayseri ☆☆ (K4) 309
Avanos (J4) 363	Keşik Köprü Hanı (H4) . . 376
Ayazın ☆ (C4) 171	Kırşehir ☆ (H4) 373
Beypazarı (E6) 127	Kızılcahamam (F7) 124
Beyşehir ☆☆ (D/E1) . . . 218	Konya ☆☆ (F2) 227
Bilecik (B6) 142	Köhnüş-Tal ☆ (C4) 174
Binbir Kilise ☆ (G1) . . . 262	Kubadabad-Palast (D1) . . 221
Bolu (D7) 125	Kültepe (K4) 325
Hattuscha ☆☆ (J6) 91	Kümbet ☆ (C4) 175
Bor (J2) 308	Kütahya ☆ (B5) 144
Bozüyük (B6) 143	Merzifon (K8) 121
Burdur (B1) 199	Midas Şehri ☆☆ (C4) . . . 178
Çankırı (G7) 124	Mudurnu (D7) 126
Çatal Hüyük (F1) 248	Mustafapaşaköy ☆ (J3) . . . 333
Çay (C3) 190	Nevşehir (J3/4) 360
Çorum (J7) 119	Niğde ☆ (J2) 302
Derinkuyu ☆☆ (J3) 282	Obruk Hanı (G3) 251
Kaymaklı ☆☆ (J3) 282	Ortahisar ☆ (J3) 357
Develi ☆ (K3) 319	Pessinus (D5) 136
Döğer (B4) 168	Sadeddin Hanı (F2) . . . 247
Eflatun Pınar ☆ (D2) . . . 222	Sagalassos ☆ (C1) 202
Eğirdir ☆ (C2) 208	Sandıklı (B3) 197
Ereğli (H1) 271	Seydişehir (F1) 225
Eski Gümüş (bei Gümüş-	Seyitgazi ☆☆ (C5) . . . 183
hacıköy) (J8) 123	Sille (F2) 246
Eski Gümüş	Sivrihisar (D5) 135
(bei Niğde) ☆ (J2) 306	Söğüt (B6) 139
Fassılar (E1) 223	Soğanlı-Tal ☆☆ (J3) . . . 338
Eskişehir (C5/6) 138	Sultan Hanı (bei
Firaktın ☆ (L3) 323	Aksaray) ☆☆ (G3) 253
İmamkulu/	Sultan Hanı
Hanyeri ☆ (L3) 324	(bei Kayseri) ☆ (L4) . . . 329
Gavur Kalesi (F5) 133	Sultandağı (D3) 191
Gerdek Kaya (C4) 183	Ulukışla (J1) 272
Gordion ☆ (E3) 129	Ürgüp ☆ (J3/4) 331
Göreme ☆☆ (J4) 350	Yalburt (E3) 195
Gülşehir (J4) 365	Yazılıkaya ☆☆ (J6) 108
Güzelyurt ☆ (J3) 298	

ohne Stern:
sehenswert

☆
Umweg lohnt

☆☆
keinesfalls versäumen

Inhalt

Vorwort 8

Landschaft und Kultur

Landeskundlicher Überblick
Geographie 12
Das Klima und seine Auswirkungen auf
die Landschaftsgestalt 15
Die Landschaft als genutzter Lebensraum 16

Geschichte
Vorbemerkung 19
Anatolien in prähistorischer Zeit 19
Assyrische Handelskolonien und die hethitische
Frühzeit (1900–1700 v. Chr.) 20
Die Hethiter (1650–ca. 1200 v. Chr.) 21
Die Hurriter 26
Die Phryger (1200 v. Chr. bis
Anfang 6. Jh. v. Chr.) 28
Die Lyder (685–546 v. Chr.) 31
Die Perser, die Zeit des Hellenismus und
die Römer (546 v. Chr.–330 n. Chr.) 33
Die byzantinische Zeit (330–1453) 36
Seldschuken, Byzantiner und Kreuzfahrer
(1000–1300) 38
Die Zeit der Emirate (ca. 1270–1460) 42
Das Osmanische Reich (1453–1922) 43

Die moderne Türkei
Der Aufstieg Atatürks 52
Die Neuordnung des Staates 53
Die Innenpolitik nach dem Tod Atatürks 54
Die Außenpolitik der Türkei 56

Zeittafel zur Geschichte Anatoliens 58

Reisen durch Zentralanatolien

Ankara
Ankara – Die Hauptstadt der modernen Türkei . . 65
    Stadtgeschichte 65
    Rundgang 67
    Museumsbesuche 81

Der Norden und Nordosten
Hattuscha – Hauptstadt der Hethiter 91
    Das Felsheiligtum von Yazılıkaya 108
Alaca Hüyük 115
Von Çorum nach Çankırı 119
    Çorum 119
    Merzifon 121
    Gümüşhacıköy 123
    Osmancık 123
    Çankırı 124
Von Ankara nach Beypazarı 124
    Kızılcahamam 124
    Bolu 125
    Mudurnu 126
    Beypazarı 127

Der Nordwesten
Gordion 129
Gavur Kalesi 133
Von Sivrihisar nach Eskişehir 135
    Sivrihisar 135
    Balıhisar (Pessinus) 136
    Yunus Emre 138
    Eskişehir 138
Von Eskişehir nach Bilecik 139
    Söğüt 139
    Bilecik, Küplü und Bozüyük 142
Kütahya 144
Aizanoi 149

Afyon und Umgebung
Afyon 161
Das phrygische Hochland 165
    Geographie und Erforschung 165
    Döğer und die südliche Long Range 168
Von Afyon nach Seyitgazi 171

Ayazın (Metropolis) 171
Das Köhnüş-Tal 174
Kümbet 175
Midas Şehri (Midas-Stadt) 178
Seyitgazi 183
Von Afyon nach Emirdağ 187
İscehisar 187
Emirdağ und die Grenzfeste Amorium 189
Von Afyon nach Kadınhanı 189
Suhut (Synnada) 189
Çay 190
Bolvadin und die Seen Eber Gölü
  und Akşehir Gölü 190
Sultandağı 191
Akşehir 192
Ilgın 195
Yalburt 195
Kadınhanı 196
Von Afyon nach Dinar 196
Boyalı 196
Sandıklı 197
Dinar 197

Die anatolische Seenplatte
Die Umgebung des Burdur Gölü 199
Burdur 199
Hacılar 200
Sagalassos 202
Isparta 205
Atabey 206
Rund um den Eğirdir Gölü 207
Der Eğirdir Gölü 207
Eğirdir 208
Yalvaç und Antiochia ad Pisidiam 209
Im Süden von Eğirdir: Aksu und Adada 214
Rund um den Beyşehir Gölü 215
Der Beyşehir Gölü 215
Beyşehir 218
Der Kubadabad-Palast 221
Eflatun Pınar 222
Fassılar 223
Seydişehir 225

Konya und Umgebung
Konya 227
Die Umgebung von Konya 246

Meram 246
Sille 246
Horozlu Hanı
  und Sadeddin Hanı 247
Çatal Hüyük 248

Die abflußlose Hochebene des Tuz Gölü

Von Konya nach Aksaray 251
  Der Tuz Gölü 251
  Obruk Hanı 251
  Sultanhanı 253
Karaman und Umgebung 256
  Karaman 256
  Fisandon 260
  Taşkale 261
  Can Hasan 261
  Binbir Kilise und der Kara Dağ 262
Zwischen Konya und Ereğli 269
  Karapınar und Umgebung 269
  Ereğli 271
  İvriz 272
  Ulukışla 272

Kappadokien

Geographie 275
Das religiöse Leben in Kappadokien 276
Architektur und Malerei
  der byzantinischen Höhlenkirchen 280
Unterirdische Städte: Kaymaklı und Derinkuyu .. 282
Zwischen Aksaray und Hasan Dağı 284
  Aksaray 284
  Çanlı Kilise 288
  Das Felsenkloster von Selime 290
  Das İhlara- (Peristrema-) Tal 292
  Güzelyurt und Umgebung 298
  Helvadere (Viranşehir) 302
Niğde und Umgebung 302
  Niğde 302
  Eski Gümüş 306
  Bor 308
  Kemerhisar (Tyana) 308
Kayseri 309
Rund um den Erciyes Dağı 318
  Der Erciyes Dağı 318
  İncesu 318
  Develi 319

    Firaktın 323
    İmamkulu und Hanyeri 324
  Östlich von Kayseri 325
    Gezi 325
    Kültepe (Karum Kanesch) 325
    Karatay Hanı 328
    Sultan Hanı 329
  Von İncesu ins Soğanlı-Tal 331
    Ürgüp und Umgebung 331
    Von Ürgüp nach Soğanlı 333
    Das Soğanlı-Tal 338
  Göreme und Umgebung 342
    Das Dorf Göreme 342
    Uçhisar, Çavuşin und Zelve 344
    Das Freilichtmuseum Göreme 350
    Ortahisar und Umgebung 357
  Von Nevşehir nach Aksaray 360
    Nevşehir 360
    Acıgöl und Karapınar 361
    Ağzıkara Han, Öresin Hanı und Alay Hanı .. 362
  Von Avanos nach Ankara 363
    Avanos 363
    Gülşehir.............................. 365
    Sarı Hanı 367
    Özkonak 367
    Hacıbektaş 368
    Muçur 373
    Kırşehir 373

  Glossar 377
  Literaturempfehlungen 381

Praktische Reiseinformationen
  Hinweise für die Reiseplanung 385
  Informationen für unterwegs 389
  Kurzinformationen von A–Z 396
  Kleiner Sprachführer 409

Abbildungs- und Zitatnachweis 414
Register 415
Impressum 431

Vorwort

Ich liebe mein Land:
unter seinen Bäumen habe ich gespielt,
in seinen Gefängnissen habe ich gesessen.
Ich kenne kein bessres Mittel gegen Unbehagen
als die Lieder und den Tabak meines Landes.
Mein Land: Bedreddin, Sinan, Yunus Emre und Sakarya
und bleierne Kuppeln und Fabrikschornsteine
sind Werke meines Volkes,
das sein Lächeln unter dem hängenden Schnurrbart
sogar vor sich selbst verbirgt.

Nazım Hikmet

Der Reisende des 19. Jh. erkundete die Türkei, dieses noch kaum erschlossene Land, in entbehrungsreichen und gefahrvollen Expeditionen. Auf der Suche nach archäologischen Stätten und historischen Gebäuden erforschte er dieses Gebiet, um Zeugnisse der zahlreichen Kulturen aufzuspüren, die sich hier über einen Zeitraum von nahezu 10 000 Jahren entwickelt haben. Heute erwartet den Türkeibesucher eine bequeme Reise – vor allem an die sonnenreichen Strände im Westen und Süden des Landes, wo neben den Badefreuden auch die faszinierenden Reste der griechisch-römischen Antike locken. Zentralanatolien jedoch, das Land zwischen dem pontischen Randgebirge im Norden und dem Taurus im Süden, erscheint dem Mittelmeerbesucher schon wie eine andere, asiatisch wirkende Welt; hier aber lag die Wiege der Zivilisation. Seit der Jungsteinzeit war Zentralanatolien ein Brennpunkt der Geschichte, zum einen als Durchgangsland für Eroberer und Heerführer wie Xerxes oder Alexander, für die Kreuzfahrer und die arabischen Kalifen, zum anderen aber auch das Kerngebiet bedeutender Reiche wie das der Hethiter, der Phryger und der Lyder. Zentralanatolien war auch ein Mittelpunkt des jungen Christentums und des Seldschukenstaates im 11.–13. Jh., und nicht zuletzt, nach einer fast 600jährigen Herrschaft der Osmanen, der Kern der modernen Türkei mit ihrer Hauptstadt Ankara im Herzen des anatolischen Hochlandes.

Mit Anatolien verbindet der Besucher wohl zunächst die Vorstellung von einer fast baumlosen, weiten und eher abweisenden Landschaft als Vorgeschmack der Unendlichkeit Asiens. Wenn diese Vorstellung auch zum Teil zutrifft, so bietet das Reisegebiet doch eine erstaunliche landschaftliche Vielfalt, die den Reisenden beeindrukken wird. Es fasziniert Kappadokien, eine durch rege Vulkantätigkeit und Jahrmillionen während Erosion entstandene bizarre ›Mondlandschaft‹ aus Tuffgestein, man durchquert die weiten, von Gebirgszügen gegliederten abflußlosen Becken, fährt an Salzseen vorbei, man genießt die klaren Gebirgsseen zwischen Burdur und Beyşehir, man ist überrascht über die waldreiche, aus der Hochebene aufsteigende Region des phrygischen Hochlandes und dahinter, im Nordwesten, die schon vom Mittelmeerklima beeinflußte Gebirgsregion Bithynien. Den Übergang von der Hochebene zum Pontischen Gebirge bilden schließlich teils bewaldete, teils kahle Gebirgszüge nördlich von Ankara.

Neben den Zeugnissen alter Kulturen und lebendiger Geschäftigkeit findet man immer wieder die Wärme und Herzlichkeit der Türken, deren Gastfreundschaft sprichwörtlich ist. Wer Zentralanatolien durchstreift, wird immer und überall eingeladen – zu einem Tee, zu einem Besuch ins Haus, zu einem frischen *ayran* oder zu einem freundlichen Gespräch, das sich zuweilen nur auf den Austausch von herzlichen Gesten beschränkt. Im Gegensatz zu anderen islamischen Ländern fällt die würdevolle Zurückhaltung und Ernsthaftigkeit, aber auch der Witz und Humor auf, mit der die Türken uns begegnen: Man fühlt sich gleich heimisch in einem Klima menschlicher Zuverlässigkeit. Anatolische Städte zu durchwandern, gehört zu den intensiven und erlebnisreichen Eindrücken einer Reise durch dieses Gebiet. Bisweilen eingebaut und eingeengt in die sie umgebenden modernen Bauten, fesseln die Wochenmärkte mit ihrer Betriebsamkeit und verwirrt das geschäftige Treiben in den Basarstraßen im Schatten historischer Gebäude, würdiger Moscheen und plätschernder Brunnen; hier ist noch ein Rest orientalischen Lebens erhalten worden. Den Gegensatz dazu bilden die Ruhe und Strenge im Halbdunkel der Moscheen. Die Schroffheit der Gegensätze spürt man vor allem in der Hauptstadt Ankara, wo sich die an das ländliche Anatolien erinnernden *Gecekondus* wie ein Kranz dörflicher Siedlungen um den modernen Stadtkern mit Hochhäusern und Glaspalästen winden.

Ich hoffe, daß dieser Führer dazu beitragen wird, Ihnen Zentralanatolien nahezubringen; das wäre mein größter Wunsch.
Gute Reise!

Isernhagen, im November 1996

Wolfgang Dorn

Landschaft und Kultur

Landeskundlicher Überblick

Die ältesten Kulturen der Welt eröffnen in Zentralanatolien den Reigen einer ununterbrochenen Besiedlungsfolge, die bis zu den Osmanen und in die Moderne reicht. Çatal Hüyük und Hacılar aus dem 7./6. Jt. stehen am Anfang der kulturellen Perlenschnur, Alaca Hüyük und Kültepe repräsentieren die frühe Bronzezeit des 3. Jt., bevor die einwandernden Hethiter über Jahrhunderte Zentralanatolien politisch und kulturell bestimmten.

Die Ausgrabungen in Hattuscha und die Reliefs von Yazılıkaya sind Höhepunkte jeder Anatolienreise. Die nachfolgenden Kulturen der Phryger und Lyder haben in Gordion und im phrygischen Hochland bedeutende historische Zeugnisse hinterlassen, und auch in römischer Zeit war Anatolien ein Zentrum der damaligen Welt. Die großen Ausgrabungsstätten von Aizanoi, Antiochia ad Pisidiam und Sagalassos sowie die reichen Bestände der Museen in vielen Städten Anatoliens vermitteln ein anschauliches Bild dieser Epoche. Anatolien war auch für das frühe Christentum von herausragender Bedeutung. Die Höhlenkirchen Kappadokiens mit ihrer Vielfalt an künstlerischen Formen in einer grandiosen Landschaft sind ein unverzichtbarer Programmpunkt der ohnehin an Höhepunkten reichen Reise.

Einen weiteren Schwerpunkt bilden die kulturellen Zeugnisse der seldschukischen und osmanischen Zeit. Die Seldschuken, deren kulturelles Zentrum in dem Gebiet zwischen Konya und Kayseri lag, haben mit ihrer Sakralarchitektur und vor allem mit den Karawansereien dem zentralen Hochland einen prägenden Stempel aufgedrückt. Ankara, Konya und Kayseri, die bestimmenden Großstädte und Industriezentren, verkörpern zugleich wichtige Etappen der historischen Entwicklung. Kayseri war Mittelpunkt des frühen Christentums, Konya ist bis heute das islamische Zentrum des Landes, und Ankara verkörpert die moderne Türkei.

Geographie

Die Besucher Inneranatoliens erleben eine landschaftliche Vielfalt, die für viele unerwartet kommt; die meisten rechnen mit weiten, steppenartigen Hochflächen. Statt dessen präsentieren sich dem Reisenden die waldreichen Gebirgslandschaften Bithyniens und die Südhänge des Pontischen Gebirges mit einer Vegetation, die vornehmlich von Eichenwäldern und Waldkiefern bestimmt ist. Völlig anders sieht das phrygische Hochland mit seinen Tafelbergen und Felsformationen aus, die an Kappadokien erinnern. Östlich erstreckt sich dann um den Tuz Gölü die weite Steppenlandschaft des anatolischen Hochlandes. Westlich von Konya wiederum fasziniert die

Geographie

schon mediterran anmutende Seenplatte um Beyşehir Gölü und Eğirdir Gölü am Nordrand des Taurus. Eine Kette eindrucksvoller Vulkane begrenzt den Südrand der Hochebene und leitet über zu der bizarren Landschaft Kappadokiens mit dem İhlara-Canyon, dem Soğanlı-Tal und besonders dem Gebiet von Göreme. Ebenso übt die Region um den Erciyes Dağı mit ihren hochalpinen Tälern und Almen auf den Besucher einen besonderen Reiz aus.

Zentral- oder Inneranatolien ist das Kerngebiet der Türkei, ein Hochland mit einer durchschnittlichen Höhe zwischen 800 und 1200 m. Die Region umfaßt eine Fläche von ca. 100 000 km^2 (Bundesrepublik Deutschland 357 000 km^2). Den größten Teil des Gebiets nimmt die abflußlose Hochfläche um den Tuz Gölü ein, die sich in vielerlei Hinsicht von den anderen Landschaften Kleinasiens unterscheidet. Zentralanatolien wird von jungen Faltengebirgen begrenzt, im Norden vom Pontischen Gebirge, das hier bis weit über 2000 m (Ilgaz Dağı 2587 m) aufsteigt, und im Süden von den Ketten des Taurus, dessen Gipfel im östlichen Teil des Reisegebiets Höhen von 3500 m und mehr erreichen (Ala Dağ bei Niğde 3756 m).

Östlich der Linie Kayseri–Çorum steigt die anatolische Landmasse deutlich an und leitet in das ostanatolische Bergland über. Hier treffen der Taurus und das Pontische Gebirge aufeinander und bilden die charakteristische Gebirgslandschaft der östlichen Türkei. Im Westen beginnt Zentralanatolien am Rand des Quellbereichs der

Im Tal des Sakarya Nehir

Landeskundlicher Überblick

Tuffsteinlandschaft bei Zelve in Kappadokien

größeren Flüsse, des Büyük Menderes im Süden und des Simav Nehir im Norden, die in breiten Abflußtälern nach Westen fließen. Mit der Linie Burdur–Afyon–Kütahya erreicht das Landprofil eine Höhe von ca. 1000 m. Im Nordwesten wird das Hochland vom bithynischen Bergland und dem Entwässerungssystem des Sakarya Nehir begrenzt.

Der südöstliche Teil Zentralanatoliens ist geprägt von einem Gürtel junger Vulkane, der sich seit den Spätphasen des Tertiär gebildet hat. Zu dieser Zeit waren die geomorphologischen Vorgänge, die zur Stabilisierung und zum Zusammenwachsen der anatolischen Landmasse geführt hatten, mehr oder weniger abgeschlossen. Als letzte erdgeschichtliche Entwicklung gilt die Bildung alpiner Faltengebirge im Norden und Süden, die durch den zunehmenden Druck der Arabischen Scholle von Süden auf die Kleinasiatische Platte ausgelöst wurde. An den tektonischen Bruchzonen der Schnittstellen sind die Erdschichten bis heute nicht zur Ruhe gekommen, und am Innenrand des Taurus entstanden zahlreiche Vulkane, die zum Teil noch in reiner Kegelgestalt und mit gefüllten Kratern erhalten sind. Erdbebengefährdete Regionen im Norden und Osten und Vulkanaktivität im Süden sind Auswirkungen dieser Entwicklung. Die inneranatolische Achse zieht sich vom Kara Dağ (2288 m) nördlich von Karaman über die Maar- und Vulkangruppe des Karaca Dağ (2025 m) bei Karapınar, über den Hasan Dağı (3150 m) mit seinen

Nebenkratern bis zum alle überragenden Erciyes Dağı (3916 m) bei Kayseri. Ausgedehnte Tuffsteindecken bildeten – besonders im Einzugsbereich des Erciyes Dağı – die geologische Grundlage für die Entstehung der Landschaft Kappadokiens, die durch fortschreitende Erosion ihre heutige Gestalt erhalten hat.

Eine besondere Auffälligkeit im Landschaftsbild Inneranatoliens sind die sanften Reliefformen der inneranatolischen Gebirge, deren abgerundete Rücken und Kuppen durch Aufschüttung und Ablagerung entstanden sind. Aufgrund der nord-südlich verlaufenden Gebirgsschwellen gliedert sich Inneranatolien in viele Einzelbecken, sogenannte Ovas, die durch breite Durchlässe miteinander verbunden sind; eine Ova wird definiert als ein Gebiet von flachem Relief, das ganz oder teilweise von höherem Gelände umgeben ist. Diese Ovas bilden in sich geschlossene geographische und landwirtschaftliche Einheiten. Die Böden sind hier tiefgründig und bieten bei ausreichender Bewässerung gute Bedingungen für den Getreideanbau, aber auch für Spezialkulturen. Meist handelt es sich um Schwemmlandebenen mit Seen, Salzseen oder Sümpfen an den tiefsten Stellen, so etwa die Beckenlandschaft um Konya mit dem Tuz Gölü oder auch die Sultanssümpfe südwestlich des Erciyes Dağı sowie die Sümpfe von Ereğli. Die Siedlungen in diesen Gebieten haben sich von alters her an die geographischen Gegebenheiten angepaßt. Fast jede große Ova besitzt eine traditionsreiche alte Stadt, deren Namen sie trägt; aus strategischen und ökonomischen Gründen liegen diese Städte meist am Rand eines Beckens.

Das Klima und seine Auswirkungen auf die Landschaftsgestalt

Da Zentralanatolien durch die umgebenden Gebirgslandschaften gänzlich von den Küsten abgeschlossen ist, herrschen hier spezifische Klimabedingungen. Das kontinentale Klima bringt Temperaturen zwischen 30 °C und 40 °C mit sich, wobei die geringe Luftfeuchtigkeit und leichte Winde die Hitze erträglich machen. Im allgemeinen sind die Winter nur mäßig kalt, doch kann es Frostperioden mit Temperaturen bis zu –20 °C geben. Die Niederschlagsmengen in Zentralanatolien sind gering, die Sommer bis auf vereinzelte Gewitter trocken und meist wolkenlos. Auch von Herbst bis Frühjahr fällt nur wenig Regen; das Maximum liegt in April und Mai. Die jährliche Niederschlagsmenge schwankt zwischen 300 und 500 mm; in Ankara fallen durchschnittlich 374 mm, in Konya 333 mm. Diese Regenmengen sind charakteristisch für die Steppenlandschaften des Orients und markieren die klimatische Grenze für den traditionellen Getreideanbau, doch die Ernteerträge in den Ebenen von Konya und von Yeşilhisar zeigen, daß extensiver Getreideanbau möglich ist.

Aufgrund des kontinentalen und niederschlagsarmen Klimas gibt es nur wenige Flüsse, die darüber hinaus unregelmäßig Wasser führen und zeitweise trockenliegen. Abgesehen von einigen kurzen Abschnitten von Euphrat und Tigris im Osten Anatoliens gibt es in der Türkei keine gesicherte Flußschiffahrt.

Die abflußlose Beckenlandschaft Inneranatoliens wird im Osten vom Abflußtal des Kızıl İrmak und im Westen von dem des Sakarya Nehir begrenzt. Zahlreiche natürliche Seen gibt es vor allem im Westen Anatoliens; die Ufer sind häufig verschilft und der Wasserstand schwankt je nach Jahreszeit stark. Durch die Verdunstung im Trockenklima sind viele der Seen salzhaltig und bilden bisweilen ausgedehnte, teilweise ebenfalls salzhaltige Sümpfe. Vier der fünf größten natürlichen Seen der Türkei liegen im zentralanatolischen Hochland: der Tuz Gölü, der Große Salzsee (mit 1642 km^2 Fläche dreimal so groß wie der Bodensee), der Beyşehir-See (650 km^2), der Eğirdir-See (486 km^2) und der Akşehir Gölü (333 km^2). Weiter westlich liegen noch der Burdur Gölü sowie der Acı Göl und südlich von Beyşehir der Suğla Gölü.

Die Landschaft als genutzter Lebensraum

Die Höhenlage und die klimatischen Bedingungen Anatoliens haben zu ausgedehnten Steppenlandschaften, teilweise zu Halbwüsten mit Dornpolstern, Wermutsträuchern, Disteln und anderen Hartgewächsen geführt, wobei nicht immer deutlich ist, inwieweit die Steppen natürlichen Ursprungs oder durch zivilisatorische Eingriffe entstanden sind. Das Gebiet um den Großen Salzsee ist von Natur aus eine Steppenlandschaft. Wie in allen Steppengebieten des Orients vollzieht sich die Degradation in einer Reihe von aufeinanderfolgender Schritte: Die Überweidung des Landes führt zunächst zur Vernichtung der wertvollsten Weidegräser, dann der Kurzgräser, so daß schließlich nur noch wertlose oder vom Vieh nicht angenommene Steppengewächse wie Wolfsmilch übrigbleiben. In Zentralanatolien sind weite Steppengebiete wieder für den Getreideanbau – vor allem Winterweizen und Gerste – rekultiviert worden.

In den Randzonen und kleineren Ovas, die teilweise intensiv bewässert werden, findet man eine Vielfalt von Spezialkulturen, u. a. Zuckerrüben, Luzerne und vor allem Sonnenblumen. In den ortsnahen Gärten pflegt man alle Obstarten der gemäßigten klimatischen Zonen. Auch Weinbau findet sich hier, vor allem im Gebiet des Kızıl-İrmak-Bogens.

Die Türkei ist trotz fortschreitender Industrialisierung noch immer ein Agrarstaat. Die Landwirtschaft hat deshalb nicht nur für die Selbstversorgung, sondern auch für den Export große Bedeutung. Die wirtschaftliche Nutzfläche beträgt rund ein Drittel der Landesfläche. Von diesem Drittel entfallen 87 % auf Landwirtschaft – hauptsächlich Getreideanbau –, daneben in geringerem Umfang Obst-, Gemüse-, Wein- und Olivenanbau. Ein Drittel der landwirtschaftlichen Flächen wird als Weideland, ein Viertel forstwirtschaft-

Schafhirtin in der Provinz Afyon

Die Landschaft als genutzter Lebensraum

Salzabbau am Tuz Gölü, dem Großen Salzsee

lich genutzt. Das Nebeneinander traditioneller Anbauformen und moderner Agrarkulturen prägt das sich ständig verändernde Bild der Landwirtschaft. Betonierte Kanalsysteme in den intensiv bewirtschafteten Ovas, Ausdruck des landwirtschaftlichen Fortschritts, bestimmen die Landschaftsstruktur.

Trotz aller historischen Wandlungen dominiert auch heute noch das selbständige Bauerntum. Damit unterscheidet sich die Türkei deutlich von ihren orientalischen Nachbarländern, in denen Großgrundbesitz und abhängige Teilbauern eine viel größere Rolle spielen. Die Modernisierung der Landwirtschaft zeigt sich in vielfältiger Weise. Besonders im August sind die unterschiedlichsten Formen der Getreideernte zu beobachten. Neben dem sich zunehmend durchsetzenden Mähdrescher wird noch immer der klassische Dresch-Schlitten eingesetzt, der aus zwei vorne hochgebogenen Pappelholzbrettern besteht und an der Unterseite mit scharfkantigen Feuersteinsplittern besetzt ist; auf den runden Tennen am Dorfrand wird er meist von Ochsen über das ausgebreitete Getreide gezogen. Der Dresch-Schlitten quetscht nicht nur die Körner aus den Ähren, sondern zerkleinert auch das Stroh zu Häcksel, das der Winterfütterung dient. Die Getreideverluste betragen bei dieser Methode allerdings ca. 30 %.

Neben den unterschiedlichen Anbau- und Ernteverfahren gibt es gleichzeitig eine wirtschaftliche und soziale Differenzierung in der Landwirtschaft: Vor allem in den weitläufigen Gebieten Zentralanatoliens nimmt die Konzentration der Nutzfläche in großbäuerlichen Betrieben und Kooperativen zu. In den Randgebieten kommt es aufgrund des islamischen Erbrechts, das Realteilung vorsieht, zu einer Zersplitterung des Grundbesitzes, die viele Bauern an den Rand des Existenzminimums führt. In den Großregionen Anatoliens hingegen behauptet der Großgrundbesitz bis heute seine Vormachtstellung.

Mann in Karaman

Landeskundlicher Überblick

Die Türkei ist auch ein uraltes Bergbauland. Von alters her ist Kleinasien für seine Goldlagerstätten berühmt, wie die Sagen vom Reichtum der Könige Midas und Krösus belegen. Die Römer versorgten sich hier mit Eisen, Silber, Kupfer, Blei und Marmor. Das anatolische Hochland jedoch besitzt fast keine Bodenschätze; nur in den gebirgigen Randlagen, dem sogenannten Blei-Zinkerz-Gürtel,

Die Türkei ist trotz fortschreitender Industrialisierung immer noch ein Agrarland

finden sich Lagerstätten von Quecksilbererzen, Blei und Zinkerzen. Ein Schwerpunkt der Eisen- und Stahlerzeugung liegt in Kırıkkale, einer schnell wachsenden Industriestadt etwa 90 km östlich von Ankara. Ansonsten sind die Wirtschaftszentren Ankara, Eskişehir und Kayseri vor allem durch verarbeitende Industrien geprägt, in denen vorwiegend landwirtschaftliche und industrielle Rohstoffe weiterverarbeitet werden (chemische und Elektroindustrie, Textil-, Nahrungsmittel- und Keramikindustrie).

Seit dem Ende des Osmanischen Reiches hat sich die Bevölkerung Anatoliens von 13,6 Mio. (1927) auf ca. 60 Mio. (1996) vervierfacht; ein starker Bevölkerungsanstieg, der mit der Gründung neuer Siedlungen und einem rasanten Städtewachstum in Form ausgedehnter Neubauviertel (Konya, Kayseri) oder weitläufiger Gecekondu-Siedlungen (Ankara) einhergeht. Heute arbeiten ca. 47 % der Erwerbstätigen in der Landwirtschaft und 20 % im industriellen Sektor. Bevölkerungswachstum einerseits, Binnenwanderung und Landflucht andererseits prägen das Bild der Bevölkerungsentwicklung Inneranatoliens. Die Wanderbewegungen in die Industriestandorte haben zu einem hohen Grad der Verstädterung geführt: In der Provinz Ankara leben 75 %, in den anderen Provinzen Zentralanatoliens zwischen 40 % und 60 % der Bevölkerung in den Städten.

Geschichte

Vorbemerkung

Die Benennung des Landes und seiner Regionen mag bisweilen verwirrend sein. Der Name ›Türkei‹, der im allgemeinen Sprachgebrauch auch fälschlicherweise synonym für das Osmanische Reich verwendet wird, steht für das heutige Staatsgebiet, die Republik Türkei. Die Bezeichnung ›Kleinasien‹ ist historisch immer nur für die Halbinsel zwischen Schwarzem Meer, Mittelmeer und Ägäis verwendet worden. Der Begriff entstand in der Antike und geht auf den vorgriechischen Namen *Asia* zurück, der zunächst nur die Ostgestade der Ägäis umfaßte. Er wurde in römischer Zeit (*Provincia asia* = Westanatolien) auf die ganze Halbinsel ausgeweitet, die den Namen *Asia minor*, Kleinasien, erhielt. Auf ähnliche Weise wanderte auch der Begriff ›Anatolien‹ von Westen nach Osten. Der ursprüngliche Begriff *Anatolikon*, ›Land des (Sonnen)aufgangs‹, bezeichnete zunächst das östliche Nachbarland der Griechen. In byzantinischer Zeit erhielt eine im Südwesten gelegene Provinz (Thema) den Namen *Anatolikon*.

Bei den Seldschuken hieß die Halbinsel *Rum* (= Rom) in Anlehnung an die Bezeichnung *Roma Nova*, doch bei den Osmanen lebte der alte Begriff wieder auf. Die von ihnen zuerst eroberten Gebiete im Westen, Norden und im Zentrum der Halbinsel wurden zur Großprovinz *Anadolu* zusammengefaßt. In offiziellen Schriftstücken und im Bewußtsein der staatstragenden Schicht der heutigen Türkei wird der Begriff auf den gesamten asiatischen Staatsteil bezogen. Das hat dazu geführt, daß die Bezeichnungen Kurdistan und Armenien ungebräuchlich wurden – gegenwärtige politische Konflikte werden daher schon durch die Terminologie entscheidend mitbestimmt.

Anatolien in prähistorischer Zeit

Spuren altsteinzeitlicher Besiedlung findet man vor allem in der Region Antalya–Burdur–Isparta (die Höhlen von Karain, Beldibi und Belbaşı), in der Umgebung von Ankara und bei einigen Orten des südlichen und östlichen Anatoliens.

Im 7. Jt. v. Chr. vollzog sich in mehreren Gebieten Kleinasiens der Übergang von der Sammler- und Jägergesellschaft zum seßhaften Ackerbauerntum. In Hacılar bei Burdur und Çatal Hüyük bei Konya wurden die ältesten **jungsteinzeitlichen Siedlungen** freigelegt. Das bedeutendste Zentrum in neolithischer Zeit (7500–5000 v. Chr.) war Çatal Hüyük; hier stieß man auf zwölf übereinanderliegende Wohnschichten, die in die Zeit von 6500–5500 v. Chr. datiert werden. Die

Jungsteinzeitliche Tonvase aus Hacılar (Hethitermuseum, Ankara)

Geschichte

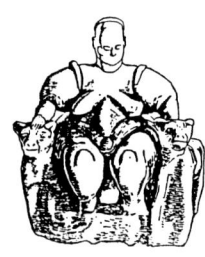

Von Leoparden gestützte, gebärende Göttin (Tonstatuette, Çatal Hüyük)

Wände der Häuser und Kulträume waren mit Malereien und Reliefs geschmückt. Jagdszenen, Tänzer und Akrobaten, vor allem aber Darstellungen religiösen Inhalts bestimmten die thematische Bandbreite. Die reichen Funde von Çatal Hüyük zeigen das hohe Niveau der neolithischen Kultur in Kleinasien.

In der folgenden Periode der **Steinkupferzeit** (Chalkolithikum; 5000–3000 v. Chr.) war Hacılar wiederum ein bedeutendes Zentrum; daneben entstanden aber auch neue regionale Schwerpunkte, eines davon im Nordosten von Ankara – Alaca Hüyük – und Can Hasan. Insgesamt aber war die chalkolithische Periode eine Phase der Stagnation. Anatolien blieb auf dem Stand vorgeschichtlicher Dorfkulturen stehen, während sich zur gleichen Zeit im Vorderen Orient und in Ägypten mit der Erfindung der Schrift die Anfänge von Hochkulturen beobachten lassen.

Um 3000 v. Chr. beginnt in Anatolien die **bronzezeitliche Periode** (bis 2000 v. Chr.). Metallgewinnung und -verarbeitung wurden bedeutende Faktoren in der Entwicklung der gesellschaftlichen und wirtschaftlichen Verhältnisse Kleinasiens. Um die Mitte des Jahrtausends entstanden Kleinkönigtümer hattischer Priesterfürsten (2500–2000 v. Chr.), u.a. Hattuscha, die spätere Hauptstadt der Hethiter; allgemein finden sich in der hethitischen Kultur deutliche Spuren der Hattier. Alaca Hüyük war die Hauptstadt eines mächtigen und einflußreichen Fürstentums. Berühmt wurde die Siedlung vor allem durch die 13 Fürstengräber, in denen man eine Fülle von Kunstwerken fand, die zweifellos zu den schönsten Schöpfungen der frühgeschichtlichen Zeit gehören. Die bronzezeitlichen Funde werden in die Zeit zwischen 2300 und 2200 v. Chr. datiert. Über die Herkunft der Hattier, die im 3. Jt. Zentral- und Ostanatolien bewohnten, gibt es keine gesicherten Zeugnisse.

Mit Beginn des 2. vorchristlichen Jt. erlebte Kleinasien eine Invasion indoeuropäischer Stämme, die verschiedenen Völkergruppen angehörten und in zeitlich unterschiedlichen Wellen die Halbinsel erreichten. Als Folge setzte eine durchgreifende ethnische Umstrukturierung in Anatolien ein.

Assyrische Handelskolonien und die hethitische Frühzeit (1900–1700 v. Chr.)

Mit dem Anfang des 2. Jt. v. Chr. beginnt Kleinasien im engeren Sinn historisch faßbar zu werden. Die babylonische Keilschrift fand Eingang in Zentralanatolien, und ihre in altassyrischer Sprache verfaßten Texte geben Aufschluß über die Lebensumstände in der Zeit um 1900 v. Chr. Ein weitverzweigtes Handelsnetz unter der Führung assyrischer Niederlassungen (Karum) prägte die wirtschaftliche Situation in Mittelanatolien. Das Zentrum war der Karum Kanesch beim heutigen Kültepe. Alle Siedlungen unterstanden rechtlich ihrer Mutterstadt Assur am Tigris, doch genoß der Karum weitgehende Autonomie mit eigener Gerichtsbarkeit und Selbstverwaltung. Die Waren wurden mit großen Eselskarawanen über den Taurus nach Kanesch befördert, von wo aus die Handelswege nach Westen führten, über den Großen Salzsee hinaus und nach Norden, über Hattuscha nach Zalpa am Schwarzen Meer. Eine besondere wirtschaftliche Bedeutung hatte zu jener Zeit der nördliche Teil Anatoliens, denn dort gab es reiche Bodenschätze. Man fand ergiebige Vorkommen an Blei und Silber, im östlichen Teil vor allem Kupfer und Eisen, auch etwas Gold. Ein bestimmtes Metall, das *amutum* hieß und bei dem es sich vermutlich um Eisen gehandelt hat, war besonders wertvoll. Über die politischen Verhältnisse in Anatolien zu dieser Zeit erfahren wir aus den assyrischen Keilschrifttexten nur wenig. Offensichtlich aber war Inneranatolien in eine Vielzahl von Fürstentümern aufgeteilt, mit denen die Assyrer Handelsverträge abschlossen.

In der Phase der assyrischen Handelskolonien begannen indoeuropäische Stämme in Anatolien einzuwandern, unter ihnen auch jene, die sich später Hethiter nannten. Wahrscheinlich kamen sie aus ihren zentraleuropäischen oder eurasischen Heimatgebieten über den Kaukasus von Osten her und erreichten zu Beginn des 2. Jt. v. Chr. ihre endgültigen Wohnsitze in Kleinasien. Durch den Kontakt zu den assyrischen Handelskolonien und mit der Übernahme der Schrift entwickelten sie sich von einem schriftlosen Nomadenvolk zu einem Kulturvolk, das für viele Jahrhunderte in Kleinasien tonangebend sein sollte.

Die Hethiter (1650–ca. 1200 v. Chr.)

Das althethitische Reich (1650–1500 v. Chr.)

Mit König Labarnas (1680–1650 v. Chr.) beginnt die eigentliche hethitische Geschichte. Sein Name wird in späterer Zeit als Königstitel verwendet, wie dies – vergleichbar mit dem Namen Caesar – in der römischen Kaiserzeit der Fall war. Labarnas war der erste, der im großen Stil Eroberungen einleitete. Er unterwarf im Norden und Süden die benachbarten Völker und machte, wie es in einem Keilschrifttext heißt, die »Meere zu Grenzen«. Daraus schließt man, daß schon in sehr früher Zeit, spätestens aber unter Hattuschili I. (1650–1620 v.Chr.) das Reich vom Schwarzen Meer bis an die Küsten Kilikiens reichte. Hattuscha (beim heutigen Boğazkale) wurde die Hauptstadt des neuen Reiches. Im Zentrum des Halysbogens gelegen – der Halys war das antike Kızıl İrmak –, bildete die Stadt den geographischen Mittelpunkt Zentralanatoliens.

Unter der Herrschaft von Hattuschili I. und Murschili I. (1620–1590 v.Chr.) begann sich das Hethitische Reich sich nach Süden und Südosten auszudehnen und sich den alten Kulturzentren in Nordsyrien sowie dem Zweistromland zu öffnen. Hattuschili I.

Geschichte

Das Reich der Hethiter (1650– ca. 1200 v. Chr.)

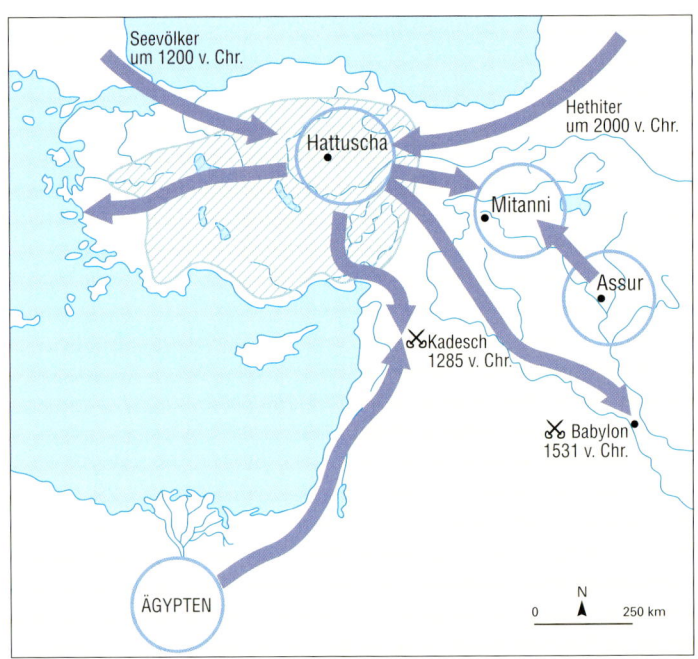

gelang es, das syrische Chalep (Aleppo) zu unterwerfen. Damit traten die Hethiter dessen Erbe an, d. h. sie mußten die bestehende Abhängigkeit Babylons von Chalep nun ihrerseits einfordern. Die Einnahme und Zerstörung Babylons durch Murschili I. bedeutete das Ende der ersten Dynastie von Babylon, deren herausragende Persönlichkeit der legendäre König Hammurabi war.

Doch die lange Abwesenheit des Königs Murschili I. führte zu Intrigen am Hof und zu einer Verschwörung – Murschili wurde bei seiner Rückkehr ermordet, das Reich fiel in anarchische Zustände. Erst um 1525 v. Chr. gelang König Telipinu eine Konsolidierung. Mit Hilfe einer neuen Thronfolge- und Rechtsordnung konnte er das Reich, das zu dieser Zeit auf sein Kerngebiet zusammengeschmolzen war, nach innen festigen.

Die hethitische Großreichszeit (1450–ca. 1200 v. Chr.)

Nach dem Tod des Telipinu um 1475 v. Chr. folgte eine dunkle Phase für das Reich. Eine neue, glanzvolle Ära begann erst mit dem Herrschaftsantritt von Schuppiluliuma I. (1380–1345 v. Chr.). Sein Hauptgegner war Mitanni, der Staat der Hurriter. Es gelang Schuppiluliuma, in die hurritischen Erbfolgewirren einzugreifen und allmählich einen von Hattuscha abhängigen Pufferstaat gegen Assyrien zu formieren. Zu dieser Zeit stand Ägypten, das einen Herrschafts-

Die Hethiter

anspruch auf die syrischen Gebiete hätte erheben können, unter der Herrschaft von Amenophis IV. Echnaton, dem sogenannten Ketzerkönig, und war wegen religiöser Reformen und sozialer Umwälzungen weitgehend mit sich selbst beschäftigt. Mit der Eroberung Nordsyriens und durch andere reichssichernde Maßnahmen wurde das Hethiterreich zur Großmacht im Norden des Vorderen Orients.

Kluge Diplomatie und überlegte Heiratspolitik während einer fast vierzigjährigen Regierungszeit machten Schuppiluliuma I. zum bedeutendsten Herrscher des Hethiterreiches. Seine Heiratspolitik gegenüber Ägypten scheiterte allerdings: Sein Sohn Zannanza, der die Witwe des verstorbenen Pharao Tut-ench-Amun heiraten sollte, wurde beim Grenzübertritt nach Ägypten ermordet. Der geplante Rachefeldzug gegen Ägypten endete in einer Tragödie, denn im Heer brach die Pest aus, die noch lange Zeit das Hethiterreich peinigen sollte; Schuppiluliuma mußte den Feldzug abbrechen. Die Seuche griff auf Kleinasien über, an der er selbst 1354 v. Chr. starb.

Sein jüngster Sohn, Murschili II. (1335–1305 v. Chr.), wurde sein Nachfolger und konsolidierte das Reich nach außen und innen. Ihm gelang es, das im Westen gelegene Königreich von Arzawa zu unterwerfen. Er hinterließ seinem Sohn Muwatalli ein gefestigtes Reich, das von einem Netz tributpflichtiger Staaten umgeben war.

Das herausragende Ereignis der folgenden Zeit war die militärische Auseinandersetzung mit Ägypten. Nach einer Phase innerer Reformen und äußerer Schwäche in der Zeit des Ketzerkönigs Echnaton begann mit der Thronbesteigung Sethos I. und vor allem mit Ramses II. eine neue Phase der ägyptischen Außenpolitik. Da das Hethiterreich durch die Folgen der Pest noch geschwächt war, verstärkten die Ägypter ihren Druck auf Nordsyrien. Im Jahr 1285 v. Chr. kam es zu der Schlacht von Kadesch, die zwar mit einer Niederlage der Ägypter endete, aber keine endgültige Entscheidung herbeiführte.

Die Aussöhnung mit Ägypten erfolgte unter Muwatallis Nachfolger Hattuschili III. (1275–1250 v. Chr.), der mit Ramses II. einen Friedensvertrag abschloß und dem Reich eine Zeit des Friedens und Wohlstands brachte. Die Hauptstadt, die wegen der Auseinandersetzungen mit Ägypten in den Süden des Landes verlagert worden war, wurde wieder nach Hattuscha zurückverlegt und prächtiger denn je wieder aufgebaut; sie war in der Zwischenzeit von den nördlich lebenden Ilaschhäern erobert und zerstört worden.

Sein Nachfolger Tuthalija IV. (1250–1220 v. Chr.) galt als ein Herrscher, der in besonderer Weise die bestehenden Gesetze zur Grundlage seiner Herrschaft machte, was eine bis dahin nicht bekannte Rechtssicherheit innerhalb des Reiches zur Folge hatte. Unter dem Einfluß seiner Mutter Puduhepa widmete er sich der Reform des religiösen Lebens. Der Dienst an den Göttern wurde noch genauer als bisher in seinem formalen Ablauf festgelegt, die religiösen Festtage derart vermehrt, daß die meiste Zeit des Jahres mit der Wahrnehmung religiöser Verpflichtungen ausgefüllt war. In dieser Zeit

> »Hattischer Wettergott, mein Herr, und ihr Götter, die ihr meine Herren seid, es ist so: man sündigt. (...) Seid mir wieder freundlich gesinnt und jaget die Pest hinaus aus dem Lande Hatti. (...) Aus dem Herzen die Pein verjaget mir, aus der Seele aber die Angst nehmet mir.«
> Aus den Pestgebeten des Murschili

Geschichte

bedrohten erstmals griechische Stämme nicht nur die hethitischen Besitzungen im Südwesten des Landes, sondern eroberten auch Teile Zyperns und die Südküste Kleinasiens.

Seit der Zeit Tuthalijas IV. zeichnete sich der Niedergang der hethitischen Macht ab. Sein Nachfolger Schuppiluliuma II. (1220–1200? v. Chr.) konnte den Zusammenbruch des Reiches nicht mehr aufhalten. Europäische Stämme, unter ihnen die Phryger, setzten über die Meerengen, andere eroberten Ugarit und bedrohten den nordsyrischen Raum. Die sogenannten Seevölker überfluteten Kleinasien, und um 1200 v. Chr. wurde Hattuscha schließlich zerstört.

Kunst, Architektur und Götterwelt der Hethiter

Die Hethiter galten als die besten Festungsbaumeister des Vorderen Orients. Sie verstanden es – wie in Hattuscha eindrucksvoll demonstriert –, auch durch schwierigstes Gelände Mauern zu ziehen, um Stadt und Burg vor Angriffen zu schützen. Die gepflasterten Rampen in Hattuscha und eine über 70 m lange Poterne – ein unterirdischer Festungsgang – als Ausfalltor sind herausragende Beispiele der hethitischen Verteidigungsanlagen.

Hethitische **Wohnsiedlungen** sind erst ansatzweise freigelegt worden. Wohnbezirke in Alaca Hüyük und ein Wohnquartier des 14. Jh. v. Chr. im Bereich der Unterstadt von Hattuscha machen aber deutlich, daß die Siedlungen meist eng bebaut waren. Sie bestanden überwiegend aus zweiräumigen, bisweilen zweigeschossigen Häusern des anatolischen Bautyps mit vorgelagertem Hof, der schon weit in die vorhethitische Zeit zurückreicht.

Raumanlage und -anordnung der **Palastbauten** sind klar gegliedert, die Gebäude funktional aufeinander bezogen, insgesamt aber eher locker einander zugeordnet: Diese Merkmale charakterisieren die hethitischen Palastanlagen auf dem Büyükkale in Hattuscha sowie in Alaca Hüyük. Eine zentrale Funktion besitzen die Höfe als Verbindungsglieder zwischen den Palastgebäuden.

Auch die hethitischen **Sakralbauten**, etwa der Tempel in Hattuscha, zeigen spezifische Ausprägungen. Zwar liegen den Anlagen keine Symmetrievorstellungen zugrunde, doch verfügen alle über die gleichen funktionalen Bauteile wie Torbau, Hof, Cella und Vor- bzw. Nebenräume, und auch die Grundrisse ähneln einander: Der Weg durch den Torbau führt stets unmittelbar auf den Hof, von dort aus gelangt man über Nebenräume in die Cella.

Beispiele **vollplastischer Monumente** sind aus der Zeit des althethitischen Reiches nicht überliefert. Als älteste, gleichzeitig auch bedeutendste und schönste Bildwerke der hethitischen Monumentalplastik gelten die figürlichen Darstellungen an den Toren von Hattuscha: die Löwen, der Kriegsgott und die Sphingen. Besonders der Kriegsgott am Königstor beeindruckt durch die präzise Darstellung der Muskulatur, des kurzen, dekorierten Rocks, des Gürtels mit sei-

Bronzestandarte aus Alaca Hüyük, ca. 2300 v. Chr. (Hethitermuseum, Ankara)

ner feinen Zeichnung und der Brustwarze, bei der selbst die umgebenden Haare in stilisierter Form wiedergegeben sind.

Neben der großreichszeitlichen Rundplastik stellen die **Felsreliefs** eine weitere Gruppe plastischer Darstellungen dar, von denen man die meisten in Zentralanatolien findet. Die frühesten Beispiele stammen aus der Zeit des Königs Muwatalli (1305–1282 v. Chr.). Neben Stempelsiegeln beeindruckt das Relief von Sirkeli am Ufer des Ceyhan im Osten des Reiches. Inschriftlich datiert aus der Zeit Hattuschilis III. und der Puduhepa sind die Felsreliefs von Firaktın südlich von Kayseri. Den Höhepunkt der hethitischen Reliefkunst stellt jedoch das Felsheiligtum von Yazılıkaya dar, das an Schönheit und Vielfalt der Figuren alle anderen übertrifft. An den Gebäuden der Großreichszeit hingegen ist Reliefschmuck nur selten anzutreffen; zu den besonderen Beispielen gehört das Sphingentor in Alaca Hüyük. An den Außenseiten der Tortürme und im Inneren der Torkammer sind auf Orthostaten Opferprozessionen und Jagddarstellungen zu sehen, ein Bildtypus, der eigentlich erst für die späthethitische Zeit charakteristisch ist. Dort gewinnen die Orthostatenreliefs besondere Bedeutung als Verkleidung der Wandsockel, der Treppenaufgänge und Tordurchfahrten, aber auch als Verzierung der Umfassungsmauern von Tempeln und Palasteingängen.

Siegel des Hethiterkönigs Murschili II. mit keilschriftlichem Text (außen)

Was die **Bildsprache** der Hethiter betrifft, so kennzeichnet sie beispielsweise die Götter vornehmlich durch ihre Kopfbedeckungen, überlange Mützen, die in den Darstellungen der Großreichszeit spitz oder halbrund zulaufen. An ihnen kann man gleichzeitig die Rangfolge der hethitischen Götter erkennen: Die hohen Götter tragen Mützen mit mehreren Hörnern; der höchste Gott, der Wettergott, besitzt je sechs Hörner an der vorderen und der hinteren Kante der Mütze. Der bedeutende Gott Scharumma, der in einer Darstellung in der Totenkammer von Tuthalija IV. den toten König umarmt, trägt sechs übereinander angeordnete Hörner, aber nur auf der Vorderseite. Eine weitere Differenzierung wird durch die Anzahl der Gottesideogramme im Mittelteil der Mütze vorgenommen, halbierter Ovale, die aus der Hieroglyphenschrift bekannt sind. Die Götter sind mit einem kurzen, gesäumten Rock bekleidet, der über dem Knie endet; die weiblichen Gottheiten tragen meist einen *polos*, eine flache Kegelmütze, wie in den Reliefs von Firaktın und Alaca Hüyük dargestellt, sowie lange Gewänder.

Die Könige erscheinen in der Großreichszeit mit einer kalottenförmigen Kopfbedeckung, am besten zu erkennen auf den Reliefs von Alaca Hüyük und Yazılıkaya. Nach ihrem Tod wurden sie vergöttlicht und entsprechend mit gehörnten Spitzmützen als göttlichem Attribut abgebildet. Die wichtigsten Symbole der Königsherrschaft sind die geflügelte Sonne und der Kalmusch, ein Zeremonienstab mit spiralförmig eingerolltem Ende.

Tuthalija IV. mit kalottenartiger Kopfbedeckung und Namenskartusche (Felsrelief in Yazılıkaya)

Löwen sind in der Kunst der Hethiter Hüter der Portale und Tore oder werden als Basis für Statuen verwendet, tauchen aber bei den Orthostatenreliefs auch als Attribute der Götter und als Jagdtiere auf.

Geschichte

Zug der zwölf Götter, Felsrelief in der Kammer B des Felsheiligtums von Yazılıkaya bei Hattuscha

In der Großreichszeit bildete sich ein einheitlicher Typus von Löwendarstellungen heraus, der als Reichsstil gültig blieb. In der späthethitischen Phase erst wurde die klassische Form aufgelöst und unter dem Einfluß der Assyrer und der Aramäer vielfältig variiert.

Die **Götterwelt** der Hethiter bietet ein uneinheitliches Bild, die religiösen Vorstellungen unterworfener Völker und benachbarter Kulturen verbinden sich mit den eigenen Göttervorstellungen zum Pantheon der ›Tausend Götter von Hatti‹. Hierin unterscheiden sich die Hethiter von den Ägyptern und den mesopotamischen Stadtstaaten, die zu dieser Zeit begannen, zusammenhängende theologische Systeme zu entwickeln. Der Wettergott der Hattier, Taru, wurde von den Hethitern übernommen und dem eigenen höchsten Gott gleichgestellt. An seiner Seite steht seine Gattin, die einheimische Wuruschema, die höchste weibliche Gottheit.

Eine Eigentümlichkeit des hattischen Götterkults, den die Hethiter zunächst unverändert übernahmen, bestand darin, daß jedes lokale Herrschaftsgebiet einen eigenen Gewitter- oder Himmelsgott hatte und daß der Zusammenschluß der Reichsteile nicht mit der Verschmelzung der verschiedenen Götter zu einer zentralen ›Reichsgottheit‹ einherging. Eine besondere Rolle unter den Göttern spielte der einheimische Vegetationsgott Telipinu, der Sohn der Erdgöttin Wuruschema, der am Frühjahrsfest an vielen Orten des Reiches gefeiert wurde.

Für die Weiterentwicklung des hethitischen Götterhimmels waren die religiösen Vorstellungen der Hurriter, die im übrigen auch die Griechen beeinflußten, von größter Bedeutung. Die neuen Hauptgötter Teschup und Hepat sind hurritischen Ursprungs und entstammen dem nordsyrischen Raum. Die uralte Göttin Hepat wird mit Wuruschema, der Sonnengöttin von Arinna, gleichgesetzt und bildet mit dem kilikischen Berggott Scharumma eine enge Verbindung. Die Dreiheit Teschup, Hepat, Scharumma ist im zentralen Bild der Göttergalerie von Yazılıkaya dargestellt.

Die Hurriter

Wenngleich die hurritischen Staaten außerhalb des behandelten Gebiets, nämlich östlich von Zentralanatolien lagen, so ist es doch angebracht, einen kurzen Blick auf die Geschichte dieses Raums zu werfen, dessen kulturelle und religiöse Einflüsse von überragender Bedeutung für die Kultur der Hethiter waren.

Die Geschichte des mittleren und östlichen Kleinasiens war über Jahrhunderte von den Hurritern, d. h. den Hurri-Ländern, maßgeblich beeinflußt. Die Hurriter, wie die Hethiter ein indoeuropäisches Volk, waren schon während des 3. Jt. v. Chr. von Osten her in Anatolien eingewandert, ließen sich zunächst im armenischen Hochland um den Van-See nieder und gewannen im Lauf der Jahrhunderte durch Expansion immer stärker an politischem und kulturellem Ein-

Die Hurriter

Hethitischer Schwertgott mit typischer Spitzmütze (Stahlstich von Texier nach einem Relief in Yazılıkaya)

fluß auf die Gebiete im Westen. Um 1050 v. Chr erstreckte sich ein breiter Gürtel hurritischer Siedlungen vom Zagros-Gebirge bis zum Mittelmeer. In dieser Zeit entstand das sich rasch ausdehnende Mitannireich, das in seiner 150 Jahre währenden Blütezeit zum Hauptgegner des Hethiterreiches wurde. Von Bedeutung sind die Hurriter vor allem als Vermittler zwischen den syrisch-mesopotamischen und den inneranatolischen Kulturen geworden. Sie führten die Pferdezucht und den Gebrauch des Kampfwagens ein; auch das älteste Handbuch über die Pferdezucht stammt aus der Feder eines Hurriters. Pferd und Streitwagen jedoch zu einer militärischen Waffe zu verbinden, blieb den kriegsgewohnten Denkern der Hethiter vorbehalten.

Geschichte

Die Phryger (1200 bis Anfang 6. Jh. v. Chr.)

Phrygische Stämme nahmen an der großen Völkerwanderung teil, die etwa um 1200 v. Chr. von Südeuropa her Kleinasien erreichte. Das Hethitische Reich war diesem Ansturm nicht gewachsen, und wohl mit Hilfe der stets unruhigen Vasallen der Hethiter wurde die Hauptstadt Hattuscha kurze Zeit später zerstört und niedergebrannt. Für Zentralanatolien begann ein dunkles Zeitalter. So wie in Griechenland auf den Untergang der Kultur von Mykene eine Jahrhunderte währende Phase der kulturellen Verarmung folgte, so fiel auch Anatolien nach dem Untergang des Hethiterreiches in primitive Verhältnisse zurück.

Der Wiederaufstieg der Kultur im inneranatolischen Steppenhochland ist mit dem Namen der Phryger verknüpft. Im 8. Jh. formten die legendären Könige Gordios und Midas erneut ein Reich. Die Herrschaftszeit des Midas stellte die Hochblüte phrygischer Machtentfaltung und Kulturentwicklung dar. Wenn wir auch wenig über die Geschichte dieser Zeit wissen, so ist doch sicher, daß das Phrygerreich Ende des 8. Jh. v. Chr. weite Teile Inneranatoliens umfaßte. Im Westen grenzte es an die griechischen Küstenstädte, zu denen die Phryger intensive Kontakte pflegten. Anfang des 7. Jh. v. Chr. fielen die indoeuropäischen Kimmerier, gefolgt von den Skythen, vom Kaukasus her in das phrygische Herrschaftsgebiet ein, zerstörten die Hauptstadt Gordion und zogen raubend und sengend durch phrygisches Gebiet. Angesichts der Katastrophe gab sich König Midas durch das Trinken von Stierblut den Tod. Spätestens zu Beginn des 6. Jh. v. Chr. geriet Phrygien unter lydische Herrschaft.

Heute sind uns die Phryger vor allem aus den griechischen Sagen bekannt, die sich um ihre Könige Gordios und Midas und um den legendären Gordischen Knoten ranken: Auf seinem Eroberungszug gegen das Perserreich verbrachte Alexander der Große den Winter 334/333 v. Chr. in der phrygischen Stadt Gordion. Im Zeus-Tempel der Stadt stand der geweihte Wagen, dessen Geschichte in die Gründungszeit Gordions zurückreichte. Joch und Deichsel des Wagens waren durch einen kunstvollen Knoten miteinander verbunden. Der Weissagung nach war derjenige, der den Knoten lösen könne, zum Herrscher der Welt bestimmt. Auch Alexander mühte sich, wie viele vor ihm, den Knoten zu entwirren, bis er ihn mit dem Schwert zerschlug. Noch heute verwendet man die sprichwörtliche Wendung vom Zerschlagen des Gordischen Knotens für die Lösung kniffliger Probleme.

Über die sagenhafte Gründung der Königsstadt Gordion erfahren wir aus verschiedenen antiken Quellen. Eine berichtet von einem einfachen Bauern namens Gordios, den eines Tages beim Pflügen zahlreiche Vögel aller Arten begleiteten, andere sprechen von einem Adler, der sich auf der Deichsel des Rindergespanns niedergelassen hätte. Gordios war erstaunt und machte sich mit seinem Gespann auf, um die Vogeldeuter in einer benachbarten Stadt – wohl Priester

»... mit einem Knoten aus dem Bast der Kornelkirsche, und es war weder Anfang noch Ende von ihm zu sehen.«
Arrian, Hofbiograph Alexanders des Großen

eines Tempels – zu befragen. Am Stadttor begrüßte ihn eine Jungfrau aus dem Sehergeschlecht, die ihm die Zeichen als Ausdruck bevorstehender Königswürde deutete und ihm gleichzeitig ihre Hand antrug. Zu dieser Zeit stritten die Bewohner des Ortes, des späteren Gordion, gerade über die zukünftige Herrschaft. Das Orakel hatte ihnen geboten, denjenigen zum König zu erheben, den sie zuerst mit einem Rinderkarren zum Tempel fahren sähen. Als ihnen nun Gordios begegnete, begrüßten sie ihn und übertrugen ihm die Königswürde. Gordios aber weihte den Wagen dem Zeus und stellte ihn in dessen Tempel auf.

Auch den Sohn und Nachfolger des Gordios, Midas, umgibt ein Kranz von Legenden, die in der antiken Welt weit verbreitet waren. Midas hatte den Wald- und Quellendämon Seilenos mit Wein betrunken gemacht und gefangengenommen und verlangte für dessen Freilassung vom Gott Dionysos, daß sich alles, was er berühre, in Gold verwandle. Der Segen wandelte sich jedoch alsbald zum Fluch, denn auch die Speisen und Getränke wurden, sobald Midas sie berührte, sofort zu Gold. In seiner Verzweiflung befragte er die Priester, die ihm rieten, im Fluß Paktolos zu baden. So wurde Midas den Fluch los, der Fluß aber war seitdem goldhaltig, was später den Reichtum des Lyderkönigs Krösus begründete.

Kunst und Kultur der Phryger

Die phrygische Kultur, die rund 250 Jahre währte, erreichte um 725 v. Chr. mit der Gründung des Königreiches unter Gordios und Midas ihren Höhepunkt. Sie hinterließ ein bedeutendes kunst- und kulturhistorisches Erbe, dessen wesentliche Züge sich aus den Funden, die heute in den Museen von İstanbul und Ankara aufbewahrt werden, klar erkennen lassen. Erweitert werden die Kenntnisse durch das Studium der teilweise gut erhaltenen Felsdenkmäler sowie durch die erschlossenen Hügelgräber und die Ausgrabungen in Gordion, Ankara, Boğazkale, Alischar und Pazarlı.

Den größten Anteil an den Überresten der phrygischen Kultur bilden die **Keramikfunde**. Ekrem Akurgal, einer der bedeutendsten türkischen Archäologen, unterscheidet drei Phasen der Keramikherstellung. Vasen großen Formats von primitiv derber Ausführung kennzeichnen den frühphrygischen Stil (775–725 v. Chr.). Ihre naive, aber ausdruckskräftige Dekoration besteht aus konzentrischen Kreisen, stilisierten Bäumen und vor allem aus Silhouettenfiguren in geometrischer Formensprache; hinzu kommen Darstellungen von Hirschen und Ziegen. Schon in dieser Stilphase vermischen sich original phrygische Elemente mit griechischen Motiven. Die Hauptmotive der phrygischen Kunst sind auch in der ostionischen Kunst zu finden. In reifphrygischen Stil (725–600 v. Chr.), der in die Blütezeit der phrygischen Geschichte unter König Midas fällt, treten an die Stelle der Silhouettenfiguren stilisierte Tierdarstellungen, deren Konturen durch Strich- und Punktfüllungen gänzlich aufge-

Phrygische Muttergottheit mit Flöten- und Harfenspieler aus Hattuscha (Oberkörper stark ergänzt)

Geschichte

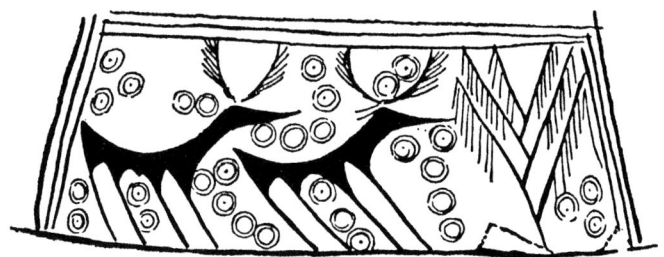

Vasenmalerei auf einem frühphrygischen Gefäß aus Alischar

löst erscheinen. Der strenge tektonische Aufbau wird von zierlichen Flächendekorationen abgelöst, so daß ein Eindruck entsteht, als ob die Gefäße von Teppichmustern überzogen seien.

Die Einwirkung der Textilkunst, die wohl eine Erfindung der Phryger war, auf die **Vasenmalerei** ist in unterschiedlichen Vasengruppen in allen Orten Phrygiens verbreitet gewesen. Vergleiche mit dem Königsgewand der İvriz-Reliefs und anderen späthethitischen und assyrischen Darstellungen sowie mit der urartäischen Kunst weisen auf Vorbilder im östlichen und südöstlichen Kulturbereich hin. Am Ende dieser Phase nehmen die phrygischen Elemente an Bedeutung ab; der griechische Import setzt ein, so daß die phrygische Kunst allmählich zu einer provinziellen Abart der griechischen Kunst verkommt. Das Ende dieser Phase fällt mit dem allgemeinen politischen Niedergang Phrygiens zusammen. Der spätphrygische Stil (600–500 v. Chr.) bedeutet Untergang und Auflösung des hohen Kunstniveaus. Naive Darstellungen einer provinziellen Volkskunst dominieren in dieser Phase.

Den eindrucksvollsten Komplex der **plastischen Kunst** Phrygiens stellen die Felsdenkmäler im phrygischen Hochland dar. Als sich der Schwerpunkt von Kultur und Macht in das Gebiet um Midas Şehri verlagerte, wurde der Einfluß nicht nur der Griechen, sondern auch der Lykier und Karer deutlich spürbar. Von ihnen übernahmen die Phryger die Bearbeitung von Felswänden. Die Nähe zur lykischen Reliefkunst läßt sich z. B. in der Nachahmung der Holzarchitektur der steinernen Wohn- und Vorratsräume ablesen. Die Felsdenkmäler waren das Haus der Göttin, ›die aus dem Stein hervortritt‹, und wurden bei Kulthandlungen als Hintergrundfassade einbezogen. Zu den besonders eindrucksvollen Beispielen so genutzter Kultdenkmäler gehören die Fassaden von Arslankaya, Yazılıkaya in Phrygien (fälschlicherweise auch ›Midasgrab‹ genannt), Küçük Yazılıkaya, Başış und Arezastis; sie alle stammen aus dem 6. Jh. v. Chr. Außer den Felsreliefs gibt es noch Stufenaltäre und Felsthrone, die meist weit von den Ansiedlungen entfernt auf Bergspitzen lagen: das Ziel großer Prozessionen. Zu ihnen wurde das Kultbild der Göttin hinaufgetragen und in Nischen oder auf dem Thron selbst aufgestellt.

Einen weiteren bedeutenden Bereich der plastischen Kunst Phrygiens machen die **Kybele-Darstellungen** aus, unter denen die Statuengruppe von Boğazkale, die im Hethitermuseum in Ankara ausgestellt ist, besondere Beachtung verdient. Ursprünglich war diese Gruppe in einer Nische im Torbau der phrygischen Stadt in Hattuscha plaziert. Zu beiden Seiten der Göttin sieht man kleine Musikantenfiguren. Die linke spielt die Doppelflöte, die von den Phrygern erfunden wurde, die andere hält eine Kithara in Händen, ein Instrument griechischer Herkunft – wohl eine Beigabe des griechisch geschulten Bildhauers. Die Kybele-Darstellungen weisen noch weitere Beziehungen zu griechischen Vorbildern auf. Die ostgriechische Bekleidung der Göttin in der Statuengruppe von Boğazkale, die aus der 2. Hälfte des 6. Jh. v. Chr. stammt, zeigt eine deutliche Verwandtschaft mit samischen Statuen, etwa der Hera des Cheramyes.

Bedeutsam war auch die Herstellung von **Bronzegegenständen**, die vor allem in den Hügelgräbern von Gordion und Ankara in großer Zahl gefunden wurden. Es handelt sich vor allem um Kessel, Teller, Omphalosschalen, Siebkannen und Schmuckgegenstände wie Fibeln, Nadeln und Gürtelschnallen. Die phrygische Bronzekunst hat einerseits Zypern und Griechenland beeinflußt, andererseits lassen sich vor allem bei den großen Kesseln urartäische Vorbilder nachweisen, die jedoch eigenständig in phrygischen Werkstätten weiterentwickelt wurden.

Hochentwickelt war bei den Phrygern die **Holzschnitzkunst**. Der reiche und vielfältige Dekor zeugt von ausgewähltem Geschmack, die Einheitlichkeit des Stils beweist Reife und Geschlossenheit der phrygischen Kunst, wie beispielsweise die Fassade des Midas-Denkmals von Midas Şehri belegt. Die phrygischen Holzkunstwerke stellen zusammen mit den ostionischen Arbeiten, die allerdings erst später entstanden, die einzigen erhaltenen Holzschnitzereien des Altertums dar.

Phrygische Bronzefigur (Hethitermuseum, Ankara)

Die Lyder (685–546 v. Chr.)

Das politische Erbe der Phryger traten die Lyder an, die von ihrer Hauptstadt Sardes aus (beim heutigen Salıhlı) weite Teile Mittelanatoliens beherrschten. Ihr erster König war Gyges (685?–652 v. Chr.), Begründer der Mermnaden-Dynastie. Die ebenso dramatische wie pikante Episode, die sich um die Thronbesteigung des Gyges rankt, wird von Herodot (›Historien‹ I, 8ff.) in aller Ausführlichkeit berichtet.

Der letzte König der Herakliden, Kandaules, hielt seine Frau für die schönste der Welt und wollte dies von Gyges, seinem Leibwächter und Berater, bestätigt wissen. Daher sprach er: »Gyges, es scheint, du glaubst mir nicht, was ich von der Schönheit meines Weibes gesagt habe; den Ohren glauben ja die Menschen weniger als den Augen. Sieh zu, daß du sie einmal nackt schaust!« Gyges weigerte sich zunächst, dem Gebot Folge zu leisten. Herodot begründet dies damit, daß es bei den Lydern und anderen Barbaren, d. h. allen ihm

Aus den Trümmern des Phrygischen Reiches entstand das mächtige Reich der Lyder mit der Hauptstadt Sardes

Geschichte

»Einer von euch«, sagte sie, »darf nicht mehr leben, entweder er, der jenen Plan ersonnen hat, oder du, der mich nackt gesehen und getan hat, was sich nicht gebührt.«

bekannten Völkern außer den Griechen, unschicklich gewesen sei – sogar unter Männern –, sich nackt zu zeigen.

Schließlich aber gab Gyges dem Drängen des Kandaules nach, und so kam es, daß er, hinter Vorhängen verborgen, dessen Frau betrachten konnte. Sie aber bemerkte ihn, begriff sogleich, daß das infame Spiel eine Idee ihres Mannes war, und sann nach Rache. Sie stellte Gyges vor die Wahl, entweder Kandaules zu töten, sie zu ehelichen und König von Lydien zu werden oder für sein frevelhaftes Tun zu sterben. So tötete Gyges den Kandaules und wurde, nachdem das Orakel von Delphi ihn bestätigt hatte, der neue König von Lydien.

Unter der Herrschaft des Gyges und seiner Nachfolger dehnten die Lyder ihren Machtbereich Richtung Westen aus. Nach und nach gewannen sie auch die Herrschaft über die griechischen Städte an der Westküste Kleinasiens: Priene wurde erobert, Milet geplündert und um 600 v. Chr. Smyrna eingenommen. Dennoch pflegten die lydischen Herrscher ein enges Verhältnis zur griechischen Welt. Schon Gyges hatte, wie der Phrygerkönig Midas, dem Heiligtum von Delphi Geschenke gemacht, und später war Krösus einer der Mäzene beim Wiederaufbau des Artemis-Tempels von Ephesus. In den Augen der Griechen war dieses Land sprichwörtlich reich. So weisen bereits ihre Legenden um den Phrygerkönig Midas auf den sagenhaften Reichtum dieses Landstrichs hin, und der Name Krösus steht bis in unsere Zeit stellvertretend für immense Reichtümer.

Unter der Regierung des Alyattes (607–560 v. Chr.) erlebte Lydien seine Blütezeit. Seit dem Krieg mit dem Mederkönig Kyaxares (591–85 v. Chr.) bildete im Osten Lydiens der Halys (Kızıl İrmak) die Grenze zwischen beiden Reichen.

Der Nachfolger von Alyattes, Krösus, führte das Lyderreich auf den Höhepunkt seiner Macht und zugleich zu seinem Ende. Zunächst wandte sich Krösus nach Westen, eroberte Ephesus und unterwarf schließlich alle Städte der ionischen und äolischen Küste. Dann aber entschloß er sich zum Krieg gegen den Perserkönig Kyros II. Dieser hatte die Meder besiegt und war zum direkten Nach-

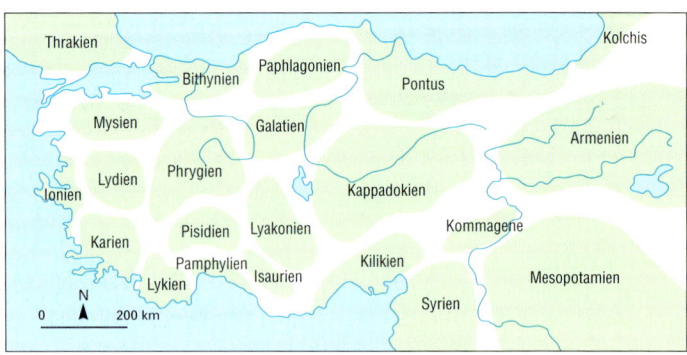

Landschaftsnamen in hellenistischer Zeit

barn der Lyder geworden. 546 v. Chr. kam es zur entscheidenden Auseinandersetzung zwischen Lydien und Persien. Krösus drang über den Halys nach Kappadokien vor und wurde bei Pteria vernichtend geschlagen, seine Hauptstadt Sardes erobert und niedergebrannt. Kleinasien wurde von nun an von fremden Mächten beherrscht, zunächst von den Persern, später von Alexander dem Großen und seinen Nachfolgern, dann schließlich von Rom.

Die Perser, die Zeit des Hellenismus und die Römer (546 v. Chr.–330 n. Chr.)

Nach dem Untergang des Lydischen Reiches im Jahr 546 v. Chr. wurde Anatolien eine persische Satrapie mit der Hauptstadt Sardes. Die Perser betrachteten dieses Gebiet lediglich als eine Etappe auf ihrem weiteren Eroberungszug nach Westen. Der ionische Aufstand (500–494 v. Chr.), obwohl zunächst von den Persern niedergeworfen, weitete sich zu der epochalen Auseinandersetzung zwischen Griechen und Persern aus, die mit den persischen Niederlagen bei Salamis (480 v. Chr.) und Plataä (479 v. Chr.) endete.

In der Zeit der persischen Verwaltung wurden in Anatolien aus strategischen Gründen die ersten Straßen angelegt, die in der Folgezeit große Bedeutung für den Handel und die wirtschaftliche Entwicklung hatten. Die berühmte Königsstraße, die Kleinasien mit der persischen Metropole Susa verband, begann in Ephesus, führte über Sardes, Gordion und Ankara durch phrygisches Gebiet, verlief durch Kappadokien, an Mazaka (Kayseri) vorbei zur Kilikischen Pforte und über Euphrat und Tigris hinweg nach Susa; 93 Tage benötigte eine Karawane für diese Distanz. Entlang der Straße wurden in regelmäßigen Abständen königliche Rasthäuser eingerichtet. Das neue Straßennetz machte Anatolien zum ersten Mal zu einer Brücke, die Asien und Europa verband. Im Ganzen jedoch hat die 200jährige Herrschaft der Perser in Anatolien nur wenige Spuren hinterlassen.

Als Alexander der Große im Jahr 334 v. Chr. Anatolien eroberte, begann sich die griechische Kultur nach Osten auszubreiten. Alexander respektierte die orientalische Weltanschauung und verband sie mit der griechischen Kultur zu einer synkretistischen Zivilisation. Damit wies er den Weg für eine umfassende Kultur, deren Äußeres zwar griechisch geprägt war, deren Wesen jedoch weitgehend orientalisch blieb. Alexander übernahm die Verwaltungsstruktur des persischen Reiches und ersetzte die Satrapen durch makedonische Statthalter; das Griechische löste das Aramäische als Verwaltungssprache ab.

Nach dem Tod Alexanders im Jahr 323 v. Chr. bildeten sich in Anatolien nach der Schlacht von Ipsos (301) zwei Reiche, das des Lysimachos im Westen und das des Seleukos im Osten. Beide Herrscher waren Generäle Alexanders gewesen und stritten nun um sein

> *»So fragten sie, und beide Orakel [Delphi und Amphiaraos] erteilten die gleiche Antwort und verkündeten, wenn Kroisos gegen die Perser zu Felde zöge, würde er ein großes Reich zerstören.«*
> *Herodot, Die Gesandten des Kroisos*

Geschichte

Kunst im Hellenismus: Akroter des Zeus-Tempels in Aizanoi

Erbe. Anatolien zerfiel in eine Anzahl von kleineren Königtümern, unter denen Pergamon eine herausgehobene Stellung einnahm: Sein Herrschaftsgebiet reichte von der Westküste bis kurz vor Ankara. Im Norden konnten die Herrscher von Pontus (302–36 v. Chr.) ein machtvolles Königtum entwickeln und ihren Einfluß nach Zentralanatolien ausdehnen. Im Süden Zentralanatoliens entstand um 260 v. Chr. unter dem Perser Ariarathes das Königreich von Kappadokien.

Die Galater, ein keltisches Volk, das im Jahr 278 v. Chr. über den Bosporus nach Anatolien eingefallen war, bedeuteten während der hellenistischen Periode eine ständige Bedrohung für die griechischen Staaten Kleinasiens. Während sich die westlichen Kleinreiche zum Widerstand gegen die Kelten zusammenfanden, war das Zentrum Anatoliens den Raubzügen schutzlos ausgeliefert. Den pergamenischen Herrschern gelang es schließlich im Jahr 183 v. Chr., die Kelten endgültig zu besiegen. Die Galater wurden seßhaft und besiedelten das Gebiet um Ankara, das im Zuge der Reichsreform des Kaisers Augustus im Jahr 25 v. Chr. als Provinz Galatia eingerichtet wurde.

In der Folgezeit bildete sich als wichtigstes kulturelles und politisches Zentrum Pergamon heraus, dessen Blüte in die Regierungszeit von Eumenes II. (197–159 v. Chr.) fiel. In der Schlacht von Magnesia am Sipylos im Jahr 190 v. Chr., in der die Seleukiden und Lysimachos um die Vorherrschaft kämpften, stellte sich Rom auf die Seite Pergamons und mischte sich so erstmals offen in die kleinasiatischen Verhältnisse ein. 133 v. Chr. erbten die Römer das pergamenische Reich von Attalos III. und spielten fortan eine entscheidende Rolle in Kleinasien.

Mithridates VI. Eupator, der König von Pontus (121–63 v. Chr.), versuchte in mehreren Kriegen, die Römer aus Kleinasien zu vertreiben, wurde aber schließlich von Pompejus endgültig besiegt. Dieser ordnete in den Jahren 66–64 v. Chr. Kleinasien politisch neu, richtete die Provinzen Pontus im Norden, Syria im Osten und Cilicia im Süden ein und machte die Könige von Galatien, Kappadokien, Kommagene und Paphlagonien zu Vasallen. Die Klientelfürstentümer in Kleinasien wurden allmählich als Provinzen einverleibt, wobei der Euphrat die Ostgrenze des römischen Einflußbereichs bildete. 25 v. Chr. schloß Augustus die Provinzialordnung ab. Zwischen den Römern und den neuerstarkten persischen Nachbarn, den Parthern, bildete sich ein Gürtel von Pufferstaaten, die von Rom abhängig waren und von denen im Osten vor allem Kommagene, im Südosten Kappadokien und Kilikien zu nennen sind.

Ein dichtes Netz von Militäranlagen, Straßen und Brücken sicherte die Ostgrenze des Römischen Reiches. Infolge der von Augustus verkündeten *pax romana* begann eine Zeit des wirtschaftlichen und kulturellen Wohlstands. Die Städte erlebten eine weitere Blüte, deren Höhepunkt in der Zeit der Kaiser Trajan und Hadrian im 2. nachchristlichen Jh. erreicht wurde.

Kunst und Architektur im Hellenismus

In römischer Zeit setzte sich die griechisch-anatolische Tradition im künstlerischen Bereich, vor allem in der Architektur, ungebrochen fort. War noch in hellenistischer Zeit, auch in den großen Städten wie Pergamon und Ephesus, Marmor nur für schmucktragende Bauelemente verwendet worden, so galt er nun als das Baumaterial schlechthin. Andererseits wurde für die großen Nutzbauten ein neuentwickeltes Material, die mit Mörtel verbundenen Ziegel, verwendet, die man mit Marmorplatten verkleidete.

Der hellenistische **Tempelbau** in Kleinasien, der in den Städten an der Ägäis seine klassische Form erhalten hatte, beeinflußte auch die Architektur der Römer in besonderer Weise. Die entscheidenden Merkmale des römischen Tempelbaus, die Axialität, das Podium und die Hügellage sowie die Betonung der Frontseite, sind der hellenistischen Baukunst entnommen. Herausragende Beispiele des hellenistisch-römischen Tempelbaus in Zentralanatolien sind der Roma-Augustus-Tempel in Ankara und der Zeus-Tempel in Aizanoi, der in der Regierungszeit Hadrians (117–138 n. Chr.) entstand.

Die anatolischen **Stadtanlagen** zählen zu den bedeutendsten architektonischen und kulturellen Leistungen der Zeit. Vor allem die Gestaltung der Straßen und Märkte, die Anlage der Gymnasien, Thermen, Theater und Rathäuser sowie die großartigen Wasserversorgungseinrichtungen dokumentieren den hohen Standard kleinasiatischer Stadtbaukunst, die der Roms in nichts nachstand.

Zeus-Tempel in Aizanoi (Stahlstich von Texier)

Geschichte

Die byzantinische Zeit (330–1453)

»Römisches Staatswesen, griechische Kultur und christlicher Glaube sind die Hauptquellen der byzantinischen Entwicklung. Nimmt man eines der drei Elemente weg, so ist das byzantinische Wesen nicht denkbar.«
G. Ostrogorski (*1902)

Historisch gesehen beginnt die Geschichte des Oströmischen Reiches mit Konstantin I. (324–337). Nachdem er sich die Alleinherrschaft über das Römische Reich gesichert hatte, verlegte er seine Hauptstadt von Rom nach Byzanz, das er zunächst Nova Roma, später Konstantinopel nannte und prächtig ausbauen ließ. Das Einweihungsjahr von Nova Roma, 330, markierte das Gründungsjahr des Byzantinischen Reiches und leitete gleichzeitig die Spaltung des Römischen Reiches in eine West- und eine Osthälfte ein. Zwar hatte Theodosius I. die Teilung noch einmal aufheben können, doch seine Söhne machten sie ungültig: Arcadius herrschte im Osten, Honorius im Westen.

Die besondere Entwicklung Ostroms, dessen territoriales Kernstück auch Kleinasien umfaßte, fußte auf seiner wachsenden ökonomischen und politischen Bedeutung. Nach der Auflösung Westroms im Jahr 476 versuchte Justinian I. (527–565), der Italien und den Südosten Spaniens sowie die nordafrikanischen Gebiete zurückerobern konnte, die Reichseinheit noch einmal wiederherzustellen. Nach seinem Tod mußte sich Byzanz gegen die unterschiedlichsten Völker verteidigen, die das Reich bedrohten: Germanen, Slawen, zentralasiatische Turkstämme im Westen und Norden, Perser und später Araber im Osten und Süden. Lange Zeit war Byzanz in Kriege mit den persischen Sassaniden verwickelt, die Syrien, Palästina und Ägypten erobern konnten, schließlich aber von Heraklios im Jahr 628 endgültig besiegt wurden. Ihm gelang es, die territoriale Souveränität wiederherzustellen und die Grenzen des Reiches zu sichern.

Kleinasien war das eigentliche Kerngebiet des Byzantinischen Reiches

In Kleinasien entwickelte sich eine neue militärisch-politisch-ökonomische Organisationsstruktur: die Themenordnung. Ihre Grundlage bildeten neu angesiedelte, freie Bauernsoldaten, deren Aufgabe es war, die Reichsgrenzen gegen die ständigen Angriffe der Araber zu verteidigen. Diese neue Organisationsstruktur hob mit der Einrichtung von Militärbezirken die Trennung von ziviler und militärischer Gewalt auf. So sinnvoll diese Maßnahmen zur Sicherung der Grenzen einerseits waren, so förderten sich doch andererseits Konflikte mit der Zentralgewalt, weil die Befehlshaber der Themen immer größere Autonomie beanspruchten. Der damit verbundene Autoritätsverlust der Kaiser führte langfristig zu einem Nachlassen der Verteidigungsbereitschaft an der Ostgrenze des Reiches.

Mit dem wachsenden Einfluß des Islam im 7. Jh. begann eine Zeit des Niedergangs; wichtige Provinzen wie Ägypten, Syrien, Palästina und Nordafrika gingen für immer an die Araber verloren. Dem byzantinischen Feldherrn und späteren Kaiser Nikephoros Phokas gelang es im Jahr 863, die Araber zu schlagen und dem fast entvölkerten und verarmten Anatolien noch einmal eine friedliche Periode zu bereiten; unter der Herrschaft der makedonischen Dynastie konnte sich das Reich erholen. Während der langen und machtvollen Regierungszeit zweier Kaiser, Leons des Weisen (868–912) und

Die byzantinische Zeit

Kaiser Konstantin I. (Fresko in der Karanlık Kilise, Göreme)

Konstantinos Porphyrogenetos' (913–959), entfaltete sich die kulturelle Blüte der sogenannten makedonischen Renaissance.

Im 11. Jh. jedoch begann mit dem Vordringen der Seldschuken, eines turkmenisch-islamischen Stammes aus Zentralasien, der endgültige Niedergang von Byzanz. In der Schlacht bei Manzikert (1071) besiegte der Sultan Alp Arslan den byzantinischen Kaiser Romanos IV. Diogenes, und in der Folgezeit brachten die Seldschuken ganz Anatolien unter ihre Herrschaft. Die Einnahme Konstantinopels durch christliche Kreuzfahrer des Vierten Kreuzzugs (1204) bedeutete eine weitere Schwächung, von der sich das Byzantinische Reich trotz der Rückeroberung 1261 nie mehr erholen sollte. Der Tag, an dem die Osmanen Konstantinopel eroberten, der 29. Mai 1453, markiert schließlich das Ende des Reiches.

Die Byzantiner, die sich *Rhomaioi* – Römer – nannten, verstanden sich zwar als Erben Roms, unterschieden ihre Staatsauffassung jedoch grundlegend von der römischen durch die besondere Bedeutung des Christentums, das Theodosius I. im Jahr 391 zur Staatsreli-

Geschichte

gion erhob und das immer stärker die kulturelle Grundlage des Reiches bildete. Auch die Geschichte Zentralanatoliens in byzantinischer Zeit war einerseits geprägt durch das Christentum, andererseits aber auch durch den allmählichen Wechsel der politisch-militärischen Situation vom Kernland zum Grenzgebiet des Reiches.

Es läßt sich aber feststellen, daß auch von Anatolien entscheidende Impulse für die Entwicklung des Christentums ausgingen. Schon im 1. Jh. verbreitete sich der neue Glaube durch die Missionsreisen des Apostels Paulus und des hl. Barnabas im südlichen Zentralanatolien. In dieser Zeit bildeten sich christliche Gemeinden, aus denen sich die späteren Bistümer entwickelten. Besonders das Wirken der drei kappadokischen Kirchenlehrer, Basilius der Große von Caesarea, Gregor von Nazianz und Gregor von Nyssa, machte Kleinasien zu einem geistlichen Zentrum des 4. Jh.; durch ihre exegetischen und liturgischen Texte prägten sie den Charakter des jungen Christentums. Das westliche Kleinasien war zudem Schauplatz der ersten Konzilien, so der Versammlung von Nicäa im Jahr 325, auf dem die Gottgleichheit Christi bestätigt wurde, und der Konzilien von Ephesus und Chalkedon, die Maria zur Mutter Gottes erklärten.

Die Beeinflussung des Byzantinischen Reiches durch das Christentum äußerte sich auch darin, daß die Innenpolitik stets von theologischen Fragestellungen und Konflikten bestimmt wurde, von denen im 4. Jh. die Kontroverse um die Dreieinigkeit Gottes, vom 5.–7. Jh. die Auseinandersetzungen um die Lehre der zwei Naturen Christi und im 8./9. Jh. der Streit um die Bilderverehrung die wichtigsten waren. Alle diese Konflikte gingen mit sozialen Auseinandersetzungen einher, die nicht nur in der Hauptstadt, sondern mit besonderer Heftigkeit auch in den Provinzen ausgetragen wurden. Theologische Kontroversen wurden zu gesellschaftlichen Auseinandersetzungen zwischen Hof und Klerus, Stadt und Land, Oberschicht und Durchschnittsbevölkerung.

Seldschuken, Byzantiner und Kreuzfahrer (1000–1300)

»Die Seldschuken waren Reichsgründer aus innerer Berufung; zudem fiel ihr Aufstieg zur Macht in eine Zeit großen religiösen und geistigen Fortschritts.«
T.T. Rice

Seit Ende des 7. Jh. verbreitete der Islam sich in Zentralasien unter den türkischen Stämmen. 977 wurde erstmals ein türkisch-islamischer Staat mit der Hauptstadt Ghasna gegründet, der sich in der 1. Hälfte des 11. Jh. bis in das Indus-Tal erstreckte. Wenig später vereinigten sich die turkmenischen Stämme in Transoxanien, dem Gebiet zwischen Samarkand und Buchara. Im Westen Transoxaniens lebten die Oghuzen, eine türkische Stammesgruppe, zu der auch die Seldschuken gehörten. Der Name der Dynastie ist von dem Stammesführer und oghuzischen Adligen Seldschuk abgeleitet, der

Typisch seldschukische Ausschmückung der Karatay Medresesi in Konya

Ende des 10. Jh. zusammen mit seinem Stamm den islamischen Glauben annahm und wenig später zum Heiligen Krieg gegen die nicht-islamischen Türken aufrief. Nach seinem Tod wurde das Herrschaftsgebiet geteilt: Sein Sohn Arslan ließ sich in Buchara nieder, seine Enkel Tschagri und Toghrul dehnten ihren Einflußbereich nach Westen bis Chorasan im heutigen Afghanistan aus. Bis 1028 wurden die bedeutenden Städte Merw (Usbekistan) und Nischapur (Iran) erobert, und als ihnen schließlich Sultan Masud von Ghasna in der Schlacht von Dandanakan 1040 unterlag, konnten sie ungehindert das persische Hochland ihrer Herrschaft unterwerfen. 1050 besetzte Toghrul die südpersische Stadt Isfahan, fünf Jahre später vertrieb er die persische Dynastie der Bujiden aus Bagdad und wurde zum Protektor des abbasidischen Kalifen ernannt. Der Titel ›König des Ostens und des Westens‹ machte ihn nominell zum weltlichen Herrn der gesamten islamischen Welt.

Der Nachfolger Toghruls, der 1063 starb, war sein Neffe Alp Arslan, der sich als ein ebenso fähiger Feldherr und Diplomat wie sein Onkel erwies. Sein erstes Ziel war zunächst die Eroberung Syriens und Palästinas mit dem Ziel, die verhaßten schiitischen Fatimiden aus Ägypten zu verdrängen. Um seinen Feldzug an der Westflanke militärisch abzusichern, annektierte er das christliche Königreich Armenien. Dies führte zum Krieg mit Byzanz. Die Heere Kaiser Romanos' IV. Diogenes und Alp Arslans trafen am 26. August 1071 bei Manzikert aufeinander, und den Seldschuken gelang es, die Byzantiner vernichtend zu schlagen.

Durch diesen Sieg öffneten sich den Seldschuken die Tore nach Anatolien, und türkische Stämme begannen in größerem Maße in Kleinasien einzudringen, nachdem schon in früheren Jahren türki-

Seldschukische Fliesen aus dem Kubadabad-Palast (Karatay Medresesi, Konya)

Geschichte

Detail der Karatay Medresesi in Konya

sche Raub- und Streifzüge die byzantinischen Städte in Zentralanatolien bedroht hatten. Schon 1064 war Kayseri geplündert worden, 1068 der erste größere Feldzug nach Anatolien erfolgt, 1069 Iconium, das heutige Konya, eingenommen worden. Alp Arslan kümmerte sich nicht persönlich um die Eroberung Anatoliens, sondern übergab diese Aufgabe an Süleyman Ibn Kutulmuş, einem Mitglied seines Hauses. Süleyman durchquerte ganz Anatolien, ohne auf nennenswerten Widerstand zu stoßen. 1078 eroberte er Nicäa (İznik) und machte die bedeutende byzantinische Stadt zu seiner Hauptstadt. Damit wurde Anatolien zu einer Provinz des Reiches der Groß-Seldschuken, das unter dem Sultan Malik Şah und seinem berühmten Großwesir Nizam al-Mulk seine Blütezeit erlebte. Mit dem Tod Senjars 1157 zerfiel das Reich und verschwand aus der Geschichte.

Die byzantinische Niederlage von Manzikert und die Einnahme Jerusalems ein Jahr zuvor hatten die Kreuzzugsbewegung des christlichen Abendlandes ausgelöst. Auch wenn Anatolien für die Kreuzfahrer stets nur Durchzugsland war, so prägten doch die Auseinandersetzungen mit den christlichen Heeren und mit Byzanz die Entwicklung der seldschukischen Geschichte für die nächsten hundert Jahre entscheidend. Mit der Bestimmung Nicäas zur Hauptstadt überspannten die Seldschuken den Bogen ihrer Macht: Schon zu Beginn des Ersten Kreuzzugs wurde Nicäa 1097 von Byzanz mit Hilfe der Kreuzfahrer zurückerobert, die Familie des Sultans Kılıç Arslan I. (1092–1107) gefangengenommen. Diese Niederlage zwang die Seldschuken, den westlichen Teil Anatoliens wieder aufzugeben. Noch im gleichen Jahr scheiterte auch der zweite Versuch Kılıç Arslans I., die Kreuzfahrer aufzuhalten; in der Schlacht von Dorylaion (Eskişehir) wurden die Seldschuken geschlagen und zu ihren Ausgangspositionen im Osten Anatoliens zurückgedrängt.

Die Schlacht bei Dorylaion bedeutete zugleich einen Wendepunkt in der seldschukischen Machtpolitik. Der Gedanke an ein Großreich, das sich bis in den syrischen Raum erstrecken sollte, mußte nach der Errichtung der Kreuzfahrerstaaten im nordsyrischen und palästinensischen Raum aufgegeben werden. Das neue Ziel war, die Herrschaft über Anatolien zu gewinnen und zu festigen. Dies gelang in langen Auseinandersetzungen mit den östlich benachbarten Danischmendiden, einer turkmenischen Dynastie, die ihre Hauptsitze in Malatya, Sivas und Kayseri hatte. Schließlich konnten die Seldschuken ihren Machtanspruch nach der siegreichen Schlacht von Myriakephalon in der Nähe des heutigen Akşehir im Jahr 1176 auch gegen die Byzantiner durchsetzen.

Nachdem die Seldschuken ihr Reich auf diese Weise gefestigt hatten, entfaltete sich ihre Kultur, deren Zentrum die Hauptstadt Konya war. Unter Sultan Gijaseddin Keyhüsrev I. (1192–96 und 1204–10) und seinen Söhnen Izzeddin Keykâvus I. (1210–19) und Alâeddin Keykûbat (1219–37) war das Reich auf der Höhe seiner Kultur und seiner Machtentfaltung.

Seldschuken, Byzantiner und Kreuzfahrer

Das mächtige Portal des Sultan Hanı bei Aksaray

Für Anatolien war die Periode der seldschukischen Herrschaft eine Zeit zunehmender Stabilität. Die eroberten Städte wurden neu befestigt, uralte Handelswege aus römischer und byzantinischer Zeit wiederhergestellt, Brücken instand gesetzt und ein ausgedehntes System von Karawansereien und Rasthäusern zum Schutz des Handels angelegt. Ein besonderes Interesse hatten die Seldschuken an der Gründung sozialer Einrichtungen. Medizinische und theologi-

Geschichte

sche Schulen, Krankenhäuser, Waisen- und Armenasyle fanden sich in jeder größeren Stadt. Einige der seldschukischen Hospitäler bestanden bis ins 19. Jh. Durch den Mongoleneinfall aus ihrer Heimat vertrieben, kamen viele persische Wissenschaftler und Theologen nach Anatolien, die von den Seldschukensultanen mit Wohlwollen aufgenommen wurden. Sie trugen zum Aufblühen der Wissenschaft, die in den Medresen gelehrt, und der Toleranz, die in den Klöstern gelebt wurde, bei.

Aber bereits in der Regierungszeit Alâeddin Keykûbats I. drohten neue Gefahren im Osten. Der Sultan versuchte zwar, den Staat militärisch, politisch und wirtschaftlich zu stärken, um die drohende Mongoleninvasion abzuwehren, aber sein frühzeitiger Tod – er wurde Opfer eines Giftanschlags – setzte seinen Anstrengungen ein Ende und bedeutete für das Staatswesen den Beginn eines langwährenden Niedergangs, da sein Nachfolger Gijaseddin Keyhüsrev II. (1236–46) die Lücke, die sein Vater hinterlassen hatte, nicht ausfüllen konnte.

Die Mongolen nutzten die inneren Konflikte, die durch soziale Spannungen und religiöse Unruhen entstanden waren, für ihren Vormarsch nach Anatolien, okkupierten 1242 Erzurum und schlugen die Seldschuken ein Jahr später am Köşe Dağı (1243). Die wichtigsten Städte fielen unter mongolische Herrschaft, wurden geplündert oder zerstört. Keyhüsrev II. zog sich nach Antalya zurück. Formell existierte der Seldschukenstaat noch 65 Jahre, aber Konya verlor zunehmend seine Macht. Bedeutende Großwesire wie Karatay oder Sahip Ata vermochten durch gute Beziehungen zu den mongolischen Gouverneuren ein gewisses Maß an Unabhängigkeit zu bewahren, doch Korruption und Intrigen schwächten den seldschukischen Staat immer mehr. Ab 1279 übten die Mongolen offen die Herrschaft aus, und als 1307 der letzte seldschukische Sultan Masud III. in Kayseri ermordet wurde, hörte das Reich auf zu existieren.

Die Zeit der Emirate (ca. 1270–1460)

Die im 12. Jh. von den anatolischen Seldschuken im Kampf gegen turkmenische Dynastien, vor allem der Danischmendiden und Ortukiden, durchgesetzte Einheit Anatoliens zerfiel in der Zeit des Niedergangs des Seldschukenreiches Ende des 13. Jh. In der Folge bildeten sich turkmenische Fürstentümer, die die Namen der jeweils herrschenden Dynastien trugen. Die Zeitspanne vom späten 13. bis zur Mitte des 15. Jh., als Anatolien unter osmanischer Herrschaft schließlich wieder geeint wurde, wird die ›Zeit der Emirate‹ genannt.

Unter der Oberhoheit der Mongolen entwickelten sich insgesamt zehn Emirate von Bedeutung. Die drei wichtigsten waren Germiyan (Germiyaniden), das das Gebiet um Afyon und Kütahya und das

Zeit der Emirate, Osmanisches Reich

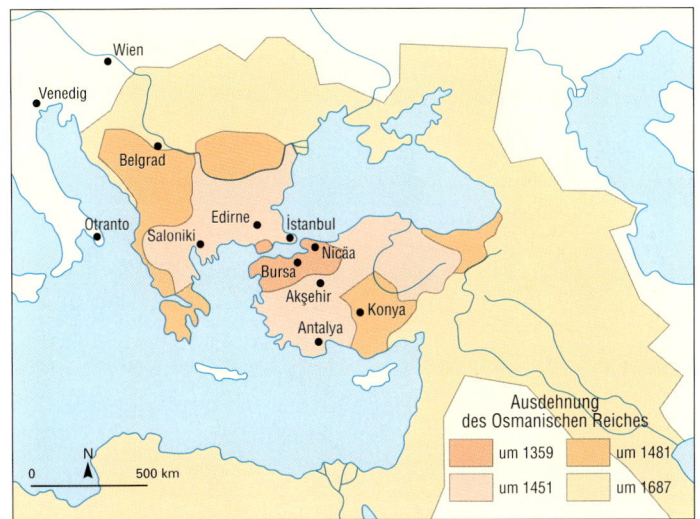

Historische Karte der Türkei

phrygische Hochland umschloß, das Emirat der Osmanen, das sich nordwestlich anschloß und die Landschaft Bithynien umfaßte, und das Emirat von Karaman (Karamaniden), das sich von Karaman nach Osten bis Niğde ausdehnte und mit der Eroberung von Konya 1277 das Herzstück des ehemaligen Seldschukenreiches in Besitz nahm.

Von zentraler historischer Bedeutung für die Geschichte Anatoliens in den nächsten Jahrhunderten wurde das Emirat der Osmanen. Von Söğüt und Bilecik in Bithynien aus konnten die Osmanen die Vorherrschaft über Anatolien und den Balkan sichern. Als Grenznachbar des Byzantinischen Reiches war das Emirat das Sammelbecken für Glaubenskämpfer, die den Heiligen Krieg für den Islam gegen das christliche Byzanz weiterführen wollten.

Das Osmanische Reich (1453–1922)

Schon um 1360 hatten die Osmanen – wie die Seldschuken ein Oghuzenstamm – die engen Grenzen ihres Emirats überschritten. Mit der Überquerung der Dardanellen und der Verlegung ihrer Hauptstadt von Bursa in Anatolien nach Edirne in Thrakien im Jahr 1365 meldeten sie ihren Anspruch auf die byzantinischen Westprovinzen auf dem Balkan an. Unter den Sultanen Murat I. (1362–89) und Bayezıt I. (1389–1402) gelang es ihnen im Jahr 1389, die unter serbischer Führung vereinten christlichen Staaten auf dem Balkan in der Schlacht auf dem Amselfeld (Kosovo Polje) zu besiegen. Im Osten dehnte Bayezıt I. seinen Machtbereich über die turkmeni-

Geschichte

Sultan Süleyman der Prächtige versammelt die Truppen von Rum; Aufbruch der osmanischen Armee Miniatur aus dem ›Süleyman-Name‹ des Hofdichters Arifi (Hofschule İstanbul, 1558)

schen Emirate aus, geriet dadurch aber in den Machtbereich der Mongolen. Die Niederlage Bayezıts I. bei Ankara im Jahr 1402 gegen den Mongolen Timur Lenk bedeutete einen entscheidenden Rückschlag für die osmanische Expansionspolitik.

Nach zehnjährigem Ringen seiner Söhne um die Herrschaft konnte die Reichseinheit unter Mehmet I. (1413–21) wiederhergestellt werden; sein Enkel Mehmet II. Fatih, der Eroberer, (1451–81) vollendete das Eroberungswerk mit der Einnahme von Konstantinopel im Jahr 1453. Die Stadt, jetzt İstanbul genannt, wurde die

Das Osmanische Reich

neue Hauptstadt der Osmanen. Unter der Herrschaft Mehmets II. dehnte sich das Reich weiter aus: Das byzantinische Königreich von Trapezunt geriet 1461 unter osmanische Herrschaft, die langandauernden Kämpfe gegen die Karamaniden endeten mit der völligen Unterwerfung im Jahr 1466. Die nächsten hundert Jahre osmanischer Geschichte waren nach außen geprägt von einer kraftvollen Expansionspolitik und im Inneren vom Aufbau einer leistungsfähigen Reichsverwaltung.

Mit dem Sieg Selims I. (1512–20) über die Mameluken bei Kairo im Jahr 1517 und der Eroberung der heiligen Städte in Arabien, Mekka und Medina, ging auch die Kalifatswürde und damit die geistliche Führerschaft des sunnitischen Islam an das Haus Osman über. Selims Nachfolger, Süleyman I. Kanuni (der Gesetzgeber), auch als ›der Prächtige‹ bekannt, konnte die Eroberungen seines Vaters über alle Grenzen hinaus fortsetzen. In seine Zeit fiel die erste Belagerung von Wien (1529). Vor allem aber wurde das Reich während seiner Regierungszeit durch ein umfassendes Gesetzeswerk gefestigt.

Mit der Herrschaft Süleymans I. hatte das Osmanische Reich seinen politischen und kulturellen Höhepunkt erreicht. Unter seinen Nachfolgern bestimmten innere Krisen und Gebietsverluste in steigendem Maße die Geschichte des Osmanenstaates. Spätestens mit dem Tod Murats IV. (1623–40) war das Ende einer expansiven Außenpolitik gekommen. Rivalisierende Machtinteressen verhinderten die innere und äußere Festigung des Reiches, der Einfluß des Harems auf die Politik nahm ständig zu, da die Thronfolger nun ausschließlich dort erzogen wurden und nicht wie früher ihre Verwaltungserfahrungen als Provinzstatthalter erwarben. Die Janitscharen, die einstmals dem Sultan bedingungslos ergebene Elitetruppe, wurden zunehmend zu einem Staat im Staate und blockierten jede Reform, die ihre Macht und Privilegien beschnitten hätte.

In der 2. Hälfte des 17. Jh. wurde das Reich unter der Verwaltung der Großwesire aus der Familie Köprülü noch einmal tiefgreifend reformiert (1656–83). Die Niederlage der Osmanen vor Wien (1683) und das damit verbundene Ende der Köprülü-Ära verhinderten jedoch, daß die Reformen zu Ende geführt wurden.

Unter dem Eindruck der Französischen Revolution und der Erkenntnis, daß nur durch eine radikale Neuordnung, besonders im militärischen Bereich und in der Verwaltung, das Reich zu konsolidieren sei, nahmen die Sultane Mahmud II. (1808–39), Abdülmeçit I. (1839–61) und zu Beginn seiner Regierung auch Abdülhamit II. (1876–1909) ein umfassendes Reformwerk in Angriff mit dem Ziel, das Reich zu modernisieren und europäischen Maßstäben anzupassen. Diese Epoche wird als ›Tanzimat‹ (›Erneuerung‹) bezeichnet; sie begann im Jahr 1839 und erreichte mit der Proklamation einer Verfassung 1876 und der Einberufung eines Parlaments 1877 ihren vorläufigen Abschluß.

Nach der katastrophalen Niederlage gegen Rußland (1877/78) löste Abdülhamit II. jedoch das Parlament auf und regierte bis zu sei-

Geschichte

> »Ich bin der Sklave Allahs – und Sultan dieser Welt. Durch Allahs Gnaden bin ich das Oberhaupt der Gemeinschaft Mohammeds.«
> Inschrift an der Zitadelle von Bender, 1538

ner Absetzung mit geheimen Dekreten im Stil eines Despoten. Der Widerstand fortschrittlicher Kreise in Militär und Verwaltung gegen seine Herrschaft entlud sich 1908 in der Revolte der sogenannten Jungtürken, einer Gruppe von Offizieren mit liberal-reformerischen, konstitutionellen und nationalistischen Zielen. 1909 setzten sie den Sultan ab und bildeten eine neue Regierung. Ihr Komitee ›Einheit und Freiheit‹ konnte allerdings wegen außenpolitischer Rückschläge, vor allem wegen der militärischen Niederlagen während der Balkankriege von 1912/13, seine Reformpolitik nicht umsetzen.

Die Innenpolitik der Jungtürken war bestimmt von einem kompromißlosen Nationalismus, der die ethnischen Minderheiten des Reiches massiv zu türkisieren versuchte und die alten Autonomierechte einschränkte. Der sich schon Ende des 19. Jh. abzeichnende Konflikt zwischen Türken und Armeniern entlud sich in den Kriegsjahren 1915 und 1917 in einem Völkermord, bei dem nahezu die gesamte armenische Bevölkerung der östlichen Reichsteile Anatoliens ausgelöscht wurde. An der Seite des Deutschen Reiches traten die Jungtürken in den Ersten Weltkrieg ein; der Vielfrontenkrieg führte schließlich in die militärische Niederlage und zur Auflösung des Osmanischen Reiches.

Für Zentralanatolien, das geographische Kerngebiet des Reiches, war die Zeit der osmanischen Herrschaft eine Periode ohne äußere Bedrohung. Die Region wurde aber schon seit der Regierungszeit Mehmets I. von sozialen Krisen und Unruhen heimgesucht. Die wirtschaftlichen Lebensbedingungen der anatolischen Bevölkerung verschlechterten sich fortlaufend und schufen den Nährboden für religiösen Fanatismus und sozialrevolutionäre Bewegungen. Unter dem Einfluß hauptsächlich schiitischer Sekten kam es zu religiös motivierten Massenunruhen, die von der Zentralmacht niedergeschlagen wurden. Der erste große Aufstand im Jahr 1420 vereinigte unter der Führung des Scheichs Bedreddin die religiösen Fanatiker mit der militanten Sekte der Mustafiten. Inzwischen aber war die Zentralmacht unter Mehmet I. wieder erstarkt, und die Erhebung wurde niedergezwungen. Seit Anfang des 16. Jh. war Anatolien ständig Schauplatz blutiger Aufstände. Im Jahr 1519 kam es zur Erhebung der Bauern; unter der Führung des Scheichs Çelal, der sich als der heißersehnte *Mahdi* (Messias) ausgab, wehrten sie sich gegen die unerträgliche Steuerlast, die ihnen die Kriegszüge Selims I. aufzwangen, und gegen die Unterdrückung durch die Großgrundbesitzer. Der Çelalı-Aufstand, der rasch niedergeschlagen wurde, bildete den Auftakt zu einer Serie von Revolten, die sich wie ein roter Faden durch die anatolische Geschichte zog.

Zu Beginn des 17. Jh. wurde die innere Krise des Osmanischen Reiches allenthalben sichtbar. Die wachsenden Ausgaben der Staatskasse führten zur Geldentwertung, steigende Steuern verschärften die Krise und brachten das gesamte Wirtschafts- und Sozialgefüge ins Wanken. Der bedeutendste Aufstand in Anatolien begann im Jahre 1596. Unter der Führung eines abgesetzten *sancakbeys*, eines Distriktgouverneurs namens Kara Yazıcı (›schwarzer Schreiber‹), fand sich ein Heer von ca. 20 000 Aufständischen zusammen, dem sich die südostanatolischen Turkstämme anschlossen; alle einte die tiefgreifende Unzufriedenheit mit der osmanischen Zentralregierung. Die Aufständischen übten in Zentralanatolien eine unabhängige Herrschaft aus, die auch militärisch nicht niedergeschlagen werden konnte. Zwar wurden sie im Jahr 1601 besiegt, doch behielten sie de facto die Kontrolle über Zentralanatolien und behaupteten ihre von der Zentralgewalt unabhängigen Herrschaftsbereiche.

In dieser Zeit der inneren Anarchie verstärkte sich in Anatolien die Landflucht, die in der 2. Hälfte des 16. Jh. eingesetzt hatte. Die Folgen waren verheerend. Die Landwirtschaft verfiel zusehends, die intensive Nutzung als Acker- und Getreideland machte einer extensiven Viehwirtschaft Platz, wodurch weite Landstriche versteppten. Bestechungswesen, Ämterkauf und Vetternwirtschaft ließen das Vertrauen der Bevölkerung in die zunehmend deformierte Verwaltung gänzlich schwinden.

Ende des 19. Jh. bot Anatolien das Bild einer rückständigen und bevölkerungsarmen Agrarregion, die den Anschluß an die wirtschaftliche und technische Entwicklung der modernen Zeit verloren hatte. Erst mit dem Bau der Eisenbahn ab 1888 und in späterer Zeit durch die Reformen Atatürks konnte sich die Region von den langen Auszehrungsphasen erholen.

Die Entwicklung der islamischen Architektur in Anatolien

Eine besondere kulturelle Leistung der Seldschuken lag auf dem Gebiet der Architektur. Sie entwickelten die islamische Bautradition weiter, paßten sie den besonderen klimatischen Bedingungen Anatoliens an und leiteten eine Entwicklung ein, die in den prachtvollen sakralen Bauten der klassischen osmanischen Architekturleistungen ihren Höhepunkt finden sollte. Ihre charakteristischen Bauten hinterlassen einen unvergeßlichen Eindruck auf den heutigen Besucher Zentralanatoliens.

Nach der Eroberung einer Stadt begannen die Seldschuken zunächst mit dem Bau einer **Ulu Cami**, einer Volksmoschee für das Freitagsgebet. Anstelle des ursprünglichen Grundrisses einer Moschee mit offenem Innenhof wurde wegen des rauhen Klimas in Kleinasien schon bald der vollständig überdachte Moscheetyp entwickelt. Der quadratische oder rechteckige Grundriß wurde beibehalten, lediglich im Zentrum der Moschee blieb ein Raum frei, das sogenannte Schneedepot, das an den ursprünglichen Innenhof erinnert. Später wurden auch diese Quadrate überkuppelt wie z. B. in der Ulu Cami von Kayseri oder in der Eşrefoğlu-Moschee von Beyşehir. Besonders eindrucksvoll sind die Holzsäulenmoscheen, deren architektonischen Vorbilder in Zentralasien liegen. Mögli-

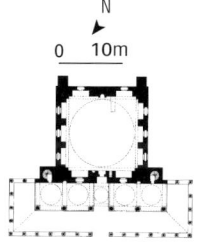

Kurşunlu Camii in Kayseri, Grundriß

Geschichte

Holzsäulenmoschee in Beyşehir: die Eşrefoğlu Camii

cherweise steht ihre Bauweise mit den hölzernen Stützen der Nomadenzelte in Verbindung (s. S. 220f.).

In Anatolien entwickelte sich ein neuer Moscheetypus, der aus einem Langhaus mit breitem Mittelschiff und schmaleren Seitenschiffen bestand und der Grundrißform einer Basilika ähnelte. Vorbilder dieser Architektur waren sicherlich byzantinische Kirchen. Kennzeichnend für diesen anatolisch-seldschukischen Moscheebaustil ist die besondere Betonung der Joche, die parallel zur Kibla-Wand liegen, wie bei der Alâeddin Camii von Niğde (1223), deren drei Querjoche vor der Gebetsnische von Kuppeln überwölbt sind.

Die Ausschmückung der Moscheen konzentrierte sich auf den Mihrab, die Gebetsnische, und auf die Fassade des oft vorspringenden, monumentalen Hauptportals, das gewöhnlich die seitlich anschließenden Mauern überragte. Die Türen sind zurückgesetzt und durch kunstvoll gefügte Muqarna-Nischen mit der Außenfront verbunden, die von einem dichten und reich geschmückten Rahmen mit dekorativen Pflanzenornamenten und Schriftbändern eingefaßt wird. Durch die Betonung nur weniger Bauteile erhalten die seldschukischen Moscheen ihre unverwechselbare Eigenart. Diese Außengliederung ist auch wesentlicher Bestandteil der Gestaltung der Medresen und Karawansereien.

Medresen waren nicht nur theologische Einrichtungen, sondern boten neben Kursen für islamische Studien und kanonische Rechtskunde auch die Fächer Philosophie, Astronomie, Medizin und Mathematik an. In Anatolien entwickelten sich zwei Typen von Medresen, einer mit einem offenen Hof, dessen Vorbilder in Persien

Entwicklung der islamischen Architektur

zu suchen sind, und ein weiterer mit einem quadratischen, von einer Kuppel überdachten Hof, der eine seldschukische Sonderform in Anatolien darstellt. Beispiele für den zweiten Typus sind besonders die Karatay Medresesi von 1251 und die İnce Minare Medresesi von 1265, die beide in Konya stehen. Sie sind über einem quadratischen Grundriß mit großem, überkuppeltem Zentralhof erbaut, an dessen Seiten Räume für Lehrer und Studenten angeordnet sind. Auf der Rückseite liegt, flankiert von kleineren Kuppelräumen, die große Eyvan-Halle, die sich zum Mittelraum hin öffnet. Beide Medresen gehören zu den bemerkenswertesten seldschukischen Bauwerken in Anatolien. Der Bautyp der rechteckigen Medrese mit offenem Hof wird besonders durch die Sırçalı-Medrese (1242) in Konya repräsentiert.

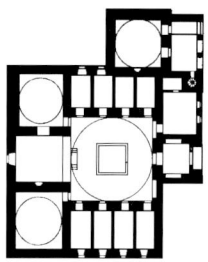

İnce Minare Medresesi in Konya, Grundriß

Eine andere Gruppe wichtiger Bauten, die das soziale Bewußtsein ihrer Stifter erkennen lassen, sind die **Hospitäler** *(şifahane)*, von denen noch einige erhalten sind, so z. B. das Hospital in Kayseri (1205/06), das Teil einer Doppelmedrese ist. Diese Anlagen folgen dem Medresenbauschema, besitzen aber zusätzlich noch Räume für Untersuchungen sowie Krankenzimmer.

Neben Moscheen und Medresen prägen vor allem die **Türben** (Mausoleen) das Bild seldschukischer Städte. Die runden oder achteckigen Turmbauten sind meist auf quadratischem Sockel errichtet und tragen ein kegelförmiges oder mehreckiges, pyramidenförmiges Dach. Die anatolischen Türben sind in der Regel zweigeschossig. Die Gräber befinden sich im unteren Raum, vergleichbar mit einer Krypta; darüber, über eine Doppeltreppe zu erreichen, liegt der Gebetsraum mit dem Kenotaph und der Gebetsnische. Die Außenwände sind oft mit Blendarkaden versehen, das Portal ist kunstvoll hervorgehoben. Die Architektur dieser Türben geht auf die Bauweise der alten Nomadenzelte zurück.

Zu den eindrucksvollsten Bauten gehören die **Karawansereien** (Han). Auch wenn es zur gleichen Zeit in Persien und Syrien Beispiele dieser Einrichtungen gab, so hat sich doch in Anatolien ein neuer Typ herausgebildet. Die Kombination von einem Hofkomplex mit Räumen auf drei Seiten und einem massiven Langhausbau, der aus einem hohen Mittelschiff und fünf bis neun niedrigeren Querschiffen besteht, ist eine besondere Schöpfung der anatolischen Architektur. In der Baukunst der Seldschuken verbinden sich Elemente aus Zentralasien mit Einflüssen der persischen, armenischen und byzantinischen Architektur zu einer eigenständigen Kulturleistung von hohem Rang (s. S. 253ff.).

Mit dem Niedergang der seldschukischen Herrschaft begann nicht nur politisch eine Zeit des Umbruchs, sondern auch im Bereich der **Kunst und Architektur**. Vielfältige Ausdrucksformen prägen die folgende Epoche; dennoch entstand in den Nachfolgestaaten – mit Ausnahme des osmanischen Emirats in seiner Spätphase – kein neuer Kunststil. Man orientierte sich weitgehend an seldschukischen Traditionen; die alten Moscheebautypen wurden beibehalten

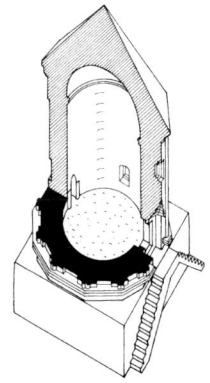

Polygones Mausoleum: Schnitt durch die Döner-Kümbet-Türbe, Kayseri

Geschichte

und weiterentwickelt, der basilikale Grundriß jedoch, eine Besonderheit der seldschukischen Sakralarchitektur, fand keine Fortsetzung. Die Tradition des hochseldschukischen Stils wurde von den Karamaniden, die sich als die unmittelbaren Erben der Rum-Seldschuken verstanden, am konsequentesten in ihren Bauten in Karaman, Konya, Niğde und Aksaray bewahrt. Als Beispiel sei die Hatuniye Medresesi von 1382 in Karaman mit ihrem fast klassisch seldschukischen Portal genannt.

Als zukunftsweisend erwies sich der seldschukische Bautyp der überkuppelten Medrese. Ihr Hof wurde zum Zentrum und dominierenden Teil des Gebäudes; der ehemalige Haupteyvan entwickelte sich zu einem zweiten überkuppelten Gebetsraum auf einer erhöhten Ebene. Dieser Zweikuppelraum bildete einen rechteckigen, länglichen Gebetssaal, der für die Moscheen der frühosmanischen Zeit, vor allem für die Sultansmoscheen in Bursa, charakteristisch ist.

Auch die Idee des Zentralbaus, der die *umma*, die Einheit der Gläubigen, symbolisiert, entwickelte sich aus dem Typ der überkuppelten Medrese. Die Kuppel wurde zu einem raumbestimmenden Element und erreichte in den Zentralbauten der osmanischen Blütezeit des 16./17. Jh. ihren vollkommenen Ausdruck. Ebenso führten die Osmanen die seldschukischen Bautypen der Medrese, des *şifahane* und der Türbe in der Emiratszeit in vielfältigen Abwandlungen fort, wobei das seldschukische Grundmuster bei aller Variation erkennbar blieb.

In den westlichen Emiraten und bei den Osmanen spielten bei der Weiterentwicklung der islamischen Architektur und Kunst Einflüsse des Mittelmeerraums und der Byzantiner eine immer stärkere Rolle. Der osmanische Stil der Emiratszeit entwickelte sich zu einem Reichsstil, und seine hervorstechenden Bauten sind die Sultansresidenzen: Bursa in frühosmanischer Zeit, Edirne in der Zeit des Übergangs und İstanbul als Krönung der hochosmanischen Architektur repräsentierten das Kulturschaffen der Osmanen. Anatolien war bis auf wenige Beispiele von der kulturellen Entwicklung der Hauptstadt abgeschnitten; zu diesen Beispielen gehören die Moschee Selims II. in Konya (1566) und die Kurşunlu Camii in Kayseri (1585), beides Werke des berühmten Sinan; die Gedik Ahmet Paşa Camii in Afyon (1472), die Große Moschee in Kütahya (um 1550), kleinere Gebetshäuser in Ankara aus dem 16. Jh. und die Moscheen, die Kara Mustafa Paşa im Gebiet um Merzifon in der 2. Hälfte des 17. Jh. gestiftet hat.

Die seldschukische Fassadengestaltung mit dem dominierenden Eingangsportal ersetzten die Osmanen durch eine reich gegliederte Fensterfront in zweigeschossigen Zonen. Verschiedenfarbig getönter Marmor diente nun der Verkleidung der Wände, womit eine alte mediterrane Tradition fortgesetzt wurde. Zur inneren Ausgestaltung von Moscheen gehörten in osmanischer Zeit bemalte Fliesen und Fresken als Wandschmuck. Neue Farbtöne und Blumenmuster, besonders beeinflußt durch die chinesische Blau-weiß-Malerei, charakterisieren die Fayencekunst der hochosmanischen Zeit.

Entwicklung der islamischen Architektur

Seldschukische Ornamentik: verschlungene Schmuckbänder über dem Portal der İnce Minare Medresesi, Konya

Seit der ›Tulpenzeit‹ im 1. Drittel des 18. Jh. wuchs der europäische Einfluß auf das Kulturschaffen der osmanischen Künstler. Barocke Einflüsse, vor allem aber die des französischen Rokoko, das eine begeisterte Aufnahme am Hofe der Sultane fand, wurden adaptiert und in einen eigenen osmanischen Rokokostil umgeformt, der sowohl die profane als auch die sakrale Architektur inspirierte und bis ins späte 19. Jh. fortgeführt wurde.

Die moderne Türkei

Der Aufstieg Atatürks

Wie glücklich ist der, der sagen kann: Ich bin ein Türke!
Wahlspruch Atatürks

Im Oktober 1918 wurde auf der Insel Mudros der Waffenstillstand zwischen den Entente-Mächten und dem Osmanischen Reich geschlossen, und der Friedensvertrag von Sèvres im August 1920 kam einer Selbstauflösung des Reiches gleich. Die Pläne der Entente-Mächte sahen eine Aufteilung Anatoliens unter den Siegern vor, das türkische Restgebiet um Ankara und Sivas verfügte nunmehr über ein Territorium von ungefähr 120 000 km² (etwa doppelt so groß wie Bayern), größtenteils unbebaubares, verstepptes Land ohne ökonomische Entwicklungsmöglichkeit und damit ohne Existenzgrundlage.

In dieser Situation ernannte Sultan Mehmet VI. den erfolgreichen türkischen General des Ersten Weltkriegs, Mustafa Kemal Paşa, am 30. April 1919 zum Generalinspekteur der osmanischen Truppen und beauftragte ihn, die im Hinterland von Samsun ausgebrochenen Unruhen beizulegen. Nach der Landung in Samsun (19. 5. 1919) begann Mustafa Kemal jedoch, den Widerstand gegen den Sultan und die von ihm akzeptierten Teilungspläne zu organisieren. Da die osmanische Armee sich selbst aufgelöst hatte, rekrutierte Kemal neue Truppen aus der anatolischen Bevölkerung, aus denen später die nationalen Streitkräfte entstehen sollten.

Er eroberte zunächst die östlichen Gebiete zurück. Im Vertrag von Gümrü vom 3. 12. 1920 wurden die neuen Grenzen zwischen der Sowjetunion und der Türkei festgelegt und die armenischen Gebiete zu Provinzen des türkischen Staates erklärt. Nach diesen Erfolgen wandte sich Kemal gegen die Kurden in Osten und Südosten, besetzte die Städte Diyarbakır, Malatya, Van u. a., schlug einen Kurdenaufstand nieder und erzwang die Anerkennung der neuen türkisch-persischen Grenze. Damit zerschlug sich die Hoffnung der Kurden auf einen eigenen Staat.

Eine Konfrontation mit Frankreich konnte im letzten Moment vermieden werden, weil die französische Regierung auf ihre Gebietsansprüche verzichtete. Im Februar 1922 wurden die Italiener aus Konya vertrieben, woraufhin sie ihre Ansprüche auf anatolisches Gebiet ebenfalls aufgaben. Die Griechen waren seit ihrer Landung in Smyrna (15. 5. 1919) tief in anatolisches Gebiet vorgedrungen, hatten Bursa und Eskişehir besetzt und rüsteten sich zum Marsch auf Ankara. Nach mehreren türkischen Siegen bei Dumlupınar, İnönü und vor allem am Sakarya-Fluß (August/September 1921) konnte der griechische Vormarsch gestoppt werden; doch erst im August 1922 drangen türkische Truppen über Bursa nach Smyrna vor. Im Waffenstillstand von Mudanya (11. 10. 1922) erreichte Mustafa Kemal auch die Räumung von Ostthrakien mit Adrianopel/Edirne.

Seine militärischen und diplomatischen Erfolge sicherten bis auf wenige spätere Grenzkorrekturen das heutige türkische Staatsgebiet. Sie erzwangen aber auch eine neue Friedenskonferenz zwischen den Türken und den Entente-Mächten, die im Vertrag von Lausanne im Sommer 1923 die Türkei als souveränen und unabhängigen Staat anerkannten.

Was die innenpolitische Entwicklung der Türkei betraf, so hatte sich seit Kriegsende auch das Ende des Sultanats angekündigt. Mustafa Kemal Paşa und seine Anhänger hatten sich auf den Nationalkongressen von Sivas und Erzurum von der osmanischen Zentralregierung losgesagt und ein ›Repräsentativkomitee‹ gegründet, das am 11. 9. 1919 die Beziehungen zur Regierung des Sultans abbrach. Die Große Nationalversammlung schaffte auf seinen Antrag hin am 1. 11. 1922 das Sultanat ab. Nachdem Kemals Anhänger auch in İstanbul die Macht übernommen hatten, verließ der Sultan im November 1922 unter britischem Schutz das Land und ging in die Schweiz ins Exil. Sein Vetter Abdülmeçıt II. übernahm die Würde des Kalifats, das bis zu seiner Auflösung am 3. 3. 1924 in seinen Händen lag. Am 29. 10. 1923 wurde durch die Große Nationalversammlung in Ankara die Republik Türkei proklamiert; seitdem ist dieser Tag türkischer Nationalfeiertag. Mustafa Kemal Paşa wurde der erste Präsident der Türkei und regierte bis zu seinem Tod mit außerordentlichen Vollmachten. Er starb am 10. 11. 1938 im Dolmabahçe-Palast in İstanbul und wurde 1953 nach Fertigstellung seines Mausoleums in Ankara zur letzten Ruhe gebettet. Sein Nachfolger als türkischer Präsident wurde sein Vertrauter İsmet İnönü.

Die Neuordnung des Staates

Innerhalb weniger Jahre hat Mustafa Kemal, dem 1934 der Ehrenname Atatürk, ›Vater der Türken‹, verliehen wurde, eine Reihe von Reformen durchgeführt, die zu einem radikalen Bruch mit der islamischen Tradition führten. Die wichtigsten waren die Einführung einer westlich-demokratisch orientierten Rechtsgrundlage (Schweizer Zivil- und Obligationsrecht u. a.), der internationalen Zeitrechnung sowie des Frauenstimmrechts und der Einehe und damit die zivilrechtliche Gleichstellung von Mann und Frau (1926), schließlich die Abschaffung des Islam als Staatsreligion, was zum Verbot der geistlichen Orden und zur Schließung ihrer Klöster, Schulen und Versammlungsstätten führte. Das Kloster der ›Tanzenden Derwische‹ in Konya und andere Zentren des religiösen Lebens wurden – wie auch die Hagia Sophia in İstanbul – in Museen umgewandelt.

Den Abschluß der Reformen auf dem Gebiet der Trennung von Religion und Staat bildet die Verfassung vom April 1929, in der alle religiösen Bestimmungen aufgehoben wurden. Ferner wurde das lateinische Alphabet eingeführt und der Fes als Symbol der islamisch-alttürkischen Gesellschaft verboten (1926–28). Als Ruhetag

Die moderne Türkei

Atatürk, der ›Vater der Türken‹, ist auch nach seinem Tod noch allgegenwärtig

ersetzte nun der Sonntag den traditionellen und religiös begründeten Freitag. Alle Reformen wurden der jungen Republik von oben verordnet, getragen von der Volkspartei Atatürks, aus der zugleich der Großteil der modernen Bürokratie als Träger der neuen Ideologie hervorging, und gestützt auf die ihm ergebene Armee, die sich bis heute als Verteidiger der kemalistischen Grundsätze versteht.

Sechs Grundprinzipien der Reformpolitik Atatürks, deren Gesamtheit als ›Kemalismus‹ bezeichnet wird, wurden zur politischen und gesellschaftlichen Grundlage des neuen Staates erklärt und seit Februar 1937 offiziell in der türkischen Verfassung verankert. Das bedeutendste war das Prinzip des Laizismus, das die Trennung des Staates von den Rechtsvorschriften des Islam festlegt. Mit diesem Prinzip war der Austritt der Türkei aus der islamischen Völkergemeinschaft verbunden.

Die Innenpolitik nach dem Tod Atatürks

Die Vorherrschaft der Republikanischen Volkspartei endete 1950 mit einem überwältigenden Wahlsieg der Demokratischen Partei. Diese war 1946 gegründet worden, nachdem İsmet İnönü zur Einführung der parlamentarischen Demokratie das Einparteiensystem aufgehoben hatte. Die beiden großen Parteien, die Republikanische Volkspartei bzw. ihre Nachfolgepartei, die Sozialdemokratische Volkspartei, die sich auch nach ihrer Hinwendung zu einem sozialdemokratischen Programm als Erbe Atatürks verstand, sowie die Demokratische Partei, die nach ihrer Wiederzulassung 1961 unter dem Namen ›Gerechtigkeitspartei‹ auftrat und rechtskonservative Wertvorstellungen vertrat, repräsentieren seit den 60er Jahren die dominierenden politischen und gesellschaftlichen Strömungen in der Türkei.

Neben diesen beiden großen Parteien entstanden nach 1960 eine Anzahl weltanschaulicher Parteien: die religiös orientierte Heilspartei, die für die Wiedereinführung des Islam als politische und gesellschaftliche Basis eintrat, eine marxistische Linke, die sich in der Türkischen Arbeiterpartei organisierte, und eine faschistische Rechte, die sich in der MHP (Partei der nationalen Bewegung) mit ihrer Unterorganisation, den Grauen Wölfen, etablierte.

In den 60er und 70er Jahren erlebte die Türkei eine Reihe von Strukturkrisen. Sie waren mit den Wandlungsprozessen verbunden, die das Land in diesen zwei Jahrzehnten durchlief, und führten schließlich zu einer Staatskrise Ende der 70er Jahre. Alle türkischen Regierungen seit 1961 hatten es versäumt, notwendige Reformen durchzuführen. Die strukturelle (und zum Teil politisch auch erwünschte) Unterentwicklung der östlichen Hälfte gegenüber den westlichen Regionen des Landes wurde nicht ausgeglichen, die Kurdenfrage negiert, Autonomiebestrebungen wurden radikal unterdrückt. Eine Landreform, die immer wieder in Aussicht gestellt wurde, scheiterte am Widerstand der Großgrundbesitzer und an der Unfähigkeit der Parlamente, klare Konzeptionen durchzusetzen. Ende der 70er Jahre verschärfte die Wirtschaftskrise die sozialen Spannungen. Die Ursachen für die krisenhafte ökonomische Entwicklung lagen wohl darin, daß die Türkei lange Zeit über ihre Verhältnisse gelebt hatte. Die Kosten für Ölimporte, Handelsbilanzdefizite, Arbeitsemigration, wachsende Verschuldung, hohe Inflationsraten, hohe Arbeitslosigkeit und schließlich faktische Zahlungsunfähigkeit führten das Land in den wirtschaftlichen Ruin. Unter dem Eindruck bürgerkriegsähnlicher Unruhen und terroristischer Aktionen von links und rechts putschte am 12. 9. 1980 das Militär, angeführt von General Kenan Evren, der später zum Staatspräsidenten aufstieg.

Die permanente Wirtschaftskrise ging mit einem Zerfall des weltanschaulichen Konsens einher. Über Jahrzehnte war der Kemalismus als Ideologie staatstragend gewesen. Mit der Entwicklung der Türkei zu einer pluralistischen Gesellschaft nach 1945 aber war die starre ideologische Position des Kemalismus schrittweise in Frage gestellt und neu definiert worden. Vor allem die Westorientierung und die schnelle Modernisierung wurden von großen Teilen der Bevölkerung nicht in der erhofften Weise akzeptiert.

Nach dem Militärputsch und der Ausarbeitung einer neuen Verfassung, die dem Präsidenten eine starke Stellung einräumte, konnte die politische Stabilität der Türkei durch tiefgreifende Reformen in den Jahren 1980–83 wieder gefestigt werden. Durch eine restriktive Wahlrechtsreform, die den Militärs bei der Auswahl und Zulassung von politischen Parteien die Entscheidung überließ, die es aber auch ermöglichte, mit weniger als der Hälfte der Stimmen eine absolute Mehrheit der Mandate zu erringen, konnte bei den Wahlen von 1983 eine stabile Regierung mit der neugegründeten ANAP (Mutterlandspartei) Turgut Özals etabliert werden.

Die gegenwärtige politische Lage der Türkei wird von einer Reihe innen- und außenpolitischer Krisensituationen geprägt. Zerrüttete Staatsfinanzen mit horrenden öffentlichen Defiziten, hoher Staatsverschuldung, steigender Arbeitslosigkeit und ständiger Geldentwertung führten zu einer sinkenden Wettbewerbsfähigkeit der türkischen Wirtschaft. Die ökonomischen Krisen begünstigten die Stärkung religiös-fundamentalistischer Kräfte, die in der REFHA-Partei Necmettin Erbakans ihren politischen Ausdruck fanden und die seit den Parlamentswahlen im Dezember 1995 und deutlicher noch seit dem Regierungsantritt Erbakans am 1.7.1996, der die konservative Tansu Çiller ablöste, zu einer bestimmenden politischen Kraft geworden sind. Trotz aller Bekundungen – vor allem zur Besänftigung des Militärs gedacht –, den Weg Atatürks weiterzugehen und die vielfältigen Bindungen an den Westen nicht aufzukündigen, zeigen die innen- und außenpolitischen Aktivitäten der neuen Regierung eine deutliche proislamische Tendenz.

Nach wie vor und wohl noch für absehbare Zeit bestimmt das Kurdenproblem die türkische Politik und das Ansehen der Türkei in der Welt. Seit 1984 fordern die separatistisch orientierten Kurden unter der Führung der PKK einen eigenen kurdischen Staat im Südosten der Türkei. Die gewaltige Eskalation, die 1987 zur Verhängung des Ausnahmezustands in den kurdischen Provinzen führte, hat zu einer bürgerkriegsähnlichen Situation geführt, die bisher über 20 000 Menschenleben gefordert hat. Die kompromißlose Haltung auf beiden Seiten läßt ein Ende des Konflikts in nächster Zeit nicht erwarten.

Der erneut ausgebrochene Inselstreit in der Ägäis zwischen Griechenland und der Türkei offenbart ein weiteres Dilemma der türkischen Außenpolitik, das sich in dem stets gespannten Verhältnis Ankaras zu seinem benachbarten NATO-Partner Griechenland zeigt.

Die Außenpolitik der Türkei

Außenpolitisch bemühte sich die neue Türkei von Anfang an um einen Ausgleich mit ihren einstigen Gegnern und ihren östlichen Nachbarn. Sie schloß Freundschaftsbündnisse (Balkanpakt mit Rumänien und Jugoslawien 1934), Sicherheitsverträge mit der Sowjetunion (schon 1925), mit Iran, Irak und Afghanistan (1934) und erreichte den politischen Ausgleich mit Griechenland (1930). Im Vertrag von Montreux (1936) erhielt die Türkei die Verfügungsgewalt über die Meerengen zurück.

Die von Atatürk im Jahr 1931 ausgegebene Parole ›Frieden im Land, Frieden in der Welt‹ hat zumindest in der türkischen Außenpolitik reiche Früchte getragen. Vor und im Zweiten Weltkrieg

Die Außenpolitik der Türkei

Auf einem Konzert in Ankara, der Hauptstadt der modernen Türkei

gelang es der türkischen Diplomatie, mit kluger Zurückhaltung einen Freundschaftsvertrag mit Deutschland und einen Beistandspakt mit den Alliierten so gegeneinander auszuspielen, daß das Land erst in den letzten Apriltagen 1945 unter stärkstem Druck der Alliierten in den Krieg gegen Deutschland eintrat, ohne dann auch nur einen Schuß abgeben zu müssen.

Der zunehmende Druck der Sowjetunion auf die türkische Ostgrenze, der sich schon 1945 durch die Aufkündigung des Neutralitäts- und Nichtangriffspakts abzeichnete und der in Gebietsforderungen gipfelte, wurde vom Westen mit der Truman-Doktrin beantwortet: Die westlichen Länder garantierten militärische und wirtschaftliche Hilfe zur Wahrung der Unabhängigkeit der Türkei. Mit diesem Schritt begann die Integration der Türkei in die politischen Systeme des Westens. Sie wurde wie Griechenland in die Wirtschaftshilfe des Marshall-Plans einbezogen, beteiligte sich am Pariser Abkommen über wirtschaftliche Zusammenarbeit in Europa (OECD) und trat am 8. 8. 1949 dem Europarat bei. Die politische Anbindung an den Westen, vor allem an die Vereinigten Staaten, führte schließlich im Jahr 1952 zum Beitritt der Türkei in die NATO.

Wenn es auch in den Parteien der Türkei unterschiedliche politische und ideologische Zielsetzungen gibt – sei es der Anspruch, als Ordnungsmacht im Nahen Osten aufzutreten, seien es pantürkische Bestrebungen hin zu einem großtürkischen Reich unter Einschluß der türkischen Völker der ehemaligen Sowjetunion oder eine islamisch-fundamentalistische Orientierung –, so bleibt die offizielle Politik Ankaras westorientiert. Die Türkei versteht sich als wichtiger Außenposten der NATO und der westlichen Welt, was nicht zuletzt in ihrem Wunsch deutlich wird, der Europäischen Union beizutreten.

Geschichte

Zeittafel zur Geschichte Anatoliens

Vor 7000 v. Chr.	Paläolithikum. Höhlen von Karain, Beldibi und Belbaşı; primitive Steinwerkzeuge und Waffen.
7000–5000 v. Chr.	Neolithikum. Besiedlung von Hacılar (bei Burdur); erste Belege für jungsteinzeitlichen Ackerbau.
um 6500–5500 v. Chr.	Çatal Hüyük wird kultureller Mittelpunkt Anatoliens.
5000–3000 v. Chr.	Chalkolithikum. Dorfkulturen mit Arbeitsteilung. Älteste Siedlungen in Alaca Hüyük, Alischar, Can Hasan und Beycesultan.
um 2500–2000 v. Chr.	Blütezeit der hattischen Fürstentümer; erste größere soziale Organisation in Anatolien.
um 2000 v. Chr.	Beginn der hethitischen Invasion, die zur Bildung neuer Kleinstaaten führt; Blüte der Keramikkunst.
um 1950–1750 v. Chr.	Zeit der assyrischen Handelskolonien mit dem Zentrum Karum Kanesch (Kültepe bei Kayseri); assyrisches Handelsnetz in Anatolien; erste schriftliche Quellen auf Tontafeln.
1650–1500 v. Chr.	Althethitisches Königreich mit der Hauptstadt Hattuscha; Konföderation von Fürstentümern.
1450–ca. 1200 v. Chr.	Hethitische Großreichszeit mit einer Ausdehnung über weite Teile Anatoliens und Syriens.
um 1200 v. Chr.	Zusammenbruch des Hethiterreiches unter dem Druck der Seevölker. Im Süden des Reiches bilden sich späthethitische Stadtstaaten unter assyrischer Oberherrschaft.
900–580 v. Chr.	Reich von Urartu im Gebiet des Van-Sees. Blüte in der Mitte des 8. Jh. Keilschrift und Hieroglyphen, Pferdezucht und Metallarbeiten. Die Herkunft der Urartäer ist unbekannt.
1200–6. Jh. v. Chr.	Phrygisches Reich mit der Hauptstadt Gordion; Kult der Muttergottheit Kybele.
695 v. Chr.	Kimmerier zerstören auf ihrem Zug durch Anatolien das Reich der Phryger.
685–546 v. Chr.	Reich der Lyder mit der Hauptstadt Sardes (bei Salıhlı).
609–560 v. Chr.	Alyattes, König von Lydien, vertreibt die Kimmerier. In seine Zeit fällt wahrscheinlich auch die Erfindung des Münzgeldes.
546 v. Chr.	Niederlage des Lyderkönigs Krösus gegen den Perserkönig Kyros II. Anatolien gerät unter persische Herrschaft.

Zeittafel

334/333 v. Chr.	Alexander der Große erobert den größten Teil Anatoliens.
323–280 v. Chr.	Nach Alexanders Tod teilen sich seine Feldherren (Diadochen) das Erbe. Beginn des Hellenismus. Herrschaft der Seleukiden in Kleinasien.
261–241 v. Chr.	Die Herrschaft von Eumenes I. führt zum Aufstieg Pergamons, das seine Blütezeit unter Eumenes II. (197–159 v. Chr.) erlebt.
230 v. Chr.	Attalos I. von Pergamon schlägt die in Anatolien eingefallenen Galater.
190 v. Chr.	Sieg der Römer über Antiochos den Großen; Anatolien wird weitgehend den Königen von Pergamon unterstellt.
133 v. Chr.	Attalos III. vererbt das pergamenische Reich den Römern; Beginn des römischen Einflusses in Kleinasien.
88–63 v. Chr.	Nach drei Kriegen gegen den pontischen König Mithridates VI. Eupator kommt es zu einer Neuordnung Kleinasiens: Einem Kranz römischer Provinzen werden mehrere Vasallenstaaten vorgelagert – vor allem als Schutz gegen das Partherreich im Südosten.
25 v. Chr.	Endgültige Neuordnung der Provinzen unter Augustus.
54–58 n. Chr.	Missionsreise des Paulus nach Ephesus; der Apostel schreibt einen Galaterbrief an die Gemeinden in Zentralanatolien.
98–117 u. 117–136	Die Regierungszeiten der römischen Kaiser Trajan und Hadrian bilden den kulturellen Höhepunkt der römischen Kaiserzeit in Kleinasien.
324	Konstantin I. besiegt seinen Mitregenten Licinius und wird Alleinherrscher im Römischen Reich.
330	Byzanz wird nach Umbenennung in Konstantinopel Hauptstadt des neuen Reiches.
391	Das Christentum wird Staatsreligion.
395	Nach dem Tod von Theodosius I. wird das Reich endgültig in Ost- und Westrom geteilt.
527–565	Die Regierungszeit Justinians I. markiert den Höhepunkt byzantinischer Machtentfaltung
610–641	Kaiser Heraklios. Ostrom wird zum Byzantinischen Reich, Griechisch wird Staatssprache; mit der ›Themenverfassung‹ erhält das Heer eine neue Grundlage. Auseinandersetzungen mit den Sassaniden; der endgültige Sieg im Jahr 628 stärkt das Reich.
636	Die Muslime unter dem Kalifen Omar besiegen ein byzantinisches Heer am Yarmuk; 638 wird Jerusalem von den Arabern besetzt.

König Mithridates von Kommagene trifft Herkules (Felsrelief bei Arsameia, 69–34 v. Chr.)

Geschichte

674–678 u. 717/718	Konstantinopel wird mehrfach von den Arabern belagert.
726–780 u. 813–843	Zeit des Ikonoklasmus (Bilderstreit), an dessen Ende sich die Bilderverehrung wieder durchsetzt.
1054	Kirchenschisma zwischen der römisch-katholischen und der griechisch-orthodoxen Kirche.
1071	Sieg der türkischen Seldschuken über das byzantinische Heer des Romanus IV. Diogenes, der gefangengenommen wird. Bürgerkrieg in Konstantinopel. Die Seldschuken dringen nach Anatolien vor.
1075	Nicäa (İznik) wird die erste Hauptstadt der Seldschuken.
1096–99	Erster Kreuzzug. Nicäa wird zurückerobert, 1099 auch Jerusalem.
1146	Der Zweite Kreuzzug scheitert bei Dorylaion (bei Eskişehir).
1187	Salah ad-Din (Saladin) nimmt Jerusalem ein; dies ist der Anlaß zum Dritten Kreuzzug. Friedrich I. Barbarossa ertrinkt im Juni 1190 im Chaleph (beim heutigen Silifke).
1219–37	Blüte des Seldschukenreiches unter Sultan Alâeddin Keykûbat I. Der Mevlâna Celâleddin Rûmi lebt und lehrt in Konya (gest. 1273).
1243	Sieg der Mongolen über die Seldschuken. Unter mongolischer Herrschaft zerfällt das seldschukische Reich. In der Folgezeit bilden sich unabhängige Fürstentümer (Emirate), deren bedeutendstes das der Osmanen wird.
1391	Die Osmanen belagern erstmals Konstantinopel. (weitere Belagerungen 1395, 1396 und 1400). Eroberung der türkischen Fürstentümer in West- und Mittelanatolien.
1402	Sieg des Mongolen Timur Lenk über den osmanischen Sultan Bayezıt I. bei Ankara. Bayezıt stirbt in der Gefangenschaft.
29. 4. 1453	Sultan Mehmet II. erobert Konstantinopel und macht die jetzt İstanbul genannte Stadt zur Hauptstadt des Osmanischen Reiches.
1517	Sultan Selim I. (1512–20) erobert Ostanatolien und Ägypten ebenso wie Mekka und Medina. Von nun an sind die Osmanen Träger der Kalifatswürde.
1520–66	Herrschaft des Sultans Süleyman I., des Prächtigen. Kulturelle und politische Blütezeit des Osmanischen Reiches.
1656–1715	Unterdrückung innerer Aufstände, zunehmende wirtschaftliche Abhängigkeit vom westlichen

Sultan Mehmet II. Miniatur, Sinan Bey zugeschrieben (Hofschule İstanbul, 1475)

Zeittafel

	Kapital. Großwesire aus der Familie der Köprülü bemühen sich um Reformen und eine Reorganisation des Reiches.
1683	Zweite Belagerung Wiens. Im Frieden von Karlowitz 1688 verliert das Osmanische Reich erstmals Gebiete von erheblichem Umfang (Ungarn und Siebenbürgen).
1839–71	Tanzimat-Periode (Reformzeit). Angesichts dauernder Gebietsverluste und des wachsenden europäischen Einflusses ist dies der Versuch, Technik, Schulsystem, Wissenschaft und das Militär-, Verkehrs- und Verwaltungswesen des Westens zu übernehmen.
1876	Erste osmanische Verfassung und erstes Parlament. 1877 setzt Sultan Abdülhamit II. die Verfassung außer Kraft und löst das Parlament auf.
1908	Jungtürkische Revolution und Wiedereinsetzung der Verfassung. 1909 Rücktritt des Sultans Abdülhamit II.; eine neue Verfassung wird eingeführt.
1912–13	Das Osmanische Reich verliert in den Balkankriegen bis auf Edirne die letzten europäischen Gebiete an die Balkanstaaten.
1914–18	Im Ersten Weltkrieg kämpfen die Osmanen an der Seite der Mittelmächte.
1920	Im Vertrag von Sèvres werden Gebietsabtretungen der Türkei und Einflußzonen der Siegermächte festgeschrieben.
1920	In Ankara tritt die Große Nationalversammlung unter Mustafa Kemal Paşa (Atatürk) zusammen.
1922	Die Türken besiegen die griechischen Besatzungstruppen und vertreiben die Griechen aus Kleinasien (Bevölkerungsaustausch). Aufhebung des Sultanats.
1923	Im Vertrag von Lausanne wird die Türkei in ihrer heutigen territorialen Gestalt anerkannt. Am 29. 10. 1923 wird die Republik Türkei ausgerufen; Mustafa Kemal Paşa wird zum Staatspräsidenten ernannt, 1924 wird das Kalifat aufgelöst.
1923–38	Reformen Atatürks (Kemalismus). Ausschaltung des islamischen Rechts, politische Gleichstellung der Frau, moderne Arbeits- und Sozialgesetzgebung und anderes mehr. Die sechs ›Prinzipien des Kemalismus‹ werden 1937 als Zusatzartikel in die Verfassung aufgenommen: Republikanismus, Nationalismus, Populismus, Etatismus, Revolutionsgedanke und Säkularismus (Laizismus).
ab 1945	Übergang zum Mehrparteiensystem.

Kemal Atatürk – mit ihm endete das Sultanat und damit das Osmanische Reich

Reisen durch Zentralanatolien

Ankara

Stadtgeschichte

Ankara – Hauptstadt der modernen Türkei

Stadtplan siehe hintere Umschlagklappe innen

Ankara erstreckt sich über viele Hügel und Berge; tiefe, schluchtartige Täler gliedern das Stadtbild. Die Hauptstadt der Türkei liegt auf einer Höhe zwischen 850 m und 1200 m, im Bereich der Wasserscheide des südlich der Stadt gelegenen Elma Dağı. Heute leben in Ankara ca. 4,2 Mio. Einwohner, doch der Zuwachs vollzieht sich wie in anderen Großstädten der Türkei in einer solchen Geschwindigkeit, daß Zahlen schnell Schall und Rauch werden. Hatte Ankara im Jahr 1923 etwa 30 000 Einwohner, so waren es schon 50 Jahre später 1,5 Mio. Bis 1980 stieg die Einwohnerzahl auf 2,3 Mio. an. Keine Stadtverwaltung hätte die Chance, im Bereich der Infrastruktur – Straßenbau, Strom- und Wasserversorgung, Hygiene – mit dieser Entwicklung Schritt zu halten. Eines der schwierigsten Probleme für eine Millionenstadt mit halbtrockenem Kontinentalklima stellt die Wasserversorgung dar. Das alte Ankara war auf Zisternen und Brunnen angewiesen. Die Wasser des Elma Dağı, die einst über eine römische Wasserleitung – 1890 wiederhergestellt – in die Stadt geleitet wurden, bildeten den Grundstock für die Versorgung. Der erste große Staudamm des Landes, der die Versorgung der Hauptstadt sicherstellte, wurde 1936 im Çubuk-Tal errichtet. Heute existieren rund um die Stadt Stauseen, die zugleich als Naherholungsgebiete dienen.

Die stürmische Entwicklung Ankaras schuf ein heterogenes Stadtbild. Neben dem alten historischen Kern um die Zitadelle herum erstreckt sich die moderne Stadt im Süden und Westen mit planmäßig angelegten Stadtvierteln und den Repräsentativgebäuden. Die Altstadt wird von dem unübersehbaren Wildwuchs der *Gecekondus* eingerahmt, über Nacht von arbeitsuchenden Landarbeitern errichtete, primitive Behausungen. Dazwischen findet man, vor allem in der Beckensohle, Freiflächen, die Sport und Vergnügen, teilweise auch militärischen Zwecken vorbehalten sind.

Ankara ☆☆
Besonders sehenswert:
Tempel des Augustus
Ankara Kalesi
Arslanhane Camii
Hethitermuseum

Stadtgeschichte

Ankara ist seit dem 13. 10. 1923 Hauptstadt des türkischen Staates. Schon einmal in ihrer Geschichte besaß die Stadt eine vergleichbar herausgehobene Position, als sie 25 v. Chr. – im Zuge der territorialen Neuordnung Kleinasiens durch Augustus – Hauptstadt der neu eingerichteten römischen Provinz Galatia wurde. Zum Dank dafür benannten die Bewohner ihre Stadt um und gaben ihr den griechischen Namen für Augustus: Sebaste. Aber die Geschichte der Stadt reicht viel weiter zurück. Der Zitadellenhügel wurde von den Hethi-

◁ *Atatürk-Mausoleum*

Ankara

Die Nationalversammlung in Ankara ist der Sitz der türkischen Legislative

tern als Stützpunkt genutzt und trug den Namen Ankala bzw. Ankuwasch. Laut Pausanias jedoch, einem griechischen Schriftsteller aus dem 2. Jh. n. Chr. – bekannt durch seine Beschreibung Griechenlands – war das alte Anakara eine phrygische, von König Midas gegründete Stadt. Rund um den Anıt Tepe herum – heute steht dort das Symbol der neuen Türkei, das Atatürk-Mausoleum – wurden zahlreiche phrygische Tumuli ausgegraben, die bestätigen, daß die Stadt zumindest in phrygischer Zeit eine gewisse Bedeutung gehabt haben muß.

Ankara teilte in der Folgezeit das Schicksal vieler anderer Städte Mittelanatoliens. Nach kurzer Zugehörigkeit zum Reich der Lyder geriet es nach der Niederlage des Krösus 546 v. Chr. unter persischen Einfluß. Auch die neuen Herren maßen der Stadt Bedeutung zu, denn sie ließen die Trasse der berühmten Königsstraße von Sardes, dem Sitz des persischen Satrapen in Kleinasien, nach Susa, der Hauptstadt des Perserreiches, über Ankara legen. 278 v. Chr. eroberten die Galater dieses Gebiet und machten Ankara zu ihrem Zentrum. Attalos I. von Pergamon befriedete schließlich die Region. Im Jahr 74 v. Chr. wurde der Herrscher von Pontus, Mithridates der Große, der 88 v. Chr. das Gebiet um Ankyra, wie die Stadt damals hieß, seinem Reich einverleibt hatte, von Pompeius ganz in der Nähe der Stadt geschlagen. Von nun an war Ankyra fest in römischer Hand und wuchs zu einer blühenden Provinzhauptstadt und einem wichtigen Handelszentrum heran; man schätzt, daß in Ankyra während der römischen Kaiserzeit bis zu 200 000 Einwohner gelebt haben. In der Zeit des frühen Christentums war Ankyra Sitz eines Bischofs und Ort zweier Konzilien (315 und 358).

Die weitere Geschichte Ankaras bietet nur noch wenige historische Ereignisse, und die waren von eher negativer Bedeutung für die Stadt. So wurde sie 806 von dem Kalifen Harun al-Raschid erobert und geplündert und war Zeuge der Niederlage des Osmanensultans Bayezıt I. gegen den Mongolenherrscher Timur Lenk im Jahr 1402. Zu dieser Zeit hieß die Stadt Engüriye, in Europa als Angora bekannt; von da an verlor sich ihre Geschichte in provinzieller Mittelmäßigkeit.

Erst zu Anfang des 20. Jh. wurde Ankara wieder Schauplatz wichtiger Ereignisse. Nach der Niederlage und völligen Auflösung des Osmanischen Reiches im Ersten Weltkrieg stieg es zur Hauptstadt der neuen Türkei auf. Die neuen Machthaber entschieden sich für Ankara wegen seiner zentralen Lage und seiner verkehrstechnisch günstigen Voraussetzungen: Die Eisenbahnverbindung mit İstanbul bestand seit 1893.

Am 13. 10. 1923 wurde Ankara – nicht zuletzt unter dem Eindruck der vorangegangenen Besetzung İstanbuls durch die Entente-Mächte und des eben beendeten Krieges gegen die Griechen – zur Hauptstadt des neuen Staates erklärt. Die Stadt erlebte auch am 29. 10. 1923 die offizielle Proklamation der neuen türkischen Republik. İstanbul kam als Hauptstadt nicht in Frage, erinnerte doch zuviel an die zusammengebrochene osmanische Herrschaft. Diese geschichtliche Tradition zu überwinden und einen radikalen Neuanfang zu beginnen, war oberstes Gebot eines nationalen, auf Anatolien zurückgedrängten türkischen Staates.

Wahlveranstaltung für die DYP

Rundgang

Die neue Stadt

1923 war die Altstadt von Ankara noch kaum über ihr mittelalterliches Gebiet hinausgewachsen. Ein Gürtel von ausgedehnten Friedhöfen begrenzte die Siedlung im Westen und Süden, das schluchtartige Tal des Hatip Çayı im Norden und Nordosten war eine natürliche Barriere. Die neue Hauptstadt zählte damals ca. 30 000 Einwohner und bot schlechte Voraussetzungen für die weitere Entwicklung. Großzügige Erschließungspläne wie der Bau von Talsperren für die Wasserversorgung, die Einrichtung neuer Energieversorgungsanlagen und schließlich die Suche nach einer neuen städtebaulichen Konzeption wiesen den Weg. Zunächst entwarfen türkische Städtebauer die zentralen Verwaltungs- und Geschäftsviertel, 1927/28 beteiligten sich vor allem deutsche Architekten an den Projekten. Hermann Jansen gewann die Ausschreibung für die Stadtplanung des neuen Ankara. Nach 1933, als die aus dem nationalsozialistischen Deutschland emigrierten Wissenschaftler und Künstler hier eine neue Heimat fanden, wirkten vor allem Bruno Taut, Clemens Holzmeister und Paul Bonatz beim Ausbau der neuen Metropole mit.

Die zentrale Achse ist heute der von Nord nach Süd verlaufende Atatürk Bulvarı, der die Altstadt im Westen tangiert und hinauf zum Sitz des Staatspräsidenten führt. Alle wichtigen städtischen und staatlichen Institutionen sind am Atatürk Bulvarı oder in unmittelbarer Nähe angesiedelt. Südlich des Ulus liegt das Zentrum der otto-

Ankara

Ankaras Prater: der Gençlik Parkı

Ein Abstecher zum ›Atakulı‹ in Çankaya führt in ein exklusives Einkaufszentrum mit gewaltigem Turm, von dem aus sich ein atemberaubender Rundblick über Ankara bietet

manischen Stadterweiterung mit seinen Banken und dem alten Parlamentsgebäude. Südwestlich schließt sich der Gençlik Parkı (Jugendpark) mit einem großen Teich, Restaurants und Freizeiteinrichtungen an. Hier steht auch die **Oper** (1), eine von Bonatz 1948 umgebaute ehemalige Ausstellungshalle. Weiter südlich, neben und hinter dem Komplex des **türkischen Rundfunks** (2), liegen die Gebäude der 1935 gegründeten **Universität** (3). Jenseits der Eisenbahnunterführung beginnt das Herzstück der Jansenschen Stadtplanung. Yenişehir, die Neustadt, entfaltet sich in einem fächerartig angelegten Straßennetz; quer verlaufende, breite Straßen stellen die Ost-West-Verbindungen her. Wo sich der Atatürk Bulvarı und der Gazi Mustafa Kemal Bulvarı schneiden, entstand der Kızılay Meydanı, Kızılay-Platz, benannt nach dem Haus des Roten Halbmonds, der islamischen Parallelorganisation zum Roten Kreuz (heute hat das Gebäude eine andere Verwendung). Hier entwickelte sich nach dem Zweiten Weltkrieg das moderne Zentrum der Stadt. An der Südseite des Platzes steht das Güven Anıtı, das **Vertrauensdenkmal** (4), von Anton Hanak und Josef Thorack nach Plänen von Clemens Holzmeister 1932–36 errichtet. Es symbolisiert die nationalen Tugenden: Vaterlandsliebe, Schaffensfreude und Friedensliebe. Weiter südlich schließen sich die Ministerien an. Sie gehören zum Regierungsviertel, das seinen optischen Abschluß durch die wuchtige, 1938–62 von Holzmeister erbaute **Nationalversammlung** (5) erhält. Der österreichische Architekt hat dieses Viertel auch durch den Bau zahlreicher Ministerien um das Jahr 1935 maßgeblich mitgestaltet.

Der Atatürk Bulvarı führt nun hinauf zum Stadtteil Kavaklıdere, wo in den 30er Jahren die meisten ausländischen Botschaften in schön gelegenen Gärten entstanden sind, und weiter nach Çankaya. Hier befinden sich der **Cumhurbaşkanlığı Köşkü** (6), der Sitz des Staatspräsidenten, 1931/32 von Holzmeister erbaut, und das ehemalige Wohnhaus Atatürks, das dieser in der ersten Zeit nach der Republikgründung bewohnte. Heute ist hier das **Atatürk Müzesi** (7) untergebracht, ein Museum mit Erinnerungsstücken aus dem Leben Atatürks. Çankaya ist die bevorzugte Wohnlage der Oberschicht, nicht nur wegen der Nähe zum Regierungsviertel, sondern auch weil die Verschmutzung der Luft in den Tälern und im Becken der Stadt bei windstillen Inversionswetterlagen bisweilen zu extremen Werten ansteigt. Ankara gilt nach einer UN-Studie als die Hauptstadt mit der höchsten Luftverschmutzung der Welt.

Yenişehir wird optisch von der **Kocatepe Camii** (8) beherrscht, einem weithin sichtbaren Symbol der sich verstärkenden Religiosität der Bevölkerung. Die Moschee wurde in den Jahren 1967–88 aus privaten Spenden errichtet, faßt ca. 20 000 Gläubige und ist damit die größte in der Türkei. In Anlage und Konzeption hat die Süleyman-Moschee in İstanbul Pate gestanden.

Folgt man dem Gazi Mustafa Kemal Bulvarı vom Kızılay-Platz nach Westen, erreicht man nach ca. 800 m die **Maltepe Camii** (9) im gleichnamigen Wohnviertel. Auch sie ist ein Bau aus neuerer Zeit, der mit den beiden Minaretts und dem Baukörper den Moscheetyp der hochosmanischen Epoche imitiert. Mit ca. 22 m im Geviert gehört sie zu den größeren Moscheen der Stadt.

Der Gazi Mustafa Kemal Bulvarı erreicht nach knapp 1 km den Tandoğan Meydanı; die Anıt Caddesi führt von hier links hinauf zum **Anıt Kabir** (10), dem Mausoleum Atatürks auf dem Anıt Tepe. Die Anlage wurde in den Jahren 1944–53 zu Ehren des Gründers und Schöpfers der modernen Türkei von Emin Onat, einem Schüler von Paul Bonatz, erbaut. Atatürk erhielt hier genau 15 Jahre nach seinem Tod am 10.11.1938 seine letzte Ruhestätte, nachdem er zuvor im Kuppelsaal des Ethnographischen Museums in einem Sarkophag aufgebahrt war. Der offizielle Zugang liegt im Norden der weitläufigen Anlage. Entlang einer 260 m langen und 30 m breiten Ehrenstraße stellen nachgebildete hethitische Löwen den historischen Bezug zur ersten Großmacht auf anatolischem Boden her. Die Ehrenstraße wird an beiden Enden von kleineren Türmen begrenzt, die in symbolischem Zusammenhang mit der Gründung der Türkei und ihrer Verpflichtung für die Zukunft stehen; der ›Turm der Freiheit‹ und der ›Turm der Unabhängigkeit‹ am Beginn der Anlage und an ihrem Ende der ›Turm der Verteidigung der nationalen Rechte‹

Die Kocatepe Camii faßt rund 20 000 Menschen und ist damit die größte Moschee der Türkei

Ankara

Gegensätze vor dem Atatürk-Mausoleum

Anıt Kabir – das Atatürk-Mausoleum auf dem Anıt Tepe (erbaut 1944–53)

sowie der ›Turm des Mehmetcik‹, der dem unbekannten türkischen Soldaten und den Namenlosen, die im Unabhängigkeitskampf die Last des Krieges trugen, gewidmet ist. In diesen Türmen sind heute kleine Museen eingerichtet, in denen Exponate zur Entstehung des Mausoleums und aus dem Leben Atatürks ausgestellt sind. Über Treppenstufen erreicht man einen großen Hof, an dessen Ecken ebenfalls gedrungene Türme nationale Inhalte – Frieden, Sieg, Revolution und Republik – und Ereignisse verkörpern. In der offenen Wandelhalle auf der Westseite des Hofes befindet sich das Grab İsmet İnönüs, des Weggefährten Atatürks und zweiten Staatsoberhaupts. Auf der östlichen Seite erhebt sich das gewaltige Mausoleum, 72 m lang, 55 m breit und 21 m hoch, mit je zehn Pfeilern an den Längs- und 14 an den Querseiten. An der Außenwand sind in vergoldeten Lettern Auszüge aus einer Rede Atatürks zum zehnten Jahrestag der Republikgründung angebracht sowie sein Aufruf an die türkische Jugend, den Grundsätzen der kemalistischen Republik die Treue zu halten und sich aktiv für den Erhalt einer unabhängigen, nationalen, laizistischen und westlich orientierten Türkei einzusetzen. Im Inneren der Ehrenhalle schließlich steht der 40 t schwere, von Bruno Taut gestaltete Marmorsarkophag des Staatsgründers. Die vielbesuchte Anlage vermittelt eine ernste, feierliche Atmosphäre.

Die alte Stadt

Das alte Ankara ist heute historisch-topographisch nur noch mit seinem Kern um die Zitadelle herum zu fassen. Verkehrszentrum und günstiger Ausgangspunkt für eine Besichtigung ist der Ulus Meydanı mit dem bronzenen **Reiterstandbild Atatürks** (11). Das Denkmal wurde von dem österreichischen Bildhauer Heinrich Krippel entworfen und 1926 aufgestellt. Bevor man die Altstadtviertel besucht, sollte man einen Abstecher zu den Caracalla-Thermen und zum **alten Parlamentsgebäude** (12), einem ehemaligen ottomanischen Verwaltungsbau, machen. Es liegt am Cumhuriyet Bulvarı, etwa 200 m in Richtung Bahnhof. Hier trat erstmals am 23. 4. 1920 die Große Nationalversammlung zusammen, hier wurden die Weichen für die neue Zeit gestellt, hier rief man schließlich am 29. 10. 1923 die Republik aus. Das Parlament tagte bis 1925 in diesem Gebäude, zog dann in größere und hellere Räumlichkeiten um, bis es in das neue Domizil in Kavaklıdere verlegt wurde. Das alte Parlamentsgebäude ist heute ein Museum (Cumhuriyet Müzesi). Man kann den Plenarsaal besichtigen, der die alte Ausstattung beibehalten hat. Auf der gegenüberliegenden Straßenseite steht das älteste Hotel der Stadt, das **Ankara Palas** (13). Hier trafen sich Atatürk und seine Anhänger, um politische Vorstellungen zu definieren.

Geht man vom Ulus Meydanı ca. 400 m auf der Çankırı Caddesi nach Norden, dann erreicht man auf der linken Seite den eher unauffälligen Eingang zu der weitläufigen Anlage der **Caracalla-Thermen** (14). Das römische Bad aus der Zeit des Kaisers Caracalla (211–217) umfaßt eine große Palästra und das Thermengebäude. Zu sehen sind vor allem die Grundmauern der einzelnen Räume und die Hypokaustenanlage unter den beheizbaren Bereichen. Aus schmalen, kreisrunden Ziegeln errichtete Säulen sind in Fragmenten erhalten. Die Palästra, ein von Säulenhallen umgebener Vorhof, von dem nur wenige Reste der Nordseite bestehen blieben, diente als Übungsraum der Ringer und für andere sportliche Betätigungen. Von der Palästra aus erreichte man die Umkleideräume und das Kaltbad *(frigidarium)* mit dem Schwimmbad *(piscina)*. Von hier aus betrat man die geheizten Säle mit Becken für lauwarmes Wasser und schließlich das Dampfbad *(caldarium)*, das sich in der nordwestlichen Ecke der Anlage befand. Die Palästra beherbergt heute eine umfangreiche und sehenswerte Sammlung römischer Grabsteine. Daß der Ort schon vor dieser Zeit besiedelt war, zeigen phrygische Tonscherben, die bei den Ausgrabungen seit 1926 gefunden wurden. Die Thermen waren bis ins 10. Jh. in Betrieb; dann fielen sie einem Brand zum Opfer. Brauchbares Material aus den Ruinen wurde in der Folge für den Hausbau genutzt.

Der Weg vom Ulus Meydanı in die Altstadt um die Zitadelle führt zunächst in nordöstliche Richtung. Auf halber Strecke zwischen dem Ulus Meydanı und dem Augustus-Tempel erhebt sich auf dem Hükümet Meydanı die 15 m hohe **Juliansäule** (15) aus acht quer-

Über die Herrschaft des Kaisers Julian:
»Von neuem läßt man Blut über die verlassenen Altarsteine strömen und ehrt die Götter mit Zeremonien, an die sich die Ältesten selbst kaum noch erinnern. (...) Es besteht Hoffnung, daß Rom wieder Großes hervorbringt.«
Libianus von Antiochia

Ankara

Das Reiterstandbild Atatürks auf dem Ulus Meydanı, dem Verkehrszentrum der Stadt

kannelierten Säulentrommeln, die von einem byzantinischen Kapitell bekrönt wird und auf der sich seit Jahren ein Storchenpaar niedergelassen hat. Sie stammt aus dem 4. Jh. n. Chr. und war wohl dem frühbyzantinischen Kaiser Julian Apostata dem Abtrünnigen (361–363) geweiht, der nach der Zeit Konstantins noch einmal versuchte, den Glauben an die römischen Götter und den Kaiserkult wiederzubeleben. Unter Julians Herrschaft fand zum letzten Mal eine Chri-

Die alte Stadt

stenverfolgung statt. Im Jahr 362 besuchte er Ankara, und wahrscheinlich aus diesem Anlaß haben die Galater ihm zu Ehren die Säule errichten lassen. Julian fiel 363 im Kampf gegen die Perser.

Inmitten der Altstadt liegen an einem modern gestalteten Platz die Hacı Beyram Camii und der **Tempel des Augustus** (16) und der Dea Roma. Nach dem Ende des Bürgerkriegs hatte Augustus im Jahr 25 v. Chr. Kleinasien neu geordnet und Ancyra zur Hauptstadt der neuen Provinz erhoben. Die Stadt gewann an politischer Bedeutung, nahm in der folgenden Friedenszeit rasch an Einwohnern zu und kam zu großem Wohlstand. Als Dank ließen ihre Bürger einen Tempel zu Ehren des Kaisers bauen, in dem neben Augustus auch die Dea Roma, die personifizierte Gottheit Rom, verehrt wurde. Die göttliche Verehrung der Kaiser entsprach hellenistischer Tradition; sie wurde in der römischen Kaiserzeit als imperiale Klammer des Herrschaftssystems weitergeführt. Vor allem in den östlichen Provinzen kam dem Kaiserkult besondere Bedeutung zu. Augustus hatte es nicht zugelassen, schon zu Lebzeiten in Rom und Italien vergöttlicht zu werden; er gestattete dies aber in den Provinzen, wenn der Kult gleichzeitig der Dea Roma galt. So entstanden zu Beginn der Herrschaft des Augustus in allen Teilen des Reiches Tempel des Augustus und der Dea Roma. Spätere Kaiser hielten sich nicht mehr an den Grundsatz des Augustus und ließen sich schon zu ihren Lebzeiten als Götter verehren.

Der Augustus-Tempel wurde wahrscheinlich 25–20 v. Chr. auf den Mauern eines phrygischen Heiligtums für den Mondgott Men und die Muttergottheit Kybele erbaut, dessen Fundamente noch zu sehen sind. Der römische Tempel maß 36 m × 55 m und erhob sich auf einem 2 m hohen Podium, das über sieben Stufen zu erreichen war. Vier korinthische Säulen standen vor dem Pronaos, zwei weitere zwischen den Anten am entgegengesetzten Ende, dem Opisthodomos. Das Innere der Cella betrat man durch ein gut proportioniertes Tor von gewaltiger Höhe. Im 2. Jh. n. Chr. wurde der Tempel mit einer Säulenreihe in ionischer Ordnung umgeben. Damit erhielt er die Form eines Pseudodipteros mit je acht Säulen auf den Schmal- und je 15 Säulen auf den Längsseiten. In byzantinischer Zeit wurde der Tempel zu einer christlichen Kirche umgebaut. Die drei in die südöstliche Wand eingelassenen Fenster und die Erweiterung durch einen christlichen Chorraum im Nordosten sind deutlich zu erkennen. Im 15. Jh. wurde das Gebäude als Medrese genutzt und war Teil des Külliyebezirks der Hacı Beyram Camii. Auf diese Weise ist eines der bedeutendsten Dokumente der Antike erhalten geblieben, das sogenannte Monumentum Ancyranum oder die ›Res gestae Divi Augusti‹, der Bericht des Kaisers Augustus über sein Lebenswerk, der in der Zeit des Kaisers Tiberius (14–37 n. Chr.) angebracht wurde.

16 Monate vor seinem Tod hatte Augustus vier Dokumente im Tempel der Vestalinnen in Rom deponieren lassen: sein privates Testament, Anweisungen für sein Begräbnis, eine Erklärung über die finanzielle und militärische Situation des Reiches und schließlich

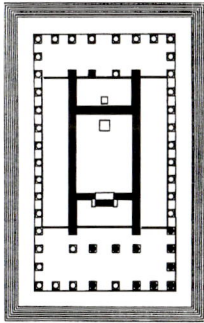

Tempel des Augustus, Grundriß

eben jenen systematischen Bericht über die Taten, die er im Lauf seines Lebens vollbracht hatte. Nur das letztgenannte Dokument ist durch die zweisprachige Inschrift – lateinisch und griechisch – am Tempel von Ancyra erhalten geblieben. Das Original, ein lateinischer Text, der, in Bronze gegossen, am Eingang des Augustusmausoleums in Rom angebracht war, ist verschollen. Hundert Tage nach dem Begräbnis des Kaisers wurde auf Beschluß des römischen Senats sein Tatenbericht in die Wände aller Augustus-Tempel des Reiches eingraviert. Es ist bemerkenswert, daß Reste dieser Inschrift einzig in Kleinasien gefunden wurden. So entdeckte man bei Ausgrabungen 1914 und 1924 in Antiochia in Pisidien, nahe dem heutigen Yalvaç, Fragmente des lateinischen Textes; 1821 und dann 1930 in Apollonia an der Grenze zwischen Pisidien und Phrygien, beim heutigen Uluborlu, Reste einer griechischen Fassung. Mit Hilfe dieser Fragmente konnte der Originaltext ergänzt und nahezu vollständig wiederhergestellt werden.

Zwischen den Anten, d. h. im Inneren des Tempels, befindet sich der lateinische, außen an der südöstlichen Seitenwand der griechische Text. In der östlichen Welt wurde die Koine, die griechische Umgangssprache, von allen verstanden und gesprochen, das Lateinische aber nur von einer latinisierten Oberschicht in Verwaltung, Militär und Kultus. Der lateinische Text beginnt auf der linken Seite im Pronaos mit den Worten »Rerum gestarum divi Augusti, quibus orbem terra(rum) imperio populi Rom(a)ni subiecit, et impensarum, quas in rem publicam populumque Romanum fecit (...).« Im folgenden beschreibt der Kaiser seine außenpolitischen, mit friedlichen oder kriegerischen Mitteln erzielten Erfolge, betont besonders die Fürsorge, die er dem Volk entgegenbrachte, wozu für die Römer auch die Ausrichtung von Spielen gehörte, und weist auf seine rege Bautätigkeit in Rom hin. Der berühmte Ausspruch, er habe die Stadt, die aus Lehmziegeln erbaut gewesen sei, in eine marmorne verwandelt, ist hier nachzulesen. Besonderen Wert legt Augustus auf die vielfältigen Ehrungen, die ihm im Lauf seines Lebens zuteil geworden seien; er betont aber immer wieder, daß er alle Würden, die ihn als unumschränkten Alleinherrscher hätten ausweisen können, abgelehnt habe. Auch die Volkszählung, die Augustus im Jahr 8 v. Chr. angeordnet hat und die Maria und Joseph veranlaßte, nach Bethlehem aufzubrechen, um sich zählen zu lassen, wie der Evangelist Lukas berichtet, ist hier erwähnt.

Die Inschrift wurde im Jahr 1555 von dem Flamen Ghiselin van Busbeck entdeckt, der sich als Leiter einer Gesandtschaft des späteren deutschen Kaisers Ferdinand I. am Hof Süleymans des Prächtigen aufhielt. Busbeck erkannte sofort ihre Bedeutung und berichtete über seinen Fund. Der deutsche Archäologe und Ingenieur Carl Humann nahm 1882 einen Gipsabdruck, der Theodor Mommsen als Grundlage für eine umfassende Übersetzung dieser »Königin der Inschriften« diente. Erst die heutigen Umweltbelastungen haben die Inschrift teilweise zerstört und irreparable Schäden verursacht.

»Von den Taten des göttlichen Augustus, durch welche er den Erdkreis der Herrschaft des römischen Volkes unterwarf, und von den Aufwendungen, die er für Staat und Volk von Rom machte.«

Die alte Stadt

Der Tempel des Augustus (Stahlstich von Texier)

An die Nordwestseite des Augustus-Tempels lehnt sich die **Hacı Beyram Camii** (17) an. Sie und die ihr vorgesetzte Türbe stammen in ihrer ursprünglichen Form aus dem Jahr 1427. Im 18. Jh. wurden sie gründlich umgebaut und mit Fayencen aus Kütahya ausgekleidet. Hacı Beyram Veli war ein Ortsheiliger, der 1430 in der Türbe beigesetzt wurde und dort bis heute verehrt wird. Er gründete in Ankara den Beyramı-Orden, einen Derwischorden, der sich sozialen Aufgaben widmete. Noch heute finden in dem Vorhof der Moschee alltäglich Beerdigungen statt. Die Moschee ist restauriert, die reich geschnitzten Holztüren aus der Gründungszeit befinden sich im Ethnographischen Museum.

Die Haci Beyram Camii ist die für Beerdigungszeremonien wichtigste Moschee in Ankara

Das **alte Basarviertel** (18), einer der malerischsten und ältesten Stadtbezirke von Ankara, liegt südlich der Hisarparkı Caddesi. Sehr lohnend ist ein Besuch der verwinkelten Gassen, der schmalen Verkaufsstraßen, der geräumigen Basarhöfe, des weitläufigen Marktes

Ankara

für Lebensmittel und des Vakıf Saduhan Çarşısı, auf dem Kleider und Gebrauchtwaren angeboten werden. Auf dem weiteren Weg zur Zitadelle liegen auf der linken Seite der Hisarparkı Caddesi die Reste eines **römischen Theaters** (19), wahrscheinlich aus der Zeit des Kaisers Hadrian (117–138), die erst vor einigen Jahren bei Sanierungsarbeiten entdeckt worden sind. Die Ruinenstätte ist z. Zt. nicht zugänglich, aber von der Straße, die oberhalb der Ausgrabungen verläuft, gut einzusehen: Die Sitzreihen, die Orchestra und das Theatergebäude sind in ihren Fundamenten zu erkennen. Man erreicht nun über Stufen den neu angelegten İnönü-Park. Diese Grünanlage liegt an der Stelle des ehemaligen griechisch-armenischen Viertels, das 1917 während der Armenierpogrome niedergebrannt wurde.

Die Zitadelle der Stadt, die **Ankara Kalesi** (20), markiert das älteste Siedlungsgebiet von Ankara. Sie thront beherrschend auf einem 120 m hohen Andesitkegel über der Altstadt. Die ältesten Funde auf dem Hügel und in seiner Umgebung belegen, daß die Besiedlung bis in die hethitische Zeit zurückreicht. Die Burganlage stammt in ihrer Grundstruktur aus der Zeit des Kaisers Heraklios (610–641), der sie nach der Rückeroberung der Stadt von den Persern im Jahr 630 errichten ließ; 804 n. Chr. wurde die Zitadelle von Kaiser Nikephoras Phokas befestigt. Die Mauern der Festung, die als uneinnehmbar galt, sind mit Spolien aus antiker Zeit ›geschmückt‹. Alles, was sich als dauerhafter Baustoff anbot, wurde vermauert – Säulenschäfte, Architrave, Podeste und vieles mehr. Vom äußeren, 1500 m langen Mauerring sind noch 15 der ehemals 18 Bastionen und Türme erhalten; man durchquert ihn durch zwei Tore. Das Hisar Kapısı ist das interessantere der beiden äußeren Burgtore. Es liegt oberhalb des Archäologischen Museums und wird von zwei mächtigen Bastionen flankiert; heute steht ein Uhrturm auf dem Tor. Wochentags findet auf dem Platz vor dem Hisar Kapısı ein lebhafter Markt für Trockenfrüchte und Gewürze statt. Die untere Mauer wurde wahrscheinlich von Kaiser Michael II., dem Trunkenbold (820–829), erbaut, um die Festung nach zwei erfolglosen Angriffen der Araber unter Harun al-Raschid zu verstärken. Im Jahr 838 n. Chr. allerdings wurden Ankara und die Zitadelle vom Kalifen al-Mutasim eingenommen und die Festungsmauern geschleift. Doch die Burg ist in seldschukischer und osmanischer Zeit immer wieder aufgebaut worden.

Den inneren Teil der Festung erreicht man durch eine verwinkelte Toranlage (Parmak Kapısı), deren Turm auf 8 m Dicke verstärkt wurde und den letzten Rückzugspunkt im zentralen Teil der Zitadelle bildete. Das Burginnere wurde in osmanischer Zeit besiedelt und war lange Zeit ein verarmtes Wohnviertel. Heute zeigt es nach umfangreichen Sanierungsarbeiten ein freundliches Bild. Kleine Grünanlagen mit Brunnen, restaurierte alttürkische Wohnhäuser, wiederhergestellte Moscheen, vor allem die Alâeddin Camii, erweiterte Plätze, malerische Gassen und nicht zuletzt der prächtige Rundblick von einer neuen Aussichtsterrasse in einer Grünanlage bei der Ak Kale, heute eine militärische Sperrzone, machen die Zita-

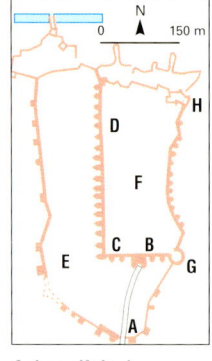

Ankara Kalesi
A Hisar Kapısı
B Zindan Kapı
C Parmak Kapısı
D Genç Kapı
E Dış Kale äußere Burg)
F İç Kale (innere Burg)
G Şark Kale
H Ak Kale

Die alte Stadt

Der Burgberg von Ankara, mit ›Gecekondus‹ bebaut, ist das älteste Siedlungsgebiet der Stadt

delle wieder zu einem lohnenden Ziel. Man sollte nicht versäumen, hinter dem verwinkelten Haupttor zur inneren Burg rechts hinauf über eine Treppenanlage auf den Mauerkranz zu steigen und den Blick über die *Gecekondus* in Osten und Norden und die modernen Stadtviertel in Süden und Westen schweifen zu lassen.

Eine charakteristische Erscheinung türkischer Großstädte ist der ungeplante Wildwuchs der *Gecekondus*, buchstäblich ›über Nacht gebauter‹ Siedlungen. Die Bewohner dieser Stadtviertel bemühen sich, in aller Eile die Mauern neuer ›Häuser‹ hochzuziehen und mit einem Dach zu versehen. Nach altem islamischem Recht war es verboten, ein Haus, das mit einem Dach gedeckt ist, dem Besitzer wegzunehmen oder zu zerstören. Die Behörden scheuen sich, moderne Gesetze wie das von 1966 anzuwenden, das auch die radikale Beseitigung des Siedlungswildwuchses vorsieht.

Die *Gecekondus* sind mit Slums oder Elendsquartieren jedoch nicht zu vergleichen. Die einzelnen Viertel einer Siedlung bilden feste ›Nachbarschaften‹, die auf gemeinsamer ländlicher Herkunft ihrer Bewohner basieren. Die Entwicklung hin zu einer Art Vorstadt wurde durch staatliche Maßnahmen gefördert. Grundlegende infrastrukturelle Einrichtungen machten die *Gecekondus* im Grunde zu Stadtteilen. Einfache Läden, Dienstleistungseinrichtungen, zunächst kleinere, später größere Moscheen, Schulen und Verkehrsanbindung veränderten sehr rasch den ursprünglichen Charakter der Siedlungen. Der Anschluß an Wasser- und Stromversorgung, teilweise schließlich auch an die Kanalisation schloß den Prozeß der Verstädterung ab. Vielfach blieb allerdings der dörfliche Charakter erhalten. Nicht selten findet man auch heute noch Kleintierhaltung sowie Gemüse- und Obstanbau für den Eigenbedarf. Die Dimensionen der *Gecekondus* sind beträchtlich. Ihr Anteil an der Einwohnerschaft

Die Mihrab-Nische der seldschukischen Arslanhane Camii ist mit schwarzen und blauen Fayencen kunstvoll ausgeschmückt. Die Innenwölbung des Mihrab zeigt kleinmustrige, abwechslungsreiche Ornamentflächen. Eine Schriftzone aus Fayencen und Stuck sowie Fayencebänder im unteren Teil füllen den Hintergrund der Nische aus. Den Rahmen bildet ein Schriftband, das durch Blütenornamente aufgelockert und von einem weiteren Flechtband begrenzt wird

beträgt z. B. in Ankara ca. 70 %. Der starke Bevölkerungszuwachs auf dem Land bei nicht mehr zu vergrößernden landwirtschaftlichen Ressourcen, in den Städten dagegen die erhöhten Chancen auf Arbeit, die Vorteile der besseren ärztlichen Versorgung und der erweiterten Bildungsmöglichkeiten für die Kinder sind wesentliche Motive für die Landflucht und die Entstehung von *Gecekondus*.

Einen Besuch lohnt im Süden der äußeren Burg die **Alâeddin Camii** (21), die aus seldschukischer Zeit stammt und zu den ältesten

Die alte Stadt

Moscheen der Stadt gehört. Sie wurde 1178 unter dem Sultan Izzeddin Kılıç Arslan II. errichtet und in osmanischer Zeit mehrfach restauriert. Antike Spolien sind in den Bau der Vorhalle einbezogen worden und darüber hinaus im Hof sowie an der Straße aufgestellt. Beachtenswert ist vor allem die kunstvoll geschnitzte Freitagskanzel, ein Meisterwerk seldschukischer Holzschnitzkunst.

Unterhalb des Hisar Kapısı liegt die **Arslanhane Camii** (22), die Löwenhof-Moschee, so benannt nach einem antiken Marmorlöwen,

Ankara

Die Arslanhane-Moschee kann heute nur zu Gebetszeiten durch einen seitlichen Eingang betreten werden

der früher im Hof aufgestellt war. Sie gehört zu einer Külliye, einem komplexen Moscheebezirk, deren übrigen Teile jedoch zerstört oder überbaut sind. Lediglich die Türbe des Gründers der Anlage ist noch in einem umbauten Hof erhalten geblieben. Die Moschee ist aus Bruchsteinen errichtet und ca. 28 m × 25 m groß. Das Portal aus Marmor, das in typisch seldschukischem Stil über die Wandhöhen hinaufgezogen ist und eine reich gegliederte Stalaktitennische aufweist, sowie das Minarett bilden den einzigen äußeren Schmuck. Antike und seldschukische Spolien sind in die Wände eingebaut. Die Arslanhane Camii gehört zu dem Typ der sogenannten Holzsäulen- oder Waldmoscheen, von denen es nur noch wenige Beispiele in Anatolien gibt. Die 24 Säulen aus Zedernholz sind mit Stuck überzogen und flammend-holzimitierend bemalt. Auf den Kapitellen – Spolien aus römischer und byzantinischer Zeit – liegen vier mächtige Architrave, die ein gewaltiges Holzdach mit leicht erhöhtem Mittelschiff tragen. Damit entsteht ein Pfeilerbau mit einer fast quadratischen Raumstruktur. Besonders erwähnenswert ist eine Gebetsnische (Mihrab), wie man sie in dieser Motivvielfalt nur noch in der Eşrefoğlu-Moschee in Beyşehir bewundern kann. Schwarze und blaue Fayencen sind in Gipsgrund eingelegt und bilden die unterschiedlichsten Muster; auffällig ist das Motiv der zweiblättrigen Blüte, das eine zentrale Rolle in der seldschukischen Ornamentik spielt. Bedeutsam ist auch die Freitagskanzel (Mimber), die mit ihren feinen Tiefschnitzereien an der Stirnseite – abwechselnd achteckige Flächen und fünfzackige Sterne und ein Rahmen aus Blütenbändern – zu den herausragenden Arbeiten seldschukischer Holzschnitzkunst gehört.

Nur durch eine schmale Gasse von der Moschee getrennt, liegt östlich in einem Hof die Türbe des Ahi Şerifeddin. Er stiftete die Anlage 1290/91, zu einer Zeit, als der Ahi-Orden über großen Einfluß in Ankara und anderen Städten der seldschukischen Emirate verfügte. Die Ahis waren Mitglieder einer mittelalterlichen Bruderschaft von Kaufleuten und Handwerkern, die enge Beziehungen zu den verschiedenen Derwischorden hatten und soziale Notlagen durch karitatives Handeln zu lindern suchten (Ahi-Bruderschaften, s. S. 373f.). Der kostbare Sarkophag des Ahi Şerefeddin steht heute im Ethnographischen Museum von Ankara. Die Türbe mit dem typischen achteckigen Baukörper und dem Spitzdach ist die einzige in Ankara erhaltene aus seldschukischer Zeit.

Folgt man der Can Sokak den Hang hinunter, an der sich zunehmend Geschäfte für Teppich-, Messing- und Kupferwaren ansiedeln, erreicht man nach wenigen Metern bei einer platzartigen Straßenerweiterung die kleine, 1382 gestiftete **Ahi Elvan Camii** (23), eine seldschukische Holzsäulenmoschee; in ihrer heutigen Form wurde sie 1413 neu erbaut. Das hölzerne Flachdach ruht auf zwölf Säulen, und auch hier sind zahlreiche Kapitelle aus römischer und byzantinischer Zeit verwendet worden. Der Gründer dieser Moschee war ebenfalls Mitglied der einflußreichen Ahi-Sekte.

Das Ethnographische Museum

An der Uluçanlar Caddesi liegt die aus osmanischer Zeit stammende **Yeni Cami** (24). Sie wurde 1565 von Cenabi Ahmet Paşa, einem Großwesir unter Süleyman dem Prächtigen, gestiftet. Der große osmanische Baumeister Sinan soll den Kuppelbau aus rotem Porphyr erbaut haben. Die Yeni Cami ist die größte der älteren osmanischen Moscheen Ankaras.

Museumsbesuche

Das Ethnographische Museum

Das Ethnographische Museum (25) erreicht man vom Atatürk Bulvarı aus über eine große Freitreppe. Auf dem Museumsvorplatz steht ein 1927 von dem italienischen Bildhauer Pietro Canonica entworfenes Reiterstandbild Atatürks, dessen Sockel mit Szenen aus dem türkischen Unabhängigkeitskrieg versehen ist. Im zentralen Saal markiert eine große Marmorplatte den Ort, an dem Atatürk nach der Überführung von İstanbul 1938–53 aufgebahrt war, bevor er in dem für ihn errichteten Mausoleum die letzte Ruhe fand. Fotografien an den

Hölzerner Mihrab im Ethnographischen Museum in Ankara

Wänden dokumentieren diesen Staatsakt. In den zehn Abteilungen des Museums wird eine umfangreiche Sammlung seldschukischer, vor allem aber osmanischer Kunst und türkischer Volkskunst gezeigt. Im rechten Gebäudetrakt sind Waffen, Gewänder, Glasgefäße und Kleinkunst ausgestellt, weiterhin alte Kelims aus dem 19. Jh. und Teppiche des 18.–20. Jh. aus den bekannten Teppichzentren Anatoliens. Im Raum V ist ein alttürkisches Zimmer mit Originalmobiliar und kostbaren Stoffen eingerichtet. Im linken, spiegelbildlich angelegten Teil des Museums vermitteln reich ausgemalte Prunkblätter einen Überblick über die osmanische Kalligraphie. Daneben sind Musikinstrumente ausgestellt, darunter Flöten, Trommeln und Becken, die typischen Instrumente der Janitscharenmusik. Im Raum VIII ist neben Koranabschriften besonders eine kleine Koranhandschrift in kufischer Schrift aus dem 9. Jh. erwähnenswert. Osmanische Schreibutensilien veranschaulichen die Schreibtechniken dieser Zeit.

Besonders beachtenswert sind in den Räumen IX und X erlesene Meisterwerke der seldschukischen Holzschnitzkunst: der Sarkophag des Gründers der Arslanhane-Moschee, Ahi Şerefeddin, aus dem frühen 14. Jh., eine prachtvolle Tür mit seldschukischen Mustern aus der Medrese des Çelebi Sultan Mehmet in Merzifon und der Thron aus der Kızılbey Camii in Ankara aus dem 13. Jh. Wichtige Exponate sind auch die mit Eisen beschlagene und mit Messingbordüren verzierte Holztür des Grabes von Seyit Battal Gazi aus dem 15. Jh. sowie Freitagskanzel und Gebetsnische aus dem Dörfchen Damsa (heute Taşkınpaşaköy) bei Ürgüp. Diese einzige erhaltene Gebetsnische aus Holz aus den Jahren um 1350 belegt den hohen Standard der Schnitzkunst in der Zeit der Emirate.

Das Hethitermuseum

Das Hethitermuseum ist mit der umfangreichsten Sammlung hethitischer Altertümer eines der bedeutendsten Museen der Welt

Das Museum für Anatolische Zivilisationen (26), das sogenannte Hethitermuseum, zeigt eine faszinierende Abfolge von Kunst- und Kulturgegenständen, die die ununterbrochene Besiedlung und die zivilisatorischen Leistungen Anatoliens von der Steinzeit bis in die römische Epoche bezeugen. Das Museum selbst besteht aus zwei Gebäuden aus osmanischer Zeit, einem überdachten Basar (Bedesten) und dem Kurşunlu Hanı. Den Bedesten ließ Mahmut Paşa, einer der Großwesire Mehmets II., des Eroberers, zwischen 1466 und 1472 erbauen. Der Innenhof ist von zehn Kuppeln überdacht und wird von einem Umgang mit ehemals 102 Läden gesäumt; einige von ihnen sind bei den Restaurierungen des 20. Jh. wiederhergestellt worden. Der Kurşunlu Hanı wurde von Ahmet Paşa, dem Nachfolger im Großwesirat, 1467–70 als Stiftung errichtet, und die Einkünfte kamen einer Armenküche in İstanbul zugute. Der Gebäudekomplex wurde nach einem verheerenden Brand im Jahr 1881 aufgegeben. Auf die Anregung Atatürks hin, die archäologischen Funde Anatoliens in einem zentralen Museum zu sammeln und aus-

Das Hethitermuseum

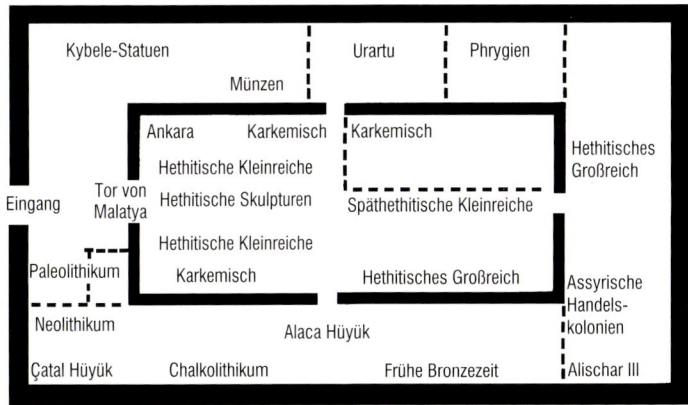

Das Hethitermuseum in Ankara, Themenbereiche

zustellen, begann man 1930, beide Gebäude zu restaurieren. Diese Arbeiten dauerten bis 1968, aber schon ab 1940 wurden unter der Leitung des deutschen Archäologen Hans Gustav Güterbock die Funde aufgestellt. Heute beherbergt der Bedesten die Ausstellungssäle, während in der Karawanserei Verwaltung, Forschungsräume, Bibliothek, Labors, ein Vortragssaal und Depots sowie Werkstätten untergebracht sind.

Das Museum ist chronologisch aufgebaut, von der Steinzeit bis hin ins klassische Altertum, ergänzt durch einen Ausschnitt aus der umfangreichen Münzsammlung, die bis in seldschukische und osmanische Zeit reicht.

Der Rundgang beginnt rechts des Eingangs. Die Funde aus der Zeit des **Paläolithikums** (bis ca. 8000 v. Chr.) stammen aus der Höhle von Karain etwa 30 km nordwestlich von Antalya. In diesem steinzeitlichen Zentrum wurden eine große Anzahl von Steingeräten und bearbeiteten Knochen sowie Teile eines Schädels des Neandertalertyps gefunden. Das Museum stellt Beile, Schaber, Lanzenspitzen, Ahlen, Nadeln und Schmuckstücke aus.

Um etwa 7000 v. Chr. wurden die Menschen in Kleinasien seßhaft. Das bedeutendste Zentrum des **Neolithikums** (8000–5000 v. Chr.) in Anatolien war Çatal Hüyük, dessen älteste Schichten aus der Zeit um 6800 v. Chr. datieren. Eindrucksvoll ist die Rekonstruktion eines Sakralraums dieser Siedlung. Die Wände waren mit Stierköpfen geschmückt, als Hochrelief oder plastisch gestaltet, zum Teil auch mit echten Stierköpfen, die mit Lehm verputzt waren. Unter den Wandmalereien – geometrische Verzierungen, pflanzliche Motive und Tier- bzw. Menschendarstellungen – verdienen die Jagdszenen mit Göttinnen und Tieren aller Art besondere Beachtung. Sie weisen auf Jagdzauber, aber auch schon auf die Verehrung einer Muttergottheit hin. Diese wird in den benachbarten Vitrinen als junges Mädchen, als Gebärende und – in würdevoller Haltung die Arme

Tonstatuette einer von Leoparden gestützten, gebärenden Göttin aus Çatal Hüyük

Ankara

Jungsteinzeitliche Vase aus Hacılar

auf zwei Leoparden gestützt – als Herrscherin über die Tierwelt dargestellt.

Der weitere Rundgang führt zu den Exponaten von Hacılar, aus der Spätzeit des Neolithikums (5700–5600 v. Chr.) und aus der nachfolgenden Periode, dem **Chalkolithikum** (5000–3000 v. Chr.). Unter den vielfältigen Gefäßformen, die zunehmend mit geometrischen Mustern verziert sind, befinden sich Schalen mit ovalem Mundstück, dickbäuchige Töpfe, große Vasen, rechteckige Schüsseln und Kannen. In die Spätzeit des Chalkolithikums fallen die ältesten Niederlassungen im nördlichen Teil Zentralanatoliens. Die Fundorte Alischar und Alaca Hüyük sind mit Exponaten vertreten, ebenso das am Van-See gelegene Tilkitepe. Hier wurde neben Geräten aus Obsidian auch sogenannte Buntkeramik gefunden.

Der Ausstellungsbereich III umfaßt Zeugnisse aus der **frühen Bronzezeit** (ca. 3000–2500 v. Chr.). Die Bewohner Anatoliens waren in diesen Jahrhunderten in der Lage, Bronze herzustellen und für die Produktion von Waffen, Gefäßen und Schmuck zu verwenden. Auch andere Metalle wie Kupfer, Silber, Gold und Elektron, eine Silber-Gold-Legierung, wurden verarbeitet. Die Funde aus den Fürstengräbern von Alaca Hüyük stellen einen der Höhepunkte des Museumsbesuchs dar. Den Großteil der Grabbeigaben bilden Gegenstände aus Gold, Silber, Elektron und Bronze, in den jüngeren Schichten auch aus Achat, Bergkristall und Bernstein. Ins Auge fallen die goldenen Gefäße und Schmuckstücke, darunter der durchbrochene Reif eines Diadems. Bei den Standarten handelt es sich wahrscheinlich um Deichselaufsätze an den Jochen vierrädriger Wagen, in denen die Fürsten bestattet wurden. Diese Totenwagen wurden in die Gräber gesenkt. Neben der Kultstandarte eines Hirsches aus Bronze mit Elektron und Bronzestandarten in Form von Sonnenscheiben mit Strahlenkranz, mit Stieren und Hirschen oder mit Stierhörnern an den Seiten sieht man Standarten mit flächenhafter Ornamentik und stärkerer Stilisierung. Die Standarten symbolisieren das Weltall; Strahlenkranz, Sonnenscheiben und Bogen mit Sternmotiven und fliegenden Vögeln stellen das Himmelsgewölbe dar, das bei einigen Standarten auch gleichsam von Stierhörnern unterfaßt und emporgehoben wird. Dieses Motiv erinnert an ein türkisches Märchen, in dem die Welt auf den Hörnern eines Ochsen ruht und jedesmal, wenn der Ochse seinen Kopf schüttelt, die Erde bebt. Die Standarten der hattischen Fürsten aus der späten Bronzezeit (2300–2000 v. Chr.) könnten die ersten bildlichen Darstellungen dieses Themas sein. Besondere Aufmerksamkeit verdient auch die silberne Statuette aus Hasanoğlan bei Ankara: Die vom Wirbel ausgehende geriffelte Musterung des Haares, die goldene Gesichtsmaske mit der ausgeprägten Nase, die kleinen, unter Goldplättchen verborgenen Brüste, der knopfartige, ebenfalls aus Gold bestehende Nabel und andere Stilelemente verweisen auf die hattische Goldschmiedekunst der frühen Bronzezeit. Die Funde aus den Fürstengräbern von Alaca Hüyük und aus Mahmatlar und Horoztepe zei-

Bronzezeitliche Hirschstatuette aus Alaca Hüyük

gen, daß zum Ende des 3. Jt. v. Chr. im mittleren Anatolien eine hochentwickelte Kultur bestand, die in der Gewinnung und Verarbeitung von Edelmetallen eine führende Rolle spielte.

Die folgenden Exponate stammen aus der Zeit der **assyrischen Handelskolonien** zwischen 1950 und 1750 v. Chr. Zu den herausragenden Ausstellungsstücken zählt ein bronzener Dolch, auf dem der Name des Anitta, des Königs von Kuschschar, in Keilschrift eingraviert ist; sein Name steht am Anfang der hethitischen Königsliste. Bei den ausgestellten Tontafeln handelt es sich meist um Urkunden über Kauf und Verkauf; sie geben Aufschluß über die Verwaltung der Handelsniederlassung Karum Kanesch und berichten von sozialen und privaten Angelegenheiten.

Vom Anfang dieser Periode datieren die ersten schriftlichen Zeugnisse in Anatolien, das damit in das historische Zeitalter eintritt

Unmerklich vollzieht sich der Übergang zur **hethitischen Periode**, die zwischen 1750 und 1200 v. Chr. angesetzt wird; ihr ist der Ausstellungsbereich V gewidmet. Besonders auffällig sind die Schnabelkannen mit hochgezogenem Auslauf; erstmals treten auch Elfenbeinarbeiten auf, wie z. B. eine nackte weibliche Statuette. Die meisten ausgestellten Funde stammen aus Kültepe/Kanesch. Andere wichtige Fundorte sind Acemhüyük, Alischar und Boğazkale/Hattuscha. Mit der Zusammenfassung der hethitischen Stadtstaaten zu einem zentralistisch regierten Reich und dem Ende der assyrischen Handelskolonien veränderte sich nicht nur das politische Kräfteverhältnis, sondern auch das kulturelle und künstlerische Schaffen. Aus der Zeit des **hethitischen Großreichs** (1400–1200 v. Chr.) stammen die beiden göttlichen Stiere Scheri und Hurri in der Form tönerner Libationsgefäße. Die Begleiter des Wettergottes von Hatti und Zugtiere seines Kultwagens wurden in Hattuscha gefunden und sind mit besonderer Sorgfalt gearbeitet. Allgemein ist in der Zeit des Großreichs jedoch der Formenreichtum der Tonwaren zurückgegangen, die Technik bei der Fertigung verflachte. Nur im kultischen Bereich finden wir herausragende Erzeugnisse wie die schon erwähnten Stiere oder ein Gefäß, das einen Kultraum darstellt. Besonderes Interesse verdienen die auffälligen Ton- und Schrifttafeln, darunter die Kopie des Abkommens nach der Schlacht von Kadesch zwischen Hethitern und Ägyptern im Jahr 1285 – das verschollene Original war in eine Silbertafel eingraviert. Es ist der älteste Friedensvertrag Anatoliens und begründete eine langjährige Freundschaft zwischen dem hethitischen und dem ägyptischen Königshaus.

Hethitischer Tonstier als Opfergefäß

Als besonderes Merkmal der hethitischen Kunst gelten die monumentalen Zeugnisse aus Stein. Deshalb empfiehlt es sich, den Rundgang zu unterbrechen und den Innenhof des Museums zu besichtigen. Die **hethitischen Großplastiken** sind zum größten Teil Orthostaten, die als skulptierte Steinplatten die unteren Mauern von Palästen, Aufgängen und Toranlagen zierten. Die Reliefs und Plastiken im Innenraum umfassen die ganze Periode hethitischer Herrschaft, wobei die Funde aus späthethitischer Zeit deutlich überwiegen. Um der Chronologie zu folgen, sollte man sich, durch den Südeingang kommend, zunächst nach links wenden (Ausstellungsbereich VI A).

Ankara

Als eine eigene Gruppe sind die Zeugnisse aus Alaca Hüyük anzusehen. Die **Flachreliefs** sind kaum modelliert, Körperformen nur stilisiert herausgearbeitet. Die Art der Darstellung jedoch ist typisch hethitisch, die schreitenden Priester und die Anbetenden sind streng im Profil wiedergegeben, Ausnahmen bilden nur der Jongleur und der Akrobat. Die Reliefs stellen in thematischer Einheit Libationsszenen dar, in denen sich der opfernde König in Begleitung der Königin und der Priester mit den Opfertieren dem Altar des Wettergottes von Hatti nähert, der hier in Gestalt seiner Stiere präsent ist. Besonders ansprechend sind die stilisierten, fast schon kalligraphisch anmutenden Tierdarstellungen: der angreifende Stier, der sich zurückwendende Hirsch und der Löwe im Sprung. Es sind Motive, die auf mesopotamische Bildtraditionen hinweisen und über Syrien in den mittelanatolischen Raum kamen. Die beiden gewaltigen Sphingen am Westeingang des inneren Bedesten sind Kopien. Die Originale befinden sich in Alaca Hüyük, wo sie ehemals den Tempelbezirk der hattisch-hethitischen Siedlung bewachten.

Auf der gleichen Seite, vor dem westlichen Zugang zur Halle, befindet sich ein weiteres Meisterwerk aus hethitischer Zeit. Mit großer Sorgfalt in den Details, in klarer Linienführung und starkem, majestätischem Ausdruck steht dem Besucher ein Krieger gegenüber, der einst am Königstor von Hattuscha Wache hielt. Es lohnt sich, die fein herausgearbeiteten Fingernägel, Brustwarzen, Kniegelenke und Gesichtszüge näher zu betrachten; auch die Darstellung der Kleidung und der Waffen zeigen das hohe künstlerische Niveau der hethitischen Steinmetze.

Dieser Krieger, der früher das Königstor in Hattuscha bewachte, zeigt die Kunstfertigkeit der hethitischen Steinmetze

Im Inneren des Bedesten sind hauptsächlich **Skulpturen und Orthostaten aus späthethitischer Zeit** aufgestellt. Dazu gehören die monumentalen Toranlagen von Arslantepe bei Malatya beim nördlichen Hauptzugang und auf der gegenüberliegenden Seite des Raumes die von Sakçagözü, die noch deutlich der hethitischen Tradition verpflichtet sind. Im Tor von Arslantepe fällt eine kleine Reliefplatte aus dem 10./9. Jh. v. Chr. ins Auge, auf der der Hethiterkönig Sulumeli dem Wettergott von Hatti ein Trankopfer darbringt. Die Toranlage wird von einer monumentalen Königsstatue und von einem mächtigen Portallöwen beherrscht, der noch ganz im sogenannten traditionellen Stil gehalten ist, mit einer starken Betonung der Körperlinien und deutlich stilisierter Mähne. Auf der Rückseite des Tores erscheint auf einer Steinplatte der Kampf der Götter mit der Illjanka-Schlange. Auf der rechten Seite des Tores sieht man ein figurenreiches Orthostatenrelief, auf dem wiederum der König Sulumeli ein Trankopfer darbringt. Er wird begleitet von den vier wichtigsten Göttern, unter ihnen an zweiter Stelle die geflügelte Kriegsgöttin Schauschga (Ischtar). Dieser Göttin bringt auf einem anderen Relief, links neben dem Portallöwen, die Königin ebenfalls ein Opfer dar.

Den größten Teil der Wände des inneren Bedesten nehmen die **Orthostaten von Karkemisch** ein, vielfach mit Szenen voller Dynamik, die in Aufbau und Modellierung der assyrischen Bilderwelt und

Reliefplatte von Arslantepe: Der König trägt einen langen Königsmantel, eine runde Kappe, die schon späthethitische Krempen hat, und Schnabelschuhe. In der linken Hand hält er einen Zeremonienstab als Zeichen seiner Herrschaft; mit der rechten Hand gießt er Öl aus einer Libationskanne in einen zweihenkligen Opferkrug. Hinter ihm wird ein Widder festgehalten, der geopfert werden soll. Dem König gegenüber steht der Wettergott Teschup von Hatti, der Hauptgott der Hethiter. In der Rechten trägt er einen Bumerang, in der Linken ein Bündel von Blitzen, die seine Bedeutung für die Fruchtbarkeit, zugleich aber auch seine Macht zum Ausdruck bringen sollen. Links von dieser Szene wird die Ankunft des Gottes dargestellt. Er fährt auf seinem Kampfwagen heran, der von den beiden heiligen Stieren Scheri und Hurri gezogen wird. Die Hieroglyphen zwischen den beiden Götterabbildungen stellen einerseits die Identität sicher und verbinden andererseits die zwei Szenen miteinander

Stilrichtung entnommen sind. Neben langen Prozessionen fallen Einzeldarstellungen besonders ins Auge. Auf der letzten Steinplatte der ›Herald's Wall‹, der Umfassungsmauer eines Heiligtums, umrahmen Löwe, Hirsch und Rind – Symboltiere der wichtigsten Gottheiten – die Figur eines Heros, der vermutlich als Beherrscher der Tiere aufzufassen ist. Auf einer anderen Platte, der dritten von links an der Ostwand, erschlägt eine männliche Figur, wohl ebenfalls ein Heros oder Gott, einen geflügelten Stier, dessen Kopf von einem hinter ihm stehenden Mischwesen, dem sogenannten Skorpionvogelmenschen, festgehalten wird. Durch die Hinzufügung solcher Mischwesen wird der Kampf in eine transzendente Sphäre gehoben. Zwischen diesen beiden Orthostaten fallen besonders die Abbildungen von Löwen- und bewaffneten Stiermenschen und die zweiköpfige Sphinx, alle aus dem 9. Jh. v. Chr., ins Auge. Auffällig ist der ständige Wechsel von Basalt- und Kalksteinplatten und damit von hellen und dunklen Farben. Dieser Effekt wurde in Anatolien schon im 14./13. Jh. bewußt eingesetzt und kehrt im 8./7. Jh. in der Architektur von Urartu wieder.

Zwischen dem östlichen und dem südlichen Eingang zum Innenraum beeindrucken vor allem die Orthostaten des ›Processional Entry‹ von Karkemisch. Eine Prozession wird von der Göttin Kubaba angeführt, deren hoher Thron auf dem Rücken eines kauernden Löwen aufgestellt ist. Hinter ihr schreiten Frauen mit Opfergaben in den Händen und Männer mit Opfertieren auf den Schultern. Vor ihr, schon im Inneren der Torwand, wird eine Musikszene wiedergegeben: Zu sehen sind ein Hornbläser und drei Musiker, die eine große Pauke halten. Auf der anderen Seite des Tores befindet sich eine Gruppe von Reliefs, die sich deutlich von den anderen abhebt. Die auf drei Platten dargestellten Personen sind durch Inschriften genau bezeichnet: Der König Araras führt Kamanas, den Kronprinzen, am Arm, während die übrigen Kinder der Herrscherfamilie mit unterschiedlichen Spielen beschäftigt sind. Das jüngste Kind wird noch auf dem Arm getragen. Die Reliefs geben ihre Inhalte besonders ausdrucksvoll wieder und zeigen in der lebendi-

Ankara

Basalt-Orthostatenrelief aus Karkemisch: Mischwesen mit Gott oder Heros (9. Jh. v. Chr.)

gen Form der Oberfläche, der Modellierung der Gesichter und der sorgfältigen Ausarbeitung der Haartracht ein hohes künstlerisches Niveau. Die Reliefs von Karkemisch setzen sich an der gegenüberliegenden Seite fort. Auf der ›Long Wall of Sculpture‹ werden hauptsächlich Kampfszenen dargestellt. Mond- und Sonnengott, die auf einem kauernden, überproportional langgestreckten Löwen stehen, schließen dann die Reihe ab.

Wieder zurück im äußeren Umgang vermittelt eine Karte in der Südostecke des Museums mit übersichtlicher Darstellung einen Eindruck von der räumlichen Verteilung der einzelnen aufeinanderfolgenden Kulturen in Anatolien.

Die folgende Abteilung VIII ist der **phrygischen Kunst** gewidmet (750–600 v. Chr.). Die meisten Ausstellungsstücke stammen aus den Grabhügeln von Gordion, vor allem aus dem 50 m hohen Tumulus A, der nach dem des Alyattes von Lydien der zweitgrößte Tumulus in Kleinasien ist. Die Grabkammer wurde unversehrt aufgefunden, und die ausschließlich aus Bronze bestehenden Grabbeigaben sind zum großen Teil in Ankara ausgestellt. Möglicherweise wurde der sagenhafte König Midas in diesem Tumulus beigesetzt. Die phrygischen Gefäße zählen mit ihrem ausgewogenen geometrischen und bildlichen Schmuck und ihren organisch geformten Hohlkörpern zu den Kostbarkeiten des Museums. Vor allem der formschöne Bronzekessel mit angesetzten Sirenenköpfen und das polychrome Rhyton in Form einer Spielzeugente, das in einem Kindergrab gefunden wurde, sind hervorzuheben. Bei den Bronzekesseln aus dem Tumulus A wird der Einfluß der Kunst von Urartu sichtbar. Die phrygischen Holzarbeiten, Tierdarstellungen sowie die prächtigen Schnitzereien und Intarsien mit reichem geometrischen Dekor sind künstlerische Höchstleistungen ihrer Zeit. In den Tumuli wurden auch Möbelstücke, Holzreliefs mit mythologischen Szenen und Figuren aus Elfenbein gefunden, von denen ein kleiner Teil hier ausgestellt ist. Die Gefäße sind mit Motiven in rötlichen und braunen Farben auf hellem Hintergrund bemalt.

In den phrygischen Bereich gehören auch die Kybele-Statuen, die in den restaurierten Läden am Ende des Osttrakts aufgestellt sind. Sie wurden in Boğazkale/Hattuscha, in Ankara und Gordion gefunden und stellen die Hauptgottheit der Phryger dar. Herausragend ist eine lebensgroße Kybele, die einen Vogel in der Hand hält als Zeichen, daß sie auch Schutzherrin der Tierwelt ist. Zwei Musikanten – der eine mit der phrygischen Doppelflöte, der andere mit einer Kithara – flankieren die Statue.

Aus **urartäischer Zeit** sind Beispiele der Freskomalerei und vor allem die Bronzearbeiten zu nennen, die über Phrygien bis nach Italien gelangt sind. Daneben sind bronzene Figuren und vor allem Tafeln, Gürtel, Schilde und Helme, Pferdegeschirre und Köcher zu sehen. Eine wichtige Gruppe von Exponaten stellen die Siegel dar. Neben Roll- und Stempelsiegeln wurden in Urartu erstmals solche in Form von Zylinderstempeln verwendet. Die Siegel sind reich verziert mit Darstellungen von Tieren, Fabelwesen und pflanzlichen Motiven.

Gegenüber dem Ostzugang zur inneren Halle ist ein eindrucksvolles Relief aufgestellt. Es stammt aus der großen Palastanlage in der Zitadelle von Kafkalesi, einer urartäischen Burg. Im Hintergrund sieht man einen Palast, flankiert und gegliedert von drei dreistöckigen Türmen und den typischen T-förmigen Fenstern. Am Sockel sind Lebensbäume zu erkennen. Zwischen den Türmen, wohl vor der Festung, stehen sich Löwen gegenüber, auf denen zwei geflügelte Genien stehen. Mit einem Blatt und einer Schale vollziehen sie einen Befruchtungsritus. Helme und Gewänder der Genien sind sehr reich gestaltet und sorgfältig gearbeitet. Auf den Zinnen des Palastes stehen sich Raubvögel paarweise gegenüber, die eine Palmette zwischen sich tragen; mit ihren Schnäbeln halten sie Hasen am Schwanz. Die Inschrift am oberen Rand des Reliefs gibt an, daß König Rusa II. (ca. 685–645 v. Chr.) die für das Trankopfer zu Ehren des Königs Haldi erbauen ließ. Die monolithischen Steinblöcke waren die Basen für die Lehmziegelpfeiler, die das Holzdach stützten.

Im letzten Teil des Osttrakts befinden sich **plastische Darstellungen aus griechischer und römischer Zeit**, darunter eine Figur des Mithras am Ende des Rundgangs. Der Kult des Mithras ist indoiranischen Ursprungs, lebte in Kleinasien wieder auf, erlangte nach dem Tod Alexanders des Großen in der Vermischung von Apoll und Helios zusätzliche Bedeutung und trat als Mysterienkult von Kleinasien aus seinen Siegeszug durch das römische Reich bis nach Germanien und Britannien an. Mithras, der Unbesiegbare, wurde besonders von den römischen Soldaten verehrt.

Im Garten des Museums sind zahlreiche Skulpturen aus römischer und byzantinischer Zeit aufgestellt, meist Torsi von Löwen und Adlern. Besonders auffällig ist der alles überragende Abguß der hethitischen Stele von Fassılar links im Eingang zur Gartenanlage. Das Original liegt etwa 14 km südöstlich von Beyşehir oberhalb des Dorfes Fassılar im Gelände. Die unvollendete Stele zeigt im unteren Teil einen Berggott, der von zwei Löwen flankiert wird. Auf seinem Kopf steht schwer lastend ein bartloser Gott in Schrittstellung, mit hoher Mütze und angedeuteten Hörnern, die rechte Hand in Grußhaltung erhoben. Ca. 30 t schwer und etwa 7,4 m hoch stellt die Stele ein gewaltiges Dokument aus hethitischer Zeit dar, dessen Bedeutung jedoch noch ungeklärt ist.

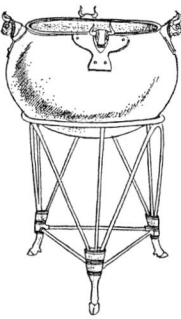

Urartäischer Kessel mit Stierköpfen aus Altıntepe (2. Hälfte 8. Jh. v. Chr.)

Der Norden und Nordosten

Hattuscha – Hauptstadt der Hethiter

Man verläßt Ankara auf der Hauptstraße nach Kırıkkale und Samsun, im Blick rechts der Höhenzug des Elma Dağı (›Apfelberg‹, 1862 m), links die Spitze des Hüseyingazi Dağı (1988 m). Gut 200 km sind es bis Hattuscha, der Hauptstadt des Hethiterreiches. Auf dem Weg dorthin wird das Hochland immer kahler, doch fasziniert das stets wechselnde Formen- und Farbenspiel der Natur: schwarze Basaltberge am Kızıl İrmak, stark erodierte rote Tuffsteinformationen bei Delice oder weiße Salzflöze vor Sungurlu. 8 km hinter Sungurlu zweigt eine Straße nach Boğazkale/Hattuscha ab, die Strecke ist ausgeschildert.

Hattuscha ☆☆
Besonders sehenswert:
Großer Tempel
Königsburg
Befestigungsanlagen

Die Entdeckung des Hethiterreiches

Im Jahr 1839 legte der französische Wissenschaftler Charles Texier in Paris die Ergebnisse seiner mehrjährigen Reisen durch Anatolien in dem berühmt gewordenen Werk ›Description de l'Asie Mineure‹ der Öffentlichkeit vor. Darin berichtet er über seine Entdeckungen in Boğazköy, dem heutigen Boğazkale, und Yazılıkaya. Er sei, so schreibt er, auf der Suche nach der alten Stadt Tavium gewesen, dem Hauptort der Galater, die er im inneren Bogen des Halys, des heutigen Kızıl İrmak, vermutete. Die Ruinen, die er in Boğazkale fand, setzte er mit dem gesuchten Ort gleich. Was er entdeckt hatte, historisch und archäologisch aber noch nicht einordnen konnte, war Hattuscha, die Hauptstadt der Hethiter. In der Folgezeit besuchten der Engländer William J. Hamilton und die Deutschen Heinrich Barth und Andreas David Mordtmann das Ruinenfeld und verbesserten die Zeichnungen Texiers. Erst Carl Humann, ein deutscher Straßenbauingenieur und später begeisterter Archäologe, zeichnete 1880 einen genauen Lageplan. Er stellte auch die ersten Gipsabdrücke von den Reliefs im Felsheiligtum von Yazılıkaya her, die heute im Pergamonmuseum in Berlin zu sehen sind.

Neben den Anlagen in Boğazkale waren auch an anderen Orten Anatoliens Felsdenkmäler gefunden worden, die auf einen engen Zusammenhang untereinander hindeuteten. Schon 1763 war man auf das späthethitische Felsrelief von İvriz gestoßen, 1837 fand Hamilton die Reliefs von Alaca Hüyük und im gleichen Jahr das Quellheiligtum von Eflatun Pınar in Pisidien. Im Jahr 1862 entdeckte der Franzose Georges Perrot das Bergrelief von Gavur Kalesi. Zehn Jahre später veröffentlichte er in seinem Werk ›Exploration archéologique de la Galatie et de la Bithynie‹ alle bis zu diesem Zeitpunkt entdeckten Monumente. Der englische Archäologe Archibald H. Sayce wagte die These, daß alle verwandten Funde zu einem Staat gehörten. Er nahm das bis dahin bekannte Quellenmaterial hinzu

»Als ich versuchte, die Stadt historisch einzuordnen, brachten mich die Großartigkeit und die Eigenart der Ruinen außerordentlich in Verlegenheit.«
Charles Texier 1834

◁ *Alte Medrese in Eski Gümş bei Gümüşhacıköy*

Der Norden und Nordosten

Der Norden und Nordosten

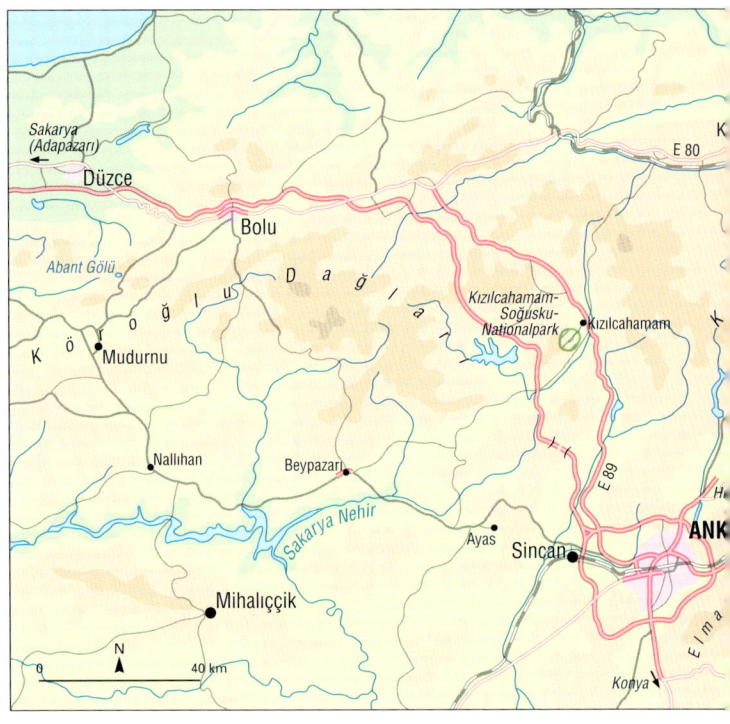

und nannte dieses Reich, dessen Zentrum er in Nordsyrien vermutete, ›hethitisch‹. Dieser Name hat sich schließlich eingebürgert, obwohl später schriftliche Quellen deutlich machten, daß sich die eingewanderten neuen Herrscher als ›Herren über das Land Hatti‹ bezeichneten, also wohl anderen Ursprungs waren.

Die erste Phase, in der vornehmlich Wissenschaftler und gebildete Laien das Land bereisten, wurde abgelöst durch systematische Forschungen und Ausgrabungen. Der Franzose Ernest Chantre führte in den Jahren 1893/94 am Burgberg (Büyükkale) von Boğazkale und in Kültepe/Kanesch erste Grabungen durch. Dabei wurde immer deutlicher, daß Boğazkale eine herausragende Bedeutung zukam. Die ersten systematischen Ausgrabungen von Hugo Winckler, Theodor Makridi und Otto Puchstein auf dem Burgberg von Hattuscha zwischen 1905 und 1912 erbrachten durch einen sensationellen Fund im Jahr 1906 schließlich den Nachweis, daß es sich hier um die Hauptstadt der Hethiter handelte: Ein zentrales Archiv mit ca. 2500 Keilschrifttafeln in akkadischer Sprache kam zutage. Für die historische Einordnung war besonders der hier aufbewahrte Staatsvertrag zwischen Ramses II. von Ägypten und dem Hethiterkönig Hattuschili III. aus der Zeit um 1275 v. Chr. von Bedeutung, der einen

Hattuscha – Hauptstadt der Hethiter

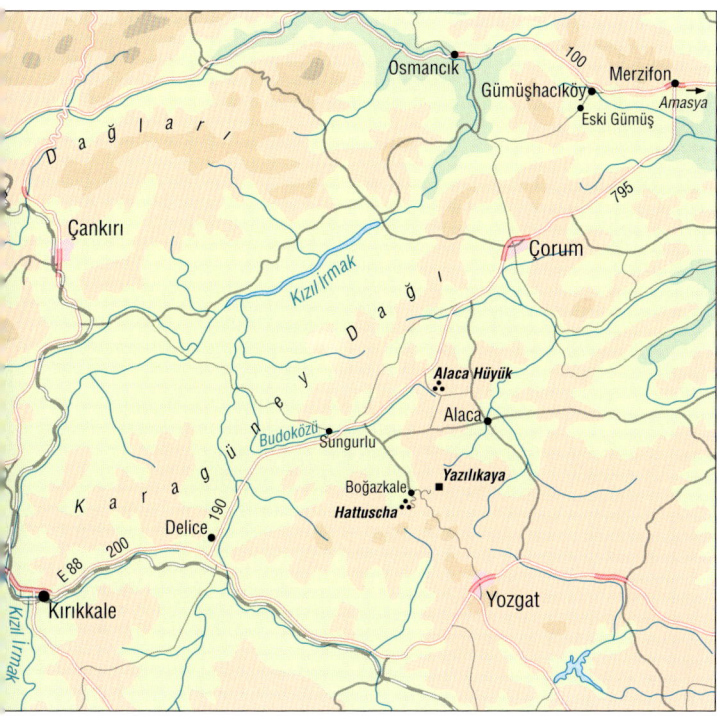

fünfzigjährigen Frieden zwischen den beiden Großreichen besiegelte. Zunächst konnte man nur den Text lesen, der in der Diplomatensprache des Vorderen Orients, dem Akkadischen, geschrieben war; der andere Teil der Urkunde war in einer bis dahin noch unbekannten Sprache abgefaßt. Erst 1915 gelang es dem tschechischen Sprachforscher Bedřich Hrozny, sie zu entziffern. Er stellte fest, daß es sich um eine indoeuropäische Sprache handelte, und konnte schon wenig später den Aufriß einer hethitischen Grammatik vorlegen. Damit waren die hethitischen Texte lesbar geworden.

Nun begann eine neue Phase der Erforschung des Hethiterreiches: Neben die archäologische Wissenschaft trat die Philologie. Doch der Erste Weltkrieg und der Griechisch-Türkische Krieg unterbrachen die Arbeiten vor Ort. Erst 1931 konnten die Grabungen unter der Leitung von Kurt Bittel wieder aufgenommen werden. Die Zeit des Zweiten Weltkriegs bedeutete eine weitere Zäsur.

Die Grabungsschwerpunkte in Hattuscha änderten sich im Lauf der Zeit. Ging es zunächst um die Erforschung des Büyükkale und des Tempels 1, des größten Tempels von Hattuscha, so konzentrierten sich die Archäologen in der Folgezeit auf die altassyrische, hethitische und phrygische Unterstadt. Unter der Leitung von Peter Neve,

Der Norden und Nordosten

der 1978 Bittels Nachfolger wurde, verlagerte sich der Schwerpunkt in die Oberstadt und zu den Befestigungsanlagen. Heute finden größere Ausgrabungen vor allem im Bereich der Südburg und in dem weitläufigen Heiligtum von Schuppiluliuma II. statt.

Stadtgeschichte

Die älteste Besiedlung auf dem Burgberg und in den nördlich angrenzenden Bereichen reicht in die 2. Hälfte des 3. Jt. v. Chr. zurück. Schon in vorhethitischer Zeit schob sich die Siedlung weiter ins Tal hinaus, bis ins Umfeld des späteren Tempels 1, und wurde zu einer ansehnlichen Landstadt. Ihre Bedeutung zeigte sich darin, daß vor ihren Mauern die assyrische Handelskolonie Karum Hattusch entstand. Aus dieser Zeit gibt es erstmals einen Beleg für den Namen der Stadt, der dann später zur offiziellen Bezeichnung der Hauptstadt der Hethiter wurde. Anitta von Kuschschar, König von Nescha, der um 1750 v. Chr. mehrmals urkundlich erwähnt wird, zerstörte Hattuscha und gliedert das Gebiet in seinen nicht unbedeutenden Herrschaftsbereich ein. Die Stadt selbst belegte er mit einem Fluch. In einer Urkunde des Anitta heißt es: »... und in der Nacht aber nahm ich sie mit Gewalt. An ihrer Stelle säte ich Unkraut. Wer nach mir König wird und Hattuscha wieder besiedelt, den soll der Wettergott des Himmels treffen!«

*» So bewahre des Vaters Worte! – Solange du des Vaters Worte bewahrst, wirst du nur Brot essen und Wasser trinken. Wenn die Zeit des reifen Mannes in dich eingezogen ist, so iß den Tag über zwei-, dreimal und pflege dich gut! Wenn aber auch das Greisenalter in dich eingezogen ist, dann trink dich satt. Und des Vaters Wort magst du dann beiseite setzen.«
Aus dem Testament Hattuschilis I. an seinen Sohn und Nachfolger Murschili*

Rund hundert Jahre später jedoch wurde der Ort von einem anderen Herrscher aus Kuschschar neu gegründet. Dieser Herrscher nahm in der Folge den Namen Hattuschili, ›der Mann von Hattuscha‹, an. In der Spätphase seiner Regierung wurde Hattuscha ständiger Sitz der hethitischen Könige. Die Stadt des althethitischen Reiches ließ Großkönig Hantili (um 1520 v. Chr.) mit Mauern befestigen, doch fiel sie etwa 150 Jahre später den Angriffen der pontischen Kaskäern zum Opfer. Mit Beginn der Großreichszeit wurde Hattuscha jedoch zügig wieder aufgebaut, so daß es schon unter Schuppiluliuma I. (1370–35 v. Chr.) erneut als Hauptstadt fungierte. Die erfolgreichen Feldzüge Hatuschilis III. gegen die Kaskäer und die Befriedung der Nordgrenze schufen die Voraussetzungen, die Hauptstadt prächtiger denn je auszubauen und zu gestalten. Aus der Zeit Hattuschilis III. (1275–50 v. Chr.) und Tuthalijas IV. (1250–20 v. Chr.) stammen die meisten Bauten, deren Mauerzüge heute im Grabungsgelände zu sehen sind. Unter Tuthalija IV. wurden zahlreiche Tempel in der Oberstadt errichtet. Sein Nachfolger Schuppiluliuma II. erweiterte trotz größter äußerer Bedrängnis des Reiches die Anlage der Südburg. Um 1200 v. Chr. wurde Hattuscha durch eindringende Völkerscharen erobert und vollkommen niedergebrannt. Die hethitische Hauptstadt hatte aufgehört zu existieren.

Erst um 800 v. Chr. lebten wieder Menschen in Hattuscha: Die Phryger legten auf dem Burgberg eine bescheidene Siedlung an, die sich im Lauf der Zeit über die Nordwestflanke hinunter bis zum

Tempel 1 ausdehnte. In spätphrygischer Zeit erstreckte sich die Bebauung bis in den Bereich der Südburg. Mit dem Ende des Phrygischen Reiches war im 7. Jh. v. Chr. auch diese Phase der Stadtgeschichte abgeschlossen. In hellenistischer und römischer Zeit (3. Jh. v. Chr.–3. Jh. n. Chr.) existierten im Bereich von Hattuscha Herrensitze, die zwar befestigt, aber bedeutungslos waren. In byzantinischer Zeit schließlich löste sich die Stadt in Einzelsiedlungen auf. Das Dorf Boğazköy, heute Boğazkale, am Nordrand der Grabungsstätte wurde erst im 18. Jh. gegründet.

Die Stadtanlage

Die Ruinenstätte von Hattuscha liegt am Südende eines etwa 35 km langen, weiten Tals, das von dem Flüßchen Budaközü durchflossen wird. Schon von fern sieht man den Bergstock, auf dem die alte Hauptstadt der Hethiter angelegt worden ist. Er erhebt sich ca. 300 m über die Ebene und erinnert an den Zuschauerraum eines riesigen Theaters. Die Quellbäche des Budaközü, der Yasır Deresi westlich und der Büyükkaya Deresi östlich des Stadtbergs, bilden

Hattuscha, Blick auf den Großen Tempel

Der Norden und Nordosten

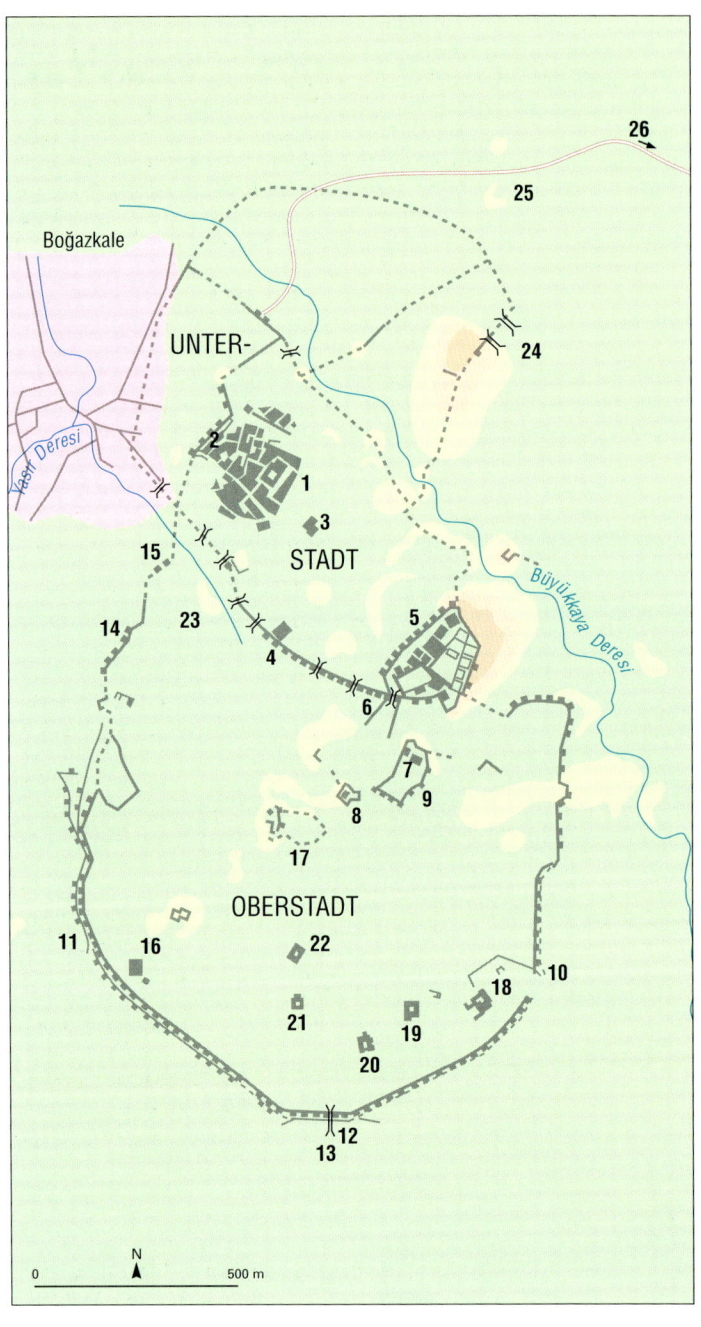

Hattuscha, Lageplan
1 Großer Tempel
2 Wohnviertel
3 ›Haus am Hang‹
4 Poternenmauer
5 Büyükkale
6 Viadukte
7 Westbau
8 Nişantepe
9 Südburg
10 Königstor
11 Löwentor
12 Yerkapı
13 Poterne
14 oberes Westtor
15 unteres Westtor
16 Yenice Kale
17 Sarı Kale
18 Tempel 5
19 Tempel 2
20 Tempel 3
21 Tempel 4
22 Tempel 6
23 Kızlarkaya
24 Büyükkaya
25 Brandgräber
   (Osmankayası)
26 Yazılıkaya

mit ihren Schluchten einen natürlichen Schutz für die Stadt. Sie vereinigen sich unterhalb des sich nach Norden öffnenden Berges zum Budaközü. Hattuscha liegt südöstlich des ca. 950 m hoch gelegenen Großdorfs Boğazkale, das bis 1960 den Namen Boğazköy trug. In früheren Zeiten muß dieses Gebiet sehr waldreich gewesen sein. Wasserquellen sprudelten damals wie heute reichlich; allein im Stadtgebiet von Hattuscha wurden sieben Quellen gefunden.

Das Gelände, über das sich die Ruinen verteilen, ist durch Felskuppen, sanfte Hänge und wasserreiche Senken deutlich strukturiert. Bachläufe bilden eine Zäsur zwischen Sarı Kale und Yenice Kale, zwei kahle, ehemals besiedelte Felskuppen, die aus der Hanglage markant heraustreten. Das Gelände steigt stetig an, vom Tempel 1 (950 m) bis zum Yerkapı, dem Sphingentor, dem höchsten Punkt im Süden der Stadtanlage (1242 m). Eine Sonderstellung nimmt der 1128 m hohe Burgberg Büyükkale mit der Königsburg ein, der als isoliertes Felsplateau von der übrigen Stadt deutlich getrennt ist. Jenseits der Schlucht liegt im Norden die Felskuppe Büyükkaya. Sie war früher von einer kleinen Siedlung bekrönt und durch eine Brücke und Mauerzüge mit der Stadt verbunden, von denen heute nur noch einige Zapflöcher in der Felswand sichtbar sind.

Der Rundgang folgt der Fahrstraße, die die einzelnen Areale und Grabungskomplexe verbindet. Am Anfang des Ausgrabungsgeländes liegt auf der rechten Seite der Große Tempel (Tempel 1) und die assyrisch-hethitische Wohnsiedlung. Auf der linken Seite steigt hinter dem sogenannten Haus am Hang der Büyükkale steil auf. Das Plateau ist von den Bauten der Königsburg bedeckt, die, durch Mauern und Tore abgegrenzt, einen eigenständigen Bereich bilden. Die Fahrstraße durchquert dann den sakralen Bezirk zwischen Nişantepe und der Südburg mit den jüngsten Ausgrabungen und Restaurationen und windet sich hinauf zum Königstor. Von hier aus weitet sich der Blick über die gesamte Oberstadt mit dem Tempel 5 im Vordergrund und den Grundmauern vieler weiterer Tempelanlagen, die alle aus dem 13. Jh. v. Chr. stammen. Die Ausdehnung der Stadt läßt sich von hier aus gut ermessen. Hattuscha war von einem etwa 6 km langen Mauerring umgeben, der ein Areal von 170 ha umfaßte, was etwa der Größe des mittelalterlichen Nürnberg entspricht. Die Nord-Süd-Achse maß insgesamt rund 2000 m, die Ost-West-Achse 1100 m. Die Fahrstraße führt vom Königstor entlang der Südmauer bis zum Löwentor, vorbei an der Poterne und dem Yerkapı. Vom Löwentor schlängelt sich der Weg zurück zum Großen Tempel. Hier ist dann auch der Ausgangspunkt zum Felsheiligtum von Yazılıkaya.

Rundgang

Man betritt heute das Ausgrabungsgelände beim Nordtor; dessen Fundamente und anschließende Mauern liegen links des Fahrwegs.

Der Norden und Nordosten

Hattuscha, Grundriß des Großen Tempels

Rechts erhebt sich auf einer künstlichen Terrasse der Tempel 1, der **Große Tempel** (1). Der Gesamtkomplex umfaßt den Tempel selbst und große Magazinareale, die ihn vollständig umschließen. Eine breite Straße gliedert die ca. 200 m × 130 m messende Anlage in einen nördlichen und einen südlichen Teil. Der 42 m × 65 m große Tempel selbst besteht aus einem rechteckigen Bau mit Innenhof und einem nördlichen Anbau mit den eigentlichen Kulträumen. Er war dem höchsten Götterpaar der Hethiter geweiht – Teschup, dem Wettergott und Hepat, der Sonnengöttin von Arinna – und wurde in der 1. Hälfte des 13. Jh. unter Hattuschili III. errichtet. Der offizielle Zugang zum Tempel lag im Südosten des Komplexes. Hier mündete eine Prozessionsstraße, die von der Königsburg herunterführte. Wahrscheinlich wurde dieser Torweg nur bei offiziellen Anlässen benutzt und war dem Großkönig und seinem Gefolge vorbehalten.

»Zwei neue Tempel in einem Gebäudekomplex für den Wettergott des Himmels und die Sonnengöttin von Arinna hat man gebaut.«
Keilschrifttext

Auf einer gepflasterten Straße, die den ganzen Tempel umgab, erreichte man das Hauptportal an der Südseite des eigentlichen Tempelrechtecks. Den Quellen zufolge zog der Großkönig mit seinem weltlichen Gefolge und der Priesterschaft durch den Torbau *(hilammar)* in den Hof *(hilasch)* des Tempels, wo zunächst Reinigungszeremonien vollzogen wurden. Erst dann betrat der König den Bezirk des Allerheiligsten. Im Mittelpunkt des Festes stand ein kultisches Mahl, das mit dem Darreichen der Opferbrote begann; Fleisch und Getränke wurden an die versammelte Gemeinde verteilt. Mit dem rituellen Ausfegen des Kultraums fand das Mahl seinen Abschluß, und dann wurde den Göttern mit Brot und Getränken geopfert.

Von dem monumentalen Tempeltor sind die großen monolithischen Schwellen mit den Schleifspuren der Torflügel und den Zapflöchern für die Angeln noch gut erhalten. Der symmetrisch konstruierte Torbau öffnete sich zur Straße wie zum Hof hin in zwei Vorhallen mit seitlichen, loggiaähnlichen Räumen. Zwischen diesen kleinen Hallen lagen rechts und links Wachstuben, die zum Durchgang hin geöffnet waren. Der gepflasterte Hof schloß am gegenüberliegenden Ende mit einer Pfeilerhalle ab, die dem Eingang zu den Kulträumen vorgelagert war. In der rechten hinteren Ecke des Hofes stand isoliert ein Bauwerk, dessen Funktion nicht mit aller Gewißheit geklärt ist. Wahrscheinlich diente dieser Raum kultischen Opferhandlungen. An die Nordseite des Innenhofs schlossen sich die beiden Kulträume für die Hauptgottheiten der Hethiter an, von denen einer nur noch rekonstruiert werden kann. Im zentralen Kultraum, der ca. 7 m × 10 m maß, stand die Basis für die Statuen der beiden Gottheiten. Der gewaltige Sockel der Tempelanlage, der bis zu 1,5 m hoch aufragt, ist aus bis zu 5 m langen Steinblöcken errichtet, die aus ca. 7 km entfernt liegenden Steinbrüchen herbeigeschafft wurden. Über dem Sockel erhob sich eine Fachwerkkonstruktion mit einer flachen Holz-Lehm-Decke. Dübellöcher auf der Oberseite der Sockelquader lassen auf die Konstruktion der Wände schließen, die verputzt und wohl auch bemalt waren. Die Magazine, die bis zu drei Stockwerke hoch und untereinander durch Treppen verbunden waren, bildeten gleichsam eine Umfriedung des Großen Tempels. Die schmalen, langen Räume von 4 m × 20 m Größe dienten in erster Linie der Aufbewahrung von Vorräten und Tempelschätzen. In den Kammern der Nord- und Westseite sind Doppelreihen von mächtigen *pithoi* gefunden worden, tönernen Vorratsgefäßen, die bis zu 2000 l fassen konnten. Einige dieser *pithoi* tragen am oberen Rand Ritzzeichen, die Angaben über den Inhalt, die Menge und auch den Besitzer machten. Jenseits der großen Pflasterstraße, die den Maga-

Die ›pithoi‹ fassen ein Volumen von bis zu 2000 Litern

Der Norden und Nordosten

zinbereich teilt, liegt das Südareal, das durch eine Umfassungsmauer von der übrigen Anlage gänzlich abgetrennt war. Den einzigen Zugang bildete ein Tor auf der Nordseite. Einige Räume dieses Bezirks scheinen kultischen Zwecken gedient zu haben, da man in ihnen Basen für Kultstelen gefunden hat. Man nimmt an, daß hier auch die Arbeitsräume des Tempelpersonals lagen. Ungeklärt ist die Bedeutung eines fast würfelförmigen grünen Steins aus Nephritit, der in einem der Magazinräume des Nordareals liegt. Vielleicht handelt es sich um ein Beutestück, vielleicht aber auch um einen Stein, der noch weiter verarbeitet werden sollte und hier nur vorübergehend gelagert wurde.

Vor dem Haupttor, außerhalb der Tempelanlage, liegt ein großes Wasserbassin mit einer Seitenlänge von 5,8 m, das aus einem einzigen Steinblock gearbeitet ist. Vier Löwen mit plastisch hervortretenden Köpfen schmücken die Längsseiten. Auch innerhalb des Tempels steht ein Wasserbassin für rituelle Waschungen. Außerhalb der Umfassungsmauer befindet sich südöstlich des Südareals eine kleine Quellgrotte, die von einem hethitischen Kragsteingewölbe überdacht wird. Diese Quelle war für kultische Zwecke bestimmt, wie eine hier gefundene Stele mit Hieroglypheninschrift verrät.

Westlich des Tempels liegt, von der Stadtmauer begrenzt, das **Wohnviertel der Unterstadt** (2). Seine Anfänge reichen zurück in die Zeit der altassyrischen Handelskolonie, des alten Karum Hattusch aus dem 19./18. Jh. v. Chr. Der heute sichtbare Bebauungszustand gibt die Situation der Großreichszeit des 13. Jh. wieder. Weil die gesamte Grabung die hethitische Stadt der Großreichszeit freilegen und konservieren soll, wurden die jüngeren, phrygischen Schichten nach ihrer wissenschaftlichen Erforschung abgetragen. Da das Wohnviertel in unmittelbarer Nachbarschaft des Tempels lag, geht man davon aus, daß hier Angehörige des Tempelpersonals lebten.

Auf der Hangseite des Büyükkale, östlich des Haupttors zum Großen Tempel, liegt ein Gebäude aus dem 13. Jh. v. Chr., das **Haus am Hang** (3). Die Funktion dieser fast quadratischen, 32 m × 36 m großen Anlage ist noch nicht geklärt; die exponierte Lage am Weg von der Königsburg zum Tempel läßt aber auf eine Rolle im Rahmen des Götterkults schließen. Links der Straße, die an den Fuß des Burgbergs führt, liegt eine **Poternenmauer** (4), die auf dem Kamm eines gewaltigen Erdwalls errichtet wurde. Dieser Mauerzug wurde um 1500 v. Chr., also gegen Ende der althethitischen Zeit gebaut und in der Folgezeit mehrfach verändert.

Die sichtbaren Reste auf dem **Büyükkale** (5) gehören zur Palastanlage der hethitischen Großreichszeit unter Hattuschili III. und Tuthalija IV. Schon in der Zeit des althethitischen Reiches wurde die Burg ausgebaut und durch künstliche Terrassen erweitert. In der Phase des Großreiches erlebte die Burg die umfangreichsten Veränderungen; durch Aufschüttungen und Terrassierung wurde ein Areal von 30 000 m² für die Anlage des neuen Palastes geschaffen. In der jüngeren, phrygischen Periode begann man, das Felsplateau erneut

Die Befestigungsmauer wurde auf einem riesigen Erdwall errichtet

Hattuscha – Hauptstadt der Hethiter

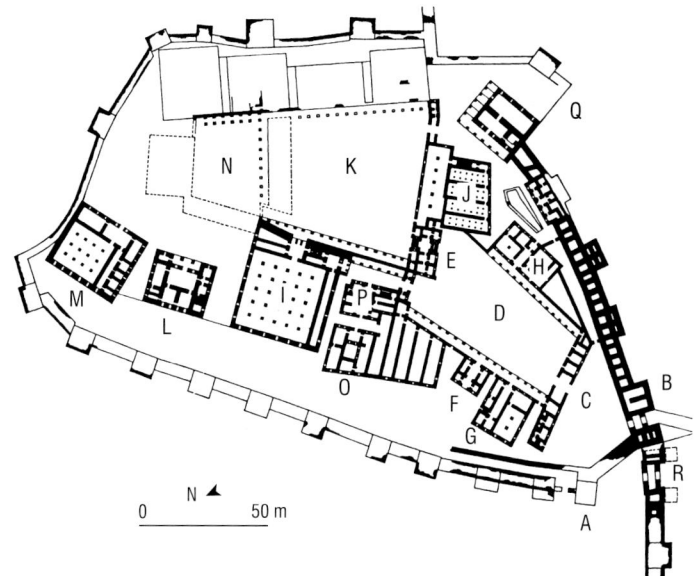

Hattuscha, Königsburg auf dem Büyükkale
A Tür
B Burgtor
C Burghoftor
D Unterer Burghof
E Burghoftor
F–H Gebäude mit unbekannter Nutzung
I Staatskanzlei und Archiv
J Audienzhalle
K Mittlerer Burghof
L/M Wohnpalast
N Oberer Burghof
O/P Regenkultanlage
Q Tür (?)
R Stadttor

zu befestigen. Bei diesem Umbau wurde auch das phrygische Südosttor neu konzipiert und an dessen Außenseite eine Kultnische für ein Standbild der Kybele errichtet. Diese Statuengruppe ist heute im Museum für Anatolische Zivilisationen in Ankara zu sehen. Westlich der Burganlage entstand ein gemauerter Tiefbrunnen für die Wasserversorgung, der über einen steilen Aufweg zum Westtor mit der Burganlage verbunden war.

Die Burg bildet einen von der übrigen Stadt getrennten Komplex. Den gesamten Burgberg umgab eine Befestigung, die den natürlichen Gegebenheiten folgte und in der Bauweise der Kastenmauer künstlich unterstützt war. Der Palastbezirk konnte durch drei Eingänge betreten werden, je ein monumentales Tor an der südwestlichen und nordöstlichen Ecke und eine Tür in der westlichen Mauer (A), von wo eine direkte Verbindung zum Großen Tempel bestand. In den Palast der Großreichszeit gelangte man durch die mächtige Toranlage in der Südwestecke des Areals (B). Durch das Burghoftor (C) betrat man den unteren Burghof (D). An der dem Burghoftor gegenüberliegenden Seite führte ein weiteres monumentales Tor (E) in den inneren Bereich. Von hier aus erschloß sich der gesamte Palastbezirk, eine aufgrund der Eigenart des Geländes und der Unregelmäßigkeiten des Felsplateaus einzigartige Architekturanlage. Alle Bauten sind Einzelhäuser, die durch kurze Mauern und Wände oder auch durch schmale Trakte miteinander verbunden sind. Grundlage des umfassenden Bauplans waren die Burghöfe. Sie bildeten eine von Südwest nach Nordost orientierte Achse, der alle Gebäude

Der Norden und Nordosten

zugeordnet waren. Die Höfe besaßen unterschiedliche Größe und Gestalt und waren von Pfeilerhallen umgeben. Die ehemalige Nutzung der Bauten F, G, H um den unteren Burghof ist unbekannt; sie verfügten über mindestens zwei Stockwerke. Die Gebäude I und J am mittleren Burghof (K) bildeten das ›Regierungszentrum‹ der Burg, die Paläste L und M am oberen Burghof (N), die weitgehend verschwunden sind, waren Teil des privaten Wohnbereichs der hethitischen Könige. Zu sehen sind heute nur die Mauern der Wohnpaläste, allerdings auch nur die der Untergeschosse, die als Depots und Vorratsräume gedient haben. Man erkennt außerdem aus einer Felsbank gemeißelte Stützvorrichtungen für eine Pfeilervorhalle am oberen Hof. Hinter der Felsbank liegen zwei große Zisternen.

Alle Gebäude der Burg waren aufgrund der Hanglage mehrgeschossig. Man betrat die Häuser des mittleren und oberen Burghofs jeweils auf der Höhe des Obergeschosses. Das größte Bauwerk, das 39 m × 48 m messende Gebäude J, wird als Audienzhalle der hethitischen Großkönige bezeichnet. Im Untergeschoß fand man eine Vielzahl gesiegelter Tonbullen und ca. hundert Abdrücke von königlichen Siegeln des 14./13. Jh. Das Untergeschoß bestand aus langen und schmalen, magazinartigen Räumen, über denen ein großer, säulengestützter Saal errichtet war. Die eigentliche Staatskanzlei befand sich an der Südwestseite des Hofes im Gebäude I, in dessen Obergeschoß ein großes Tontafelarchiv mit den dazugehörigen Schreibstuben eingerichtet war. Das Gebäude war eines der großköniglichen Archive, von denen es auf der Burg insgesamt drei gab. Besondere Bedeutung kommt dem Gebäude O zu, das ganz im Westen am Rand des abfallenden Geländes liegt und sechs Räume umfaßt, einer davon ohne Dach in der Mitte der Anlage. Dabei handelt es sich um ein ca. 5 m × 6 m großes, aus großen Steinblöcken gefügtes Becken, das zu einer Regenkultanlage gehört zu haben scheint. Auf seinem Grund fand man in Schlamm- und Sandschichten zahlreiche kleine Votivvasen und Muscheln. Die gleiche Funktion besaß vielleicht auch das benachbarte Gebäude P.

Südlich des Büyükkale dehnt sich die Oberstadt aus, die vor allem durch die Bautätigkeit der letzten Großkönige des Hethiterreiches geprägt ist. Wenn man die Burg wieder durch das Haupttor im Südwesten verläßt, erkennt man im Vordergrund die Mauerzüge zweier **Viadukte** (6), zwischen denen die moderne Fahrstraße verläuft. Sie überquerten ein künstlich vertieftes Tal und stellten die Verbindung zwischen dem Burgberg und der Oberstadt her. In der direkten Fortsetzung des älteren rechten Viadukts erkennt man einen Gebäudekomplex, der aus drei Bauteilen um einen Hof besteht. Hierbei handelte es sich sicherlich um offizielle Gebäude, die repräsentativen Zwecken und Staatsaufgaben gedient haben werden. Hinter der Anlage entdeckte man 1991 einen Hangbau, den sogenannten **Westbau** (7), in dessen Magazinen ein Palastarchiv untergebracht war; 3000 Tonbullen und etliche Tontafeln förderten die Archäologen

Zeichnung eines Siegels von König Muwatalli, gefunden in Boğazkale

zutage. Die Mehrzahl der Tonbullen trug Abdrücke von Siegeln der Großkönige aus der gesamten Zeit des Großreichs.

Der jüngere Viadukt links der Fahrstraße führt in seiner Verlängerung direkt zur Anlage von **Nişantepe** (8), dem ›Berg mit Zeichen‹. An der schrägen Felswand der flachen Kuppe, die ein tiefer Felsspalt durchschneidet, wurde eine hethitische Hieroglypheninschrift eingemeißelt. Sie besteht aus elf Zeilen, die durch horizontale Rippen sorgfältig voneinander getrennt sind. Als Verfasser der Inschrift wird Schuppiluliuma II. genannt, über dessen Namenszeichen eine geflügelte Sonne zu sehen ist. In genealogischer Reihenfolge stehen dann die Namen seiner Vorgänger Tuthalija IV. und Hattuschili III. Nach Art und Lage kommt der Inschrift besondere Bedeutung zu. An der Nahtstelle von Palastbezirk und Tempelviertel der Oberstadt markiert sie einen zentralen Punkt der großreichszeitlichen Metropole. Unmittelbar südlich der Felsinschrift führt eine breite Rampe durch einen Felsspalt hinauf zu einem weitläufigen Gebäude auf der Kuppe des Nişantepe. Das Rampentor war auf beiden Seiten von Sphingen flankiert, von denen Bruchstücke in der phrygischen Mauer und im Bauschutt gefunden wurden. Die gesamte Anlage des Nişantepe wird wahrscheinlich kultische Funktion gehabt haben.

Dem Nişantepe gegenüber und vom Haupttor des Büyükkale aus gesehen links liegt die sogenannte **Südburg** (9). Es handelt sich um einen ausgedehnten Kultbezirk, der aus einem großen künstlichen Teich, einer Stadtmauer mit zwei seitlich anschließenden Kammern und einer Tempelanlage, dem Tempel 31, bestand. Der Teich in der Form eines unregelmäßigen Vierecks umfaßte eine Fläche von 6000 m² und war von flach geneigten, teilweise gepflasterten Böschungen eingefaßt. Wasser wurde dem Becken von Quellen außerhalb der Stadt zugeführt, wahrscheinlich aus dem bewaldeten Bergland südlich der Oberstadt, dessen 1600 m hoher Gipfel im Volksmund *yağmur baba* (türk. ›Regenvater‹) genannt wird. Reste der Wasserleitung fand man am Königstor, andere Teile, die aus ineinandergesteckten Tonröhren bestanden, auch innerhalb des Stadtgebiets. Die Staumauer an der Westseite des Teiches war an ihrer Basis ca. 30 m breit und überragte den Wasserspiegel um etwa 2 m. Die beiden Kammern am westlichen und östlichen Ende des Dammes sind nahezu identisch. Sie verjüngen sich nach innen und sind in parabolischer Form mit einem echten Verschlußstein eingewölbt. Die Kammer 2 blieb fast unversehrt erhalten und konnte sehr getreu restauriert werden; ihre Wände sind mit Reliefs versehen. An der Stirnseite erkennt man einen Sonnengott mit langer Robe und einer runden Kappe, darüber eine Flügelsonne, links des Eingangs einen bewaffneten Krieger, der aufgrund der Namenskartusche als der Auftraggeber Schuppiluliuma II. zu identifizieren ist. Eine Hieroglypheninschrift auf der rechten Seite spricht in ihren sechs Zeilen von einem »göttliche(n) Stein – Erdpfad in den Untergrund«, womit die Kammer selbst gemeint ist. Die beiden Kammern, die unter das Niveau des Sees reichen, werden mit einem hethitischen Totenkult

Die stark verwitterten Schriftzeichen des Nişantaş sind nur undeutlich zu lesen und bis auf wenige noch nicht entziffert. Bis heute kennt niemand den genauen Inhalt der Inschrift

Der Norden und Nordosten

in Verbindung gebracht; sie galten als die Eingänge in die Unterwelt. Daß der gesamte Bezirk der Südburg eine sakrale Funktion hatte, ist zusätzlich durch den Tempel 31 belegt, der gegenüber der Kammer 2 am Steilabhang liegt.

In der Ausbauphase des 13. Jh. v. Chr. wurde die Oberstadt neu angelegt und durch **Befestigungswerke** in das Stadtgebiet einbezogen. Dadurch erreichte die Stadt nahezu das Dreifache ihrer ursprünglichen Größe. Bei der Führung der neuen Mauer nutzte man die Kante der Steilhänge in Osten und Westen, im Süden dagegen vertiefte man eine natürliche Mulde zu einem breiten Graben. Der gewaltige Abschnitt der Stadtbefestigung erreichte im Bereich des Yerkapı seinen höchsten Punkt und schloß im Westen beim Kızlarkaya, im Osten bei der Königsburg an den schon bestehenden Mauerring der Altstadt an. Fünf Tore wurden in die neue Mauer gebaut, zwei auf der Südostseite, das Königs- und das Sphingentor, und drei auf der Westseite, das Löwentor sowie – relativ nahe beieinander stehend – das obere und das untere Westtor. Alle diese Eingänge gehören dem gleichen Bautypus mit gemeinsamen Merkmalen an: Mächtige Türme flankierten den Torvorplatz, die Toröffnungen wurden von parabolisch zulaufenden Türrahmungen aus großen Monolithen gebildet. Die Torkammern ließen sich mit schweren, metallbeschlagenen Holztüren schließen und waren durch Verschlußbalken gesichert, deren Aufhängungen und Löcher ebenso wie die auf Konsolen eingelassenen Vertiefungen für die Türangeln noch zu erkennen sind. Auch die Südmauer wurde wie schon die ältere Stadtbefestigung in der Form einer Kastenmauer errichtet: Eine äußere und eine innere Mauer wurden durch Quermauern verstärkt und die sich dadurch bildenden Kästen mit Steinen, Sand und Erde aufgefüllt. Die Mauer stand auf der Krone eines aufgeschütteten Walls. In regelmäßigen Abständen wurde sie von quadratischen Türmen mit ca. 9 m Seitenlänge verstärkt, die bei einer Mauerstärke von ungefähr 5 m etwa 4 m nach außen vorsprangen. Aufgrund der Länge der Treppenkammern nimmt man an, daß die Mauern zwischen 8 m und 10 m, die Türme bis zu 14 m hoch gewesen sein müssen. Die Stadtbefestigung besaß einen 2,5 m hohen Sockel aus Bruchsteinen, auf dem in der typisch hethitischen Bauweise eine durch Fachwerk gestützte Lehmziegelkonstruktion ruhte. Auf dem Mauerscheitel verlief ein mit Zinnen geschützter Wehrgang. Jeder dritte Turm war von der Stadtseite aus zugänglich, Treppen führten auf den Wehrgang. Eine zusätzliche Vormauer war massiv gefügt, allerdings auf einem niedrigeren Sockel; Bastionen, die sozusagen auf Lücke gesetzt waren, verstärkten den Schutz.

Wenn man den Fahrweg von Büyükkale heraufkommt, trifft man zunächst auf das sogenannte **Königstor** (10), das in seiner Anlage mit dem Löwentor im Westen fast identisch ist. Stadtauswärts lag ein Zwinger, der durch eine vorgeschobene Bastion und eine Mauer gebildet wurde. Der Torbau bestand aus zwei mächtigen Türmen mit jeweils 10 m × 15 m großer Grundfläche und einer ca. 6 m breiten

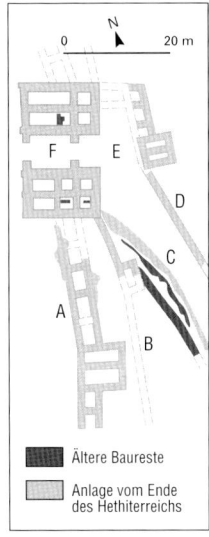

Hattuscha, Grundriß des Königstors
A Hauptmauer
B Vormauer
C gepflasterte Böschung
D Rampe
E Torvorplatz
F Torkammer

Hattuscha – Hauptstadt der Hethiter

Das Original des Kriegers am Königstor steht im Hethitermuseum in Ankara

Torkammer. Die Türlaibungen in der Form einer Parabel stehen an der Basis 3,25 m auseinander und werden wohl eine Höhe von 5 m erreicht haben. Die bis heute geläufige Bezeichnung ›Königstor‹ beruht auf einer Fehldeutung. Die Archäologen des Jahres 1907 sahen in dem Relief an der Innenseite des Tores – heute steht hier eine Kopie, das Original befindet sich im Museum für Anatolische Zivilisationen in Ankara – die Gestalt eines Königs. Die überlebensgroße männliche Figur ist in der Tracht hethitischer Krieger dargestellt und mit Dolch und Streitaxt bewaffnet. Der spitze Helm mit einem Stierhorn weist diese Figur eindeutig als einen Gott aus.

Im Südwesten der Befestigungsanlage liegt das **Löwentor** (11). Es ist wie das Königstor zwischen zwei mächtigen Türmen angelegt und besteht aus Vorhof und Torkammer. Die parabelförmig gegeneinandergeneigten Monolithe sind noch bis zu einer Höhe von ca. 3,5 m erhalten. Auch diese Torkammer war an beiden Seiten mit zweiflügeligen Türen zu verschließen. An den Außenseiten der Türpfeiler treten rechts und links gewaltige Löwen hervor, die in ihrer massigen Gestalt monumental wirken, im Detail aber hohe künstlerische Ausgestaltungen zeigen und mit ihren weitgeöffneten Rachen wohl Feinde abschrecken sollten. Die muldenförmigen Vertiefungen zwischen den Vordertatzen der Löwen waren für Trankopfer gedacht. Die Breite des Tors beträgt an der Basis der Pfeiler nur 3,05 m, 20 cm weniger als beim Königstor. Vielleicht befinden sich deshalb an beiden Seiten des Außenportals Auskehlungen, welche die Toreinfahrt vor Beschädigungen durch die Radnaben durchfahrender Fuhrwerke schützten.

Als besonderer Festungsteil fällt das Sphingentor **Yerkapı** (12) ins Auge. Ein mächtiger, 250 m langer Erdwall, der an der Basis 80 m

Der Norden und Nordosten

Das Löwentor besteht aus zwei parabelförmig gegeneinandergeneigten Monolithen

breit war, bildete die Grundlage der auf dem Kamm entlangführenden Mauer mit Vormauer und sechs Türmen. In der Mitte der Anlage, direkt unter dem Sphingentor, verläuft durch den Erdwall hindurch eine **Poterne** (13) mit verschließbaren Toren an beiden Eingängen. Der südliche Abschluß der Poterne fällt durch seine über den Böschungsrand hinausgreifende Konstruktion auf. Ein Tor aus drei großen Monolithen schließt den Gang ab. Die Außenrampe zum Sphingentor, die man über Treppen auf den beiden äußeren Seiten ersteigen konnte, war mit einem Steinpflaster befestigt und ist durch neuerliche Restaurierung wiederhergestellt worden. Das Tor wurde nach den dort entdeckten, fast vollplastisch gearbeiteten Sphingen benannt, die an der Innen- und Außenseite standen. Heute kann man nur noch die Sphinx am westlichen äußeren Türpfeiler sehen; zwei weitere, stark beschädigte Plastiken wurden schon gleich nach ihrer Entdeckung im Jahr 1907 in die Museen von Berlin (Staatliches Museum, Vorderasiatisches Museum) und İstanbul (Museum für altorientalische Kulturen) gebracht. Im weiteren Verlauf der Stadtmauer liegen nördlich und südlich des Kızlarkaya-Bachs das **obere Westtor** (14) und das **untere Westtor** (15). Auch wenn ihr Grundriß dem Plan einer bedeutenden Toranlage entspricht, so sind sie doch insgesamt einfacher gehalten und haben keinen figürlichen Schmuck.

Zwei natürliche Bastionen in der Oberstadt trugen befestigte Burgen, Yenice Kale (›neue Burg‹), ca. 150 m östlich des Löwentors, und Sarı Kale (›gelbe Burg‹) in der Mitte zwischen Yenice Kale und der Südburg. Das künstlich geebnete Plateau von **Yenice Kale** (16) wurde durch Stützmauern verstärkt und erweitert, so daß ein Geviert von 24 m × 28 m entstand, das sich etwa 30 m über den anstehenden Hang erhebt. Wahrscheinlich hat es sich um eine zweiräumige Anlage mit vorgesetztem Hofbau gehandelt, im Süden durch einen Vorbau ergänzt, zu dem eine flache Rampe hinaufführte. Man stellt heute diese Anlage in einen kultischen Zusammenhang mit dem Tempelviertel und vermutet in ihr eines jener ›Felsgipfelhäuser‹, die in hethitischen Quellen erwähnt werden. Auf halbem Wege zwischen Yenice Kale und der Südburg ragt ein mächtiger Felsblock mit einer fast 50 m hohen Steilwand an der nördlichen Seite auf. Dieser Felsen beherrscht optisch das Zentrum der Oberstadt und wird von der Burganlage von **Sarı Kale** (17) bekrönt. Die Burganlage besteht aus zwei deutlich voneinander getrennten Bereichen, dem Burgkomplex und dem Tempel 7. Ein Burghof führt zur höchsten Plattform des Felsens, auf dem eine mächtige Bastion errichtet war.

Die weite Senke der Oberstadt zwischen der Südburg und der südlichen Stadtmauer nahm ein ausgedehntes Tempelviertel ein. Bis heute hat man in diesem Areal 26 Tempelanlagen ausgegraben. Die sichtbaren Grundmauern stammen fast alle aus der Zeit des Großkönigs Tuthalija IV., der die vielen über das Reich verstreuten Kultstätten in der Hauptstadt vereinigen wollte. Bei den Tempelanlagen in Hattuscha handelte es sich nicht um reine Kultbauten; sie stellten vielmehr eine Kombination aus Gotteshaus und Wirtschaftsbetrieb dar, waren ähnlich den christlichen Klöstern autonome Einrichtungen, die auch über Landbesitz, Werkstätten und Verwaltungseinrichtungen verfügten und somit eine ökonomische und organisatorische Grundlage für ihren Eigenbedarf besaßen. Diese über den Kult hinausgehenden Funktionen werden durch das Tempelinventar und Landschenkungsurkunden belegt. Bei den ersten Grabungen 1907 wurden die Tempel 2, 3 und 4 freigelegt, Tempel 5 folgte im Jahr 1935. Bei den Grabungen ab 1978 unter der Leitung von Peter Neve wurden die Tempelanlagen 6–26 und 30 lokalisiert. Alle Tempel der Oberstadt sind trotz unterschiedlicher Größe bemerkenswert einheitlich konzipiert. Allgemein verbindliche Merkmale der Ensembles waren der Innenhof und die von dort aus zugänglichen Kulträume mit der Cella, denen meist eine Pfeilerhalle vorgelagert war. Die Ausrichtung in eine bestimmte Himmelsrichtung spielte offensichtlich keine Rolle.

Der am Königstor gelegene **Tempel 5** (18) ist nach dem Großen Tempel die zweitgrößte Kultanlage in Hattuscha. Er bildet einen abgeschlossenen Bezirk und reicht mit seiner Temenosmauer bis an das Königstor heran. Zu erreichen war er über eine 8 m breite Rampe. Seine mindestens sechzig Räume gruppierten sich in unterschiedlicher Weise um den Innenhof. Im Gegensatz zu den anderen

Verschließbare Poterne unter dem Sphingentor, dem Yerkapı

Der Norden und Nordosten

Tempeln der Oberstadt besaß er zwei Kulträume an der Südost- bzw. an der Nordostseite des Gebäudes und einen einräumigen Bau in einer Ecke des Innenhofs; dies hat er mit dem Großen Tempel der Unterstadt, aber auch mit dem Tempel von Yazılıkaya gemeinsam. Offensichtlich war der Tempel 5 den beiden Hauptgottheiten Teschup und Hepat geweiht. Die größere der westlichen Erweiterungen hat in ihrem Grundriß Ähnlichkeit mit dem Palast auf dem Büyükkale, und man vermutet, daß es sich um einen königlichen Palast für Tuthalija IV. gehandelt hat. Nördlich unterhalb der Südmauer am Yerkapı liegen die drei herausragenden **Tempelanlagen 2, 3 und 4** (19, 20, 21), die zur älteren Bauphase der Oberstadt gehören. Sie fallen durch ihre isolierten Standorte auf höheren Kuppen, vor allem aber durch die massiven Mauersockel auf, ganz im Gegensatz zu der lockeren Fundamentbauweise der jüngeren Tempel, die sehr sorgfältig gefügt sind.

Das Felsheiligtum von Yazılıkaya

Yazılıkaya ☆☆
Besonders sehenswert: Felsreliefs

Unmittelbar am Ortseingang von Boğazkale biegt eine Fahrstraße zum ca. 2,5 km entfernten Felsheiligtum von Yazılıkaya ab. Der Prozessionsweg, der die Hauptstadt mit dem Heiligtum verband, verließ Hattuscha am Großen Tempel, durchquerte eine der großen Nekropolen der Stadt, erreichte die Felskuppe von Osmankayası, wo sich ebenfalls Gräber und Urnen befanden, und führte schließlich zu der oberhalb gelegenen Felsgruppe, in der sich die Kultstätte verbirgt.

Die Anlage selbst gliedert sich in unterschiedliche Bereiche. Ein immer wieder veränderter Baukomplex mit Toranlage, Tempelhof und angrenzenden Räumen schloß die Felskammern A, B und C nach außen hin ab. Durch einen Torbau, der räumlich vom übrigen Komplex getrennt war, betrat man den Innenhof, an dessen gegenüberliegender Seite ein einräumiges kleines Gebäude mit einem Altar stand. Auf der linken Seite führt ein Tordurchgang in das Allerheiligste, den Bereich der Felskammern. Gleichzeitig mit dem Bau der Tempelanlage wurden auch die Kammern mit Reliefs versehen. Vom weiten Eingang der Kammer A aus blickt man auf Reliefbänder, die alle Felswände bedecken. In der **Kammer A**, der großen Kammer, sind 66 Gottheiten dargestellt, die bis auf je eine Ausnahme rechts in einen Zug weiblicher und links in einen Zug männlicher Götterfiguren aufgeteilt sind. Ein Großteil der Gottheiten ist durch Namenszüge in Hieroglyphen, die vor den Figuren eingemeißelt sind, zu identifizieren. Beide ›Prozessionszüge‹ bewegen sich, teils lebhaft bewegt, teils gemessen schreitend, auf das zentrale Felsbild zu. Hier stehen sich die höchsten Götter und Göttinnen an der Spitze ihres jeweiligen Zuges gegenüber. Mit Ausnahme dieses Reliefs sind die Götterbilder fast gleich groß und erscheinen in typisch hethitischer Manier: Die Köpfe der männlichen Figuren sind im Profil, die Oberkörper samt den Schultern en face dargestellt, die

Am späten Vormittag, 11–13 Uhr, ist die beste Zeit zum Fotografieren

Das Felsheiligtum von Yazılıkaya

Yazılıkaya, Lageplan

Beinpartie hingegen wieder im Profil. Die weiblichen Figuren sind durchweg im Profil gestaltet. Die Tracht der Gottheiten folgt der hethitischen Ikonographie: Die Götter tragen einen kurzen Leibrock, der mit einem deutlich abgesetzten Saum über den Knien endet, Schnabelschuhe und eine spitz zulaufende Mütze mit einem oder mehreren Hörnern an den Außenseiten. Bewaffnet sind sie mit Sichelschwertern und Keulen. Die Göttinnen sind in lange, faltenreiche Gewänder mit bauschigen Ärmeln gehüllt, die an der Hüfte von einem Gürtel gerafft werden. Der untere Teil fällt fast bis zum Boden herab, läßt aber die Schnabelschuhe sichtbar.

Die Folge der einzelnen Reliefs erschließt sich von der linken äußeren Bildgruppe her. Zunächst fällt die eng gedrängte Figurenkomposition von **zwölf Göttern** (1–12) auf, die alle einen kurzen Rock mit einem breiten Gürtel, eine spitze Mütze mit nach vorn gebogenem Horn und Schnabelschuhe tragen. Sie sind mit Sichelschwertern bewaffnet, die sie über die Schulter gelegt haben. Die Überschneidungen der einzelnen Figuren sollen die Geschlossenheit und Verbundenheit der zwölf Götter betonen, die ebenso wie die in Kammer B untrennbar zusammengehören und miteinander in Beziehung stehen. Auch die folgenden, ähnlich gekleideten Götter

Der Norden und Nordosten

Yazılıkaya, Lage der Reliefs in Kammer A

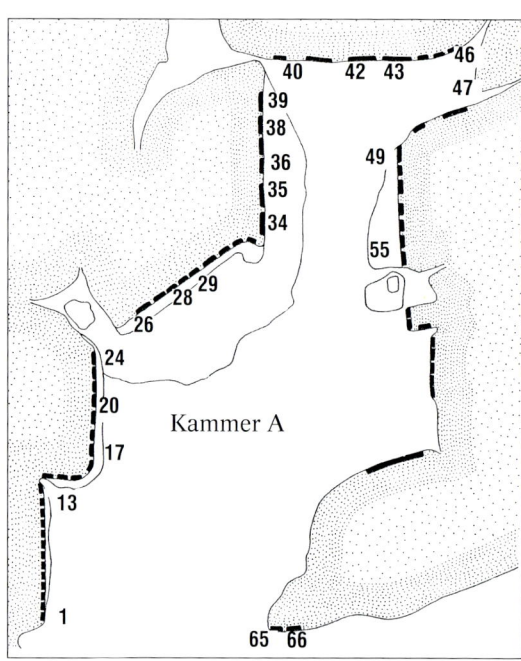

Zug der zwölf Götter, Detail

(13–26) bilden eine Einheit. Ihren Attributen nach handelt es sich um Berggottheiten. Es folgt eine Reihe unbekannter Götter. Erst mit dem Relief 27 ist es gelungen, die Namen zu identifizieren: Hier handelt es sich wahrscheinlich um den Unterweltsgott Nergal. Die beiden nun folgenden Figuren (28/29) bilden wieder eine Einheit und nehmen in der Reliefreihe eine Sonderstellung ein: Zwei symmetrisch angeordnete und einander zugewandte Stiermenschen stehen auf einem Sockel, der die Erde symbolisiert. Mit ihren hochgereckten Armen stützen sie das Zeichen des Himmels. Möglicherweise sind es die göttlichen Stiere Scheri und Hurri.

Am Beginn der nun folgenden Reliefreihe ist der Sonnengott des Himmels (34) dargestellt. Er ist ganz in der Tracht der hethitischen Könige wiedergegeben, mit langem Mantel und kalottenartiger Kappe, dazu trägt er den gekrümmten Zeremonienstab. Über dem Kopf der Figur breitet sich die geflügelte Sonnenscheibe aus, die in ihrer Darstellung deutliche Parallelen zu hethitischen Königssiegeln aufweist. Die Identität des Sonnengotts ist durch die gut sichtbare Kartusche gesichert: Unter dem Gotteszeichen erscheint ein siebenzackiger Stern mit drei waagerechten und einem senkrechten Balken, der auf einer Mondsichel aufliegt. Vor ihm schreitet der Mondgott (35), der eine hohe, von der Mondsichel geschnittene Spitzmütze trägt. Aus seinem Rücken wachsen zwei steil ansteigende Flügel heraus. Auch die folgenden Reliefs (36/37) bilden eine Einheit. Es sind erstaunlicherweise zwei weibliche Gottheiten, die den männlichen Götterzug unterbrechen. Die Reliefs liegen deutlich tiefer in der Wand, was darauf hinweist, daß sie an die Stelle von älteren Figuren getreten sind. Die Frauen – es handelt sich um die Dienerinnen Ninatta und Kulitta – begleiten die vor ihnen schreitende Kriegsgöttin Schauschga (38), die bei den Hethitern wohl als männliche Gottheit empfunden wurde. Ihr Relief gehört zu den besterhaltenen des Heiligtums. Besonderes Merkmal sind die beiden steil aus dem Rücken aufragenden Flügel. Der letzte Platz dieser Reliefreihe (39) wird von einem Gott eingenommen, in dem man den Wassergott Ea zu erkennen glaubt. Vor den Reliefs dieses Abschnitts ist eine künstliche Steinbank errichtet worden. Rinnen auf diesem Sockel dienten dazu, das Opferblut in ein tiefer gelegenes Becken abzuleiten.

Der **Zug der weiblichen Gottheiten** auf der Wand gegenüber ist schlechter erhalten als der der männlichen, denn diese Seite der Kammer war klimatischen Einflüssen, Regen und Westwinden, ungleich stärker ausgesetzt. Die Felswand selbst war schon in hethitischer Zeit unregelmäßiger und zerklüfteter als die Gegenseite. In Tracht und Haltung entsprechen sich die Göttinnen fast vollständig, so daß die Darstellung ein wenig eintönig erscheint. Die Figuren nächst dem Hauptrelief (49–55) nehmen einen klar ausgeglätteten Bildstreifen ein. Die Göttinnen schreiten alle in gemessenem Schritt und aufrechter Haltung auf das Zentralbild zu.

Das zentrale Bild der Kammer A und gleichzeitig Endpunkt beider Götterreihen ist das **große Relief** (40–46). Die Figurengruppe um Teschup, den Wettergott von Hatti (42), ist leider nicht sehr gut erhalten, das Gesicht ist verwittert, große Teile der Beine und des Körpers sind ausgebrochen. Der Gott trägt eine Spitzmütze mit Stegen, zwischen denen fünf jeweils in der Mitte geteilte Ovale übereinander angeordnet sind. Durch die abstehenden Hörner an der vorderen und hinteren Mützenkante zeichnet er sich als Hauptgott

Begegnung der Götter, großes Relief der Kammer A

Der Norden und Nordosten

Der Naturtempel von Yazılıkaya

der Hethiter aus. Vor dem Oberschenkel seines linken Beines ist der Vorderleib eines Stieres zu sehen. Er trägt, wie die Götter, eine spitze Mütze. Der Gott Teschup steht auf den Nacken der beiden Berggötter Namni und Hazzi. Ihre nach vorn gebeugten Köpfe bringen die Schwere der Last eindrucksvoll zum Ausdruck. Dem Wettergott von Hatti zugewandt steht Hepat, die andere zentrale Gottheit des hurritisch-hethitischen Pantheons (43); die Sonnengöttin von Arinna nimmt die Spitze der weiblichen Gottheiten ein. Die gut erhaltene Figur trägt eine Tiara, die nach oben in drei Zinnen ausläuft. Der rechte Arm ist nach vorn gestreckt, und über der geballten Hand sind die Hieroglyphenzeichen ›he-ba-tu‹ zu sehen. Ein langer Zopf fällt bis auf den Rücken hinab. Die Göttin ist mit Schnabelschuhen bekleidet und steht auf dem Rücken eines Löwen oder Panthers. Hinter ihrem in Falten fallenden Rock schaut wie beim Wettergott ein Stier hervor. Wieder sind es die beiden heiligen Stiere Scheri und Hurri, die den Wettergott begleiten und auch an seiner Stelle verehrt werden.

Hinter der Göttin Hepat steht als einzige männliche Figur in der weiblichen Prozession der Gott Scharumma, der Sohn des Götterpaares Hepat und Teschup. Über der rechten Hand schwebt sein

Das Felsheiligtum von Yazılıkaya

Ideogramm, das aus einem geteilten Oval und einem menschlichen Körper besteht. Die Ausgestaltung seiner hohen Mütze mit sechs Hörnern an der Vorderseite weist ihn als einen der Hauptgötter aus. Über der Schulter trägt er eine langstielige Axt. Auch Scharumma steht auf dem Rücken eines Löwen oder Panthers, dessen hochaufgerichteter Schwanz am Ende eingerollt ist. Beide Raubtiere sind auf bergähnliche Podeste gestellt, die wohl selbst göttliche Verehrung genossen und in der Darstellung den Berggottheiten (hier ohne Kopf) vergleichbar sind. Zur Familie gehören auch die beiden folgenden Göttinnen, die einander sehr ähnlich sind und beide auf dem Doppeladler, einem herrscherlichen Symboltier, stehen. Es handelt sich um die Teschup-Tochter Ninanzu und um eine Enkelin.

Dem Hauptbild gegenüber, auf der rechten Seite der Kammer, befindet sich das ca. 3 m hohe **Relief des Großkönigs Tuthalija IV.** (47). Es gehört zu den besterhaltenen von Yazılıkaya, da schon frühzeitig ein bräunlicher Kalksinter über die Figur geflossen ist und sie konserviert hat. Der König trägt eine halbrunde, eng am Kopf anliegende Mütze. Ein weiter Mantel fällt fast bis auf den Boden und wird von einem Saum eingefaßt, unter dem die Schnabelschuhe zu sehen sind. In der linken Hand hält Tuthalija den Kalmusch, den hethitischen Zeremonienstab. Er ist mit einem Schwert gegürtet, dessen Griff unter dem rechten Arm zu sehen ist. Vor ihm sieht man die Königskartusche: Zwei Flügel fassen die Sonnenscheibe ein, die auf einer Mondsichel liegt und von einer sechsstrahligen Rosette bekrönt wird. Das Namenszeichen selbst wird von einer Ädikula aus keilförmigen Schäften mit Voluten am oberen Ende begrenzt. Nach innen folgen, ebenfalls symmetrisch angeordnet, zwei dolchartige Gebilde, an deren unterer Spitze Blüten zu erkennen sind. Als Innenbild schließlich sieht man einen Berggott, der auf dem Hieroglyphenzeichen ›tu‹ steht, dargestellt durch einen Fuß. Diese Königskartusche befindet sich noch zweimal in der Kammer B. Zwischen den Kammern A und B schmückt ein Relief zweier Göttergestalten (65/66) die Wand, die nur schwer zu erkennen sind. Sie sitzen einander auf niedrigen Sesseln gegenüber, zwischen ihnen steht möglicherweise ein Altar.

Rechts der Kammer A führt ein zum Teil künstlich ausgearbeiteter Felsgang zur **Kammer B**, der kleinen Kammer. Links und rechts des Eingangs wachen Mischwesen. Der Gang endet am Nordende der Kammer B, die in einer natürlichen Felsspalte liegt. Gleich rechts am Eingang sieht man zwölf vorwärtsschreitende Götter mit Spitzmütze und Sichelschwert, die denen der Kammer A entsprechen. Auf der Gegenseite, im hinteren Teil, überrascht die großartige Darstellungen einer Szene, in der der Gott Scharumma den verstorbenen Großkönig Tuthalija IV. in das Totenreich geleitet. Beide sind durch Kartusche und Ideogramm ausgewiesen. Die Figuren schreiten nebeneinander, wobei in einfacher, aber ausdrucksvoller Weise die enge Verbindung zwischen beiden zum Ausdruck kommt: Der Gott hat den linken Arm um die Schulter des Königs gelegt und hält den

Relief an der Ostwand: der Gott Scharumma mit König Tuthalija IV.

113

Der Norden und Nordosten

Zug der zwölf Götter, Gesamtansicht

Herrscher an dessen rechtem Handgelenk gefaßt, eine Geste, die gleichzeitig Schutz und Führung ausdrückt.

Direkt dem Eingang gegenüber ist eine aus dem Rahmen fallende Gottheit dargestellt; sie trägt die für Götter typische Kopfbedeckung, den Oberkörper und die Schultern aber bilden zwei waagerecht gelagerte Löwenprotome mit aufgesperrten Rachen und dicken knolligen Augen, deren Pranken sich deutlich abheben. Senkrecht herabfallend, ebenfalls streng symmetrisch, bilden zwei Löwen den Unterkörper, die stilistisch den waagerecht liegenden entsprechen. Der Körper endet in einer dreifach profilierten Schwertklinge, die anscheinend in die Erde gesteckt ist. Diese Darstellung dürfte das Emblem des Schwertgottes gewesen sein, der in engem Zusammenhang mit der Unterwelt steht.

Eine besondere Bedeutung kommt dem Nordende der schmalen Kammer zu. Eine Kartusche von Tuthalija IV. auf halber Höhe der Wand bildet zusammen mit dem Fundamentstein am Nordrand der Kammer eine Einheit. Auf diesem Podest stand wohl ein Figurensokkel aus Basalt, der 1981 im Dorf Yekbaz gefunden wurde und sich heute im Museum von Boğazkale befindet. Die Abdrücke der überlebensgroßen Füße lassen darauf schließen, daß hier eine ca. 3 m hohe Figur von Tuthalija IV. gestanden hat. Alle einzeln konzipierten Reliefs dieser Kammer sind nach Norden, d. h. auf die Königstatue hin orientiert, so daß es als sicher gilt, daß die Kammer B dem Totenkult des Königs gewidmet war. Das Felsheiligtum von Yazılıkaya war der Ort, an dem das Frühlingsfest gefeiert wurde. Die Anlage selbst gilt als das in der Literatur so genannte ›Neujahrsfesthaus‹, das Haus des Wettergottes, in dem sich zum Jahresanfang alle Götter versammelten, wie auf den Felsreliefs dargestellt. Das Felsheiligtum vereinigte somit den Kultort für das Frühlingsfest in der Kammer A mit dem Totenkult für den verstorbenen Tuthalija IV. in der kleineren Kammer B.

»Zu Ehren des Wettergottes wurde zu Beginn des neuen Jahres eine große Feier von Himmel und Erde abgehalten. Alle Götter versammelten sich und betraten das Haus des Wettergottes. Welcher von den Göttern Bitterkeit im Herzen spürt, der soll die böse Bitterkeit aus seiner Seele vertreiben. Nun eßt bei diesem Fest und trinkt! Sättigt euren Hunger und stillt euren Durst! Ehre dem König und der Königin! Ehre dem Himmel und der Erde und dem Getreide!«
Nach einem antiken Text

Am Ortseingang von Boğazkale liegt das kleine, aber sehenswerte **Museum**, das einen eindrucksvollen Überblick über die einzelnen Besiedlungsperioden – von der frühen Bronzezeit bis in die byzantinische Epoche – vermittelt. Das Museum ist chronologisch und sehr übersichtlich gegliedert, der Inhalt der Vitrinen deutlich beschrieben. Viele Fotos geben den Einzelfunden ihren lokalen Bezug und dokumentieren die Arbeit der Archäologen. Besonderes Augenmerk verdient ein Originalrelief von Tuthalija IV. im Eingangsbereich. Übersichtstafeln, Luftbilder und ein Lageplan komplettieren die Ausstellung.

Alaca Hüyük

Auf halbem Weg zwischen Boğazkale und Sungurlu führt bei einem Pappelwäldchen eine Straße ostwärts nach Alaca Hüyük. Nach 12 km biegt man bei einer Straßengabelung links ab und erreicht nach weiteren 10 km den bedeutenden prähistorisch-hethitischen Siedlungshügel von Alaca Hüyük. Der Weg zur Ausgrabungsstätte ist ausgeschildert.

Alaca Hüyük ☆
Besonders sehenswert:
Sphingentor

Die systematischen Grabungen wurden 1935–67 von der ›Türkischen Historischen Gesellschaft‹ durchgeführt. Die älteste Siedlungsschicht reicht zurück in die Zeit des Chalkolithikums (4. Jt. v. Chr.), auf die die kulturgeschichtlich bedeutende Siedlung der frühen Bronzezeit folgt (3. Jt. v. Chr.). In den Fürstengräbern dieser Epoche fand man die berühmten Standarten und Sonnenscheiben, die im Museum für Anatolische Zivilisationen in Ankara ausgestellt sind. Die darüberliegenden Schichten, deren Fundamente heute als bauliche Überreste zu sehen sind, stammen aus der Zeit der Hethiter (1950–1200 v. Chr.). Die oberste Schicht schließlich gehört in die phrygische Periode (9.–6. Jh. v. Chr.).

Die räumliche Verbreitung der frühbronzezeitlichen hattischen Kultstätten und Siedlungen zeigt, daß Mittel- und Südostanatolien in vorhethitischer Zeit von einem autochthon-kleinasiatischen Volk besiedelt war (2500–2100 v. Chr.), wobei die Hattier offenbar den stärksten Bevölkerungsanteil stellten. In dieser Zeit entstanden die ersten Siedlungen, die zu Zentren lokaler Machtentfaltung und religiöser Kulte wurden. Die ökonomische Basis für den hohen Stand der Zivilisation bestand in der Nutzung der Metallvorkommen im Norden des Landes. Während des Hethitischen Reiches behauptete Alaca Hüyük seine Stellung als religiöses Zentrum, teilte dann aber das Schicksal der nahegelegenen Hauptstadt Hattuscha und wurde um 1200 v. Chr. niedergebrannt.

Rundgang

Man betritt die Ausgrabungsstätte durch das Sphingentor, das den Zugang zu einer ausgedehnten Tempel-Palast-Anlage darstellt. Über einen größeren Platz, auf den die Straßen der Stadt münden, erreicht

Der Norden und Nordosten

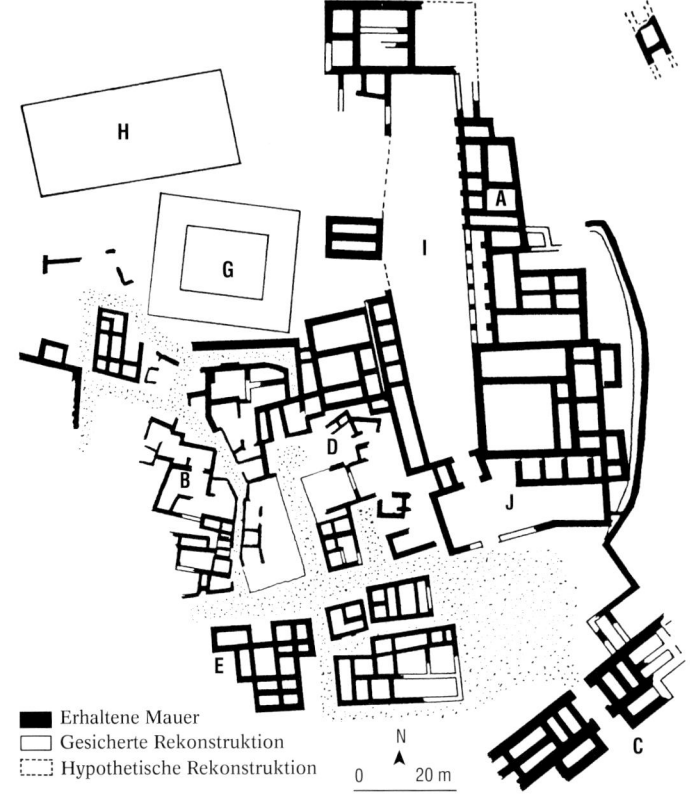

Alaca Hüyük, Lageplan
A Tempel-Palast
B Wohngebiet
C Sphingentor
D Fürstengräber
E Tempel
F Platz
G Steinblöcke
H Steinanhäufung/Straße
I Hof
J Vorhof

■ Erhaltene Mauer
☐ Gesicherte Rekonstruktion
⌐⌐ Hypothetische Rekonstruktion

N
0   20 m

man durch ein weiteres, kleineres Tor das Innere des sogenannten **Tempel-Palastes** (1), der östlich eines langgestreckten Mittelhofs angelegt war und ein Areal von ca. 5000 m² umfaßt. Westlich dieses Komplexes liegt ein **Wohngebiet** (2), das von einem regelmäßigen Straßennetz durchzogen ist. Die Häuser waren zu Wohngruppen zusammengefaßt, was auf eine engere Besiedlung innerhalb der Stadt hinweist. Die hethitische Stadt (Schicht II) mit einem Durchmesser von ca. 250 m wurde von einer fast kreisrunde Stadtmauer umgeben.

Zwei Bereiche der Ausgrabungen sind für Besucher von besonderem Interesse: die Anlage des Sphingentors und die Fürstengräber der Bronzezeit. Das **Sphingentor** (3) war ca. 10 m breit und wurde an beiden Seiten von Türmen flankiert, auf deren mächtige Basaltsockel Lehmziegelwände aufgesetzt waren. Die Mauer war in der Art der Kastenmauern errichtet, wie sie auch in Hattuscha zu finden sind. Die Außenseiten der gewaltigen Tormonolithen sind als Sphingen gestaltet, mit menschlichem Kopf und Löwenkörper. Die auffällige Haartracht erinnert an ägyptische Vorbilder des sogenannten Hathor-Typs mit breit herabfallenden Haarlocken, die am unteren Ende eingerollt sind. Die Augen der Sphingen waren mit andersfarbigen Steinen eingelegt, um die Eindringlichkeit des Ausdrucks zu verstärken. An der Innenseite des rechten Steinblocks beherrscht die Darstellung eines Doppeladlers die Bildkomposition. Er hält zwei Hasen in seinen Fängen. Über ihm ist der untere Teil einer größeren Gestalt zu erkennen, mit Schnabelschuhen und einem Mantel, dessen Saum nach rechts deutlich abfällt. Diese stadteinwärts gerichtete Figur hat ein Pendant auf der gegenüberliegenden Torlaibung, das allerdings sehr schlecht zu erkennen ist. Zu beiden Seiten der Rampe sind Reliefreihen zu sehen, deren Figuren aus den Sockelsteinen des Tores herausgearbeitet worden sind. Die Originalreliefs werden heute im Hethitermuseum in Ankara gezeigt, am Ort selbst sind Abgüsse aufgestellt.

Die Darstellungen der Figuren, die auf die Rampe hinführen, sind qualitativ sehr unterschiedlich; auf der linken Seite ist deutlicher als rechts die Gesamtkonzeption zu erfassen. Die Prozession führt hier nach rechts auf einen Altar zu, hinter dem der Stier des Wettergottes auf einem Podest dargestellt ist. Er tritt hier stellvertretend für den Wettergott selbst auf. Vor dem Altar steht in Gebetshaltung der König, kenntlich an seiner typischen Bekleidung und dem Kalmusch, dem Zeremonienstab. In seiner Hand hält er ein Libationsgefäß, aus dem er dem Wettergott sein Opfer darbringt. Hinter ihm schreitet seine Gemahlin, die ihn bei den zahlreichen religiösen Festen stets begleitet. Dahinter werden Widder und Schafe als Opfertiere herangeführt, gefolgt von einer Gruppe von Priestern. Am Ende der Prozession sorgen Gaukler mit freistehenden Leitern und Musikanten mit Flöte und Laute für einen lebendigen Abschluß.

Orthostatenrelief in Alaca Hüyük

Der Norden und Nordosten

Die Sphingen am Tor in Alaca Hüyük wurden aus gewaltigen Monolithen gestaltet; die Haartracht erinnert an ägyptische Vorbilder

Auf der rechten Seite der Rampe ist die Reliefreihe wesentlich schlechter erhalten. Der Zug von drei männlichen Gestalten – vielleicht Krieger oder Priester – endet vor einer thronenden Göttin. Wenn der Stier auf der linken Seite für den Wettergott Teschup steht, dann muß man annehmen, daß es sich bei der weiblichen Gottheit um Hepat, die Sonnengöttin von Arinna handelt. Auffällig ist die Darstellungsweise der Figuren: Sie sind nur flach reliefiert, ihre Körperformen, Muskeln und andere Details nur stilisiert angedeutet. Bei den Figuren erkennt man nur die Umrisse, Einzelheiten werden durch Furchen, nicht durch Modellierungen wiedergegeben. Die ikonographischen Merkmale weisen diese Reliefs jedoch als typisch hethitische Kunstwerke aus, die in der Flachgestaltung und der stilisierten Wiedergabe den Felsreliefs von Firaktın entsprechen.

Westlich des Mittelhofs, inmitten des hethitischen Wohngebiets der Schicht II, liegen die **Fürstengräber** (4) der Bronzezeit, 6–8 m unterhalb der Grabungsebene. Die unterschiedlich großen Gräber bestanden aus relativ flachen, rechteckigen Gruben von ca. 1 m Tiefe und wurden ursprünglich durch Holzdecken mit Lehmverputz verschlossen. In den Gräbern aus der Zeit zwischen 2300 und 2100 v. Chr. fand man als Grabbeigaben Geräte unterschiedlicher Art und Schmuck aus Bronze, Gold, Silber, Elektron, einer Gold-Silber-Legierung, und sogar aus Eisen, damals ein überaus wertvolles und noch seltenes Material. Besonderes Aufsehen jedoch erregten die Standarten und scheibenförmigen Aufsätze. In ihnen sieht man symbolische Darstellungen des Himmelsgewölbes oder von Sonnenscheiben. Die auffällige Anordnung der in den Gräbern gefundenen Rinderschädel und die besondere Fundlage der Standarten führte zu der Vermutung, daß es sich bei den bronzezeitlichen Grablegungen um Wagenbestattungen gehandelt hat, wie sie im Kaukasusgebiet in vergleichbarer Zeit belegt sind. Das Stiergehörn bildete die Basis für das sich darüberspannende Himmelsgewölbe. In hethitischer Zeit wird der das Weltall tragende Stier, der bei den hattischen Scheibenstandarten wohl mit dem Wettergott gleichzusetzen ist, durch den Hirsch ersetzt, der aus dem Himmelsbogen heraustritt. Dabei ist es nicht ungewöhnlich, daß beide Darstellungsformen nebeneinander anzutreffen sind.

Am Rand der Ausgrabungsstätte steht ein kleines **Museum** mit Funden aus allen Siedlungsschichten. Die bedeutendsten Bronzefunde sind in Abgüssen zu sehen, zahlreiche Pläne und Fotografien veranschaulichen und dokumentieren den Grabungsprozeß.

»*Scheri, mein Stier, der du vor den Wettergott des Hethiterlandes trittst! Mein Gebet, das in dieser Angelegenheit zu sprechen ist, übermittle den Göttern, damit die Götter, die Herren – die Götter von Himmel und Unterwelt – diese Worte hören.*«

Von Çorum nach Çankırı

Çorum

Çorum, die Hauptstadt der gleichnamigen Provinz, ist eine aufstrebende, moderne Bezirksstadt mit etwa 120 000 Einwohnern und liegt auf einer Höhe von ca. 800 m. Wegen der byzantinischen Burganlage und der sehr stimmungsvollen Ulu Cami, der Großen Moschee, lohnt ein kurzer Besuch.

Die Stadt, die vielfach von Erdbeben zerstört, aber stets wieder aufgebaut wurde, besitzt heute nur wenige ältere Bauwerke, doch

Çorum
Besonders sehenswert:
Kale
Museum
Ulu Cami

Der Norden und Nordosten

Brunnen der Ulu Cami in Çorum

ihre älteste Besiedlungsschicht geht schon in das 4. Jt. v. Chr. zurück. Die Kale (Burg) mit ihrem gut erhaltenen und wieder instand gesetzten Mauerring beherbergt wie die Zitadelle von Ankara ein verwinkeltes Wohnviertel. Viele winzige Häuser und eine kleine Moschee ducken sich in den Schatten der bis zu 8 m hohen Mauern. Die Burgbefestigung mit einer Seitenlänge von ca. 90 m auf einem nahezu quadratischen Grundriß besitzt an den Ecken Rundtürme, ihre Längsseiten werden von quadratisch vorstehenden Türmen in einem Abstand von jeweils 20 m gegliedert. Südlich der Burg liegt das Viertel der Kupferschmiede. Dieses Handwerk, das auch heute noch einen wichtigen Anteil am wirtschaftlichen Leben der Stadt hat, ist hier schon im Altertum heimisch gewesen. Nach etwa 500 m in Richtung Umgehungsstraße erreicht man das Museum von Çorum, das schon von weitem an einem an der Straße stehenden antiken Sarkophag zu erkennen ist.

Das Zentrum der Stadt, der Cumhüriyet Meydanı, wird von einem Uhrturm, dem Wahrzeichen von Çorum, beherrscht. Von diesem sind es, halblinks gewendet, nur wenige Schritte zur Ulu Cami (auch Muradi Rabi Camii), der Großen Moschee, die im 13. Jh. gestiftet, im 19. Jh. erneuert und verändert und in unseren Tagen schließlich gründlich restauriert worden ist. Sie stellt das interessante Beispiel einer Provinzmoschee dar. Besonders hervorzuheben sind die Freitagskanzel aus dunkel bemaltem Zedernholz mit reich geschnitzter Ornamentik und die Gebetsnische, deren muschelförmige Wölbung Einflüsse des europäischen Barock vermuten läßt. Der Moschee ist ein Portikus vorgelagert, der von fünf Kuppeln überdacht ist. Auf dem Vorplatz steht ein Brunnen mit sechzehneckigem Becken, darüber ein weit ausladender, leichter und luftiger Baldachin, der von acht Säulen getragen wird.

Merzifon

Merzifon ist eine typisch anatolische Kleinstadt am Hang des hier sanft ansteigenden Pontischen Gebirges, ein regionales Zentrum mit landwirtschaftlich orientierter Industrie. Das Gebiet wird schon vom milden Schwarzmeerklima beeinflußt. Wirtschaftlich spielen Färberein sowie die Produktion und Verarbeitung von Baumwollstoffen eine Rolle.

Die interessanten osmanischen Moscheen, die vormals teilweise byzantinische Kirchen waren, liegen im Zentrum der Stadt. Hinter einer kleinen Parkanlage erstreckt sich der Moscheebezirk (Külliye) der Sultan Mehmet Camii von 1414, deren Medrese heute wieder als Koranschule genutzt wird. Besondere Beachtung verdient der Moscheebezirk der Kara Mustafa Paşa Camii, der im Süden der Moschee noch zahlreiche weitere Bauten umfaßt und in einem alten Marktviertel liegt. Die Moschee wurde 1666 im hochosmanischen Stil erbaut. Über dem großen, würfelförmigen Innenraum wölbt sich eine hohe Kuppel, die dem Bau ein majestätisches Aussehen verleiht. Kara Mustafa Paşa, der um 1620 in Merzifon geboren wurde, war 1676–83 Großwesir unter Sultan Mehmet IV. (1648–87). Er war Heerführer während der zweiten Belagerung Wiens und wurde nach der Niederlage der Osmanen im Jahr 1683 auf Befehl Mehmets hingerichtet.

Südlich der Moschee liegt der Basar, der Taş Han, unter einem Kuppeldach. Er ist durch je ein Tor an den Seiten zugänglich. Dem Basar gegenüber steht eine Karawanserei, die momentan restauriert wird und wieder genutzt werden soll. Magazine im unteren und Werkstätten im oberen Bereich spiegeln das einstige geschäftige Leben heute nur noch dürftig wider.

Merzifon
Besonders sehenswert:
Kara Mustafa Paşa Camii

Detail der Kara Mustafa Paşa Camii in Merzifon

Gümüşhacıköy

20 km westlich von Merzifon erreicht man die Abzweigung zu der etwas abseits der Straße gelegenen Provinzstadt Gümüşhacıköy. Im Zentrum des Ortes liegt die 1666 von dem Großwesir Mehmet Köprülü Paşa gestiftete Moschee, die **Köprülü Mehmet Paşa Camii**. Dieser Großwesir war der Schwiegervater des Kara Mustafa Paşa (s. S. 121) und einer der bedeutendsten Staatsmänner der osmanischen Geschichte. Ihm gelang es, das Reich in der Mitte des 17. Jh. aus seiner tiefen Krise herauszuführen und die Herrschaft des Sultans mit Hilfe weitreichender Reformen wieder zu konsolidieren. Die Moschee besteht aus zwei würfelförmigen Raumanlagen, einem zentralen Teil, der von einer mächtigen Kuppel überwölbt ist, und einem kleineren Annex, in dem sich die Empore für die Frauen befand. Die Kuppel wird von vier Halbkuppeln gestützt, was ihre Wirkung erhöht. Um die Moschee herum bestand ehemals eine Külliye, von der noch ein schmaler Bedesten (verschließbares Basargelände) mit einem Uhrturm zeugt. Ein Türkisches Bad von 1520 ist noch heute in Betrieb. Die Stadt wurde Anfang des 17. Jh. als Feldlager der osmanischen Armee an der Straße nach Amasya gegründet. Der Ausbau der Truppenstation zu einer festen Garnison mit der Errichtung einer Moschee gehörte sicherlich zur Machtpolitik des Großwesirs Mehmet Köprülü.

Der ursprüngliche Ort Eski Gümüş liegt etwa 5 km entfernt am Hang der Berge. Eski Gümüş ist heute eine weitläufige, abgelegene Siedlung mit architektonischen Zeugnissen und Relikten, die bis in die byzantinische Zeit zurückreichen. Am Hauptplatz liegt die Yergüç Rüstem Paşa Camii aus frühosmanischer Zeit (1426). Ihre Raumwirkung ist beeindruckend: Die Kuppel – ca. 9 m im Durchmesser und 13 m hoch – wird flankiert von seitenschiffähnlichen Umgängen, die ein flaches Kreuzrippengewölbe aufweisen und in ihrer Weitläufigkeit die Wirkung des Raumes erhöhen. Aus dem Jahr 1415 stammt eine Medrese, die ca. 200 m vom Hauptplatz entfernt liegt und einen Besuch lohnt. An beiden Seiten des Eingangs und im Türsturz sind Marmorplatten mit arabischen Inschriften eingemauert. Der mit Bäumen und Blumen bewachsene, stimmungsvolle Innenhof erinnert an ein kleines Atrium. Hier befindet sich das Grab des İbrahim Hakkı Gül, eines Korangelehrten aus Erzurum.

Eski Gümüş
Besonders sehenswert:
Yergüç Rüstem Paşa Camii

Osmancık

Osmancık wird überragt von einem steil aufragenden Burgfelsen, der schon in römischer Zeit befestigt war und in dieser strategisch herausgehobenen Stellung auch in den folgenden Zeiten genutzt wurde. Gut erhaltene Abschnitte der Burgmauer sind heute noch in der Steilwand der Nordseite zu sehen. Unterhalb des Burgbergs liegt die Külliye der **Koca Mehmet Paşa Camii** aus dem 15. Jh., von der nur

◁ *Innenhof der Medrese in Eski Gümüş*

noch die Moschee erhalten ist. Ein schön geschnitztes Eingangstor und der Mihrab im Inneren sind sehenswert. Den Kızıl Irmak überspannt hier eine mehrbogige Brücke aus osmanischer Zeit (1484–91).

Çankırı

Çankırı
Besonders sehenswert:
Ulu Cami
Taş Mescit

Die lange Geschichte Çankırıs spiegelt sich im äußeren Erscheinungsbild der stark modernisierten Stadt kaum wider. In der Antike war der Ort eine wichtige Festung und hieß Gangra und in späterer Zeit Germanikopolis. Bei den Auseinandersetzungen mit den Arabern zu Beginn des 8. Jh. und dann während der Kreuzzüge spielte Çankırı eine nicht unbedeutende Rolle. Hier machten die Kreuzfahrer Station, um den Gefangenen Bohemund von Antiochien, einen Heerführer der christlichen Heere, zu befreien, der in Niksar in die Hände der Danischmendiden geraten war. Im 12. Jh. wurde Çankırı zum Zankapfel zwischen Byzantinern, Seldschuken und Danischmendiden, bis es schließlich, wie alle Orte der Region, unter osmanische Herrschaft kam, als Bayezıt I. die Stadt im Jahr 1392 einnahm.

An baulich Sehenswertem ist in der Stadt nur wenig erhalten. Sultan Süyleman I., der Prächtige, ließ von seinem Architekten Sinan ab 1552 die Ulu Cami erbauen, deren Äußeres aber nach einem Erdbeben im Jahr 1936 stark verändert wurde. Jenseits des Kanals liegt eine kleine Moschee aus seldschukischer Zeit, die Taş Mescit, die von Alâeddin Keykûbat 1235 gestiftet wurde. Das Eingangsportal in typisch seldschukischem Stil mit Nische und umlaufenden Ornamentbändern ist noch erhalten.

Von Ankara nach Beypazarı

Kızılcahamam

Kızılcahamam
Besonders sehenswert:
Thermalanlagen

Ca. 85 km nördlich von Ankara liegt der Nationalpark von Kızılcahamam-Soğuksu in einer Höhe zwischen 1000 und 1700 m. Dieses ausgedehnte, 1050 ha große Waldgebiet, das von dem Tal des Kırmır-Bachs und seinen zahlreichen Zuflüssen geprägt ist, wurde 1959 als Nationalpark eingerichtet. Er dient dem Schutz und Erhalt der natürlichen Wälder und gleichzeitig als Grundwasserreservoir für die Trinkwasserversorgung von Ankara. An vielen Stellen entspringen Thermalquellen mit Temperaturen bis zu 50 °C. Die Quellen von Kızılcahamam wurden schon in römischer und seldschukischer Zeit genutzt. 4 km oberhalb des 1050 m hoch gelegenen Ortes werden täglich bis zu 15 000 Mineralwasserflaschen abgefüllt. Das

Wasser ist brom-, eisen- und arsenhaltig und radioaktiv. In einem Badehaus *(kaplıca)*, ca. 2 km vom Ort entfernt, kann man in einem marmornen Wasserbecken oder in den benachbarten kleineren Räumen baden.

Bolu

Die Provinzstadt Bolu mit 60 000 Einwohnern liegt südlich der Hauptroute von İstanbul nach Ankara und ist ein beliebter Zwischenstopp für Überlandbusse, weil – so sagt der türkische Volksmund – die besten Köche des Landes aus Bolu kommen. Die wirtschaftliche Grundlage der heutigen Stadt, die sich sehr rasch entwickelt – 1945 hatte Bolu nur 7500 Einwohner –, sind der Holz- und Getreidehandel sowie die Verarbeitung von Wolle und Fellen. Die Geschichte Bolus reicht bis in das 2. Jh. v. Chr. zurück. Wahrscheinlich war es eine Gründung des bithynischen Königs Prusias I. (235–183 v. Chr.) und trug den Namen Bithynion. In römischer Zeit in Claudiopolis umbenannt, erhielt es unter Hadrian den Beinamen Hadriana, wohl weil der vom Kaiser geliebte Jüngling Antinoos aus dieser Stadt stammte. Später war Bolu Sitz eines Bischofs. Die alte Stadt lag etwa 4 km vom Kern des heutigen Bolu entfernt. Von ihr und von großen Teilen der späteren Stadt sind jedoch kaum nennenswerte Reste erhalten, da sie im Jahr 1668 von einem verheerenden Erdbeben heimgesucht wurde.

Die Reste der türkischen Altstadt staffeln sich auf Terrassen oberhalb der Hauptstraße. Inmitten des kleinen Basars liegt, zum Teil von malerischen Läden umrahmt, die Yıldırım Bayezıt Camii aus dem Jahr 1901, die mit ihren beiden Minaretts und der großen, sil-

Bolu
Besonders sehenswert:
Yıldırım Bayezıt Camii
Ulu Cami

Kuppel und Minaretts der Yıldırım Bayezıt Camii in Bolu

Der Norden und Nordosten

Der Abant Gölü am Morgen

Gut geeignet für Erholung und Wassersport: der Abant Gölü in schwarzwaldähnlicher Umgebung

brig schimmernden Bleikuppel das Stadtbild weithin dominiert. Weitere besuchenswerte Moscheen liegen an der Hauptstraße, so die kleine, restaurierte Sadaç Hanı Camii mit Resten ihrer Külliye und die älteste Moschee der Stadt, die Ulu Cami (um 1390).

Ein beliebtes Ausflugsziel nicht nur von Bolu aus, sondern wegen des günstigen Klimas und des breiten Angebots an Unterkünften auch für die Bewohner von İstanbul und Ankara interessant, ist der Abant Gölü. Er liegt etwa 40 km südwestlich von Bolu, eingebettet in eine vorwiegend von Tannen bewachsene Berglandschaft. Der Abant-See ist durch eine Talverschüttung entstanden. Seinen südlichen Teil bedecken Seerosen und Binsen, in denen Zwergtaucher und Rostgänse brüten. Auch die umliegenden Nadelwälder, reich an Greifvögeln wie Zwerg- und Schlangenadler, Bussarde und Falken, bieten Ornithologen viele Beobachtungsmöglichkeiten.

Mudurnu

*Mudurnu
Besonders sehenswert: türkisch-griechische Altstadt*

Mudurnu, eine Kleinstadt von 5000 Einwohnern, liegt zusammengedrängt in einem ansteigenden Flußtal in reizvoller Lage. Zahlreiche alttürkische Häuser aus unterschiedlichen Zeiten prägen das Ortsbild. In der lebhaften Altstadt liegen auch ein besuchenswertes alttürkisches Bad und eine frühosmanische Moschee. Auffallend sind die zahlreichen Metallschmieden und -läden im Basarviertel der Stadt, deren Tradition in das 16./17. Jh. zurückreicht. Mudurnu galt wegen seiner berühmten Messerschmieden als das ›türkische Solingen‹. Die Stadt ist auch seit langem Heimat berühmter Ringer und Schauplatz vieler Ringerfeste. Hier finden alljährlich Wettkämpfe in dieser für die Türkei so traditionsreichen Sportart statt.

Die Straße nach Nallıhan führt durch eine abwechslungsreiche Landschaft. Hinter Nallıhan (11 000 Einwohner) windet sich die Straße das Tal hinauf und erreicht eine nahezu vegetationslose Hochebene mit erodierten Kalkhängen, die durch den farbigen Wechsel von roten Sandsteinen, gelbem Mergel und weißen Kalken stark gegliedert sind. Die Tafelberge sind aufgrund unterschiedlicher Mineralgehalte in den Gesteinsschichten mit grünen, roten, gelben und weißen Bändern durchzogen, so daß sich ein sehr farbenfrohes und abwechslungsreiches Naturschauspiel bietet. Man überquert den hier aufgestauten Sakarya-Fluß und erreicht den Ort Beypazarı.

Es lohnt sich ein Abstecher nach Taraklı (29 km) und Göynük (41 km). In Göynük liegt das Grab des Akşemseddin Hoça, und in Taraklı stehen noch schöne alttürkische Häuser

Beypazarı

Beypazarı mit heute ca. 26 000 Einwohnern konnte den Charakter einer alttürkischen Stadt bewahren. Vom Hauptplatz führen zwei Gassen den Hang hinauf. Nach etwa 300 m erreicht man die Alâeddin Camii, die inmitten eines alttürkischen Viertels mit einem Basar liegt, dessen Gänge von Weinranken überwachsen sind. Die Moschee aus seldschukischer Zeit hat einen fast quadratischen Grundriß von etwa 23 m Seitenlänge. Den ungewöhnlich großen Innenraum überspannt eine flache Holzdecke, die an den Seiten durch Umgänge gestützt und von Holzsäulen getragen wird. In unmittelbarer Nachbarschaft liegt die kleinere Incili Camii aus dem Jahr 1219. Der von einem Holzminarett überragte Bau besitzt im unteren Bereich zahlreiche Läden. Ein weiteres alttürkisches Viertel erstreckt sich nördlich des Hauptplatzes. Folgt man der leicht ansteigenden Straße, erreicht man nach ca. 150 m die Akşemseddin Sokağı. Sie führt in ein Viertel mit einer Vielzahl alttürkischer Häuser, die sich um die Akşemseddin Camii gruppieren.

Beypazarı
Besonders sehenswert:
Alâeddin Camii
Incili Camii

Bei Nallıhan wird der Sakarya Nehir gestaut

Der Nordwesten

Gordion

Die einstige Hauptstadt des Phrygischen Reiches liegt bei dem heutigen Dorf Yassıhöyük am Sakarya Nehir, dem antiken Sangarios. Wenn man auf dem Weg nach Gordion den Sakarya überquert, erkennt man halbrechts das Plateau des Stadthügels, in einiger Entfernung halblinks den großen Tumulus und verstreut in der Umgebung zahlreiche kleinere Tumuli.

Der **große Tumulus** ist das monumentale Grabmal eines phrygischen Königs. Vieles spricht dafür, daß Midas hier bestattet worden ist, da er als der bedeutendste Herrscher der Phryger und als Begründer der phrygischen Großmacht gilt. Die Ausstattung des Grabes jedoch war einfach; es fanden sich keine Gegenstände aus Edelmetall. Das verwundert angesichts des sagenhaften Reichtums des Königs. Vielleicht hatten die Kimmerier auf ihrem Raubzug alles, was aus Gold oder Silber war, geplündert, so daß nur noch Gegenstände aus Kupfer vorhanden waren, vielleicht war es aber auch nur Sitte der Phryger, die Grabkammern relativ bescheiden auszustatten. Ursprünglich war der Tumulus wahrscheinlich etwa 70–80 m hoch und hatte an der Basis einen Durchmesser von 250 m. Durch ständige Erosion wurde er abgetragen, so daß der Gipfel heute nur noch eine Höhe von 53 m aufweist; die Basis mißt im Durchmesser jetzt ca. 300 m. 1957 begann man mit der Erforschung des Grabinneren. Über hundert Sondierungsbohrungen machten es möglich, die genaue Lage der Grabkammer im Südwesten des Tumulus zu bestimmen.

Die Kammer besteht aus einer festgefügten Holzkonstruktion. Der innere Raum ist aus massiven Balken gefügt und mit einem giebelförmigen Balkendach abgedeckt. Um diese Kammer herum ist eine zweite Wand aus Rundbalken hochgezogen, die den Innenraum wie mit einer zweiten Haut umgibt. Nach der Beisetzung des Königs wurden beide Kammern durch je ein hölzernes Dach verschlossen. Die Hohlräume zwischen den Kammern füllte man mit Schottergestein auf. Gegen den ungeheuren Druck der Erdmassen ist die gesamte Grabkammer zusätzlich durch eine Umfriedung aus roh behauenen Steinblöcken gesichert. Die innere Grabkammer mißt 6,2 m × 5,15 m. Hier stießen Archäologen auf ein hölzernes Bettgestell, auf dem das Skelett eines etwa sechzigjährigen und 1,59 m großen Mannes lag. Die Ausgräber fanden alles unverändert an Ort und Stelle vor, so wie es vor 2700 Jahren aufgebaut worden war: neun Tische mit Geschirr, zwei mit Einlegearbeiten verzierte Stellwände, drei große Bronzekessel, die in eisernen Ringständern hingen und mit Alltagsgeschirr gefüllt waren. Auf einem Tisch am Kopfende des Bettes war der Schmuck des Königs ausgebreitet – 145 bronzene Fibeln, ursprünglich in ein Leinentuch eingebunden, das heute in kleine Fragmente zerfallen ist.

Gordion ☆
Besonders sehenswert:
großer Tumulus
(Midasgrab)
Tumulus P
Stadtanlagen
Museum

◁ *Altstadtviertel in Kütahya*

Der Nordwesten

Der Nordwesten

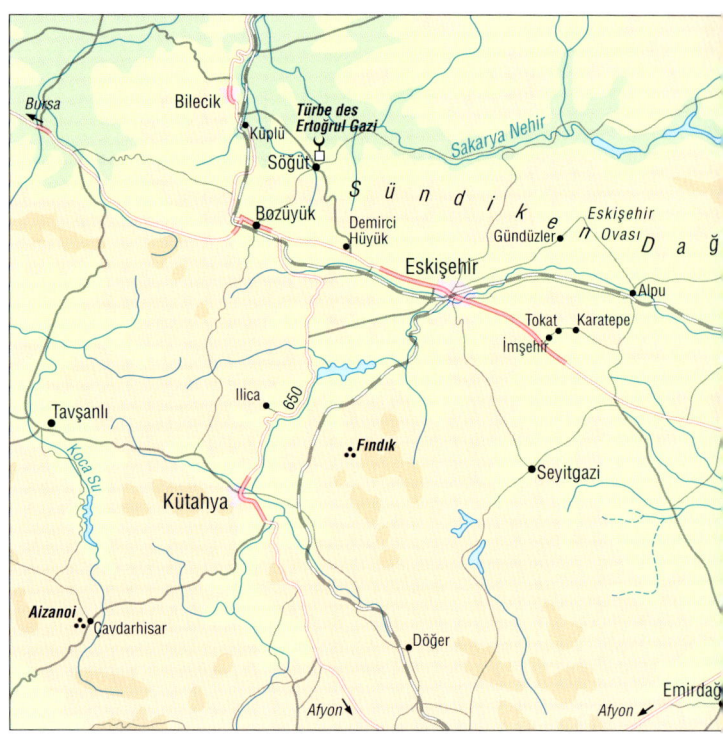

Ein anderer, 12 m hoher Grabhügel liegt nur wenige Meter südöstlich des Museums, in dem die darin gefundenen Beigaben zu sehen sind. In diesem Grabhügel, dem **Tumulus P**, auch Prinzen- oder Prinzessinnengrab genannt, war ein Kind der königlichen Familie bestattet, das im Alter von vier oder fünf Jahren gestorben ist. Die unversehrt geborgenen Beigaben verliehen dem Grab die Atmosphäre eines königlich-phrygischen Kinderzimmers. Man fand Tierfiguren aus Holz, darunter Löwen und Greife, ein Pferd und andere Tiere aus Keramik. Auch das Eßgeschirr war teilweise in Tierform gestaltet, so ein Trinkgefäß, das Gans und Gänserich darstellt.

Das **Museum**, das in einem einzigen großen Raum untergebracht ist, beherbergt Exponate von der frühen Bronzezeit bis zur archaischen und hellenistischen Epoche, Fundstücke der hethitischen Besiedlung und vor allem aus der phrygischen Zeit. Einige der Grabbeigaben aus den Tumuli – die meisten Funde wurden nach Ankara gebracht – sind in den Vitrinen ausgestellt. Besonders beachtenswert ist einer der drei Bronzekessel aus dem Grab des Midas, dessen geflügelte Sirenen am oberen Rand des Gefäßes gut erhalten sind. Im Innenhof des Museums liegt ein farbiges, in geometrischen Mustern

Gordion

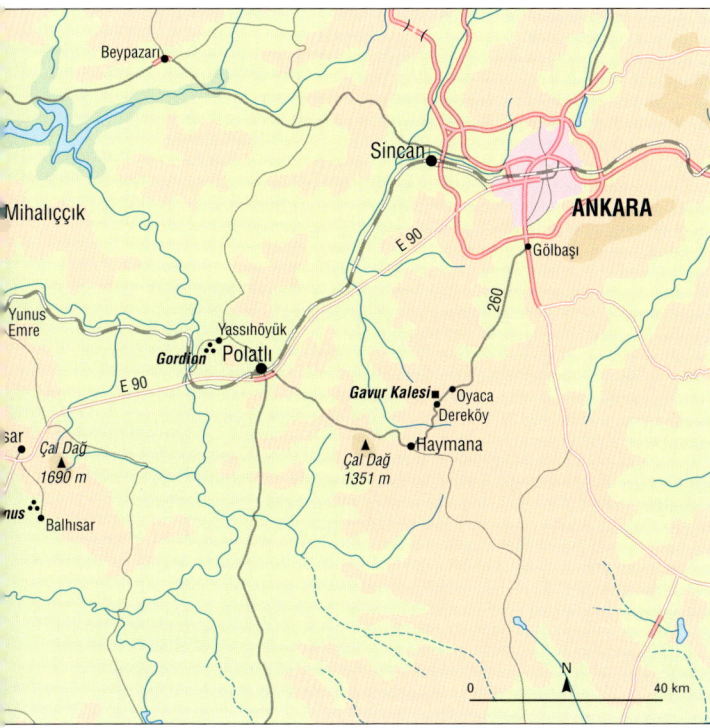

gestaltetes Kieselmosaik, das im Megaron 2 gefunden wurde. Es gilt als das weltweit älteste existierende Steinmosaik.

Von verschiedenen Aussichtspunkten, die mit englischsprachigen Informationstafeln bestückt sind, kann man sich einen guten Überblick über den Stadthügel verschaffen. Die heutigen Überreste der Stadt geben den Zustand der phrygischen Bebauung wieder. Spätere Schichten wurden abgetragen, nachdem sie eingehend untersucht worden waren. Insgesamt sind fünf Siedlungsschichten mit zahlreichen Unterschichten festgestellt worden, die bis in die frühe Bronzezeit des 3. Jt. zurückgehen und hinaufreichen bis zur persischen und schließlich hellenistischen Besiedlung. Die dritte Besiedlungsphase fällt in die Zeit der Phryger.

Das eindrucksvollste Bauwerk aus phrygischer Zeit ist das monumentale **Stadttor** (A) im Südosten des Stadthügels. Er ist 9 m breit und hat eine Tiefe von 23 m. Zum Tor führte eine 6 m breite Rampe hinauf. Vermutlich war die Toranlage auf jeder Seite von hohen Türmen flankiert. Unmittelbar hinter dem Tor liegt, stadteinwärts und um 45° versetzt, der zentrale Teil der Stadtanlage, der Palastbereich; er war von der Stadt durch eine Mauer abgegrenzt. **Reste dieser Mauerzüge** (B–D) sind heute noch zu sehen. Der Palastbereich

Der Nordwesten

wurde später nach Südosten hin vergrößert, um die **Megaronhäuser 1 und 2** (E,F) mit einzubeziehen. Den Palasthof umstanden große Gebäude, die sich zum Hof hin öffneten. Diese Häuser waren nach dem sogenannten Megarontyp gebaut, der in Mittelanatolien bis in die frühe Bronzezeit zurückreicht. Die Mauern bestanden aus porösem Stein oder aus getrockneten Lehmziegeln, die auf einem Steinsockel auflagen. Die Wände waren durch ein Rahmenwerk aus Holz verstärkt, bei dessen Konstruktion offensichtlich nur Verzahnungen und Verfugungen verwendet wurden, denn Reste von Nägeln oder ähnlichem Material fanden sich nicht.

Das eindrucksvollste Gebäude der Palastanlage war das große **Megaron 3** (G), der eigentliche Palastraum der phrygischen Könige und Mittelpunkt der Stadt. Zwei Reihen von je vier Holzpfeilern teilten den Innenraum in ein zentrales Mittelschiff und zwei Seitenschiffe. Die Pfosten hatten eine Stärke von 40 cm × 40 cm und standen auf horizontal verlegten, ebenso gearbeiteten Holzbalken. Zwei dieser ›Sockelbalken‹ wurden in gut erhaltenem Zustand gefunden. Eine Anzahl von Löchern in den Seitenmauern läßt vermuten, daß auf drei Seiten des Raumes auf halber Höhe eine Galerie verlief. Trotz der Zerstörung konnten bemalte Reste und Einrichtungsgegenstände gefunden werden, die die herausragende Bedeutung dieses Megarons unterstreichen. Das etwas erhöht liegende Gebäude **Megaron 4** (H) war wohl ein Tempel der Muttergottheit Kybele. Auf der Rückseite der Megaronhäuser wurde auf einer höheren Terrasse ein großer **Komplex von Terrassengebäuden** (I) ausgegraben, der mehr als 100 m lang war und aus acht großen Räumen bestand, alle nahezu identisch angelegt und jeweils 11 m × 14 m groß. Jeder Raum enthielt eine große Anzahl von Behältern für die Lagerung und Zubereitung von Gütern des täglichen Bedarfs. Ein weiterer **Gebäudekomplex** (J) war den Terrassengebäuden spiegelbildlich gegen-

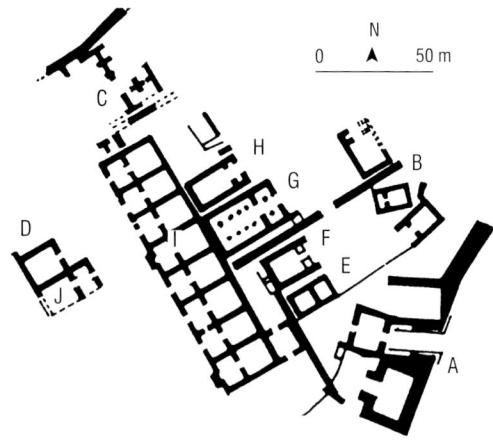

Gordion, Palastanlage
A Stadttor
B–D Befestigungen des Palastes
E Megaron 1
F Megaron 2
G Megaron 3
H Megaron 4
I Komplex von Terrassengebäuden (Magazine)
J Gebäudekomplex

Gordion, Gavur Kalesi

Blick über die Ausgrabungen der phrygischen Hauptstadt Gordion

übergestellt. Auch er gehörte zum Versorgungsbereich des königlichen Palastes. Von ihm sind bis heute allerdings nur drei Räume ausgegraben worden. Der Tumulus südöstlich des Stadthügels, **Küçük Hüyük** genannt, gehört der lydischen Siedlungsperiode an und überragte wohl ursprünglich den Stadthügel an Höhe.

Gavur Kalesi

Die hethitische Burganlage von Gavur Kalesi liegt nördlich der Straße Ankara–Haymana, hinter dem Dorf Dereköy. Die moderne Straße von Gölbaşı nach Haymana führt in einem Bogen um Dereköy herum, das von der Umgehungsstraße aus nicht sichtbar ist. Von beiden Richtungen erreicht man den Ort über die alte Straße. Unmittelbar vor der Steinbrücke im Zentrum fährt man, von Ankara kommend, nach rechts. Die Dorfstraße wird nach wenigen Metern von einem Feldweg abgelöst, der dem Bachlauf folgt. Nach 1,5 km erreicht man eine zweite Brücke, hinter der man nach rechts abbiegt. Je nach Jahreszeit und Wasserstand sind die Wiesen unterschiedlich sumpfig, so daß man an einem Pappelhain den Wagen stehen lassen und die letzten Meter zu Fuß zurücklegen sollte. In Wegrichtung

Gavur Kalesi Besonders sehenswertes hethitisches Felsheiligtum

Der Nordwesten

Felsrelief in Gavur Kalesi

geradeaus liegt der Berg, und bei günstigem Sonnenstand am Nachmittag kann man von hier aus die Felsreliefs schon erkennen.

Die Anlage wurde 1861 von den französischen Reisenden G. Perrot und E. Guillaume entdeckt, die damals allerdings nur die beiden männlichen Figuren ausmachen konnten. Erst 1926 wurde Hans Henning von der Osten während einer Expedition des ›Oriental Institute‹ der Universität von Chicago auf die kleine, wahrscheinlich weibliche Gestalt aufmerksam. Die beiden männlichen Figuren, die mit kurzem Rock und Schnabelschuhen bekleidet sind, tragen als Zeichen ihrer Göttlichkeit spitze Mützen mit Hörnern auf der Vorderseite. Sie schreiten nach links auf eine kleinere Gottheit zu, die auf der anderen Seite einer Felsspalte auf einem Thron sitzt. Der rechte Arm ist zum Gruß erhoben. Eine eindeutige Zuordnung der Figuren ist wegen fehlender Inschriften nicht möglich. Man vermutet aber, daß es sich um die Darstellung der obersten Trias des hethitischen Pantheons, also um Teschup, Hepat und Scharumma handelt. Das natürliche Felsmassiv war auf drei Seiten mit kyklopischen Mauern umgeben, von denen noch oberhalb der Reliefs, die tiefer am Berghang liegen, beachtliche Reste erhalten sind. Die vierte Seite besteht weitgehend aus einer fast senkrecht abgeschlagenen Felswand, auf der die Reliefs zu finden sind. Felswand und Mauern bildeten die Basis für ein fast quadratisches Plateau von 32 m Seitenlänge mit einer rechteckigen Kammer. Vermutlich ist diese Anlage ein Mausoleum oder ein sogenanntes hethitisches Steinhaus gewesen. Der Name Gavur Kalesi oder Gavurkale bedeutet ›Burg der Ungläubigen‹. Das Karl-May-Lesern bekannte Wort *giaur* für alle Nichtmuselmanen ist in dem Wort *gavur* enthalten. Warum allerdings die Bergkuppe diesen Namen trägt, ist nicht bekannt.

Die Fahrt nach Gavur Kalesi ist ein schöner Nachmittagsausflug

Von Sivrihisar nach Eskişehir

Sivrihisar

135 km westlich von Ankara liegt an der E 90 das Städtchen Sivrihisar unterhalb des eindrucksvollen Cal Dağ (1690 m). Am Ortseingang grüßt ein überlebensgroßes Standbild des türkischen Volkshelden Nasreddin Hoça, der in der Nähe der Stadt geboren wurde (s. S. 192ff.). Wie in Akşehir wird auch in Sivrihisar zu Ehren des türkischen ›Eulenspiegel‹ alljährlich am 8. Juni ein Festival veranstaltet. Sivrihisar ist in byzantinischer Zeit als Siedlung neu gegründet worden und entwickelte sich unter dem Namen Justianopolis zu einer befestigten Garnison an der Verbindungsstraße zwischen den westlichen Militärstützpunkten und Ankara. Die baulichen Reste aus dieser Zeit sind an den Bergflanken des Cal Dağ noch gut zu erkennen. Hier liegt die ›Burg mit den Zacken‹, türkisch *sivri hisar*, die der Stadt ihren Namen gab.

Die am Hang liegende Stadt hat ca. 10 000 Einwohner. Im Zentrum der Altstadt liegt die Ulu Cami, eins der seltenen Beispiele einer seldschukischen Hallenmoschee in Anatolien. Bauinschriften an Nord- und Südwesteingang geben als Baudaten 1232 bzw. 1274 an. In den Jahren 1440 und 1778 wurde die Moschee restauriert. Die Holzsäulenmoschee besitzt sechs Schiffe parallel zur Kibla-Wand. Insgesamt 62 Holzsäulen, deren Kapitelle aus unterschiedlichen Zeiten und Bauwerken stammen, tragen eine flache Holzdecke mit einer niedrigen zentralen Kuppel, die etwas Licht in das Innere der Säulenmoschee läßt. Die beiden Schmucksäulen vor der Gebetsnische sind im oberen Teil bemalt und mit Schnitzereien versehen, ebenso die darüberliegenden Architrave. Die reichgeschnitzte Freitagskanzel aus Walnußholz besitzt noch ihre originalen Türen und

Sivrihisar
Besonders sehenswert:
Ulu Cami

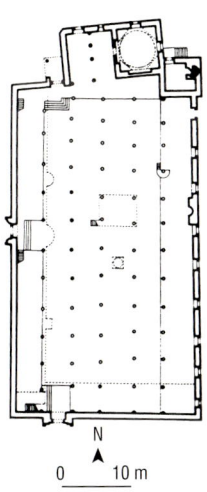

Ulu Cami in Sivrihisar, Grundriß

Der Nordwesten

Geländer, die mit seldschukischem Flechtwerk geschmückt sind. In dem Viertel rund um die alte Moschee sind noch einige alttürkische Häuser zu bewundern. Hinter der Ulu Cami steht unter Bäumen die achteckige Türbe des Alemşah von 1327, die Alemşah Kümbeti. Bauteile und Marmorblöcke stammen aus dem alten Ort Pessinus (Balıhisar). Besonders hervorzuheben sind die unterschiedlich gestalteten Fensterrahmungen und das spätseldschukische Schmuckportal mit einer arabischen Inschrift über dem Türsturz.

Balıhisar (Pessinus)

Pessinus
Besonders sehenswert:
Kybele-Tempel
Museum

Vom Straßenkreisel unterhalb von Sivrihisar führt eine kleine befestigte Straße von der E 90 nach Süden. Auf ihr erreicht man nach ca. 11 km das kleine Dorf Balıhisar, das auf den Ruinen des alten Pessinus erbaut ist.

Die Geschichte von Pessinus geht in mythische Zeiten zurück. Der Name wird bei den antiken Historikern und Geographen aus *piptein,* dem griechischen Wort für ›fallen‹, abgeleitet und verweist auf ein Ereignis, das sich vor der phrygischen Landnahme ereignet haben soll. In einem Meteoriten, der vom Himmel gefallen sei, habe man die Figur der Muttergottheit erkannt und fortan die Kybele, die Magna Mater, verehrt; Pessinus wurde ihr zentrales Heiligtum. Der phrygische König Midas soll für Kybele und auch für ihren Sohn und Geliebten einen großen Tempel erbaut und einen jährlichen Opferkult eingerichtet haben. Der originär phrygische Mythos der Kybele stand in der hellenistischen Epoche und später auch während der römischen Republik und der Kaiserzeit in hohen Ehren, sein geistig-religiöses Zentrum war in allen Perioden Pessinus. In frühhellenisti-

Treppen des Kybele-Tempels in Pessinus

Balıhisar (Pessinus)

scher Zeit entwickelte sich der Ort zu einem bedeutenden Priesterstaat. Das blühende Geschäft mit der Pilgerfahrt führte zu Macht und Wohlstand.

Die relative Unabhängigkeit konnte sich Pessinus auch in der Folgezeit bewahren. Zwischen den pergamenischen Herrschern und dem Priesterstaat von Pessinus bestanden zu Ende des 3. Jh. v. Chr. enge Beziehungen. Ihnen war es zu verdanken, daß in den Jahren nach 205 v. Chr. eine eindrucksvolle diplomatische Aktion zwischen Rom, Pergamon und dem Hohepriester Attis von Pessinus schließlich dazu führte, daß der *baitylos*, der nicht-anthropomorphe Kultgegenstand, der die Göttin Kybele symbolisierte, nach Rom gebracht wurde. Der Grund für diese Überführung waren die Weissagungen der ›Sibyllinischen Bücher‹, die einen Sieg der Römer über Hannibal nur dann als möglich beschrieben, wenn der heilige Stein der Göttin nach Rom gebracht würde. Seitdem und bis in die römische Kaiserzeit wurde der Kult der Kybele auch auf dem Palatin in Rom gefeiert und wirkte von dort in alle Teile des Imperium Romanum. Der unter Augustus neu belebte Kaiserkult in den Provinzen des Römischen Reiches führte zu einer Aufwertung des Wallfahrtsortes. Unter Tiberius wurde der Herrscherkult, der zunächst auf Ankara beschränkt war, dezentralisiert und erhielt auch in Pessinus einen Schwerpunkt, wahrscheinlich im Jahr 31 n. Chr. Aus dieser Zeit stammt der Tempel, der auf den Fundamenten älterer Anlagen, vermutlich auch des Kybele-Tempels, errichtet wurde und heute mit seinen Grundmauern das archäologisch interessanteste Bauwerk aus antiker Zeit darstellt. Nach der Zerstörung durch die Goten, die 252/253 in Kleinasien eingefallen waren, erholte sich die Stadt nur mühsam. Im Jahr 362 besuchte der letzte heidnische Kaiser, Julian Apostata, auf seinem Weg von Konstantinopel nach Antiochia das Heiligtum der Kybele, um der Göttin seine Aufwartung zu machen. Mit dem Verbot heidnischer Kulte durch Theodosius I. am Ende des 4. Jh. verlor Pessinus seine Bedeutung. Es wurde Sitz eines byzantinischen Bischofs.

Seit 1967 wird Pessinus von belgischen Archäologen der Universität Gent unter der Leitung von Pierre Lambrechts und später von J. Devreker ausgegraben. Das Zentrum der Forschungen lag zunächst im Bereich des Heiligtums im Süden der alten Stadt, das das Flußbett des Gallos am östlichen Ufer überragt. Es besteht aus einer Tempelanlage in der Form eines Peripteros mit Reihen von sechs bzw. elf Säulen in korinthischer Ordnung. Die erhaltenen Grundmauern stehen an der Stelle eines spätphrygischen monumentalen Tempels der Kybele. Davor liegt eine große Freitreppe mit dreißig Stufen, die zum Tempel hinaufführten. An beiden Seiten schließen sich stumpfwinklig angesetzte Sitzreihen an, so daß die Anlage an ein Theaterrund erinnert. Die Monumentaltreppe und die Sitzreihen öffnen sich nach Westen und rahmen einen freien Platz ein, auf dem kultische Handlungen vollzogen wurden. Westlich schloß sich an diesen Bereich die Agora an, von der noch die Reste eines hellenistischen Baus erhalten sind.

Ausstellungsstück im Museum von Pessinus

Im unabhängigen Stadtstaat Pessinus herrschte der ›Gallos‹, ein Hohepriester und Eunuch als weltlicher Souverän

Der Nordwesten

Yunus Emre

Im Ort Yunus Emre werden jährlich Festivals veranstaltet, und wissenschaftliche Tagungen und Symposien widmen sich dem Werk des Dichters

10 km östlich von Sivrihisar biegt von der E 90 eine Straße nach Norden ab, auf der man nach ca. 25 km den Ort Yunus Emre erreicht. Er liegt im Tal des Porsuk Çayı an der Eisenbahnlinie İstanbul–Ankara. Der moderne Ort trägt den Namen des türkischen Volksdichters aus dem 13. Jh., der hier gestorben sein soll. Im Jahr 1970 wurde um das Grab des Dichters herum in einer großzügig angelegten Parkanlage eine Pilgerstätte errichtet. Neben dem von einem säulengetragenen Baldachin geschützten Sarkophag wurden eine Moschee, ein Museum und ein Gästehaus erbaut.

Yunus Emre ist der erste große Dichter Anatoliens, der seine mystischen Erfahrungen und seine Gottesliebe in einfachen türkischen Gedichten und Versen besungen hat

Vom Leben Emres wissen wir kaum etwas. Sicher ist, daß er um 1320/1321 gestorben ist. Viele Orte in Anatolien erheben Anspruch auf sein Grab, so auch das nach seinem Namen benannte Dorf. Yunus Emre ist in der Türkei bis heute ein Begriff. Seine Lieder wurden von den Derwischen vor allem des Bektaşi-Ordens aufgenommen und verbreitet; seine Gedichte sind zum lebendigen Volksliedgut geworden, weil sie in ungewöhnlich klarer Sprache Menschen aller Schichten ansprechen; so erklärt sich auch die große Popularität, die er heute genießt. 1991 wurde das Vermächtnis des türkischen Derwischs und Volksdichters von der UNESCO geehrt.

Eskişehir

*Eskişehir
Besonders sehenswert:
Kurşunlu Camii
Alâeddin Camii*

Eskişehir, die Hauptstadt der gleichnamigen Provinz, liegt am westlichen Rand der Eskişehir Ovası im Tal des Porsuk, des antiken Tembros. Die noch im 19. Jh. völlig unbedeutende anatolische Kleinstadt mit ca. 20 000 Einwohnern entwickelte sich mit dem Anschluß an das Eisenbahnnetz am Ende des 19. Jh. zu einem bedeutenden Industriestandort mit heute ca. 400 000 Einwohnern. Die Stadt ist ein Zentrum der Leder-, Textil- und Nahrungsmittelindustrie und der Zementherstellung und ist vor allem als Eisenbahnknotenpunkt von großer Bedeutung. Eine besondere Rolle kam Eskişehir durch die Förderung und Verarbeitung des Meerschaums (Magnesiumsilikat) zu, der in der Nähe abgebaut wird. Meerschaum aus dieser Region, der vor allem zu Zigarettenspitzen und Pfeifenköpfen verarbeitet wird, gilt als der beste der Welt. Ihre frühere wirtschaftliche Bedeutung hat die Meerschaumgewinnung allerdings im 20. Jh. weitgehend verloren. Heute findet Meerschaum zunehmend Verwendung in der chemischen und pharmazeutischen Industrie. Die auch heute noch meist sehr primitiven Förderanlagen liegen ca. 20 km östlich der Stadt, nördlich der Straße nach Ankara. Von der Hauptstraße führt eine Abzweigung zu den Meerschaumgruben von İmişehir (2 km), Tokat (3 km) und Karatepe (8 km). Andere Vorkommen liegen bei Alpu im Tal des Porsuk und bei Gündüzler westlich von Alpu.

Die lange Geschichte von Eskişehir ist im äußeren Erscheinungsbild der Stadt nur noch in kleinen Resten aufzuspüren. Die Vorgängerstadt ist das antike Dorylaion, eine prähistorische, in phrygischer Zeit bedeutende Siedlung nördlich der heutigen Stadt. Der Burghügel Şarhöyük nördlich der Bahnlinie dokumentiert eine ununterbrochene Besiedlung über die Jahrhunderte hinweg bis in die osmanische Zeit. 1071 war hier der Sammelpunkt für das byzantinische Heer, das unter Kaiser Romanus IV. Diogenes von den Seldschuken bei Manzikert vernichtet wurde. Im Jahr 1097 schlug das christliche Ritterheer unter Gottfried von Bouillon bei Dorylaion das Heer des Seldschukensultans Kılıç Arslan und schaffte damit eine der entscheidenden Voraussetzungen für das Gelingen des Ersten Kreuzzugs. Dorylaion teilte in der Folgezeit das Schicksal vieler Städte in Kleinasien. 1402 wurde es von den Mongolen unter Führung von Timur Lenk zerstört, wovon sich die Stadt nicht mehr erholte. Bedeutung erlangte Eskişehir erst wieder mit dem Bau der Anatolischen Eisenbahn im Jahr 1890.

Die Altstadt wird von der Kurşunlu Camii, der Bleimoschee, beherrscht, die 1515 von Melek Mustafa Paşa, einem Großwesir unter Süleyman I., gestiftet und im klassisch-hochosmanischen Stil errichtet wurde. Die Kuppelmoschee ist Teil einer Külliye, zu der auch eine Medrese mit einem Haus für die Mevlevi-Derwische und ein *imaret*, eine Armenküche, gehörte. Der Stifter der Anlage war Mitglied des Ordens der ›Tanzenden Derwische‹, dessen Zentrum Konya war. Einige bauliche und dekorative Besonderheiten verweisen auf den Zusammenhang mit dem Orden. So ist der Kuppelaufsatz in der Form eines Derwischhuts gestaltet, die Medrese besitzt in zentraler Lage einen überkuppelten Tanzraum, einen *semahane*, und hinter dem Tanzraum liegen Gräber mit den für Derwische typischen Grabsteinen. Das **Archäologische Museum** von Eskişehir ist in einem Neubau untergebracht und sehr übersichtlich gestaltet. Die Funde reichen von den Grabungsergebnissen aus dem prähistorischen Hügel von Demirci Hüyük westlich von Eskişehir bis in die römische Zeit. Phrygische Kleinkunst ist ebenso vertreten wie Beigaben aus einem römischen Grab und Mosaiken, die am antiken Siedlungshügel von Dorylaion gefunden wurden. Das Museum liegt im modernen Stadtbereich westlich der Altstadt.

Von Eskişehir nach Bilecik

Söğüt

Auf dem Weg von Eskişehir nach Westen in Richtung Bilecik befindet sich unmittelbar vor der nach Norden abzweigenden Straße nach Söğüt der Hügel von Demirci Hüyük. Hier hinterließen prähistorische Kulturen den Archäologen Reste, die heute im Museum von Eskişehir zu sehen sind.

Söğüt
Besonders sehenswert:
Ertoğrul Gazi Türbesi

Der Nordwesten

Etwa 2 km von der Stadt Söğüt entfernt liegt in Richtung Bilecik die Ertoğrul Gazi Türbesi, die Grabtürbe Ertoğruls. Sie steht zwischen hohen Bäumen in einer Friedhofsanlage, in der auch andere Familienmitglieder beigesetzt sind. Der Kenotaph Ertoğruls ist das Ziel einer Wallfahrt, die früher alljährlich am 9. März, dem Frühlingsfest der ehemals schiitischen Oghuzen, gefeiert wurde. Dieser Brauch hatte bis in die Zeit des Sultans Abdülhamit II. (1876–1909) Geltung. Danach wurde die Wallfahrt in den Herbst verlegt und mit einem traditionellen Volksfest mit Jahrmarkt am 2. September verbunden. Zu diesem Fest versammeln sich die seitdem sunnitischen Karakeçili-Nomaden, die in der Umgebung leben. Die Türbe ist ein achteckiger Bau, dessen Boden herrliche Teppiche bedecken. Sie wurde im frühen 15. Jh. von Mehmet I. gestiftet und in der Folgezeit mehrmals umgebaut. Heute ist sie in einen Ziegelbau aus dem 19. Jh. integriert. Neben dem Friedhof wurde vor nicht allzu langer Zeit eine Gedenkstätte für die osmanischen Herrscher eingerichtet. Zahlreiche Büsten stellen die Ahnenreihe der osmanischen Dynastie dar, in die sogar Atatürk eingereiht ist. Seit 1968 wird hier alljährlich ein Symposium zu Fragen der osmanischen Geschichte und der osmanischen Sultane veranstaltet.

In Söğüt selbst steht die **Ertoğrul Gazi Mescidi**, die von Abdülaziz (1861–76) gestiftet wurde. Diese kleine Kuppelmoschee steht an der Stelle einer von Ertoğrul selbst errichteten Moschee.

Bilecik, Küplü und Bozüyük

Bilecik
Besonders sehenswert:
Orhan Camii
Türben des Edebalı

Die Straße in Richtung Bilecik stößt auf die Hauptstrecke Eskişehir–Adapazarı, die in zahlreichen Windungen und Steigungen durch eine zerklüftete Berglandschaft nach Bilecik hinaufführt. Der zwischen Hügeln eingebettete Ort mit 23 000 Einwohnern bietet noch ein intaktes Stadtbild. Zwei Bereiche lohnen einen Besuch: die türkische Altstadt mit schönen Holz- und Steinbauten aus dem 19. Jh. um den Hauptplatz und die Unterstadt mit der Orhan Camii und der Türbe des hl. Edebalı.

Die Orhan Camii ist eine einräumige Einkuppelmoschee und stellt ein Lehrbeispiel des frühosmanischen Bautyps dar. Sie stammt aus der 1. Hälfte des 13. Jh. und zählt damit zu den ältesten osmanischen Moscheen. Die beiden hoch aufragenden Minaretts an beiden Ecken der Frontseite wurden im 19. Jh. errichtet. Beeindruckend ist die Lage der Orhan Camii auf einem Sporn über zwei tiefen, auf die Stadt zuführenden Schluchten. Oberhalb der Moschee liegen die Türben des Edebalı, eines Derwisch-Scheichs und seiner Frau. In dem flach überkuppelten Hauptraum sind die Sarkophage des Scheichs und seiner Familie aufgestellt. Das Grab der Bala Hatun – sie war die Tochter Edebalıs und nach der Überlieferung die Lieblingsfrau Osmans sowie Mutter von Orhan Gazi, dem zweiten Sultan der Osmanen – ist ein Wallfahrtsziel für die Gläubigen der Umgebung.

◁ *Bithynische Landschaft*

Bilecik, Küplü und Bözüyük

Das Edebalı-Mausoleum in Bilecik

Bilecik bewahrt in seinem Zentrum noch ein sehenswertes Ensemble alttürkischer Häuser, die sich vor allem um den Hauptplatz herum gruppieren. Auf dem Weg zur Orhan Camii, am westlichen Rand des Basars, liegt die Serif Paşa Camii an einem neu angelegten Platz, der von einer alten Platane überschattet wird. Von hier aus öffnet sich der Blick auf ein ausgedehntes Ruinenfeld, aus dem abgebrochene Minaretts hervorragen, die von ausgedehnten Friedhöfen umgeben sind. Hier fanden während der Befreiungskriege blutige Auseinandersetzungen zwischen Griechen und Türken statt. Teile der Altstadt, die in der Talsenke lagen, wurden dabei eingeäschert und aufgegeben.

Südlich von Bilecik liegt das malerisch gelegene Dorf Küplü, das als eines der schönsten in Westanatolien gilt. Dort sind Häuser mit verwitterten Holzkonstruktionen und pastellfarben getünchten Steinsockeln Zeugnisse osmanisch-bäuerlicher Tradition.

Die üppigen grünen Hügel des antiken Bithynien, die schönste Landschaft im westlichen Zentralanatolien, bestimmen hier das Landschaftsbild

Die Stadt Bozüyük, deren alter Kern sich reizvoll an einen Felsen schmiegt, hat ihren einstigen alttürkischen Charakter nach dem verheerenden Erdbeben im Jahr 1970 weitgehend verloren. Vorherrschend ist heute der Eindruck einer modernen Industriestadt. Als besondere Sehenswürdigkeit gilt die von Sinan 1525–28 erbaute Kasim Paşa Camii, die direkt im Zentrum der Stadt an der Durchgangsstraße liegt. Eine große Kuppel überwölbt einen Würfelbau von ca. 16 m Seitenlänge, dem eine Halle mit vier Säulen und drei Kup-

Der Nordwesten

peln vorgelagert ist. Das im Moscheegarten gelegene Brunnenhaus weist noch schöne Fayencen der Kütahya-Schule auf, deren Wirkung allerdings durch einen Umbau im 20. Jh. gelitten hat.

Kütahya

Kütahya ☆
Besonders sehenswert:
Altstadt
Ulu Cami
Vacidiye Medresesi

Die Provinzhauptstadt Kütahya blickt auf eine lange Geschichte zurück. Kotyaion, der antike Name der Stadt, ist phrygischen Ursprungs und verweist auf die Fruchtbarkeitsgöttin Kotys, besser bekannt unter dem Namen Kybele. Aus dieser frühen Zeit ist heute in Kütahya nichts mehr erhalten. In der byzantinischen Epoche wurde die Stadt Bischofssitz und kam zu Wohlstand, weil sie an der Handelsstraße vom Norden in den Süden Anatoliens lag. Nach der Niederlage der Byzantiner bei Myriokephalon (Kerkbaş) im Jahr 1176 wurde die Stadt unter Sultan Kılıç Arslan II. geplündert. Eine letzte Blüte erreichte Kütahya im 13. Jh. unter der Herrschaft des kurdisch-türkischen Fürstengeschlechts der Germiyaniden. Aufgrund dynastischer Verflechtungen ging das Fürstentum 1429 in osmanischen Besitz über. Kütahya war zwar später noch für kurze Zeit Residenz des mongolischen Eroberers Timur Lenk, der von hier aus seine verheerenden Feldzüge in den Westen Kleinasiens unternahm, ging aber schließlich dauerhaft an die osmanischen Sultane über. Nach dem erfolgreichen Feldzug Selims I. gegen die Perser im Jahr 1514 wurden aserbaidschanische Handwerker hierher zwangsumgesiedelt; sie begründeten die Tradition der berühmten Kütahya-Keramik. Heute ist Kütahya eine moderne Stadt mit ca. 130 000 Ein-

Altstadtgasse in Kütahya

Kütahya

wohnern und ein wichtiges regionales Wirtschaftszentrum. Neben den bedeutenden Fayencewerkstätten hat die Stadt eine Zement-, eine Zucker- und vor allem eine große Stickstoffabrik, die 1938 als Ableger der I. G. Farben gegründet wurde.

Besondere Bedeutung hat Kütahya durch die Herstellung hochwertiger Keramik erlangt. Aserbaidschanische Handwerker brachten im frühen 16. Jh. aus ihrer persischen Heimat die Kunst der Fayenceherstellung nach İznik und Kütahya und errichteten zahlreiche Manufakturen. Viele Moscheen und andere Sakralbauten wurden mit Fliesen aus Kütahya geschmückt. Ein anderer Schwerpunkt lag auf der Herstellung von Gebrauchskeramik. Nachdem Ende des 18. Jh. das berühmte İznik, dessen Stellung Kütahya nie erreicht hat, seine Werkstätten aus wirtschaftlichen Gründen schließen mußte, übernahm Kütahya dessen Rolle als Zentrum der osmanischen Fayenceproduktion. Die harte weiße Tonerde von besonderer Qualität, die in der Umgebung zu finden ist, bildete die Grundlage für die hiesige Fayenceherstellung.

Schon in der 1. Hälfte des 16. Jh. wurden hier die für die Osmanen typischen blau-weißen Fliesen hergestellt. Mit ihren Mustern in verschiedenen Blau- und Türkistönen unter transparenter Glasur auf weißem Grund oder mit weißem Dekor auf dunkelblauem Grund erinnern diese Fliesen an chinesisches Mingporzellan des 15. Jh., zumal sie neben Päonien und anderen Blumen eine Anzahl östlicher Motive wie die chinesische Wolke oder den Drachen übernahmen. Im 18. Jh. wurden traditionelle osmanische Muster und Farben durch armenische Handwerker und Künstler neu belebt. Sie hatten in Kütahya begonnen, Fliesen mit religiösen und christlichen Motiven herzustellen, die nun auch armenische und orthodoxe Kirchen schmückten. Die armenische Kathedrale des hl. Yakup in Jerusalem von 1719 wurde z. B. von Künstlern aus Kütahya ausgestaltet. Zur Restaurierung des Felsendoms in Jerusalem im Jahr 1919 engagierte man einen armenischen Künstler aus Kütahya, und 1960 war es wiederum ein Handwerker aus dieser Stadt, der mit der jüngsten Restauration des Felsendoms betraut wurde.

Rundgang

Man beginnt den Rundgang am besten am Platz vor dem Rathaus, dem Konak Meydanı, der am Ortsrand der Altstadt liegt und von einem Brunnen in der Form einer überdimensionalen Vase aus Kütahya-Keramik beherrscht wird. Von hier aus gelangt man über die Cumhuriyet Caddesi in das **Altstadtviertel**, das mit engen Gassen und den typischen ein- bis zweistöckigen Häusern mit vorspringenden Erkern und alten Holzgittern vor den Fenstern noch immer das Bild einer alttürkischen Stadt bietet. Dieses Viertel konnte der ›Modernisierung‹ entgehen, weil es als Museumsbereich deklariert und als historisches Erbe staatlichem Schutz unterstellt wurde. Die

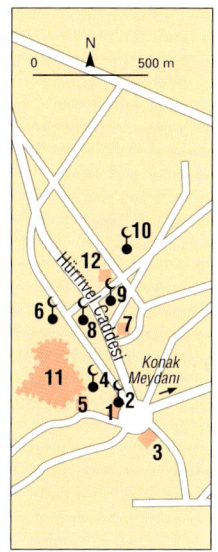

Kütahya
1 Vacidiye Medresesi und Archäologisches Museum
2 Ulu Cami
3 Mevlevihane
4 Vahit Paşa Kütüphanesi/ Yakub Çelebi Külliyesi
5 Kossuth Evi
6 Kurşunlu Camii
7 Paşam Sultan Türbesi
8 Tabakhane Camii
9 Takkacılar Camii
10 Sadeddin Camii
11 Burg
12 Basar

Der Nordwesten

Cumhuriyet Caddesi endet an einem Platz, der von eindrucksvollen Gebäuden aus seldschukischer und osmanischer Zeit gesäumt ist. In exponierter Lage steht die **Vacidiye Medresesi** (1) aus dem 14. Jh. Sie wurde 1314 von Umur Bey Bin Savat als theologische Hochschule gegründet und verfügte über ein Observatorium und eine Forschungsstätte für Naturwissenschaften und Mathematik. Nach einer gründlichen Restaurierung dient sie seit 1956 als Archäologisches Museum. Durch ein eindrucksvolles seldschukisches Portal betritt man einen großen, heute überdachten Innenhof. Hier und in den angrenzenden Räumen werden Exponate aus allen historischen Epochen Anatoliens ausgestellt, vom Chalkolithikum (5000–3000 v. Chr.) bis in die osmanische Periode. Das Prunkstück der Sammlung ist ein hervorragend erhaltener römischer Säulensarkophag aus dem 2. Jh. n. Chr., der 1990 bei Ausgrabungen in Aizanoi gefunden wurde und auf dem Reliefs von hoher Qualität die Kämpfe der Amazonen mit den Griechen darstellen. Der Sarkophag wurde für Claudius Severinus, einen bedeutenden Bürger der Stadt Aizanoi, gefertigt. Neben unterschiedlichen antiken Fragmenten im Garten des Museums sind besonders Teile eines weiteren Sarkophags zu erwähnen, auf dem die Taten des Herakles abgebildet sind. Hinter der Vacidiye Medresesi liegt die **Ulu Cami** (2). Sie wurde schon vor 1400 von Sultan Bayezıt I. begonnen und unter Mehmet II. fertiggestellt. Durch Umbauarbeiten ist von der ursprünglichen Moschee

Osmanischer Barock aus der Schule des Baumeisters Sinan: die Ulu Cami in Kütahya

nur noch wenig erhalten. Die heutige Ulu Cami soll von einem Baumeister aus der Architektenschule des berühmten Sinan entworfen worden sein. Seine Bauinschrift am Minarett nennt das Jahr 1554. Ende des 19. Jh. wurde die Moschee nochmals restauriert. Der große, rechteckige Baukörper im Stil des osmanischen Barock wird von zwei Kuppeln und sechs Halbkuppeln überwölbt. Durch die Anordnung der Halbkuppeln entsteht der Eindruck einer dreischiffigen Anlage. Die Gebetsnische ist vom übrigen Raum durch ein breites Joch abgesetzt. Dem Nordeingang gegenüber befindet sich ein reich mit Fayencen und Marmorverkleidungen ausgestatteter Brunnen. Auf der gegenüberliegenden Seite des Platzes liegt der **Mevlevihane** (3), ein Kloster der ›Tanzenden Derwische‹, das im 19. Jh. restauriert worden ist.

Fayencen aus Kütahya

Westlich der Ulu Cami erstreckt sich ein sehenswertes altes Stadtviertel, in dem die **Vahit Paşa Kütüphanesi** (4) liegt, Teil einer Külliye aus dem 15. Jh. Heute ist hier eine Bibliothek untergebracht. In diesem Viertel befindet sich auch das Haus des ungarischen Emigranten Kossuth, das **Kossuth Evi** (5), in dem ein Museum eingerichtet wurde. Dieses sorgsam restaurierte Gebäude zeigt den hohen Stand osmanischer Wohnkultur. Hier lebte in den Jahren 1850/51 Lajos Kossuth (1802–94), der zwei Jahre zuvor mit Erfolg die Loslösung Ungarns von der Donaumonarchie betrieben hatte. Nachdem die alten Verhältnisse im Habsburgerreich wiederhergestellt waren, entzog sich Kossuth seinem zu erwartenden Prozeß durch Flucht in das Osmanische Reich. Er starb im Alter von 92 Jahren in Turin. Sein Haus in Kütahya wurde zum 150. Geburtstag Kossuths mit Mitteln der ungarischen Regierung restauriert und 1989 von der türkischen Museumsverwaltung erneut instand gesetzt.

Vorbei an einer kleinen Kuppelmoschee, der **Kurşunlu Camii** (6), und der gegenüberliegenden **Paşam Sultan Türbesi** (7), die beide noch Reste der alten seldschukischen Vorgängerbauten aufweisen, trifft man auf die im 15. Jh. erbaute und häufig restaurierte **Tabakhane Camii** (8). Sie steht am Eingang zum Basarviertel, dessen älterer Teil ebenfalls im 15. Jh. angelegt worden ist. Mittelpunkt dieser Anlage waren die **Takkacılar Camii** (9) und der kleine Bedesten, eine überkuppelte Markthalle. Daran schließt sich der große Bedesten an, in dem heute ein Gemüsemarkt untergebracht ist. Im Norden des Basarviertels liegt die **Sadeddin Camii** (10) aus dem Jahr 1870.

Überragt wird die Altstadt von der ausgedehnten **Burganlage** (11), die das Stadtbild beherrscht. Von der Ulu Cami führt eine Fahrstraße zu einem Aussichtsplatz, von dem aus sich der Blick über die Stadt und weit in die Ebene hinein öffnet. Die Burg liegt auf einem Plateau, das nach Osten hin abfällt. Der innere Teil ist durch eine Verteidigungsmauer abgetrennt, deren gut erhaltene Türme ein eindrucksvolles Zeugnis der gewaltigen Burganlage sind, die im 14. Jh. unter der Dynastie der Germiyaniden ausgebaut wurde. Das weiträumige Areal der Burg, in dem in byzantinischer Zeit auch die Wohnviertel der Stadt lagen, ist vor allem in westlicher und südlicher Rich-

Der Nordwesten

Das Innere der Ulu Cami in Kütahya ist mit Marmor und Fayencen ausgekleidet

Nordöstlich von Kütahya laden in Harlek (Ilica) Thermalquellen, die auch touristisch genutzt werden, zu einem Zwischenstopp ein

tung gut erhalten und restauriert worden. Im Jahr 1982 begann ein wissenschaftliches Projekt, das unter topographischen und architekturgeschichtlichen Gesichtspunkten mittelalterliche Befestigungsanlagen in Anatolien aus der byzantinischen und osmanischen Zeit systematisch aufnahm und erkundete. Kütahya wurde als wichtiges Forschungsobjekt miteinbezogen, und die Restaurierung der Festungsmauern begleitete dieses Vorhaben.

Aizanoi

Die Reste der bedeutenden antiken Stadt Aizanoi liegen ca. 50 km südwestlich von Kütahya bei dem alten Dorf Çavdarhisar. Dieser reizvoll am Koca Su gelegene Ort erhielt seinen Namen von dem Turkmenenstamm der Çavdaren, die sich im 13. Jh. in Aizanoi ansiedelten. Reisende des 19. Jh. berichteten noch von stattlichen Gehöften in Çavdarhisar, der ›Burg der Çavdaren‹. Infolge des schweren Erdbebens im Jahr 1970 wurde die Kleinstadt jenseits der Hauptstraße neu angelegt. Einige alttürkische Häuser sind im Bereich der Ruinenstätte noch erhalten. Aizanoi ist heute mit den noch gut erhaltenen Ruinen des Tempels und des Theater-Stadion-Komplexes, mit seinen Brücken und Heiligtümern eins der lohnendsten Reiseziele im nordwestlichen Anatolien.

Aizanoi ☆☆
Besonders sehenswert:
Zeus-Tempel
Theater
Stadion
römische Brücken

Stadtgeschichte

Keramikfunde bezeugen, daß das Gebiet um Aizanoi seit dem 3. Jt. v. Chr. besiedelt gewesen ist. Der Name der Stadt Aizanoi wird, so berichtet Pausanias, vom mythischen Helden Azan abgeleitet, welcher der Sohn des legendären Königs Arkas von Arkadien (Griechenland) und der Muse Erato gewesen sei. Azan galt als der Ahnherr der Phryger, die ihr kultisches Zentrum beim Heiligtum der Meter Steunene am Oberlauf des Rhyndakos hatten, der den lokalen Namen Penkalas trug, heute Koca Su. Die Gottheit Meter Steunene wird der phrygischen Muttergottheit Kybele gleichgesetzt. Über die Geschichte des von alters her besiedelten Platzes weiß man nur wenig. Eumenes II. von Pergamon und Prusias I. von Bithynien, die in ständiger Fehde miteinander lebten, sollen hier gemeinsam einen Kult gestiftet haben. 183 v. Chr. ging die Herrschaft über den Ort schließlich an Pergamon über und 133 v. Chr. an Rom. In dieser Zeit ist auf Münzen erstmalig Ezeaniton als Name der Stadt genannt, und erst aus dem letzten Drittel des 1. Jh. v. Chr. gibt es eindeutige Hinweise darauf, daß Aizanoi eine städtische Siedlung war, die vor allem durch Anbau und Verarbeitung agrarischer Produkte zu Wohlstand kam. In der auf Augustus folgenden Friedenszeit ist auch Aizanoi zu einer blühenden Stadt geworden, in der zu Ehren verschiedener Kaiser sportliche Wettkämpfe stattfanden. Auffällig ist, daß die Stadt in der Antike nie eine Stadtmauer besaß. Vor allem in der Zeit des Kaisers Hadrian (117–136 n. Chr.) und in den Jahrzehnten danach wurde Aizanoi kulturell gefördert und prachtvoll ausgebaut. Hervorragend war dabei der gewaltige Zeus-Tempel. Besondere Bedeutung kam der Aufnahme der Stadt in den Panhellenischen Bund zu, den Hadrian im Jahr 125 in Athen ins Leben gerufen hatte. Mit dieser Einrichtung verfolgte der Kaiser das Ziel, das hellenische

Der Nordwesten

Aizanoi
1. Zeus-Tempel
2. Agora
3. Heroon
4. dorischer Säulenhof
5. Stadion
6. Theater
7. Thermenanlage
8/9 römische Brücke
10. römische Holzbrücke
11. römische Steinbrücke
12. Macellum
13. Thermenanlage
14. Prunktor
15. römische Hauptstraße
16. Heiligtum der Meter Steunene
17. römische Grabbauten
18. römische Staumauer

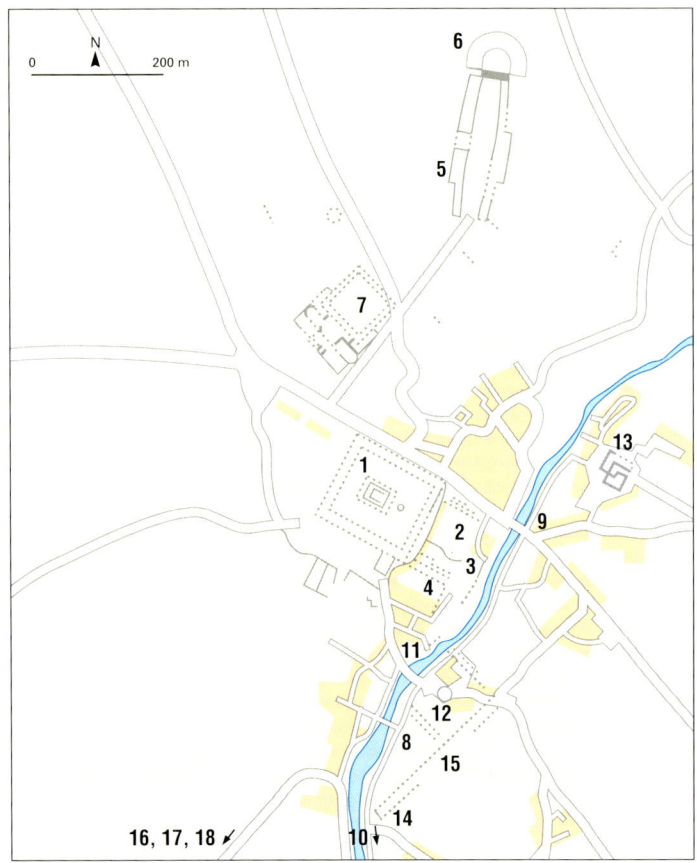

Gemeinschaftsgefühl zu stärken, gleichzeitig aber die östlichen Städte stärker an den Westen des Reiches zu binden. Bürger Kleinasiens und so auch Aizanois wurden nach Athen geschickt, und athenische Bürger lebten in den Provinzen. Mit dem Tod Hadrians erlosch auch die panhellenische Idee.

Aus byzantinischer Zeit weiß man über die Stadt nur, daß sie Sitz eines Bischofs gewesen ist. Eine große Kirche wurde in den Tempel eingebaut, aus den Thermen entstand ein Bischofspalast, und das Plateau des Tempels umgab jetzt eine Mauer. An Bedeutung verlor Aizanoi infolge der Einfälle der Perser und der Araber im 6./7. Jh. Während der Zeit der Kreuzzüge wurde der Tempelbezirk in eine Festung umgebaut, die allerdings im 13. Jh. von den Çavdar-Tataren eingenommen und zum Sitz ihrer Herrschaft gemacht wurde. Dieser Clan gehörte zu den turkmenischen Oghuzen, die ihre Stammsitze in

Mittelasien vor dem Mongolenansturm aufgegeben hatten und in der
1. Hälfte des 13. Jh. Mittelanatolien erreichten.

Aizanoi wurde 1828 von europäischen Reisenden wiederentdeckt und in den folgenden Jahren erforscht und beschrieben. Darunter befand sich auch Charles Texier, der zahlreiche Stiche der Ruinenanlage anfertigte. Seit 1926 werden die Ausgrabungen vom Deutschen Archäologischen Institut durchgeführt, zunächst unter der Leitung von Martin Schede und D. Krencker. Sie wurden ab 1970 von Rudolf Naumann wieder aufgenommen und stehen heute unter der Leitung von Klaus Rheidt, der vor allem die Gesamtanlage der Stadt erforscht. Schwerpunkte der heutigen Forschungen sind darüber hinaus das Stadion mit dem Theater und der Bereich der Thermen.

Rundgang

Besucher des alten Aizanoi werden sich wohl zunächst dem Haupttempel der antiken Stadt, dem **Zeus-Tempel** (1) zuwenden, der von Nordwesten her schon von weitem sichtbar, von der Dorfseite her zunächst noch durch Bäume verdeckt ist. Aufgrund einer Inschrift auf der Wand des Pronaos, die Gaius Avidius Quietus als Prokonsul der Provinz Asia nennt, ist der Tempel in die Zeit um 125 zu datieren. Die Inschrift bezieht sich auf Landbesitz des Tempels und auf Pachtzahlungen, die offensichtlich zuvor nicht regelmäßig eingegangen sind und erst nach Aufforderung durch den Kaiser wieder entrichtet wurden. Diese Gelder ermöglichten erst den Bau oder Ausbau des Tempels. Berichtet wird von dem Streit der Pächter mit den Beamten des Kaisers, der erst durch kaiserlichen Schiedsspruch beigelegt werden konnte. Drei weitere Inschriften in griechischer und lateinischer Sprache bekräftigen diesen Ausgleich. Sie sind das Zeugnis eines Schriftverkehrs zwischen den Konfliktparteien. Es war ungewöhnlich, derartige profane Dokumente in die Außenwände von Tempeln einzumeißeln. Dieser Umstand erklärt sich durch die große Bedeutung der Pachtgelder für den Bau der Tempelanlage. Des weiteren belegen Inschriften an der äußeren Cellawand die Verdienste eines Bürgers aus Aizanoi, des M. Apuleius Eurykles, um den Panhellenischen Bund. Die Inschriften wurden von Athenern und dem Areopag von Athen gestiftet.

Der Stylobat mit einer Grundfläche von etwa 33 m × 37 m steht auf einer erhöhten Plattform, die sich auf einer gewaltigen rechteckigen Terrasse erhebt und zu der an der Ostseite Treppen hinaufführen. Die Säulenstellung des Peripteros mit acht Säulen an den Schmalseiten und 15 an den Längsseiten entspricht den Maßverhältnissen des dipteralen Grundrisses: Der Abstand zwischen der Säulenreihe und den Wänden des Naos ist doppelt so groß wie der Abstand zwischen den Säulen. Der Tempel wird durch den Vorraum (Pronaos) betreten, dessen vier Säulen wie bei einem Prostylos-Tem-

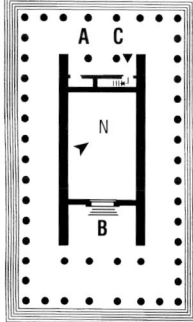

Zeus-Tempel in
Aizanoi, Grundriß
A Opisthodom
B Pronaos
C Zugang zum
Kellergewölbe

Der Nordwesten

Von den ehemals 48 Säulen des Zeus-Tempels stehen heute noch 16 aufrecht, die teilweise durch Architrave verbunden sind. Die noch erhaltenen Bauteile und die verstreut liegenden Marmorblöcke des Tempels lassen auf eine prächtige Ausführung der Dachzone schließen. Wegen der Leichtigkeit und Eleganz in den Proportionen und der Sorgfalt, mit der die dekorativen Elemente besonders an den Kapitellen und Architraven herausgearbeitet sind, gilt der Tempel als Musterbeispiel der sogenannten hadrianischen Renaissance um das Jahr 130. Mit diesem Stil kehrten sich die zeitgenössischen römischen Baumeister von dem überladenen Stil ihrer Vorgänger ab und besannen sich auf die griechischen Vorbilder der Klassik und des frühen Hellenismus

pel angelegt sind. Die beiden äußeren Säulen stehen vor den Anten, den Verlängerungen der Cellawände. Im Opisthodom hingegen, dessen vorgezogene Cellawände nur halb so lang sind, steht nur ein Säulenpaar zwischen den Anten. Der Opisthodom hatte für diesen Tempel auch die Funktion eines Treppenhauses. Von hier aus war einerseits das Tempelinnere zu erreichen und andererseits ein großes Tonnengewölbe unter der Cella des Tempels, das durch schmale

Aizanoi

Schlitze in der Decke Licht erhielt. In diesem unterirdischen Raum, in dem auch die Statue des Zeus Olympios aufgestellt war, wurde die alte Muttergottheit Kybele unter dem Namen der Meter Steunene verehrt. Dafür sprechen Kleinfunde und Inschriften, die Orientierung nach Westen, der untergehenden Sonne zugewandt, und die unterirdische Lage des Heiligtums, die charakteristisch für eine Erd- und Fruchtbarkeitsgöttin ist. Die Konzeption der Tempelanlage mit

Der Nordwesten

Vor der Westfassade ist heute das monumentale Fragment eines Giebelakroters aufgestellt, der eine von Akanthusranken umgebene Göttin, vermutlich Kybele bzw. Meter Steunene, zeigt. Der Akroter hat einmal die westliche Giebelspitze bekrönt, wie wohl auch eine ähnliche Darstellung des Zeus den östlichen Giebel des Tempels schmückte

einem unterirdischen Heiligtum unter einem Tonnengewölbe ist in der römischen Architektur Kleinasiens ohne direkte Parallele. Der Tempel stand im Zentrum einer repräsentativen Platzanlage, die von Säulenhallen umgeben war, durch Mauern abgegrenzt wurde und durch Toranlagen und Treppenaufgänge mit anderen Höfen in Verbindung stand. Vor der Westfassade ist noch das Fragment eines Giebelakroters aufgestellt.

Im Osten des Tempelschatzes lag, durch eine Stützmauer getrennt, die **Agora** (2). Die auf unterschiedlichem Niveau gelegenen Plätze waren durch eine fast 40 m breite Treppe und einen Torbau (Propylon) verbunden. Von dieser großzügigen Stadtplanung ist heute leider nicht mehr viel zu erkennen. Im Mittelalter wurde der Tempelplatz von einer grob gefügten Mauer umschlossen, von der man in den Jahren nach 1983 bei genaueren Untersuchungen Reste von Türmen und Mauerfundamenten fand. Hier lag die mittelalterliche Festung, die, nach dem Grabungsbefund zu schließen, offenbar in aller Eile hochgezogen wurde. Vermutlich stammt die Festung aus byzantinischer Zeit. Dafür spricht, daß im Inneren des Tempels eine weiträumige Kirche eingebaut war. Man nimmt an, daß die Befestigungswerke am Ende des 11. Jh. im Zusammenhang mit der türkisch-islamischen Bedrohung gebaut wurden.

An der Ostseite der Agora lag ein kleiner Podiums-Tempel, den man als **Heroon** (3), als Heldengrab deutet, ein kleines Gebäude in der Achse des Zeus-Tempels, dessen Existenz zuerst von Charles Fellows bei seinem Besuch im Jahr 1838 bestätigt wurde. Erst nach dem

Erdbeben von 1970 konnte allerdings mit einer gründlichen Untersuchung der Anlage begonnen werden, da bis zu diesem Zeitpunkt ein zweigeschossiges Haus an diesem Platz stand, das bei der Naturkatastrophe völlig zerstört wurde. Sämtliche sichtbaren Teile des kleinen Tempels bestanden einst aus Marmor, alle verdeckten Teile aus dem örtlich anstehenden, sehr porösen Kalkstein. Ein Stufenbau bildete die Grundfläche für einen Antentempel; der Eingang zur Cella war über eine sechsstufige Treppe zu erreichen. Hier standen zwischen den Anten zwei Säulen ionischer Ordnung. Typisch für Heroonanlagen ist auch eine Art Krypta, ein von den Cellawänden unabhängiger Hohlraum, hier von 1,85 m Höhe. Möglicherweise war der Tempel das Grabmonument eines verdienten Bürgers der Stadt.

Südlich der Agora wurde ein weiterer Platz angelegt, der wegen seiner dorischen Säulenhallen bemerkenswert war. Von diesem **dorischen Säulenhof** (4) sind seit 1981 die Nordostecke und die dahinterliegenden Kammern eingehender untersucht worden. Der Hof stammt ebenfalls aus römischer Zeit, wovon Statuenpostamente, eine Marmorstatue und Weihinschriften für den Gott Asklepios zeugen.

500 m nördlich des Zeus-Tempels liegt inmitten von Feldern die einzigartige Kombination eines Theater-Stadion-Komplexes, der trotz des Erdbebens von 1970 recht gut erhalten ist. Die Ausgrabungen zwischen 1982 und 1990 haben gezeigt, daß mit der Gesamtanlage des **Stadions** (5) um das Jahr 160 begonnen wurde; die Bauarbeiten dauerten dann bis in die Mitte des 3. Jh. Maßgeblich beteiligt an der Gestaltung dieses Komplexes war M. Apuleius Eurykles, der auch auf Inschriften am Zeus-Tempel und an der Brücke 4 über den Penkales genannt ist. Er war ein bedeutender Gönner der Stadt in nachhadrianischer Zeit. Die dem Tempel zugewandte Seite des Stadions war nicht durch eine Sitzreihe abgeschlossen. Auch verzichtete man auf einen Eingangsbogen, so daß der Blick auf die Tempelanlage frei blieb. Das Stadion war etwa 220 m lang; etwa 12 000 Zuschauer konnten hier Platz finden. Es grenzte im Norden an das **Theater** (6). Die dreigeschossige, reich gegliederte Marmorfassade zwischen Stadion und Theater war der Rückseite des Bühnenhauses vorgestellt und bildete eine prächtige Schauwand. Ihr unterer Teil ist noch teilweise erhalten. Teile der Verkleidung sind heute im Stadion ausgestellt. Die Marmorverkleidung des Bühnenhauses, von der Fragmente eines schönen Jagdfrieses bemerkenswert sind, liegt herabgestürzt in der Orchestra. Etwa 7000 Zuschauer fanden auf den beiden Rängen des Theaters Platz, deren untere 16 Sitzreihen teilweise noch sehr gut erhalten sind.

Zwischen dem Zeus-Tempel und dem Stadion liegt links des Feldwegs eine große **Thermenanlage** (7) aus dem 2. Jh. Sie ist nur teilweise ausgegraben, doch der heutige Grabungsbefund zeigt, daß sie zu den größten ihrer Art in Kleinasien zählte. Wie fast alle kaiserlichen Thermenkomplexe war auch dieser streng symmetrisch angelegt. Die vorgelagerte, von Säulenhallen umstandene Palästra hatte

Damit jeder dem Geschehen im Stadion folgen konnte, waren die Sitzreihen deutlich konkav geformt, so daß die Anlage an der breitesten Stelle in der Mitte 44 m und an den schmalen Enden nur 29 m maß

Der Nordwesten

eine quadratische Grundfläche von 74 m × 74 m. Von der vermuteten reichen Ausgestaltung ist heute nur noch ansatzweise etwas zu sehen. Wenige Reste der Marmorverkleidung von Wänden und Fußböden lassen die Pracht erahnen, die wohl einen Vergleich mit den Hafenthermen von Ephesos zuläßt. Frigidarium und Caldarium, das Kalt- und das Warmbad, liegen genau in der Mittelachse der Anlage. Um diese Zentralräume gruppierten sich zwei Säle mit Apsiden. In einem wurde eine Statue der Göttin Hygieia gefunden, die sich heute unter einem Schutzdach im Bereich der zweiten großen Therme von Aizanoi befindet.

Der Weg vom Tempelplatz in das Dorf Çavdarhisar führt über eine der vier Brücken, die den antiken Penkalas (Rhyndakos) überspannten. Im Fluß selbst liegen noch zahlreiche Bauteile aus antiker Zeit. Man überquert heute den Fluß über die zwei **römischen Brücken** (8,9), die restauriert sind, deren Bögen jedoch aus römischer Zeit stammen. Sie werden noch heute für den Schwerlastverkehr genutzt. Die **Holzbrücke** (10) ist ebensowenig erhalten wie die **Steinbrücke** (11). Beachtenswert ist vor allem die nördlichste Brücke, die in fünf Bögen den Koca Su überspannt. Auf der Dorfseite sind ein Postament aus der Brückenbrüstung mit einer Weihinschrift sowie zwei reliefierte Brüstungsplatten aufgestellt. Auf einer Platte läßt sich ein Schiff erkennen, das von Seepferdchen begleitet wird, auf der anderen sieht man ein Seeungeheuer mit zwei Fischen. Diese und die Inschrift des Stifters Eurykles berichten von der Seereise dieses Bürgers, der die Stadt zwischen 153 und 157 beim Panhellenion, einer Art gesamtgriechischem Kongreß, in Athen vertrat und 157 in seine Heimat zurückkehrte.

Die andere noch erhaltene, dreibögige Brücke führte zum sogenannten **Macellum** (12), einem Rundbau, in und um den in antiker Zeit Lebensmittel verkauft wurden. Bis in die Zeit des Erdbebens

Römische Brücke in Aizanoi

Aizanoi

Brückenrelief mit Seetieren

von 1970 bestand eine fortlaufende Nutzung, denn hier war auch immer der Markt des alten Dorfes gewesen. Beim Abriß der damals eingestürzten Moschee fand man die antiken Orthostaten, die man zu einem Rund zusammenfügte, allerdings nicht in der originalen Ordnung, wie aus der Abfolge der Inschriften zu erkennen ist. Dieser Rundbau stammt ebenfalls aus der Blütezeit von Aizanoi im 2. Jh. In die Außenwände des Macellum hat im Jahr 304 Kaiser Diokletian ein ›Preisedikt‹ einmeißeln lassen. Er versuchte, die reichsweite Inflation zu bekämpfen, indem er die Verbraucherpreise für alle Waren, die auf römischen Märkten angeboten wurden, durch staatliche Edikte festlegte. Diese ließ er auf den wichtigen Märkten in allen Teilen des Reiches mittels Inschriften veröffentlichen. Neben Lebensmittelpreisen wurden die Preise für Marmor, Gold und Leder, aber auch für Tiere und Sklaven festgelegt. Diese wirtschaftspolitische Maßnahme kam allerdings zu spät: Soziale und ökonomische Unruhen im spätrömischen Reich führten dazu, daß diese Preisbremsen nicht mehr greifen konnten.

Wenn man den Platz mit dem Rundbau in Richtung Norden verläßt, erreicht man im Häusergewirr alsbald eine weitere **römische Thermenanlage** (13), in die später der byzantinische Bischofssitz hineingebaut wurde. Sie stammt aus der 2. Hälfte des 2. Jh., besaß allerdings schon einen Vorgängerbau, der aus großen Kalksteinblöcken erbaut war. Die asymmetrische Anordnung der Räume läßt vermuten, daß es sich dabei nicht um eine Therme handelte. In zwei Räumen der Therme wurden Hypokaustenböden freigelegt, die wahrscheinlich Warmwasserbecken beheizten. In einem Saal ist ein großartiges Mosaik gut erhalten geblieben, das heute durch eine Überdachung geschützt ist. Es ist mit seinen Bordüren und Mittelfeldern einem Teppich vergleichbar. Gegliedert ist der Boden in schwarz-weiße und farbige Flächen. Vier der fünf zentralen Felder haben geometrische Muster; das Mittelfeld stellt einen aufdring-

Der Nordwesten

lichen Sartyr dar, den eine sich abwendende Mänade auf Distanz zu halten versucht. Diese ›Verfolgungsszenen‹ waren ein beliebtes Motiv, das sich auch auf Mosaiken in Ephesos und Antiochia findet. Stilvergleiche deuten darauf hin, daß das Mosaik aus hadrianischer oder antoninischer Zeit stammt. Unter dem schützenden Dach dieses Raumes steht auch die Marmorstatue der Göttin Hygieia aus der großen Thermenanlage.

Die Wallfahrt zum Heiligtum der Meter Steunene, das im Süden vor der Stadt liegt, führte durch ein **Prunktor** (14) am Ende der prächtigen **römischen Hauptstraße** (15). Von beiden ist fast nichts mehr erhalten. Die Straße konnte auf einer Länge von 450 m durch Sondengrabungen im Jahr 1991 lokalisiert werden. Nach den wenigen Fundstücken zu urteilen, muß es sich um einen prachtvollen, von Säulenhallen gesäumten Weg gehandelt haben, der die Hauptachse im Straßensystem der Stadt bildete. Lediglich die Fundamente des abschließenden Tores, die verstreut in einem Garten des heutigen Ortes liegen, sind noch zu finden.

Die Höhle der Göttermutter Kybele, die bei Pausanias erwähnt wird, wurde erst 1898 von dem englischen Archäologen Anderson entdeckt und in den Jahren 1966 und 1967 von Rudolf Naumann vollständig erforscht und beschrieben

Vom Tor führt ein Prozessionsweg zum etwa 3,5 km von der Stadt entfernten **Heiligtum der Meter Steunene** (16), das man erreicht, wenn man dem Bach aufwärts folgt. Das Tal verengt sich, und der Weg führt auf eine etwa 40 m hohe Steilkante zu. An der schmalsten Stelle des Tals liegen in der steil aufragenden Wand die Reste des Heiligtums. Zwei Rundbauten auf der Hochfläche überragen die Anlage. Unterhalb des nördlichen Rundbaus lag eine mächtige Höhle, die nach Aussage von Bauern einst etwa tausend Schafen Platz gewährte. Nach einem Wolkenbruch im Jahr 1906 ist sie eingestürzt. Felsmassen haben sich in einem großen Halbkreis von der Felskante gelöst und bilden heute das Geröllfeld. In der Felsgruppe kann man am Hang unterhalb einer Grotte drei jeweils 3 m voneinander entfernt angelegte Votivnischen sehen, deren mittlere noch die Verzapfung für ein Relief besitzt. Über der Grotte, die ca. 15 m breit und 3 m tief ist, hat man in etwas mehr als 3 m Höhe eine galerieähnliche Bank aus dem Stein herausgearbeitet, auf der sich ein Felsthron befand.

Der nördliche der beiden Rundbauten auf der Hochfläche besteht aus neun Orthostaten, die von tonnenschweren, 80 cm dicken Platten abgedeckt sind. So wird ein kreisförmiger Raum mit einem Durchmesser von 3,6 m gebildet. Die Steine sind an der Innenseite sorgfältig geglättet, eine bewußte Gestaltung der Außenseite ist nicht zu erkennen. Der südlich gelegene, kleinere Rundbau ist ebenfalls aus großen Steinblöcken in Kreisform mit präzise gearbeiteten Innenseiten gefügt. Diese teilweise unter dem Boden liegenden Rundbauten werden Opfergruben oder *bothroi* genannt. Alles deutet darauf hin, daß es sich um Libationsgruben gehandelt hat und daß hier der Ort der ›Bluttaufe‹ gewesen ist, an dem die Initiationsriten des Kybelekults gefeiert wurden.

Der christliche Autor Prudentius, der in der Mitte des 4. Jh. lebte, beschreibt das sogenannte Taurobolium, eine Bluttaufe im Anschluß an die kultischen Handlungen für Kybele. Von ihm erfahren wir, daß der zu Weihende, der mit einer Mitra geschmückt und in ein seidenes Gewand gekleidet war, eine tiefe Grube betrat. Darüber wurden Bretter gedeckt, wobei man jedoch Zwischenräume ließ. Durch zusätzlich gebohrte Löcher machte man diese Bühne noch durchlässiger. Dann wurde ein großer, geschmückter Stier auf die Plattform geführt und durch einen Stoß mit einem geweihten Speer in die Brust getötet. Das herausströmende Blut floß durch die Löcher und Ritzen über den Darunterstehenden, der, nachdem der Körper des Stieres weggeschafft worden war, mit blutbeschmiertem Gesicht und Gewand hervorkam und von den Umstehenden als gereinigt, gesühnt und wiedergeboren begrüßt wurde. Diese Schilderung des Prudentius läßt sich ohne weiteres auf die Rundbauten des Kybele-Heiligtums übertragen.

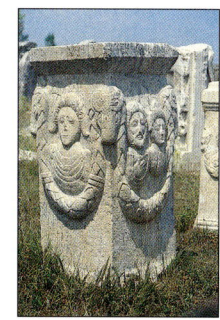

Römische Steinmetzkunst in Aizanoi

Die nördliche Grube war wohl für das Taurobolium gedacht, die andere analog für das Criobolium, für die Opferung von Widdern, die eng mit dem Taurobolium verbunden war. Das Criobolium diente dem Kult des Attis. Beide Formen der Bluttaufe wurden im 2. Jh. von Kleinasien aus in den Westen des Reiches verbreitet, wo die Kulte der Kybele und des Attis wohl in antoninischer Zeit ihren Höhepunkt erreichten. Das Heiligtum der Kybele im Zeus-Tempel von Aizanoi scheint eine allgegenwärtige Stätte der Verehrung gewesen zu sein, während das Höhlenheiligtum mit den beiden *bothroi* für die Frühlingsfeste der beiden Gottheiten gedient haben wird. Grotten- und Höhlenheiligtum sind älteren Datums, die Rundbauten wurden erst in der römischen Kaiserzeit hinzugefügt.

Unterhalb des Heiligtums, an der Prozessionsstraße zur Stadt, hat man vor kurzer Zeit zwei **römische Grabbauten** (17) gefunden, von denen einer später in eine byzantinische Kapelle umgeweiht wurde. In diesem Tetrapylon, einem Vierbogenbau, fand man Teile eines Marmorsarkophags, die heute im Museum von Kütahya ausgestellt sind. Ebenfalls dort steht als Prunkstück des Museums ein Sarkophag mit Darstellungen von Kampfszenen zwischen Griechen und Amazonen, der in dem südlichen Grabbau entdeckt wurde. Beide Gräber stammen aus der Zeit zwischen 155 und 165. Nicht nur hier, sondern auch in anderen Randzonen der Stadt gab es ausgedehnte Nekropolen, in denen man Grabmonumente der verschiedensten Typen studieren kann, u. a. Sarkophage und für Phrygien und die Umgebung typische Grabsteine in der Form einer Tür, von denen einige auf dem Tempelplateau von Aizanoi aufgestellt sind.

Unterhalb eines vor wenigen Jahren errichteten modernen Staudamms im Süden des Heiligtums liegt eine **römische Staumauer** (18), deren Aufgabe es war, die Frühlingshochwasser des Penkalos zu regulieren. Diese Mauer, deren Reste man noch gut erkennen kann, wurde im Lauf der Zeit mehrmals verändert, restauriert und zum Teil neu konzipiert. Der bogenförmige Durchlaß, der nicht verschließbar war, deutet darauf hin, daß es sich um ein Regulierungsbecken, nicht um ein Wasserreservoir gehandelt hat.

Afyon und Umgebung

Afyon

Die Bezirkshauptstadt Afyon mit ca. 90 000 Einwohnern liegt auf einer Höhe von etwa 1000 m. Früher war sie unter dem Namen Afyon Karahisar (›schwarze Opiumburg‹) bekannt. Die Stadt in der vom Akar Cayı durchflossenen Ebene, in der heute unter staatlicher Kontrolle Mohn angebaut wird, war früher Knotenpunkt der Karawanenstraßen von der Ägäis nach Konya und von der Südküste in den Norden des Landes. Diese zentrale Bedeutung für das inneranatolische Verkehrsnetz blieb Afyon durch den Bau der Bagdadbahn am Ende des 19. Jh. erhalten.

Afyon ist Umschlagplatz für Wolle und Getreide; seine Teppiche und Holzeinlegearbeiten sind weithin bekannt. Auch die Nahrungsmittelindustrie hat einen gewissen Stellenwert: Die Mineralquellen in Stadt und Umgebung sind berühmt, darunter das in der Türkei beliebte Mineralwasser ›Kızılay‹. Eine besondere Spezialität von Afyon sind die hier hergestellten Süßwaren; zahlreiche kleine Läden rund um den Hauptplatz und am Rand der Altstadt laden zu einer kurzen ›süßen‹ Rast ein.

Afyon ☆☆
Besonders sehenswert:
Ulu Cami
Burg
Gedik Ahmet Paşa Camii
Archäologisches Museum

Stadtgeschichte

Über die frühe Zeit von Afyon ist wenig bekannt. Vermutlich war der Burgberg schon von den Hethitern besiedelt und gehörte als befestigte Anlage zu den sogenannten Arzwawa-Ländern. Der alte Name der Stadt, Akroenos, deutet auf eine phrygische Siedlung hin, mehr erfährt man bis in byzantinische Zeiten nicht. Im Jahr 740 wurden hier die vordringenden Araber vom byzantinischen Kaiser Leo III. vernichtend geschlagen. In dieser Epoche soll auch der Überlieferung nach der Anführer einer arabischen Abteilung, Seyit Battal Gazi, auf seltsame Weise zu Tode gekommen sein (s. S. 184f.).

Im 13. Jh. fiel Afyon an die Seldschuken und wurde Herrschaftssitz des Großwesirs Sahip Ata, der mit seiner Familie ein unabhängiges Fürstentum gründen konnte. In der Nachfolge wechselte die Herrschaft von den Fürsten der Hamadiden zu den Germiyaniden, bis der Ort 1428 in den Besitz der Osmanen überging. Im 17. Jh. bürgerte sich der Name Afyon Karahisar ein. 1922 fanden in und um Afyon die letzten Auseinandersetzungen während des Unabhängigkeitskriegs zwischen Griechen und Türken statt, bei denen die Stadt erheblich beschädigt wurde. Die zurückgeschlagene griechische Armee wurde in der Entscheidungsschlacht bei Dumlupınar, etwa 50 km westlich von Afyon, besiegt. Atatürk hatte vom Kocatepe aus, einem Berg unweit westlich von Afyon, die Kämpfe geführt. Aus diesem Grund wurde ihm 1953 auf dem Gipfel des Kocatepe (1900 m) ein Denkmal errichtet.

◁ *Der Burgberg von Afyon*

Afyon und Umgebung

Rundgang

Das Stadtbild von Afyon wird von dem alles beherrschenden Burgberg geprägt, einem 226 m hohen Trachytfelsen – das dunkle Gestein gab der Stadt den Namen. Die malerische Altstadt liegt an der steilen Südostflanke des Burgbergs. Obwohl durch ein Feuer im Jahr 1908 erheblich zerstört, konnte der Charakter der Altstadt bewahrt werden, da man sie im traditionellen Stil wieder aufbaute. Die Stadtviertel an der südlichen Bergseite wurden zusätzlich restauriert. Der Weg zur **Ulu Cami** (1), der Großen Moschee, führt von der Altstadt hinauf durch das südliche Viertel. Die Moschee wurde 1272 von Nüsreddin Hasan Bey, dem Sohn des Wesirs Sahip Ata erbaut und ist heute eins der nur noch selten anzutreffenden Beispiele einer Holzmoschee, die wegen ihrer engen Säulenstellung auch als Waldmoschee bezeichnet wird. Von außen wirkt der rechteckige Bau mit seinen Bruchsteinmauern und dem neuen, mit Zinkblech gedeckten Dach massig. Nur das nördliche Portal besitzt sehenswerte seldschukische Flechtornamente. Daneben erhebt sich ein Minarett auf hohem Sockel, das mit farbigen Fliesen dekoriert ist. Vor dem Nordeingang steht ein Brunnen aus osmanischer Zeit. Um so überra-

Afyon
1 *Ulu Cami*
2 *Burg*
3 *Mevlevi Camii*
4 *Gedik Ahmet Paşa Camii*
5 *Kuyulu Cami*
6 *Archäologisches Museum*
7 *Zafer Anıtı*
8 *Basar*
9 *Busbahnhof*
10 *Bahnhof*

schender ist das Innere der Moschee. Vierzig Holzsäulen tragen ein niedriges, langgestrecktes Holzdach, das im Mittelteil leicht erhöht ist. Der Raum strahlt durch die Wärme der Holztöne und das gedämpfte Licht eine ruhige Atmosphäre aus. Die geschnitzten Kapitelle sind teils aus einem Stück hergestellt, teils aus einzelnen Holzteilen zusammengesetzt. Den Mihrab schmückt ein Schriftfries mit Koransuren. Besonders kostbar ist die originale Tür der Freitagskanzel, die die Jahreszahl 1272 trägt und den Holzschnitzmeister Hacı Bey nennt.

Von der Ulu Cami aus führt ein ausgeschilderter Treppenweg zur **Burg** (2), die man nach ca. 500 Stufen erreicht; sie ist in mehrere Höfe und Toranlagen gegliedert. Die Ruinen eines Turms, des Kız Kulesi, Reste starker Mauern, die teilweise zu einem Palast gehörten, und eine kleine Moschee aus dem Jahr 1235 sind die baulichen Überreste. Sie stammen im wesentlichen aus der Zeit Alâeddin Keykûbats (1219–36). Von hier oben hat man einen großartigen Ausblick auf die weite Ebene von Afyon, die zur Zeit der Mohnblüte in Mai und Juni in herrlichem Rot leuchtet, auf die Altstadt und auf die sich immer weiter in die Ebene ausbreitenden modernen Stadtviertel.

Das spiralförmige Minarett der Gedik Ahmet Paşa Camii

Auf dem Rückweg lohnt es sich, die Hauptstraße zu verlassen und durch das rechts liegende Gassengewirr zu laufen. Inmitten alter türkischer Häuser liegt die **Mevlevi Camii** (3). Schon im 13. Jh. gab es in Afyon eine kleine Klosteranlage des Mevlevi-Ordens, des Ordens der ›Tanzenden Derwische‹; Sultan Velid, der Sohn des Ordensgründers, hatte hier einen Derwischkonvent errichten lassen; zu Beginn des 16. Jh. wurde Afyon nach Konya das zweitwichtigste Zentrum des Ordens. Die Vorgängerbauten der heutigen Moschee waren aus Holz errichtet und wurden mehrmals durch Feuer zerstört. Im Jahr 1908 ließ Sultan Abdülhamit II. die jetzige Moschee erbauen. An der Ostseite des von einer hohen Kuppel überwölbten Baues liegt das Grab Sultan Divanis, der den Konvent gründete.

Von hier aus erreicht man in östlicher Richtung die Kurtuluş Caddesi, die Hauptachse der Stadt, und nach ca. 300 m den Moscheebezirk der İmaret oder **Gedik Ahmet Paşa Camii** (4). Außer der Moschee existieren eine Medrese und ein Bad, das noch in Betrieb ist und einen Besuch lohnt, da in seinem Inneren noch zahlreiche alte Bauteile zu sehen sind. Die Külliye, die Gedik Ahmet Paşa, der Wesir Mehmets II., gestiftet hat, stammt aus dem Jahr 1472. Die Moschee stellt ein typisches Beispiel der frühosmanischen Steinbauweise dar. Das Grundschema bilden zwei hintereinandergestellte, überkuppelte Würfel, die im Inneren durch einen großen Bogen getrennt sind. In Richtung der Gebetsnische ist der Baukörper durch Ausbuchtungen erweitert. Mihrab und Mimber bestehen aus Marmor in unterschiedlichen Farben und sind dekorativ gegliedert. Darüber erhellen fünf farbige Glasfenster von hoher Qualität den Raum. Fünf Kuppeln mit erhöhter Mittelkuppel bilden, von Säulen getra-

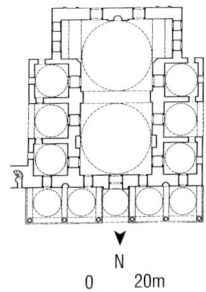

Gedik Ahmet Paşa Camii, Grundriß

Afyon und Umgebung

Vierzig Holzsäulen tragen das Dach der Ulu Cami in Afyon

gen und durch ein hochgezogenes Eingangsportal betont, die Vorhalle. Besondere Beachtung verdient auch das spiralförmig gestaltete und mit Fayencen verzierte Minarett.

Man folgt der Kurtuluş Caddesi und erreicht nach wenigen Schritten die **Kuyulu Camii** (5), die Brunnenmoschee, mit einem auffälligen Minarett, das ebenfalls spiralförmig und mit Fayencen geschmückt ist und zu den schönsten seldschukischen Bauwerken der Stadt zählt. Das **Archäologische Museum** (6) liegt nur wenige Meter entfernt. Es ist in den Räumen der alten Taş Medrese untergebracht. Neben einer ethnographischen Sammlung aus osmanischer Zeit, die wohl bald ein neues Domizil bei der İmaret-Moschee bekommen wird, machen vor allem Funde und Objekte aus früheren historischen Epochen einen Museumsbesuch lohnenswert. In der ausgedehnten Hofanlage sind zum Teil sehr schöne Beispiele und Fragmente antiker und byzantinischer Architektur ausgestellt. Einen guten Überblick kann man sich besonders über die Bestattungsformen der einzelnen Epochen verschaffen, beginnend mit hethitischen Grab-Pithoi, Türgrabsteinen aus Phrygien und Sarkophagen aus römischer Zeit bis hin zu byzantinischen Tonsärgen, mitunter noch verschlossener Tonurnen sowie Kindersarkophagen. Sehenswert ist auch eine Gruppe spätantiker, teilweise noch unfertiger Sarkophage aus Dokimeion (s. S. 187f.). Überragt wird die Sammlung von dem überlebensgroßen Torso des Herakles aus Prymnessos.

An der Hauptstraße der Stadt liegt das bekannte Restaurant ›Ikkbal‹. Probieren Sie zum Nachtisch ›Kaymaklı ekmek‹, eine süße Sahnespeise, die aus gekochter Wasserbüffelmilch hergestellt wird

Vor dem Rathaus am Cumhuriyet Meydanı steht ein modernes Denkmal, das **Zafer Anıtı** (7), das an den Sieg der türkischen Truppen über die Griechen bei Dumlupınar im Jahr 1922 erinnert. Das Denkmal, das der österreichische Bildhauer H. Krippel 1936 geschaffen hat, zeigt Atatürk mit seinen beiden Feldherren İsmet Paşa İnönü, dem späteren Staatspräsidenten, und Fevzi Paşa.

Das phrygische Hochland

Geographie und Erforschung

Das phrygische Hochland im Nordwesten Zentralanatoliens mißt von Norden nach Süden ca. 100 km, von Westen nach Osten ca. 50 km Luftlinie. Seine ›Eckpunkte‹ bilden die größeren Städte Eskişehir, Kütahya und Afyon sowie die Kleinstadt Seyitgazi. Alle diese Orte liegen in der anatolischen Hochebene, die hier eine Höhe von 900–1000 m erreicht. Das phrygische Hochland steigt aus dieser Ebene empor und erreicht im Gipfel des Türkmen Dağı eine Höhe von 1829 m. Der größere Teil des Berglandes ist von vulkanischem

Afyon und Umgebung

Afyon und Umgebung

Tuff bedeckt, der in der Zeit des Tertiär ausgeworfen wurde. Die Erosion führte vor allem im südlichen Teil des Hochlandes zu zerklüfteten Tälern, einzelnstehenden Plateaus und Tafelbergen, so daß ein abwechslungsreiches Landschaftsbild entstand. Auf den Tuffplateaus errichteten die Phryger ihre befestigten Siedlungen und Burgen, in die Felswände meißelten sie Grabkammern, Reliefs und Kultmonumente. In phrygischer Zeit war nur die äußere Zone des Hochlandes besiedelt, die höheren Lagen des Türkmen Dağı waren siedlungsfrei. Die hohen Bergrücken erschwerten auch intensive Kontakte zu den Regionen jenseits des Berglandes, weshalb sich augenfällige Unterschiede in der Bauweise der Siedlungen und bei der Felsbearbeitung entwickelten.

Schon in der Antike wurden die Täler des phrygischen Hochlandes als natürlichen Trassen genutzt; die römische Brücke von Alayunt, einem kleinen Ort östlich von Kütahya, ist ein noch erhaltenes Zeugnis aus dieser Zeit

In der Regel verlaufen die Täler des phrygischen Hochlandes ungefähr in Nord-Süd-Richtung, ihnen folgen auch die wichtigsten modernen Straßen. Die östliche Hälfte des Hochlandes wird vom Tal des Bel Dere zerschnitten, der sich mit dem Seyit Su vereinigt und bei Seyitgazi das phrygische Hochland verläßt. In diesem Tal, dessen Mittelteil auch Kümbet Dere genannt wird, findet man zahlreiche Überreste aus der Zeit der phrygischen Besiedlung; von hier aus gelangt man in die höher gelegenen Täler um die Midas-Stadt herum. Im Gegensatz zu der fast baumlosen anatolischen Hochebene mit ihrem Steppencharakter besitzt das Hochland eine überraschende Vegetationsvielfalt. In den äußeren Zonen sind Pinien noch sparsam verteilt, knorrige Zwergeichen bilden anstelle ehemaliger Pinienwälder das macchiaähnliche Unterholz. Typische Pflanzen des Übergangs vom trockenen zum feuchteren Klima wie Wacholder, wilde Mandeln, Birnen, Äpfel und Pflaumen und die Haselnuß wachsen hier. In den höheren Regionen begegnet man noch ausgedehnten und intakten Pinienwäldern, auf der Nordseite des Türkmen Dağı Buchen- und Walnußbeständen. An zahllosen Stellen entspringen Quellen, allein am Fuß des Midas-Plateaus sprudeln fünf, die für die Wasserversorgung der phrygischen Midas-Stadt genutzt wurden. Heiße Quellen, die bis heute Heilzwecken dienen, findet man vor allem am Rand des Hochlandes.

Die Erkundung des phrygischen Hochlandes begann im Jahr 1800, als fünf Engländer, als tatarische Kuriere verkleidet, auf dem Weg von Konstantinopel nach Ägypten in militärischer Mission – Napoleon war 1799 in Ägypten gelandet – von Kütahya aus dieses Gebiet betraten. Einer der englischen Offiziere, William M. Leake, veröffentlichte 1824 einen Bericht über diese Expedition und weckte damit das Interesse an dieser Region. Innerhalb kurzer Zeit, von 1826 bis 1837, wurden drei Expeditionen ausgerüstet. So besuchten die Franzosen Alexandre de Laborde 1826 und Charles Texier 1834 sowie schließlich der Engländer J. R. Steuart 1837 Phrygien. Die systematische Erforschung des gesamten phrygischen Hochlandes begann allerdings erst zu Ende des 19. Jh. 1881 und in den folgenden Jahren erkundete William M. Ramsay als erster Forscher das gesamte Gebiet und erkannte auch, daß es als eine räumliche und kulturelle

Das phrygische Hochland ▷

Afyon und Umgebung

Einheit zu sehen ist. Er erforschte vor allem die im Süden liegenden phrygischen Felsdenkmäler und fand als erster die eindrucksvollen Grabkammern von Ayazın. Mit E. Brandenburg, der von 1901 bis 1904 sieben Forschungsreisen durch Phrygien unternahm und eine umfassende Topographie des Hochlandes erarbeitete, endete die Periode der großen Forschungsreisen, die sich mit Unterbrechungen über ein ganzes Jahrzehnt erstreckt hatte.

Eine neue Ära begann, als das Französische Institut für Archäologie in İstanbul unter seinem Direktor Albert Gabriel Ausgrabungen in der Midas-Stadt unternahm. Auch die anderen phrygischen Felsdenkmäler und Ruinen wurden bis zum Ende der 50er Jahre dieses Jahrhunderts unter archäologischen Gesichtspunkten aufgelistet. Die Ergebnisse dieser langjährigen Forschungen liegen in dem heute als Standardwerk geltenden Buch ›The Highlands of Phrygia‹ (1971) von Emilie Haspels umfassend vor.

Döğer und die südliche Long Range

Verläßt man Afyon nach Norden in Richtung Eskişehir, so erreicht man nach 20 km vor Gazlıgöl eine Straßengabelung, bei der man die Richtung İhsaniye nimmt. **Gazlıgöl** besitzt natürliche heiße Quellen und ist ein Kurort für Einheimische mit einfachem Badekomfort. Im Zentrum des Thermalkomplexes liegt das Eski Hamam, ein osmanischer Bau mit byzantinischen Spolien, vor allem Säulen und Kapitellen. Das ›Maden Suyu‹, ein sodahaltiges Mineralwasser, das in der ganzen Türkei bekannt ist, wird hier abgefüllt. Die sodahaltigen Schlämme verwendet man für die Fayenceherstellung in Kütahya.

Vom gut 15 km entfernten İhsaniye aus folgt man der zunächst noch geteerten Straße weiter nach Norden und erreicht nach knapp 6 km eine kleine, nach rechts abbiegende Straße zu dem Dorf **Üçlerkayası**. Am Eingang dieses Ortes sieht man auf der linken Seite zwei **römische Felsgräber**. Die ca. 5 m breite und 2 m hohe Fassade des größeren, hinteren Grabes ist präzise aus dem Fels herausgearbeitet worden, die Pfeiler werden von angedeuteten Kapitellen bedeckt, auf der rechten Seite liegt ein Architrav auf, auf der linken ein Bogen.

Döğer
Besonders sehenswert:
osmanische
Karawanserei

Folgt man der Hauptstraße von İhsaniye weiter nach Norden, erreicht man den Ort Döğer. Am Hauptplatz steht eine osmanische Karawanserei, die Murat II. 1434 erbauen ließ. Der Hof und die Haupthalle mit Obergeschoß und zwei Kuppelräumen an den Seiten sind überdacht. Durch zwei deutlich vorgezogene Tore an der Längsseite des langgestreckten Gebäudes kann man die Karawanserei betreten, die z. Zt. allerdings restauriert wird und geschlossen ist. Am Hauptplatz von Döğer beginnt ein lohnender Rundweg zu den bedeutenden Felsmonumenten der Umgebung.

Den Hinweisschildern nach Arslankaya folgend, erreicht man über die Dorfstraße nach etwa 300 m einen unbefestigten und im

Döğer und die südliche Long Range

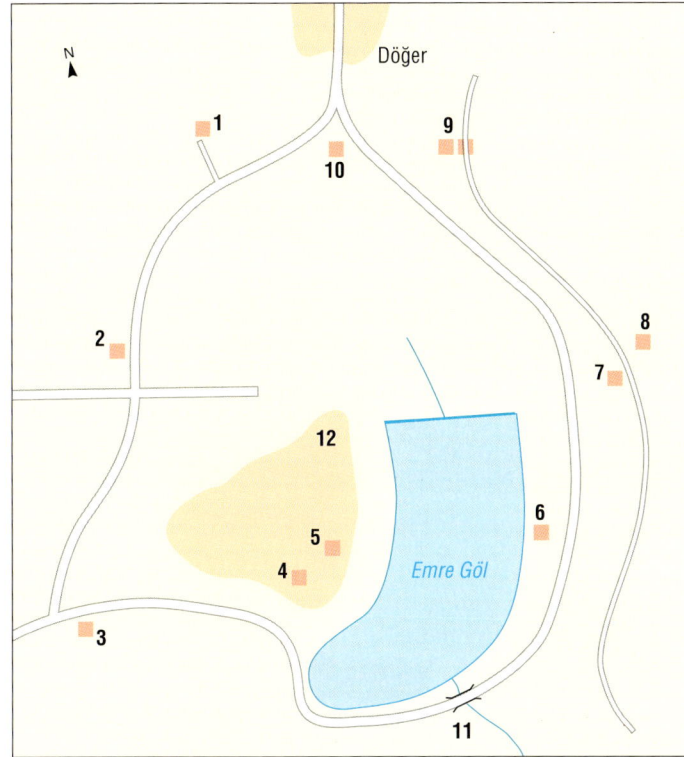

Umgebung von Döğer
1 Küçük Kapıkaya
2 Arslankaya
3 Büyük Kapıkaya
4 byzantinische Kirche
5 Höhlenwohnungen
6 phrygische Gräber
7 phrygische und byzantinische Felswohnungen und -gräber (Memeşkaya)
8 Doppelkirche
9 phrygische und byzantinische Grabanlagen, Höhlenwohnungen und kleine Kapellen (Kadıkaya)
10 E-Mast
11 Brücke
12 Ruinen von Emre Köy

weiteren Verlauf sehr staubigen Weg. Bei der nächsten Weggabelung hält man sich rechts, an einem Haus und einem Elektromast vorbei, bis nach insgesamt 2,5 km eine kleine Fahrspur nach rechts abzweigt. An einem Flußlauf läßt man den Wagen nach 100 m stehen, nach weiteren ca. 200 m ist man am Felsaltar Küçük Kapıkaya. Fährt man auf dem ursprünglichen Weg weiter, erreicht man nach 1,8 km den alleinstehenden Felskegel von Arslankaya.

Küçük Kapıkaya (1) ist ein Felsaltar der phrygischen Gottheit Kybele. Der mittlere Teil des Monuments wird von einer flachen, von einem Rahmenband eingefaßten Nische beherrscht, in der die Kultfigur der Kybele in nur wenig erhöhtem Relief steht. Sie ist einfach gearbeitet, die Schulterpartie kaum betont, der Körper formlos und statuarisch und der Kopf ist leider stark zerstört. Der Giebel der Nische brach erst in jüngerer Zeit infolge von Sprengungen, die Schatzsucher vorgenommen hatten, auf der rechten Hälfte ab. Vier schräg angesetzte Stufen führen zur Nische hinauf.

Arslankaya (2) gilt als das beeindruckendste Felsmonument phrygischer Kunst im Süden der Long Range. In den 14 m hohen,

Arslankaya ☆
Besonders sehneswertes Kybele-Heiligtum

Afyon und Umgebung

Das Felsmonument von Arslankaya: Kybele wird von zwei ihr zugewandten Löwen flankiert, die aufrecht stehen und mit ihren Vordertatzen den Kopf der Göttin berühren. Auf der rechten Seite der Felsfassade befindet sich ein gewaltiges Löwenrelief. Auch dieser Löwe steht aufrecht auf seinen Hinterbeinen, die Vordertatzen berühren den Giebel. Links der Fassade ist das Fragment einer kleineren Tierfigur zu sehen, möglicherweise ein Greif. Der Giebel wird von einem Akroter abgeschlossen, dessen beiden dicken, wulsartig eingerollten Enden grob herausgearbeitet sind. Das Giebelfeld mit seinen zwei antithetisch angeordneten Sphingen erinnert an ostionische Vorbilder

isoliert stehenden ›Löwenfelsen‹ ist auf der künstlich geglätteten Südseite die 7 m hohe Nischenfassade eingearbeitet. Die Nische ist ähnlich wie beim Midas-Monument (s. S. 179) mit geometrischem Flechtmuster geschmückt. Die beiden Türblätter der Nische sind nach innen geöffnet und realistisch dargestellt. Hier steht das Kultbild der Kybele, das aus dem anstehenden Fels im Hochrelief herausgearbeitet ist.

Der nun etwas schlechter werdende Weg führt von Arslankaya aus geradeaus über eine Feldwegkreuzung weiter. Leicht bergauf geht es danach auf dem rechten Fahrweg durch einen lockeren Pinienwald, der von Eichenbeständen abgelöst wird. Bei der Einmündung einer Fahrspur von links, ca. 900 m von Arslankaya entfernt, liegt **Büyük Kapıkaya** (3). Dieses Felsmonument hat eine kaum dekorierte Front, deren flacher Giebel nur durch eine dünne Linie angezeigt wird und die an einen einfachen griechischen Naiskos erinnert. Die aus dem Fels herausgearbeitete Figur der Gottheit, deren Tholos bis an die Oberkante der Nische reicht, erscheint im Hochrelief. Auf der gegenüberliegenden Seite des Altars sind Stufen oder Sitzreihen zu erkennen, die in einen Felsblock gemeißelt wurden. Wahrscheinlich handelt es sich bei dieser Anlage um einen Opferplatz der Kybele.

Auf dem Rückweg nach Döger folgt man dem Fahrweg nach Osten. Nach ca. 600 m biegt man an einem Weg, der von rechts kommt, nach links ab und umfährt das sumpfige Ende des Stausees Emre Göl. Bei der nun folgenden Kreuzung wendet man sich nach rechts, dann geradeaus. Bei km 1,3 fährt man nach links über eine kleine Brücke in Richtung Stausee. Jenseits des Sees sieht man die Reste einer byzantinischen Siedlung und eine **Kirche** (4) bei dem Dorf Emre Köy, in dem eine Türbe aus seldschukischer Zeit zu sehen ist. Aus byzantinischer Zeit stammen die **Höhlenwohnungen** (5), die *kırk mevdiven* (›40 Treppen‹) genannt werden. Bei km 1,7 liegen bei einer Mauer vier **phrygische Gräber** (6). Rechts des Weges ziehen sich alsbald **Felswohnungen und -gräber** (7) aus phrygischer und byzantinischer Zeit den Hang hinauf. Bei km 3,5 liegt inmitten der Höhlenbebauung eine **Doppelkirche** (8) mit tiefen Nischen, die über eine Treppe zu erreichen ist. Bei km 5,5 sieht man Treppenstufen im Fels, die möglicherweise zu einer Altaranlage gehörten. Auf dem Weg nach Döger fährt man nun am Steilabhang eines Plateaus entlang, an dem zahlreiche **Grabanlagen**, **Höhlenwohnungen** und vereinzelt auch **kleine Kapellen** (9) zu erkennen sind. Bei km 6,9 erreicht man wieder den Hauptplatz von Döger.

Von Afyon nach Seyitgazi

Ayazın (Metropolis)

Von der Straße Afyon–Seyitgazi biegt 7,2 km nach der Straßengabelung bei Gazlıgöl im Ort Kunduzlu eine kleine geteerte Straße nach Osten ab, die nach Ayazın, dem byzantinischen Metropolis, führt. Metropolis war eine ausgedehnte, von römischen und byzantinischen Anlagen geprägte Höhlenstadt in einem teilweise senkrecht abfallenden Felsplateau und in byzantinischer Zeit das weltliche und religiöse Zentrum der Region. Dieser Ort war jedoch in bescheide-

Ayazın ☆
**Besonders sehenswert:
Kirchen der byzantinischen Höhlenstadt**

Afyon und Umgebung

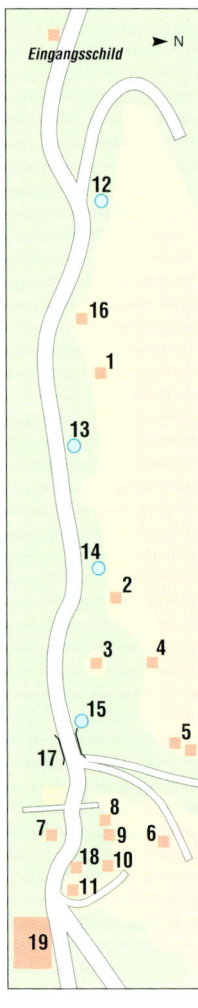

Ayazın
(Metropolis)
1 Kirche
2/3 Kapelle
4 Löwengrab
5 Wohnanlage
6 Kirchenanlage
7 islamischer Friedhof
8 Grab mit Gorgo
9 Kirche

rem Umfang schon in der phrygischen Zeit besiedelt, aus der einige Gräber auf halber Höhe der Felswand am Anfang der heutigen Siedlung stammen.

Auf der linken Seite des Fahrwegs von Kunduzlu liegt auf halber Hanghöhe eine ›Hamam‹ genannte große **Kirchenanlage** (1), der bedeutendste sakrale Bau in Metropolis. Die Kirche hat einen Kreuzgrundriß; die östliche Apsis wird durch eine Nischenkolonnade und drei kleine Fenster in der oberen Zone betont. Das Innere der Kirche erreicht man durch einen sehr hoch und schmal angelegten Narthex. Die ehemals sechs Säulen des Kirchenraums sind abgebrochen. Am Ende der rechtwinklig abknickenden westlichen Galerie wurde in späterer Zeit noch eine kleine Kapelle angefügt, die auf einem etwas höheren Niveau liegt und in deren Apsis ein Altar steht, der, wie auch die Reste einer Kanzel, aus dem anstehenden Stein herausgearbeitet wurde. Besonderes Augenmerk verdient die Art, wie die Kirche geradezu aus dem Fels herausmodelliert worden ist. Die Hauptapsis, die Nebenapsiden und die Hauptkuppel wurden nicht nur von innen her ausgehöhlt und bearbeitet, sondern sind auch von außen deutlich sichtbar und erinnern an traditionell aufgemauerte Kirchen, obwohl alles aus dem weichen Tuffgestein gemeißelt wurde.

Nach zwei Brunnenanlagen erreicht man links des Weges eine kleine **Kapelle** (2) mit Apsis und Tonnengewölbe, und nach weiteren 150 m liegt eine **Kapelle** (3) in einem isoliert stehenden Felsblock. Wegen der gut erhaltenen Fassade dürfte ein **römisches Grab** (4) interessanter sein; die Fassade vertritt einen weitverbreiteten Bautypus dieser Zeit. Zwei Säulen tragen einen Giebel, in dem sich zwei Löwen gegenüberstehen. Links des Taleinschnitts liegt ein ausgedehnter **Wohnkomplex** (5); die Felswand ist siebartig von Wohn- und Lagerräumen durchzogen. Über Treppen, die durch Felsabbrüche von außen sichtbar sind, kann man mehrere Stockwerke ersteigen. Nach ca. 250 m liegt auf der rechten Seite eines Taleinschnitts eine weitere interessante **Kirchenanlage** (6) mit basilikalem Grundriß und drei Apsiden. Oberhalb des **islamischen Friedhofs** (7) erkennt man in der Felswand die Portale weiterer Kapellen und römischer Gräber, die man über einen schmalen Pfad von der Höhe des Plateaus aus leicht erreichen kann. Die Fassaden sind teilweise heruntergebrochen, so daß man in das Innere blicken kann. Auf dem Giebelfeld eines kleineren **Grabes** (8) ist deutlich eine Gesichtsdarstellung zu erkennen, die man als ›Haupt der Gorgo‹ bezeichnet. Rechts daneben sieht man eine **Kirche** (9) mit einer schlanken Fassade, einem ausgeprägten Giebel und einem angedeuteten Architrav. Das **Grab mit den ionischen Säulen** (10), benannt nach dem Rest eines Pfeilers mit ionischem Kapitellabschluß, liegt am rechten Rand der Gräbergruppe. Die nach unten versetzte Grabkammer, die man durch eine gerahmte Rundbogentür betritt, enthält zehn Nischengräber, auf zwei Stockwerke verteilt. Das ehemals römische Grab wurde in byzantinischer Zeit in eine Kapelle umgewandelt. Schließlich

Ayazın (Metropolis)

erreicht man eine größere Anzahl römischer Grabanlagen und byzantinischer Kapellen. An der zurückliegenden Felswand erstreckt sich eine ausgedehnte **römische Grabanlage** (11) mit einer großen Vorhalle, die durch eine heute teilweise herabgebrochene Giebelwand abgeschlossen war. Die innere Wand ist erhalten, ebenso die eindrucksvolle Tür, die ganz in spätantiker Form nachgebildet ist. Den halbkreisförmigen Giebel flankieren zwei einanderzugewandte Löwen. Die Decke des eigentlichen Grabraums ist eingestürzt, läßt aber noch die ursprüngliche Überkuppelung deutlich erkennen.

10	Grab mit ionischen Säulen
11	römische Grabanlage
12–15	Brunnen
16	Wohnanlage
17	Brücke
18	römisches Grab
19	Schule

Der islamische Friedhof in Ayazın, im Hintergrund Kapellenportale

Das Köhnüş-Tal

Köhnüş-Tal ☆
Besonders sehenswert:
Arslantaş
Yılantaş
Maltaş

Weitere phrygische Felsdenkmäler liegen im Köhnüş-Tal westlich der Straße von Afyon nach Seyitgazi. Der Weg über eine neu angelegte Stichstraße ist ausgeschildert.

Der Arslantaş, der ›Löwenstein‹, wurde 1882 von William M. Ramsay entdeckt. Der künstlerische Stellenwert und die funktionale Bedeutung dieses Felsmonuments sind in der Folgezeit heftig diskutiert worden. Es liegt am Nordhang eines Felsplateaus, das an dieser Stelle etwa 11 m hoch ist. Zwei aufrecht stehende, einander zugewandte Löwen stützen sich mit ihren Hinterbeinen auf einer vorspringenden Stufe ab, die zugleich die untere Begrenzung des Reliefs bildet. Besonders auffällig sind die Darstellungen der Köpfe; die aufgerissenen Rachen erinnern in ihrer kraftvollen Majestät an spät-

Zwei aufrecht stehende Löwen rahmen am Arslantaş das Kybele-Heiligtum ein

hethitische oder nordsyrische Löwendarstellungen. Zwischen den Hinterbeinen und der Nische liegen auf der waagerechten Grundleiste zwei weitere Löwen, welche die Besucher en face ansehen. Seitliche Treppen, deutlich herausgearbeitete Kanten und die von den Löwen eingerahmte Nische, in der die Gottheit als *baitylos* dargestellt ist, deuten auf ein Heiligtum der Kybele hin.

Eine weitere Kultanlage liegt nur wenige Meter entfernt. Der Yılantaş, der ›Schlangenstein‹, ist an seiner vorderen und rechten Seite mit Reliefs versehen, die leider aufgrund der Zerstörungen nur teilweise zu erkennen sind. Beeindruckend ist das nach vorn heruntergebrochene Löwenrelief.

Folgt man dem Feldweg Richtung Fluß, findet man nach ca. 700 m – nachdem man das sumpfige Flußbett des Köhnüş überquert hat (Vorsicht!) – auf der rechten Seite an der Abbruchkante eines niedrigen Felsplateaus die Fassade von Maltaş. Der untere Teil ist von Schlammablagerungen des Flüßchens bedeckt. Auf einer Breite von 9 m und einer Höhe von 3,5–4 m ist die Front deutlich sichtbar. Die Giebelverzierung und Teile des Daches sind abgebrochen. Unterhalb des Architravs erkennt man die typisch phrygische Anordnung von quadratischen und kreuzförmigen Ornamenten. Das Giebelfeld ist einfach gehalten, nur unterteilt von einem Schmuckpfeiler. Die Fassade wird von einem Rautenband eingerahmt, ein anderes trennt das Giebelfeld von der Dachkonstruktion. Links der Fassade ist eine kleine phrygische Inschrift in den Fels graviert. Ausgrabungen in den 30er Jahren dieses Jahrhunderts haben eine Nische und weitere Inschriften ans Tageslicht gebracht, so daß man davon ausgeht, daß es sich auch hier um ein Heiligtum der Kybele handelt.

Kümbet

Der reizvolle Ort Kümbet liegt 3 km östlich der Straße Afyon–Seyitgazi (von Afyon 53 km, von Seyitgazi 38 km entfernt) und ist schon von weitem an seiner markanten Türbe auf dem Felsplateau zu erkennen. Kümbet liegt auf einem spornartigen Felsrücken, der senkrecht abfällt und dessen Ostkante das weite, in Nord-Süd-Richtung verlaufende Kümbet-Tal beherrscht. Dieser Ort gehörte zu einem Ring befestigter Anlagen rund um die phrygische Stadt Midas Şehri. Auf den Tafelbergen, die das Tal einrahmen, lagen in phrygischer Zeit Fluchtburgen, so der Yapıldak Asar Kaya, eine beachtliche Festung, die das Tal im Süden abschließt. Aufgrund der geringen Abstände konnten diese befestigten Plätze in Zeiten der Not durch einfache Signale Kontakt zueinander aufnehmen.

Im oberen Teil von Kümbet liegt in östlicher Richtung ein aus dem Felsen herausgemeißeltes Kammergrab. Von den Einheimischen wird es wegen seiner figürlichen Darstellungen Arslan Kaplan Türbesi (›Löwen-Tiger-Grab‹) genannt. Steuart entdeckte es im frühen 19. Jh. und bezeichnete es nach einer Inschrift auf dem Band über

Kümbet ☆
Besonders sehenswert:
Grab des Solon
Kümbet Dede Türbesi

der inneren Tür als das ›Grab des Solon‹. Dieses Felsgrab hat unterhalb des Giebelfelds auffällig tief eingeschnittene Reliefs, die zwei Löwen rechts und links eines Kraters zeigen. Das Relief ist offensichtlich unvollendet geblieben; die Adler im Giebelfeld sind abgebrochen. Die heute sichtbare Darstellung stammt aus römischer Zeit, in der die Stätte ebenfalls als Grab benutzt wurde. Die phrygische Grabanlage am gleichen Ort besaß einen schmalen Dromos, der von zwei Treppen eingerahmt war. Auf der rechten Seite erkennt man noch einen Stier und links eine gorgonenähnliche Figur. Der Eingangsbereich war von einem schmalen Rahmen eingefaßt.

In seldschukischer Zeit erhielt Kümbet seinen heutigen Namen. Auf dem Plateau wurde eine Tekke gegründet und eine kleine oktogonale Türbe errichtet, die heute isoliert steht und von einem alten türkischen Friedhof umgeben ist. Die Bezeichnung ›Tekke‹, die im phrygischen Hochland allgemein für Grabmäler verwendet wird, steht in den Städten für eine Unterkunft oder ein kleines Kloster für wandernde Derwische. Die Kümbet Dede Türbesi ist geschmückt mit zahlreichen byzantinischen Marmorfragmenten, die zum Teil kunstvoll reliefiert sind. Diese Spolien gehörten offensichtlich zu einer im Kümbet-Tal nachgewiesenen christlichen Siedlung.

In der 2. Hälfte des 18. Jh. wurde Kümbet Sitz des *derebey* Yarım Ağa, eines sogenannten Tal- oder Regionalfürsten, der hier seine Residenz aufschlug und eine nahezu unabhängige Stellung gegenüber dem Sultan behaupten konnte, bis er seine Selbständigkeit – wie viele der *derebeys* in Anatolien im Zusammenhang mit der Vernichtung der Janitscharen durch Mahmut II. – im Jahr 1826 verlor. Der Sitz der Familie des *derebey* lag in exponierter Lage auf der Spitze des Felsens. Die Fundamente und einige Mauerteile waren aus dem Felsen herausgeschlagen. Von zwei Räumen sind Kamine

Das ›Grab des Solon‹ in Kümbet

Kümbet

Die Türbe mit dem Grab des Kümbet Dede, eines als heilig verehrten Hirten, war von jeher ein Wallfahrtsort für die umherziehenden Nomaden der Gegend, eine der bedeutenderen von mehreren ähnlichen Stätten im phrygischen Hochland

im türkischen Stil mit Reliefs von Vögeln und Gefäßen erhalten geblieben.

Nordöstlich von Kümbet liegt ein kleines Hochtal mit Überresten einer phrygischen Burg, heute **Kümbet Asar Kaya** genannt. In unmittelbarer Nähe steht die **Berber Ini**, die ›Höhle des Barbiers‹, eine kleine byzantinische Felskirche. Sie ist noch gut erhalten und besitzt eine Apsis, einen Narthex und zwei Seitenkapellen mit gewölbter Decke. Man erreicht das Hochtal auf einer Staubstraße mit dem Auto in 15 Min. bzw. in 45 Min. zu Fuß. Es ist ratsam, einen Führer mitzunehmen; auch sollte man zur Erkundung des Kircheninneren unbedingt an eine Taschenlampe denken.

Am Südostende des Kümbet-Tals liegt am südwestlichen Eingang des Dorfes Yapıldak der Burgfelsen **Yapıldak Asar Kaya**, der durch seine scharfen Kanten sofort auffällt. Besteigt man ihn an der südöstlichen Flanke, so erreicht man den höher gelegenen Südteil des Berges, der in phrygischer Zeit befestigt war, wobei alle zehn großen Felsen in das Verteidigungssystem einbezogen und durch Mauerzüge miteinander verbunden waren. Die Mauern führten über die Spitzen der Felsen hinweg. Den wichtigsten Teil der Burg bildete ein großes, unregelmäßiges Viereck auf dem höchsten Plateau der Anlage. Man vermutet an dieser Stelle den Palast, der an seiner Ostseite von einem hohen Felsblock begrenzt wurde; von hier aus bietet sich auch die beste Aussicht. In diesem Bereich liegt eine Zisterne, der Beginn eines Treppentunnels und nordöstlich davon der Eingang zu einem phrygischen Felsgrab, in dem mehrere Kammern miteinander verbunden sind, die auch in byzantinischer Zeit noch genutzt wurden. Von Yapıldak fährt man durch lichte Pinienwälder in reizvoller Landschaft zu dem 7 km entfernten Tscherkessendorf Yazılıkaya, der alten phrygischen Stadt Midas Şehri.

Afyon und Umgebung

Midas Şehri (Midas-Stadt)

Midas Şehri ☆☆
Besonders sehenswert:
Midas-Monument
Küçük Yazılıkaya

Bei dem Dorf Yazılıkaya, etwa 15 km von der Hauptstraße Afyon–Seyitgazi entfernt, liegt Midas Şehri, ein ausgedehntes Felsplateau mit den eindrucksvollen Überresten einer alten Phrygerstadt. Die Besiedlung dieses Gebiets reicht bis in prähistorische Zeit zurück. Eine Nekropole aus der Bronzezeit wurde in den 50er Jahren dieses Jahrhunderts in den Feldern östlich der Midas-Stadt ausgegraben. Die Funde sind heute im Museum von Afyon zu sehen.

Ihre kulturelle Blüte erlebte Midas Şehri wahrscheinlich zur Zeit der Lyder, die das Erbe der phrygischen Herrschaft antraten. Augenscheinlich ist die Stadt später zerstört worden. Ohne Zweifel jedoch hat Alexander sie, als er das Hochland 334 v. Chr. durchquerte, noch gesehen. Die Vermutung liegt nahe, daß das Ende der Stadt und aller anderen phrygischen Siedlungen des Hochlandes während der sehr unsicheren Periode erfolgte, in der die Nachfolger Alexanders um die Herrschaft über dieses Gebiet kämpften. Daß das Plateau in späterer Zeit noch einmal besiedelt wurde, zeigen die Haus- und Grabanlagen in dem einzelnstehenden Felsen nördlich des sogenannten Midas-Monuments, die aus byzantinischer Zeit stammen. Im 5./6. Jh. begann die Entvölkerung des phrygischen Hochlandes. Die Gründe waren Seuchen, Hungersnöte und die Bedrohung durch Perser- und Arabereinfälle. Heute liegt unterhalb der Midas-Stadt das weitläufige Dorf Yazılıkaya, das von Türken tscherkessischer Herkunft bewohnt ist, die in der 2. Hälfte des 19. Jh. hierher umgesiedelt wurden. Im phrygischen Hochland wurden zudem europäische Muslime meist bulgarischer Herkunft, die Muhacir, ansässig und im Zuge des Versuchs, die turkmenischen Nomaden seßhaft zu machen, auch diese aleviti-

Midas Şehri
1. Midas-Monument
2. Küçük Yazılıkaya
3–6 phrygische Felsgräber
7. Altar
8. späthethitisches Flachrelief
9. phrygischer Altar mit Inschrift
10. Hyazinthenmonument
11. Thron
12. Altar mit Halbkreis
13. Stufenaltar
14. Brunnen innerhalb der Befestigungsanlage
15. Treppenanlage
16. unterirdische Grotte
17/18. Ausgrabungsbereiche
19. Grab
20/21. phrygische Fassade
22. Brunnen und Reste lydischer und phrygischer städtischer Besiedlung
23. Arezastis-Monument

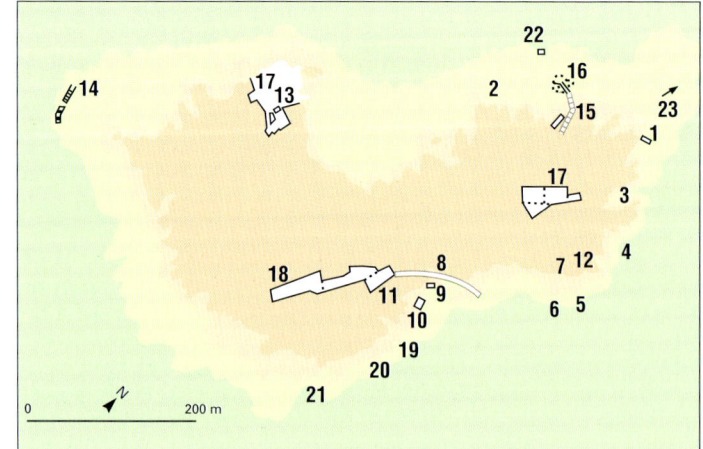

Midas Şehri (Midas-Stadt)

schen Glaubensgruppen. Daneben bestanden alttürkische Dorfgemeinschaften weiter.

Der erste Bericht über Midas Şehri stammt aus dem Jahr 1824, und zwar von dem Engländer William M. Leake, der 1800 eine Reise durch dieses Gebiet unternommen hatte. Hauptaugenmerk galt dem **Midas-Monument** (1), das im 8. Jh. v. Chr. entstand und bei dem der Rundgang durch die Stadt beginnt. Es wurde ursprünglich als das Grab des Midas angesehen, da man in der phrygischen Inschrift das Wort für Midas (MIΔAI) erkennen konnte, und erst von Alfred Körte im Jahr 1900 eindeutig als ein Kultmonument identifiziert. Das Midas-Monument stellt die Front eines Kulthauses mit einem Giebeldach dar, vergleichbar einer Tempelfassade. Die Wand ist mit geometrischen Mustern im Flachrelief überzogen. Das Mittelfeld, das etwas zurückliegt, zeigt abwechselnd Kreuzmotive und nahezu quadratische Zentralmotive. Es wird von einem Band schräggestellter kleiner Quadrate eingerahmt. Über der ornamentierten Front liegt ein flacher Giebel, dessen Akroterion, die Ornamentik, wahrscheinlich infolge eines Erdbebens abgebrochen ist. Alle Schmuckelemente bilden eine künstlerisch ausgewogene Komposition. Der wichtigste Teil der Anlage ist die zentrale Nische, in der die Statue der Kybele stand »als Göttin, die aus dem Felsen kommt«. Das Standbild wurde in den quadratischen Vertiefungen befestigt. Oberhalb des Giebels sieht man auf der linken Seite eine phrygische Inschrift, in der die beiden Wörter MIΔAI und FANAKTEI identifiziert werden können, die dem Felsdenkmal den Namen gegeben haben. Auf der rechten Seite der Fassade ist eine zweite Inschrift angebracht, eine dritte befindet sich links in einer flachen Nische. Das Midas-Monument mit seiner offenen Hauptfront bildete zusammen mit einem anschließenden Säulenvorbau einen kultischen Bereich, die Fassade ist nach Osten ausgerichtet, der aufgehenden Sonne zugewandt. Im ersten Morgenlicht sind auch die Ornamente am besten zu erkennen.

Geht man vom Midas-Monument nach Südwesten um den Fels herum, erreicht man nach ca. 500 m ein unvollendetes Monument, das **Küçük Yazılıkaya** (2) genannt wird. Durch klimatische Einflüsse ist die Fassade heute teilweise stark verwittert. Die Anordnung der Dekoration läßt sich jedoch noch klar erkennen. Das Akroterion zeigt zwei stilisierte Blätter, die eine Rosette umschließen. Im Giebelfeld ist auf jeder Seite des Mittelpfostens ein sogenanntes attisches Fenster zu sehen. Den gut erhaltenen Fries von Küçük Yazılıkaya schmücken im Wechsel angeordnete Lotusblüten und Palmetten. Unterhalb des Frieses beginnt der Rahmen des Mittelfelds mit geometrischen Mustern. Die Fassade ist nicht fertiggestellt, die Ebene, auf der die Nische hätte eingemeißelt werden sollen, nicht erreicht worden. Dies aber macht es möglich, einen Einblick in den Stand der Bautechnik zu gewinnen und nachzuvollziehen, wie solche Fassaden aus dem Fels geschlagen wurden. Man erkennt, daß die noch erhaltene Steinstufe als ›Gerüst‹ diente und beim Weiter-

» ... und wenn es nichts anderes in Phrygien gäbe, dieser Fels allein würde die Reise lohnen.«
William Ramsay, um 1880

bau immer niedriger wurde. Auf diese Weise konnten die Steinmetze die Wand glätten und die Ornamente ausarbeiten.

Ein schmaler Pfad auf gleicher Höhe am Hang des Burgfelsens führt an einigen **phrygischen Felsgräbern** (3–6) in der Wand sowie an einem kleinen **Altar** (7) vorbei und erreicht schließlich die Stufen einer Treppenanlage, die auf das Plateau der Akropolis hinaufführt. Am Beginn dieser Treppe sind auf der Felsseite Figuren im **Flachrelief** (8) zu erkennen, allerdings nur sehr undeutlich und auch nur bei günstiger Beleuchtung am frühen Morgen. Die Reliefs stellen womöglich eine Prozession dar. Auffallend ist, daß alle Darstellungen stadtauswärts gerichtet sind. Ihre Datierung ist noch umstritten, wahrscheinlich aber stammen sie aus späthethitischer Zeit. Bei günstigen Lichtverhältnissen werden einige interessante Details sichtbar, so z. B. die durch einen Rahmen deutlich abgesetzte Figur eines Mannes mit knielanger Tunika, der einen Stab vor sich herträgt. Davor sind ein Vogel und ein mützenähnliches Gebilde wiedergegeben, möglicherweise eine hethitische Hieroglyphe. Daneben steht ein Mann mit langem Mantel und ein weiterer in Frontaldarstellung. Es folgt eine Dreiergruppe mit langen Gewändern und Kopfbedeckungen, die von ungewöhnlichen, kranzartigen Gewinden bekrönt sind. Zwei Figuren, die bis zum Niveau der Rampe herabreichen, führten offensichtlich die Prozession an. Wenige Schritte in südlicher Richtung befindet sich eine phrygische Inschrift, dahinter ein **phrygischer Altar mit Inschrift** (9) und schließlich eine monumentale Nische. Dieses Heiligtum wurde von den Ausgräbern wegen des naturalistisch gestalteten Pflanzenakroterions **Hyazinthenmonument** (10) genannt. Giebelform und dekorative Ausgestaltung stellen dieses Denkmal in die Reihe von Küçük Yazılıkaya und Arezastis-Fassade (s. S. 182). Blumendarstellungen sind mit geometrischen Ornamenten kombiniert, Rückwand und Seitenwände mit Schachbrettmustern im Wechsel von hellen und dunklen Quadraten bedeckt, die insgesamt ein Kreuzmuster bilden. Auf dem Boden der Nische erkennt man wieder ein rechteckiges Loch, in das wohl die Kultstatue der Kybele eingelassen werden konnte.

Das schönste Beispiel eines freistehenden phrygischen Monuments ist der aus dem Fels geschlagene, altarähnliche **Thron** (11) mit einer großen phrygischen Inschrift, hoch auf dem Plateau der Akropolis. Die große Treppe führt direkt auf ihn zu und war wahrscheinlich in den kultischen Ablauf miteinbezogen. Auffällig ist die Asymmetrie der Thronanlage. Zwei Bogen auf der rechten Seite deuten einen Doppelsitz an, der nach links durch eine Sitzbank verlängert wird, deren Lehne eine Inschrift trägt. Zu Thron und Sitzbank führen zwei mächtige Stufen. Ähnliche Anlagen, in der Regel wohl Altäre, stehen in verschiedenen Teilen der Stadt. Ein **Altar** (12) im Nordosten des Plateaus gehört zu einem Typus mit einem schmalen Halbkreis auf der Oberseite. Am anderen Ende der Burg, in der Nähe eines Grabungsbereichs, befindet sich ein **Stufenaltar** (13), der ungewöhnlich groß und ebenfalls asymmetrisch angelegt ist. Kleine

Midas Şehri (Midas-Stadt)

Das Midas-Monument in Midas Şehri

Sockel und Löcher zeigen auch hier die Stelle an, an der die Statue der Gottheit aufgestellt war.

Die Stadtanlage war durch eine Mauer gesichert, von der noch spärliche Reste im Süden in der Nähe eines **Brunnens** (14) zu sehen sind. Beim weiteren Rundgang um die Burg sieht man vor allem im Bereich des Küçük Yazılıkaya, daß mehrere **Treppenanlagen** (z. B. 15) in den Berg hineinführen. Zum Teil lagen sie offen, zum Teil waren sie überdacht, um schließlich in langen Tunnelschächten zu enden. Diese Treppen führten zu Becken und **Grotten** (z. B. 16) im Fels, dienten sicherlich der Trinkwasserversorgung der Stadt, waren aber auch mit dem Kult der Kybele verbunden.

Auf dem Bergplateau wurden im Norden auch **phrygische Wohnviertel** (17) entdeckt. Die Häuser waren in der Regel klein, die Anlage der Gebäude erscheint unregelmäßig. Diese Schicht wurde in späterer Zeit nicht mehr überbaut, so daß das originale Niveau erhalten blieb.

Die Midas-Stadt war der Mittelpunkt einer Reihe phrygischer Festungen und Siedlungen östlich des zentralen Bergrückens, der das phrygische Hochland in zwei Teile trennt. Blickt man vom Plateau der Burg in nördliche Richtung über das Dorf Yazılıkaya hinweg, dann kann man vier dieser Festungen erkennen: **Akpara Kale** in einiger Entfernung und auf der gegenüberliegenden Seite des Tals **Gökgöz Kale**, Pişmiş Kale und Kocabaş Kale. Am besten erforscht ist **Pişmiş Kale**, das teilweise ausgegraben ist und ein eindrucksvolles Beispiel einer phrygischen Festung darstellt. In der 2. Hälfte des 14. Jh., als die unterschiedlichen türkisch-islamischen Stämme um die Herrschaft in Anatolien kämpften, wurden die alten Burgen erneut befestigt. Nachdem sich die Osmanen im 1. Drittel des 16. Jh. durchgesetzt hatten, wurden die Anlagen verlassen und verfielen. Unter den Festungen der mittelalterlichen Zeit nahm Pişmiş Kale einen herausgehobenen Rang ein.

Fährt man von Yazılıkaya zum Dorf Çukurca, dann erblickt man in der Felswand links des Weges in einiger Entfernung das **Monument von Arezastis**. Es wird in die Mitte des 6. Jh. v. Chr. datiert und erhielt seinen Namen nach zwei Wörtern in der langen Inschrift über und neben der Fassade: MATEPAN APEZASTIN. Eine zweite Inschrift ist in der inneren rechten Seite der Fassade eingraviert. Ein künstlerisch auffallendes Akroterion krönt den Giebel, der von zwei doppelten Türchen ausgefüllt ist, die beidseitig von Rosetten flankiert werden. Die Kultnische ist auf halber Höhe eingelassen, besitzt aber angesichts ihrer geringen Größe wohl nur symbolische Bedeutung.

Zentraler Altar auf dem Plateau in Midas Şehri

Midas Şehri (Midas-Stadt), Seyitgazi

Grabanlage aus römischer Zeit: Gerdek Kaya

Von der Arezastis-Fassade zum Dorf Çukurca sind es nur wenige hundert Meter. Unmittelbar vor dem Ortseingang führt ein Feldweg nach links zu der schon von weitem zu sehenden Fassade von Gerdek Kaya, einer Grabanlage aus römischer Zeit. Von hier aus hat man einen weiten Blick in das Doğanlı-Tal. Leake hatte die Gräber auf seinem Weg zur Midas-Stadt schon 1800 gesehen und beschrieben, Texier hat sie als erster genauer untersucht. Die Fassade ist einem dorischen Antentempel nachempfunden. Leider ist nur bei einer der beiden dorischen Säulen noch ein Drittel im originalen Zustand erhalten, doch die gelungene Rekonstruktion vermittelt einen guten Gesamteindruck. Die Fassade wird von einem Architrav geschmückt, an dem noch Reste einer Bemalung zu sehen sind.

Gerdek Kaya
Besonders sehenswertes römisches Felsgrab

Seyitgazi

Etwa 90 km nördlich von Afyon bzw. 42 km südlich von Eskişehir, an der Ostflanke des phrygischen Berglandes, liegt der kleine Ort Seyitgazi, der von einem gewaltigen Kloster des Bektaşi-Ordens überragt wird. Seyitgazi, das phrygische Nacoleia, ist eine uralte Kult- und Begräbnisstätte. In byzantinischer Zeit war Nacoleia Bischofssitz, im 10. Jh. Sitz eines Metropoliten. Besucher von heute beeindruckt die seldschukische und osmanische Klosteranlage mit ihrer Vielzahl von Kuppeln unterschiedlicher Größe, den zahlreichen Schornsteinen und dem alles überragenden Minarett.

Erinnerungen an den erbitterten Kampf zwischen Arabern und Byzantinern, zwischen Islam und Christentum um die Vorherrschaft in Anatolien werden in diesem an alten Sagen und Legenden überreichen Landstrich lebendig und verknüpfen sich vor allem mit dem

Seyitgazi ☆☆
Besonders sehenswert: Kloster des Bektaşi-Ordens

Afyon und Umgebung

Blick auf das Bektaşi-Kloster in Seyitgazi

Wallfahrtsort Seyitgazi. Seyit Battal Gazi war der Überlieferung nach Anführer einer der zahlreichen arabisch-islamischen Kampftruppen, die zu Beginn des 8. Jh. tief in das christlich-byzantinische Kleinasien vorstießen. Seine legendären Erfolge brachten ihm Ruhm und den Ruf besonderer Gottgefälligkeit ein. Die Person Seyit Battals, historisch nur schwer faßbar, lebt in unterschiedlichsten Traditionen fort. Vor allem die Umstände seines ungewöhnlichen Todes veranlaßten Zeitgenossen und Nachfahren, ihn zu verherrlichen und zu mystifizieren. Seyit Battal starb im Jahr 740 bei der Belagerung von Akroenos (Afyon) auf eine eher wundersame Weise: Die Legende erzählt, daß bei dieser Belagerung die Tochter des byzantinischen Kaisers den Anführer der gegnerischen Truppen gesehen und sich heftig in ihn verliebt habe. Eines Tages habe sie ihn vor den Mauern der Stadt schlafend gefunden und, um ihn vor einem heranrückenden Heerhaufen zu warnen, einen Stein nach ihm geworfen, der ihn tötete. Aus Kummer darüber, was sie angerichtet hatte, soll sie sich das Leben genommen haben. Tragischerweise stellte sich heraus, daß die heranrückende Streitmacht von den Söhnen Battals angeführt wurde, die auf der Suche nach ihrem Vater waren. Die beiden wurden Seite an Seite an der Stelle des heutigen Klosters begraben. Die Gräber gerieten für lange Zeit in Vergessenheit, und auch die Erinnerung an diese Zeit verblaßte. Erst in der seldschukischen Epoche wurden die Legenden zu neuem Leben erweckt: Fatima, der

Mutter des Seldschukensultans Keyhüsrev I., wurde im Traum die Lage der Gräber offenbart. Sie erhob diesen Platz sogleich zu einem Wallfahrtsort, ließ eine Türbe für die beiden Toten errichten und wurde selbst später im Kloster beigesetzt.

Das Derwischkloster war nach dem Hauptkloster in Hacıbektaş das zweitgrößte Haus des Ordens und wurde unter Beyazıt II. (1481–1512) umfassend erneuert. In osmanischer Zeit stand der Orden in besonderer Gunst der Sultane, da er mit den Janitscharen, der Elitetruppe des osmanischen Heeres, auf das engste verbunden war. Im Jahr 1826 jedoch vernichtete Sultan Mahmut II. die Janitscharen, die sich im vorangegangenen Jahrhundert zunehmend zu einem Staat im Staate entwickelt hatten und alle Reformbemühungen der Reichsverwaltung zu verhindern trachteten. Die Auflösung der Janitscharenkorps hatte tiefgreifende Auswirkungen für den Orden. In İstanbul wurden z. B. alle 14 dort befindlichen Klöster zerstört, ihre geistlichen Führer hingerichtet oder verbannt, was im damaligen Sprachgebrauch mit ›unterwegs erwürgt werden‹ identisch war. Nach einem Erlaß des Sultans allerdings sollten die Klöster in der Provinz, sofern sie Kultstätten waren, nicht zerstört, sondern nur staatlicher Kontrolle unterstellt werden. Alle Wertobjekte des Klosters, mit Ausnahme derer im Grabraum, wurden weggeschafft, die Bibliotheksbestände verbrannt und die Baulichkeiten teilweise zerstört. Erst in den 50er Jahren dieses Jahrhunderts wurde das Kloster wieder aufgebaut; es präsentiert sich heute in einem eindrucksvollen Zustand.

Der **Eingang** (A) zum Kloster von Seyitgazi liegt im Nordosten der Anlage. Im Aufgang zum Innenhof liegt im Torbau zunächst rechts die **Çoban Baba Türbesi** (B), eines als heilig verehrten Derwischs aus Turkestan. Alle wichtigen Gebäude des Klosters, die aus sehr unterschiedlichen Zeiten stammen, sind um einen rechteckigen Hof gruppiert. Dort werden heute bauliche Überreste und Werkstücke aus antiker, byzantinischer und islamischer Zeit gezeigt.

Der herausragende Gebäudekomplex ist die Türbe des Seyit Battal Gazi und die Moschee. Durch den **Eingang zum Türbenkomplex** (C) betritt man zunächst den **Raum des Türbenaufsehers und der Bibliothek** (D). Rechts liegt die kleine **Türbe von Ahmet und Mehmet Bey** (E), den beiden Erbauern der frühosmanischen Anlage. Die Inschrift über der Eingangstür zur Türbe nennt als Entstehungszeit das Jahr 917 h (= 1511). In der anschließenden, sehr schlicht eingerichteten **Seyit Battal Gazi Türbesi** (F) steht dessen etwa 7,5 m langer Sarkophag, der durch seine Größe die überragende Bedeutung des Märtyrers zum Ausdruck bringen sollte. Daneben befindet sich der Sarkophag der byzantinischen Prinzessin. Der Türbe gegenüber liegt der **Raum des Friseurs** (G). Die älteste Inschrift des Klosters über der Tür zur **kleinen Moschee** (H) nennt das Baudatum 604 h (= 1207/08), den Stifter aus seldschukischer Zeit, Sultan Keyhüsrev I. – einen Sohn von Kılıç Arslan II. – und den Erneuerer der Anlage, Bayezıt II.

Afyon und Umgebung

Seyitgazi,
Derwischkloster
A Eingang
B Çoban Baba
 Türbesi
C Eingang zum
 Türbenkomplex
D Raum des Tür-
 benaufsehers/
 Bibliothek
E Türbe von Ahmet
 und Mehmet Bey
F Seyit Battal Gazi
 Türbesi
G Raum des
 Friseurs
H kleine Moschee
I Minarett
J Bauinschrift
K Kızlar Manastırı
 (Mädchenkloster)
L Aynı Hatun
 Türbesi
M byzantinische
 Kirche
N Grab der Ümmü-
 han Hatun
O Versammlungs-
 raum der Geheim-
 nisvollen Vierzig
P Versammlungs-
 raum der
 Derwische
Q Raum für den
 sechsten Scheich
R Bäckerei
S Küche
T Vorraum des
 Amtszimmers des
 Scheichs

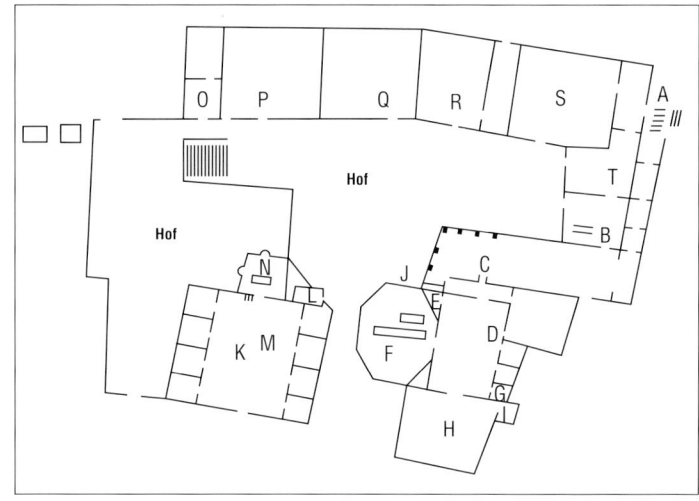

Das **Minarett** (I) stammt aus späterer Zeit und diente wahrscheinlich nie zum Ausruf des Gebets wie in den orthodoxen islamischen Moscheen; der Bektaşi-Orden kennt das öffentliche Freitagsgebet und den *ezan* als Gebetsruf nicht. Nach den Ordensregeln zelebrierte ein Derwisch an jedem Samstag das Gebet von einem großen Stein aus, der im Klosterhof aufgestellt war. Am anschließenden Gebet nahmen in der Regel nur Anhänger des Ordens teil. Gläubige und Pilger dagegen beteten freitags in der Moschee, ohne mit den Derwischen zusammenzukommen. Das Minarett scheint ebenso wie die Moschee selbst nur ein Zugeständnis an die Forderungen des orthodoxen Islam gewesen zu sein.

Betritt man den Innenhof, so erkennt man zunächst auf der Außenwand der Türbe von Seyit Battal Gazi eine **Bauinschrift** (J). Sie trägt das Datum 485 h (= 1092) und erwähnt auch eine Grabanlage, wahrscheinlich ein Vorläuferbau des ältesten bis heute erhaltenen Teils des Klosters. Dieser älteste Kern, in den Jahren 1207/08 errichtet, besteht aus der Türbe des Seyit Battal, der Moschee und aus dem **Kızlar Manastırı** (K), dem Mädchenkloster, einer alten seldschukischen Medrese. Deren ursprünglich offener Innenhof wurde im 16. Jh. mit Tonnengewölben überdacht und so zu einer basilikaähnlichen Halle; zu der Medrese gehört auch die **Aynı Hatun Türbesi** (L). In einem Chor unter dem Haupteyvan der dreischiffigen **byzantinischen Kirche** (M), des einstigen Hofes der Medrese, befindet sich das **Grab der Ümmühan Hatun** (N), der Sultanin Fatima. Zahlreiche an die Gitter geknotete Stoffbänder und -fetzen bezeugen die Lebendigkeit dieses Ortes: Die Gläubigen aus der Umgebung kommen hierher und bitten um Hilfe und um die Erfüllung ihrer Wünsche.

Die Gebäude auf der Nordseite des Innenhofs stammen aus dem 16. Jh. Ganz links lag der **Versammlungsraum der Geheimnisvollen Vierzig** (O), einer Gruppe ausgewählter Derwische, deren besondere Funktion nicht bekannt ist. Im **Versammlungsraum der Derwische** (P) sowie im **Raum für den sechsten Scheich** (Q), der für Speise und Trank der Bruderschaft zuständig war, ist heute ein kleines Museum eingerichtet. Es folgen die **Bäckerei** (R) und die große **Küche** (S) des Klosters. Dieser düstere, auch ›Suppenhaus‹ genannte Raum besitzt verschiedene Einbauten und acht spitzhaubenartige Öfen. Ehemals sechs riesige Kupferkessel kamen hinzu. Kessel waren Symbole für die sprichwörtliche Gastfreundschaft der Bektaşi-Derwische und spielten schon im Mutterkloster des Ordens in Hacıbektaş eine bedeutende Rolle. Der Kessel diente auch als Regimentsheiligtum der Janitscharen.

Die Räume im Osten der Anlage stammen aus hochosmanischer Zeit und waren für fünf der sechs Scheichs bestimmt, die für die Leitung des Klosters verantwortlich waren. Der **Vorraum des Amtszimmers der Scheichs** (T) kann besichtigt werden. Vor die überkuppelten Räume des Osttrakts wurde eine Arkadenvorhalle gesetzt.

Im hinteren Teil der Klosteranlage liegt, etwas erhöht, der Friedhof, auf dem die Scheichs des Klosters bestattet sind. Die Grabsteine tragen keine Inschriften, sind aber mit der charakteristischen Kopfbedeckung der Bektaşi, dem *tağ*, bekrönt. Mehr als vierhundert Jahre lang soll in Seyitgazi die Scheichwürde in ein und derselben Familie weitergereicht worden sein. Trotz der Säkularisierung im Jahr 1925 gilt das Kloster nach wie vor als Wallfahrtsort, nicht nur für die in der Umgebung wohnenden alevitischen Yürüken und Turkmenen, sondern auch für die Anhänger des Bektaşi-Ordens aus Zentralasien, die nicht in dem offiziellen Heiligtum des orthodoxen Islam, in Mekka, ihre heilige Stätte sehen, sondern in den zentralen Orten des Ordens.

Tafel mit Symbolen und Namen der Bektaşi-Derwische

Von Afyon nach Emirdağ

İscehisar

Etwa 27 km nordöstlich von Afyon liegt etwas nördlich der Straße nach Sivrihisar der Ort İscehisar mit einer hochbogigen römischen Brücke, die die beiden Teile des antiken Dokimeion verband. Berühmt sind die sehenswerten Marmorsteinbrüche mit weißem und farbigem Marmor, der besonders in der römischen Kaiserzeit unter dem Namen ›phrygischer Marmor‹ bekannt war. Nach dem Ort Synnada (Suhut), dem Sitz der kaiserlichen Monopolverwaltung für den Marmor, trug er auch den Namen ›synnadischer Marmor‹.

*İscehisar
Besonders sehenswert:
antike und moderne
Marmorsteinbrüche*

Afyon und Umgebung

Marmorsteinbrüche in der Provinz Afyon

Die Marmorsteinbrüche liegen rechts der Hauptstraße. Sie befinden sich heute zwar in Privatbesitz, können jedoch nach Absprache besucht werden. Man folgt dem Weg, der direkt gegenüber der Abzweigung nach İscehisar von der Durchgangsstraße abzweigt und erreicht nach etwa 2 km (links halten) das Gelände der Steinbrüche. Hier kann man neben dem modernen Abbau noch antike alte Schutthalden und Werkstücke in den Überresten römischer Steinbrüche erkennen.

Neben Athen und Rom war Dokimeion das dritte bedeutende Zentrum der Marmorgewinnung und -verarbeitung im Römischen Reich, in dem Sarkophage für Personen von überregionaler Bedeutung hergestellt wurden. Der Export reichte bis nach Italien, in dessen Museen prachtvolle Exemplare der charakteristischen Säulensarkophage zu sehen sind. Heute sind von der ursprünglich gewaltigen Produktion – man schätzt sie auf ca. 20 000 Sarkophage – noch rund fünfhundert, zum Teil als Fragmente, bekannt. Wie in Athen wurde auch in Dokimeion wegen des allgemeinen wirtschaftlichen Niedergangs im Römischen Reich die Produktion von Sarkophagen eingestellt. Einige der Bildhauer gingen nach Rom, wo sie ihre einheimischen Techniken einführten. Trotzdem behielt Dokimeion seine wirtschaftliche und künstlerische Bedeutung bis in das 11. Jh. Die Marmorverkleidungen in der Hagia Sophia und in den Kaiserpalästen von Konstantinopel stammen ebenso von hier wie die Marmorplatten an den Wänden von S. Vitale in Ravenna.

Emirdağ und die Grenzfeste Amorium

Das Städtchen Emirdağ mit rund 25 000 Einwohnern besitzt außer der **Emir Dede Türbesi** aus kunsthistorischer Sicht nichts Beachtenswertes. Es liegt in hübscher Lage in 1150 m Höhe am Nordhang des Emir Dağı (2255 m).
  Von Emirdağ führt eine schmale Straße zu dem Weiler Hisar und dem Dorf Davulga. Hier liegen die Reste der vor allem in byzantinischer Zeit bedeutenden Grenzfeste Amorium. Sie war der Hauptort des byzantinischen Militärbezirks Anatolikon, der zur Verteidigung der Ostgrenze gegen die arabischen Einfälle eingerichtet wurde. Nach langer Belagerung fiel diese wichtige Festung im Jahr 716 zunächst an den Omayyadenherrscher Süleyman, und schließlich eroberten die Araber unter dem Kalifen al-Mutasim 838 die Stadt und zerstörten sie völlig. Die meisten Bewohner wurden ermordet oder verschleppt, viele Offiziere in der Stadt Samarra am Tigris gefangengehalten, wo sie den Märtyrertod starben. Seitdem werden sie in der griechisch-orthodoxen Kirche als die ›42 Märtyrer von Amorium‹ verehrt.
  Heute sind noch einige Reste der **Stadtmauer** auf dem oberen Stadthügel zu erkennen. Von der christlichen Stadt – Amorium war ein bedeutender Bischofssitz – ist nichts mehr erhalten. Seit 1987 werden unter englischer Leitung archäologische Forschungen und Ausgrabungen durchgeführt.

Von Afyon nach Kadınhanı

Suhut (Synnada)

Von der Straße nach Akşehir und Konya führt unmittelbar am Stadtausgang von Afyon eine kleine Straße nach Süden zu dem Ort Suhut. Nach 5 km erreicht man das Dorf Sölünköyü. Davor liegt der antike Siedlungshügel von **Prymnessos**, wo die Monumental-Statue des Herakles gefunden wurde. Nur wenige Mauerreste sind heute von der antiken Siedlung noch zu sehen. Nach 24 km erreicht man das Städtchen Suhut, das die Stelle des antiken Synnada einnimmt.
  Synnada war der Sitz der kaiserlichen Steinbruchverwaltung und das Zentrum des bedeutenden regionalen und überregionalen Marmorhandels. Die ausgedehnten Marmorsteinbrüche lagen in Dokimeion (İscehisar). Die heutige Kleinstadt Suhut bietet kulturhistorisch nur wenig. Sehenswert ist allerdings die frühosmanische **Ulu Cami**, die 1415 erbaut wurde und als besonderes Beispiel einer frühen Dorfmoschee gilt.
  Die Straße von Afyon in Richtung Konya führt zunächst am Nordrand der Sandıklı Dagları, dann der Sultan Dağları entlang, eines

Die Herakles-Statue von Prymnessos steht heute im Museum von Afyon

Afyon und Umgebung

mächtigen Gebirgsstocks mit Höhen bis zu 2600 m, und erreicht nach ca. 90 km Akşehir. Links der Straße dehnt sich das abflußlose, weite Becken Inneranatoliens mit den beiden Binnenseen Eber Gölü und Akşehir Gölü aus. Auf halbem Weg (ca. 46 km) erreicht man die Kleinstadt Çay, die rechts der Hauptstraße am Hang des Topraktepe (2530 m) liegt.

Çay

Çay
Besonders sehenswert:
Taş Medrese
Taş Han

Der antike Name von Çay war Julia Ipsos. Während der Diadochenkämpfe ließ hier Antigonos, der greise Feldherr und Herrscher von Makedonien, im Kampf gegen seine seleukidischen Gegner das Leben (301 v. Chr.). Die bedeutenden historischen Bauten von Çay stammen aus seldschukischer Zeit und liegen im westlichen Teil des Ortes. Vom Hauptplatz biegt man nach rechts ab und erreicht nach 200 m die Karawanserei, den Taş Han, und die Taş Medrese, beide 1278 unter dem seldschukischen Großwesir erbaut. Beachtenswert ist das Portal zum inneren Bereich der Karawanserei, dessen oberer Abschluß von einer Halbkuppel gebildet wird. Zwischen dem unteren Bogen und der oberen Abschlußleiste der Halbkuppel befindet sich ein Löwenmedaillon. Die Taş Medrese, die unmittelbar neben dem Han liegt, ist ebenfalls renoviert. Besonders hervorzuheben ist das weit über den oberen Rand des Gebäudes hinaufgezogene Portal, reich dekoriert mit seldschukischem Flechtwerk. Der Eingang ist von einem Muqarnas-Gewölbe überdacht, das von zwei pilasterartigen Säulen gestützt wird. Die Zwickelfelder und die Umrahmung sind mit Flechtwerkmotiven geschmückt. Über dem Portal liegt ein Inschriftenband, das von zwei stark gewölbten Bossen (roh bearbeitetem Naturstein) eingerahmt wird. Rechts des Eingangs befindet sich das ehemalige Gästehaus, von außen an den zwei Fenstern mit Flechtwerkumrahmung zu erkennen.

Bolvadin und die Seen Eber Gölü und Akşehir Gölü

Bolvadin
Besonders sehenswert:
Çarşı Camii
Alaca Cami
Museum

Von Çay biegt nach Norden eine kleine Straße zu dem 13 km entfernten Städtchen Bolvadin ab. Sie durchquert die wasserreiche Ebene am westlichen Ufer des Eber Gölü. Dieser See und der östlich davon gelegene Akşehir Gölü sind durch einen Kanal miteinander verbunden. Der etwas höher gelegene Eber Gölü (995 m ü. NN.) entwässert bei hohem Wasserstand den Akşehir Gölü (990 m ü. NN.). Mit ihren ausgedehnten Schilfflächen und ihrem Nahrungsreichtum bieten beide Gewässer einen idealen Lebensraum für Reptilien, Amphibien und verschiedene Vogelarten; der Eber Gölü ist fast vollständig verschilft. Beide Seen werden von den zahlreichen Bächen der Sultan Dağları gespeist. Im Sommer allerdings sind diese Zuflüsse ausgetrocknet. Schilf und Binsen, die hier im Übermaß wachsen, werden zur Papierherstellung und vor allem für die Produktion von geflochtenen Matten verwendet, die nicht nur in Moscheen, sondern auch im privaten Bereich überall in der Türkei genutzt werden.

Auf dem Weg nach Bolvadin überquert man eine **osmanische Brücke**, die von dem Hofarchitekten Sinan im 16. Jh. wahrscheinlich auf den Fundamenten eines Vorgängerbaus errichtet wurde. Die Kirgöz Köprüsü, ›die Brücke mit den vielen Bogen‹, überspannt den Akar Çayı, der in den Eber Gölü mündet.

Das kleine Landstädtchen Bolvadin, das wie Afyon ein Zentrum des Mohnanbaus ist, hat ca. 35 000 Einwohner und konnte seinen traditionellen Charakter im Zentrum bewahren. Bolvadin, das byzantinische Polybotos, spielte als Sitz des Strategen des Militärbezirks Anatolikon eine bedeutende Rolle und blieb auch unter den Osmanen ein Militärstützpunkt. Zugleich war der Ort eine Station auf dem Pilgerweg nach Mekka. 1979 wurde eine Alkaloidfabrik, eine der größten der Welt, errichtet, in der Mohn zu pharmazeutischen Zwecken verarbeitet wird.

Im Zentrum mit seinem modernen Brunnen liegt die Çarşı Camii mit einem Brunnenhaus, das an die nördliche Außenwand angebaut und mit herrlichen Kacheln aus Kütahya gefliest ist. Das Innere der Moschee aus dem 18. Jh. erinnert in seiner Raumgestaltung an die klassizistischen Bauten İstanbuls. Die Alaca Cami, die älteste Moschee von Bolvadin, liegt links der Straße, die in die Stadt führt. Aus der Entstehungszeit im 13. Jh. stammen noch das Minarett und der Brunnen. Spätere Umbauten im 16. Jh. haben den Charakter der Moschee vollkommen verändert. Sehenswert ist auch das Museum, das dem Belediye-Gebäude (Stadtverwaltung) schräg gegenüberliegt. Es ist neu eingerichtet und hat eine sehr lohnende volkskundliche Abteilung. Hier werden zwei Bereiche sehr anschaulich vorgestellt: zum einen die Geschichte des Mohnanbaus und die Technik der Verarbeitung, zum anderen die Herstellung eines für Bolvadin typischen Milchprodukts, des *kaymak*. Kaymak ist eine feste Sahne, die aus der fetten Milch der Wasserbüffel besteht, die an den Sumpfufern der Seen gehalten werden. Vom 5.–7. Juni findet in Bolvadin alljährlich ein Kaymak-Festival statt.

Für den ›kaymak‹ wird die Sahneschicht, die sich auf der erhitzten Milch bildet, abgeschöpft, zu einer Rolle gedreht und mit Süßspeisen zum Essen gereicht

Sultandağı

Im Zentrum der Stadt Sultandağı liegt die Ruine Ishaklı Han, einer Karawanserei, die 1249/50 von Sahip Ata gestiftet wurde, dem gleichen Bauherrn, der neben den Bauten in Çay auch die Taş Medrese in Akşehir und mehrere Bauten in Konya, Kayseri und Sivas hat errichten lassen. Ein vorgezogenes und die Front überragendes Portal, das mit dem Wechsel von hellem und dunklem Gestein zu einer aufgelockerten Fassade beiträgt, liegt in der Mitte einer durch vorgesetzte Pfeiler mächtig wirkenden Mauer. In der Mitte des Hofes steht

*Sultandağı
Besonders sehenswert:
Ishaklı Han*

eine kleine Moschee auf vier durch Bogen verbundenen Pfeilern, die seldschukisches Flechtband zieren. Sie ist etwa um 20° aus der Achse der Karawanserei verrückt, um in Richtung Mekka zu weisen.

Akşehir

Akşehir
Besonders sehenswert:
Türbe des Nasreddin Hoça
Ulu Cami
Taş Medrese

Philomelion, das heutige Akşehir, war einst eine bedeutende Stadt Phrygiens. An der großen Ost-West-Handelsstraße gelegen, profitierte sie vom Wohlstand der Region. In osmanischer Zeit wurde sie gerühmt wegen ihrer zahlreichen und schönen Gärten, die im Glauben der Moslems stets eine besondere Rolle spielten: Für die Nomaden der Wüste waren Gärten die Vorboten des Paradieses und das ersehnte Ziel ihrer langen Wege durch unwirtliches Gelände. Im Koran wird diese Sehnsucht nach dem Paradies, das man sich auch als herrlichen Garten vorstellte, festgehalten.

In Akşehir soll Sultan Bayezıt I. nach einjähriger Gefangenschaft bei dem Mongolenherrscher Timur Lenk im Jahr 1403 gestorben sein. Bayezıt I. Yıldırım, der Blitz, war in der Schlacht bei Ankara 1402 Timur Lenk unterlegen und in Gefangenschaft geraten. Ein Zeitgenosse dieser beiden Herrscher war der legendäre und bis heute unvergessene Nasreddin Hoça, dessen Türbe auf dem alten Friedhof am Südrand der Stadt eine der Sehenswürdigkeiten ist. Wie Mutterwitz und Bauernschläue das ganze Leben des Nasreddin Hoça bestimmten, so wirkt in diesem Grabmal ein letztes Zeugnis seiner Lebensphilosophie nach: Unter dem Baldachin befindet sich ein zweiter Kranz von sechs Säulen, die dicht um den Kenotaph stehen. Zwischen zwei Säulen versperrt ein eisernes Gitter, das mit einem schweren Vorhängeschloß gesichert ist, den Zugang – allerdings fehlen seitwärts abschließende Sperrgitter. Die frühosmanische Türbe wurde 1905 gründlich restauriert und teilweise umgestaltet, der Kenotaph stammt jedoch noch aus frühosmanischer Zeit. Neben dem Grabbau ist eine kleine Metallplatte in den Boden eingelassen, auf der zu lesen ist: *Dünyanın ortası burasıdır – Nasreddin Hoça* (»Hier ist die Mitte der Welt.«).

»Hier ruht eine Philosophie, kein Mensch.«
Inschrift über dem Grab des Nasreddin Hoça

Nasreddin Hoça ist bis heute ein Symbol türkischen Mutterwitzes und türkischer Überlebenskunst geblieben. Vordergründige Fabulierfreude und hintergründige Weisheit verbinden sich in seiner Person, in deren Leben und Lehren sich viele Aspekte des islamisch-türkischen Denkens wiederfinden. Nasreddin Hoça vereint in sich auch die Erzähltradition des Orients und die Denkweise des mystischen Glaubens. Noch heute ist er eine Quelle der Inspiration und der Neuschöpfungen, seine Türbe ein heimliches Pilgerziel. Wer war diese kauzige Gestalt mit langem weißen Bart und übergroßem Turban, die rücklings auf dem Esel ritt, und, darauf angesprochen, antwortete, nicht er reite verkehrt herum, nur der Esel schaue in die falsche Richtung?

Akşehir

Nasreddin wurde wahrscheinlich im Jahr 1208 in einem kleinen Dorf, das heute seinen Namen trägt, in der Nähe von Sivrihisar geboren und in Konya ausgebildet. Er lebte und lehrte als *hoça* an einer Koranschule in Akşehir. Dort starb er im Jahr 1285. Er hielt sich am Hof des Mongolenfürsten Timur Lenk auf und bekleidete zeitweise die Stellung eines Hofnarren. Timur schätzte ihn als Weisen sehr, und man sagt, daß der Witz des Hoça Timur Lenk bewogen habe, dessen Heimatstadt zu schonen. Viele Anekdoten vom Hof des Mongolenherrschers sind überliefert, doch scheint auch hier – wie bei den anderen rund 500 Geschichten, die Nasreddin Hoça zugeschrieben werden – ein weitverbreitetes Erzählgut in der Person eines einzelnen zu verschmelzen, ähnlich wie dies bei Till Eulenspiegel im niederdeutschen Sprachraum der Fall ist.

Seine wohl berühmteste Anekdote ist die ›Dreigeteilte Predigt‹: Der *hoça* Nasreddin stieg eines Tages auf die Kanzel, um zu predigen, und sagte: »Muselmanen, kennt ihr den Gegenstand, über den ich mit euch sprechen will?« »Nein, wir kennen ihn nicht«, antwortete man aus der Zuhörerschaft. Da schrie der Hoça: »Ja, wie sollte ich denn mit euch von etwas sprechen, das ihr nicht kennt?« Ein andermal stieg er auf die Kanzel und sagte: »Wißt ihr, meine Gläubigen, was ich euch sagen will?« »Ja, wir wissen es«, war die Antwort. »Was brauche ich euch dann davon zu sprechen, wenn ihr es sowieso schon wißt?« Mit diesen Worten stieg er von der Kanzel. Die Gemeinde war betreten über sein Weggehen. Nun schlug ein Mann vor, daß, wenn der Hoça wiederkomme, die einen sagen sollten »Wir wissen es«, und die anderen »Wir wissen es nicht«; und

Türbe des Nasreddin Hoça in Akşehir

Afyon und Umgebung

Die Türbe des Seyit Mahmut Hayranı in Akşehir

dieser Ratschlag drang durch. Wieder kam der Hoça und schrie wie früher: »Wißt ihr, Brüder, was ich euch sagen will?« Sie sagten: »Einige von uns wissen es, die anderen aber wissen es nicht.« »Gut also«, antwortete der Hoça, »da mögen es die, die es wissen, den anderen, die es nicht wissen, erzählen.« Und er verließ die Moschee.

Vom alten Friedhof aus führt ein Weg hinauf zum **Hıdarlık**, zu schön gelegenen Teegärten und Restaurants inmitten von Nadelwäldern, ein beliebtes Ausflugsziel der Einheimischen. Von der Türbe aus führt ein direkter Weg zum Hauptplatz der Stadt mit dem **Atatürk-Denkmal**. Wenn man sich dort nach links wendet, gelangt man in das Basarviertel und in die malerische **Altstadt**, die als Kulturdenkmal unter Schutz gestellt worden ist. Hier liegt die Ulu Cami, die 1213 in frühseldschukischer Zeit als Hallenmoschee von Sultan Izeddin Keykâvus I. gestiftet wurde. In der Folgezeit wurde sie vielfach umgebaut und schließlich 1960 letztmalig restauriert. Im Hof stehen ein überdeckter Brunnen und das Minarett mit Resten der ursprünglichen Dekoration und einer Bauinschrift auf antiken Spolien. Die Pfeiler im Inneren der Moschee sind mit Spitzbogen verbunden. Besondere Beachtung gebührt der Mihrab-Nische mit ihrem ursprünglichen Fayenceschmuck. Ein Besuch ist allerdings nur kurz vor oder nach dem Gebet möglich.

Am Westrand der Altstadt, auf dem ehemaligen Friedhof, steht die **Seyit Mahmut Hayranı Türbesi**, die im 13. Jh. erbaut und unter der Herrschaft der Karamaniden im Jahr 1409 verändert wurde. Über einem quadratischen, einfach gehaltenen Sockel erhebt sich ein zylindrischer, gerippter Ziegelbau. Ähnlichkeiten mit der Türbe des Mevlâna in Konya sind unverkennbar, möglicherweise handelte es sich jeweils um den gleichen Baumeister. Wenn man zum Hauptplatz zurückkehrt und die Straße nach Norden hinuntergeht, kommt man zur Taş Medrese, die schon seit Jahren zu einem Archäologischen Museum ausgebaut wird. Dieser Bau aus seldschukischer Zeit wurde von Sahip Ata, dem Großwesir Alâeddin Keykûbats, 1250 gestiftet und in der üblichen Form einer längsgerichteten Medrese erbaut.

Ilgın

Ilgın, ebenfalls an der Ost-West-Achse nach Konya gelegen, war Schauplatz mancher kriegerischer Auseinandersetzungen. Hier wurde eine christliche Nachhut während des Ersten Kreuzzugs vernichtet, und etwa hundert Jahre später besiegte Kaiser Friedrich Barbarossa hier ein seldschukisches Heer.

Nach dem Muster der Hagia Sophia in İstanbul ließ der Wesir Mustafa Paşa 1576 die Lala Mustafa Paşa Camii und eine dazugehörende Külliye bauen, die einen Han, eine Medrese und einen Markt umfaßte. Die Markthalle ist wieder instand gesetzt, der schlichte Han wird hingegen nicht mehr genutzt. Der Baumeister des Gesamtkomplexes war der osmanische Hofarchitekt Sinan. Heute ist Ilgın vor allem wegen der schwefelhaltigen Thermalquellen bekannt, die am Ortseingang rechts der Straße liegen. Die Thermen, deren schwefelhaltiges Wasser bis zu 42 °C warm ist, wurden schon in der Antike genutzt. Die heutige Thermalanlage ruht auf byzantinischen Grundmauern und wurde unter Alâeddin Keykûbat I. neu angelegt. 1267 erhielt sie durch die Kuppeln ihr heutiges Aussehen. Beim Neuaufbau der Mauern wurden viele antike Spolien verwendet.

Ilgın
Besonders sehenswert:
Lala Mustafa Paşa
Camii
Thermen

Yalburt

Die Straße nach Konya bzw. Akşehir führt nördlich um die Stadt Ilgın herum. Der hier beginnende Weg nach Yalburt ist nicht leicht zu finden: 800 m östlich des Bahnhofs von Ilgın biegt links eine Straße nach Gediköğren ab, die allerdings nur aus Richtung Konya korrekt ausgeschildert ist. Man überquert die Eisenbahntrasse, durchquert ein Fabrikgelände, biegt auf der geteerten Straße nach links ab und

Yalburt
Besonders sehenswertes hethitisches Wasserheiligtum

Afyon und Umgebung

überquert bei km 3,1 einen Kanal. Auf der linken Seite liegt der Stausee Çavuşcu Gölü, an dessen Ostufer man nach Norden weiterfährt und dabei den Ort Gediköen passiert. Man fährt an der Abzweigung nach Yorazlar geradeaus weiter und erreicht bei km 16,4 das Dorf Misarfirli. Am Ortseingang biegt man rechts nach Dereköy ab, das man nach km 18,7 erreicht. Von dort aus führt ein Schotterweg zu einer Straßengabelung bei km 21,9, bei der man sich links halten muß. Nach gut 26 km trifft man auf das im Sommer meist verlassene Dorf Yalburt. Unterhalb des Ortes führt die Straße zu dem hethitischen Wasserheiligtum, das auf der linken Seite in einer Hangmulde liegt. Das Wasserbecken aus der Zeit des hethitischen Großreiches wurde 1970 durch Zufall entdeckt, als man am Fuß des Abhangs eine Quelle freilegen wollte. Dabei wurden 18 Blöcke eines hethitischen Wasserbassins gefunden. Das Becken von 8 m × 12 m Größe stammt aus der Zeit Tuthalijas IV. (1250–1220 v. Chr.), dessen Namenskartusche auf dem ersten Block der linken Seite zu finden ist.

Kadınhanı

Kadınhanı
Besonders sehenswert:
seldschukische
Karawanserei

Von Ilgın aus erreicht man nach 29 km Kadınhanı. In der Ortsmitte liegt rechts der Straße der alte Kadın Hanı, der heute als Möbelhaus genutzt wird. Die alte seldschukische Karawanserei wurde 1223 von Rukiye, der Tochter des Mahmut, gegründet. Mit ihrer Stiftung hat sie dem Ort auch den Namen gegeben (*kadın* = Frau). Die dreischiffige Halle mit einer Inschrift über dem Portal besitzt nur drei Fenster, die Licht in das Innere lassen. Außenwände und Fassadenseite sind mit Spolien ›geschmückt‹: Reste eines Sarkophags mit den Reliefs zweier Frauen, Grabstelen und mit Inschriften versehene Altäre.

Von Afyon nach Dinar

Boyalı

Seldschukische Türbe in Boyalı

Ein Abstecher zum westlich von Afyon gelegenen Boyalı führt über die Straße nach Uşak. Nach etwa 20 km biegt ca. 300 m vor (!) einer Eisenbahnbrücke nach links eine unbefestigte und nur sehr undeutlich ausgeschilderte Straße zum Ort Boyalı ab. Nach 4,2 km erreicht man das ausgedehnte Dorf, an dessen anderem Ende in einem Pappelhain am Bachlauf ein seldschukischer Baukomplex liegt.

Die Anlage umfaßt heute noch zwei Gebäude, eine Türbe mit einem pyramidalen Dach und eine Medrese mit langgezogenem Mittelhof und eyvanähnlichen Anbauten am Ende der Halle, die möglicherweise auch eine kleine Moschee umfaßten. Der Innenhof der Medrese wird von Pilastern mit byzantinischen Kapitellen gegliedert, die das ehemals darüberliegende Gewölbe stützten. Die Rundbögen sind in ihrem restaurierten Zustand noch zu sehen. Ein Fliesenmosaik schmückt den Bogen des linken Eingangstors.

Sandıklı

Man verläßt Afyon in Richtung Kütahya und zweigt nach ca. 10 km in Richtung Uşak ab. Nach weiteren 7 km beginnt eine Straße über Sandıklı und Dinar nach Isparta und Burdur, auf die man auch von Boyalı aus kommend stößt. Das Landstädtchen Sandıklı liegt etwa 1100 m hoch auf der baumlosen anatolischen Hochfläche, ca. 62 km südlich von Afyon in der weiten Ebene der Sandıklı Ovası. Die sich rasch entwickelnde Kleinstadt besitzt in ihrem Zentrum ein lebendiges Marktviertel mit einer auf einem Berg gelegenen **Burg**, von der noch spärliche Reste aus dem 14. Jh. erhalten sind. Heute ist dort ein Stadtpark angelegt. Im Zentrum des Basars liegt die Ulu Cami aus dem Jahr 1304. Um sie herum stehen noch einige alte anatolische Häuser. Die Besonderheit dieses Moscheebaus ist die ungewöhnliche Konstruktion der Kuppel. Sie setzt bereits in einer Höhe von einem Meter über dem Boden an und wölbt sich in vier Absätzen bis in die Spitze.

Sandıklı
Besonders sehenswert:
Ulu Cami

Dinar

48 km südlich von Sandıklı erreicht man die Kreisstadt Dinar. Hier trafen schon von alters her die Hauptverkehrsadern von West nach Ost und von Nord nach Süd aufeinander. Der Straßenknotenpunkt am Fuß des Samsun Dağ im Norden und des Ak Dağ im Süden liegt heute dank eines großzügigen Umgehungssystems außerhalb der Stadt. An der Stelle des heutigen Dinar lag das antike Kelainai, das im 5. Jh. v. Chr. Residenz der persischen Satrapen unter Xerxes und dem jüngeren Kyros war. Die Stadt war Schauplatz einer mythologischen Geschichte: Hier trafen Apollo und der phrygische Gott Marsyas zu einem musikalischen Wettstreit aufeinander, den Apollo durch einen Trick gewann. Dem Marsyas wurde zur Strafe für seine Anmaßung die Haut abgezogen, die dann als Abschreckung auf dem Marktplatz von Kelainai zur Schau gestellt wurde.

Unter den Seleukiden wurde die Stadt unter dem Namen Apameia zu einer Festung ausgebaut und entwickelte sich zu einer bedeutenden Handelsstadt. In römischer Zeit war Apameia der größte Handelsplatz nach Ephesus an der Westküste Kleinasiens und Bischofssitz, bis die Seldschuken 1070 die Stadt eroberten. Heute besitzt der Ort wegen der häufigen Erdbeben – das letzte Mal 1995 in katastrophalem Ausmaß – keine älteren Baudenkmäler mehr. Er liegt am Nordwestrand der sogenannten Kurve von Isparta, eines stark erdbebengefährdeten Gebiets.

Nördlich von Dinar liegt das Quellgebiet des Großen Mäander, des Büyük Menderes, der bei Milet in die Ägäis mündet

Die anatolische Seenplatte

Die Umgebung des Burdur Gölü

Burdur

Die Provinzhauptstadt Burdur, die ca. 60 000 Einwohner zählt, liegt auf einer Höhe von 950 m und ca. 3 km östlich des Burdur Gölü. Obwohl die Senke um den See schon in neolithischer Zeit besiedelt war, erscheint Burdur erst sehr spät in der geschichtlichen Überlieferung. Namentlich wird die Stadt zuerst 1330 von dem arabischen Reisenden Ibn Battuta erwähnt, der von einem Schloß berichtet, das auf einem Berg über der kleinen ummauerten Stadt liege und zum Herrschaftsbereich der Hamididen gehöre. 1391 wurde die Stadt osmanisch; sie blieb in der Folgezeit nur von regionaler Bedeutung. Schwere Erdbeben in den Jahren 1919, 1968 und 1971 haben Burdur weitgehend zerstört, so daß nur wenig Sehenswertes aus historischer Zeit erhalten ist. Heute sind der staatlich kontrollierte Mohnanbau, die Erzeugung von Rosenöl und Webereien von großer wirtschaftlicher Bedeutung für die Stadt.

Die Ulu Cami liegt auf einer Anhöhe inmitten des Marktviertels. Man erreicht sie über Treppen, die durch den Basarbezirk führen. Sie stammt aus seldschukischer Zeit, wurde von Erdbeben zerstört und 1970 vollständig restauriert. Inschriften am Portal der Moschee und am Minarett weisen als Bauzeit das 14. Jh. aus. Als Bauherr wird Dündar Bey genannt, der seinen Sitz in Eğirdir hatte. Im Altstadtbereich, zu beiden Seiten des Flüßchens Burdur, befinden sich zwei gut erhaltene und restaurierte alttürkische Stadthäuser, *konaks*, der Taşoda Konağı und der Çelikbaş Konağı. Beide stammen aus dem 17. Jh. und waren im Besitz bedeutender einheimischer Familien. Heute sind sie für die Öffentlichkeit zugänglich, der Schlüssel ist in dem kleinen Museum der Stadt erhältlich; hier sind Ausgrabungsfunde aus der Umgebung ausgestellt, vor allem aus Hacılar und Kuru Çay (Neolithikum und Chalkolithikum), darunter einige Beispiele der sogenannten Hacılar-Keramik. Weiterhin kann man Torsi aus römischer Zeit sehen, die aus Kremna, einer Ruinenstätte südöstlich von Burdur, stammen, sowie Fragmente aus Sagalassos.

Der Burdur Gölü liegt im Zentrum der südwestanatolischen Seenplatte in einem versteppten, relativ jungen Einbruchbecken, das parallel zu den Gebirgsformationen und dessen Abbruchkante am Südufer des Sees verläuft. Er ist ca. 30 km lang und bis zu 9 km breit; in der Antike hieß er Ascania Limnae. Im Gegensatz zu den Nachbarseen besitzt der kleine Burdur Gölü keine Abflüsse, weder oberirdische noch karstbedingte unterirdische. In der Eiszeit lag der Spiegel des Sees bedeutend höher als heute. Die unterschiedlichen Wasserstandsmarken kann man an den terrassenförmigen Ablagerungen studieren, die vorwiegend aus Muschelschalen bestehen. Auch anhand der prähistorischen Siedlungen, die rund um den See liegen,

Burdur
Besonders sehenswert:
Ulu Cami
osmanische Konaks

Der Burdur-See, ein Naturschutzgebiet mit seltenen Vogelarten, bietet auch Wassersportmöglichkeiten

◁ *Der Eğirdir Gölü*

Die anatolische Seenplatte

Die anatolische Seenplatte

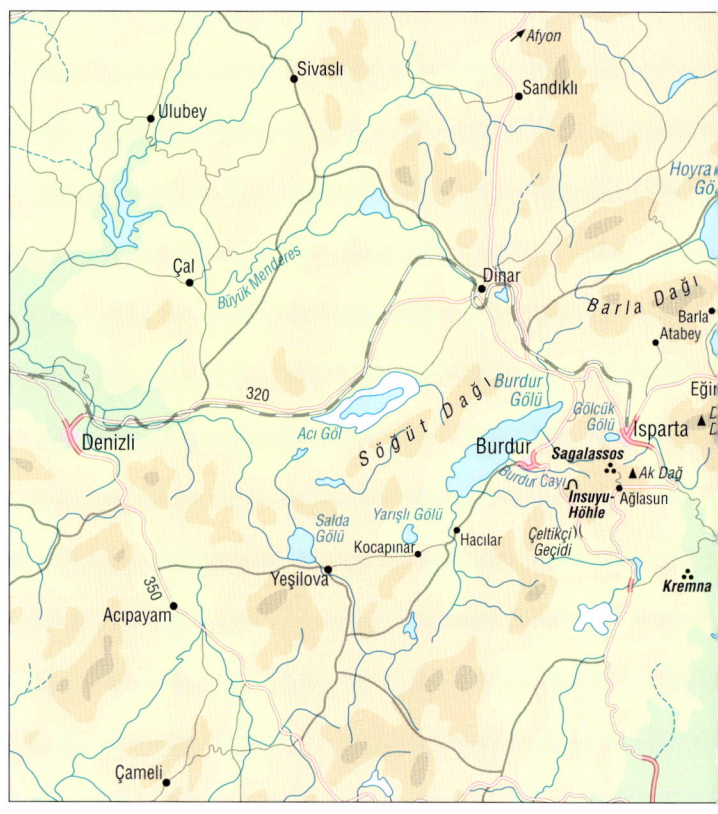

läßt sich die ehemalige Uferlinie deutlich nachzeichnen. Wegen des fehlenden Abflusses ist der See salz- und schwefelhaltig, und sein Wasser schmeckt bitter; so hat sich eine spezialisierte Tierwelt entwickelt. Unter anderem lebt hier eine kleine, endemische Fischart, der *aphanius burduricus*. Auch die Weißkopfruderente, eine bedrohte Vogelart, ist hier heimisch. Im Winterhalbjahr versammeln sich fast 10 000 von ihnen an den Ufern des Sees, das sind rund 90 % der Weltpopulation. Auffällig sind die zahlreichen Weißstörche, die in einem durch Erdbeben zerstörten Dorf am Südufer nisten.

Hacılar

12 km südwestlich von Burdur liegt bei dem Dorf Hacılar einer der bedeutendsten Ausgrabungsplätze aus neolithischer Zeit (8./7. Jt. v. Chr.). Der Ort wurde von dem englischen Archäologen James Mellaart 1951 entdeckt und in den Jahren 1957–60 ausgegraben.

Hacılar

Heutige Besucher werden jedoch keine Reste mehr vorfinden. Die Bewohner des Dorfes reagieren mit bedauerndem Achselzucken, wenn sie von Reisenden danach gefragt werden. Bedeutend ist dieser Ort wegen der qualitativ besonders hochwertigen Keramik, deren älteste Beispiele in das 6. Jt. v. Chr. zurückreichen. Die Keramik bestand aus sehr feinem Ton und war besonders gut gebrannt, sorgfältig poliert und rot, rötlich-gelb und braun bemalt. Auffällig und für diese Keramik typisch waren die besondere Formgebung und die Bemalung mit geometrischen und anderen phantasiereichen Mustern. Sie war in Anatolien weit verbreitet. Die anatolische Muttergottheit wurde in unterschiedlichen Darstellungsformen in Ton modelliert, als Liegende, Sitzende, Gebärende, begleitet von Leoparden und Stieren. Die Fülle der Kleinplastiken der Muttergöttin deutet darauf hin, daß ihr Kult in Hacılar ebenso wie in Çatal Hüyük von zentraler Bedeutung war.

Die Straße von Burdur nach Yeşilova verläßt nun das steppenartige Gebiet des Burdur Gölü und erreicht das vom Karst geprägte

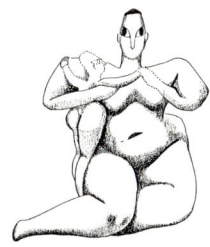

Sitzende Mutter mit Kind; Tonstatuette aus Hacılar

Die anatolische Seenplatte

Bergland, in dem reizvolle Seen liegen: bei Kocapınar der **Yarışlı Gölü** und bei Yeşilova der **Salda Gölü**. Der Salda Gölü ist mit 185 m der tiefste See der Türkei und gilt auch als der sauberste des Landes. Seine Ufer sind dicht mit Wald bestanden, so daß er ein beliebtes Ausflugsziel für die Einwohner von Denizli und Burdur ist.

Sagalassos

Sagalassos ☆
Besonders sehenswert:
byzantinische Basilika
römisches Theater
Stadtanlage

An der Straße von Burdur nach Antalya liegt auf dem Weg nach Sagalassos die touristisch erschlossene **Insuyu Mağarası**. Ein ausgeschilderter Weg führt hinauf zum Eingang der Höhle in 900 m Höhe. Die Insuyu-Höhle wurde 1952 entdeckt, in den folgenden zehn Jahren erforscht und ab 1966 der Öffentlichkeit zugänglich gemacht, nachdem man den Eingang künstlich durch einen 20 m langen Stollen verlegt hatte. Das sehr eindrucksvolle und besuchenswerte Naturschauspiel liegt in den Kalkformationen des Mesozoikums und steht mit anderen Höhlen dieses karstigen Gebiets in Verbindung.

Die Straße nach Antalya führt über den Çeltikçi Geçidi, dessen Paßhöhe auf 1225 m liegt, mit Steigungen von 10 % auf beiden Seiten. Von Ağlasun aus erreicht man Sagalassos auf einer ausgeschilderten Staub- und Geröllstraße, die auf einem Parkplatz vor dem Ruinengelände endet.

Die ehemalige pisidische Grenzstadt Sagalassos liegt auf einer durchschnittlichen Höhe von 1700 m am Südhang der nördlichen Tauruskette des Ak Dağ (2276 m) in malerischer Lage und mit prächtiger Aussicht auf die Ebene von Ağlasun und die südlich gelegenen Taurusberge. Aus der älteren Geschichte der Stadt ist nichts bekannt; ihr Name lebt heute in dem des Städtchens Ağlasun fort,

Hellenistische Nekropole in Sagalassos

Sagalassos

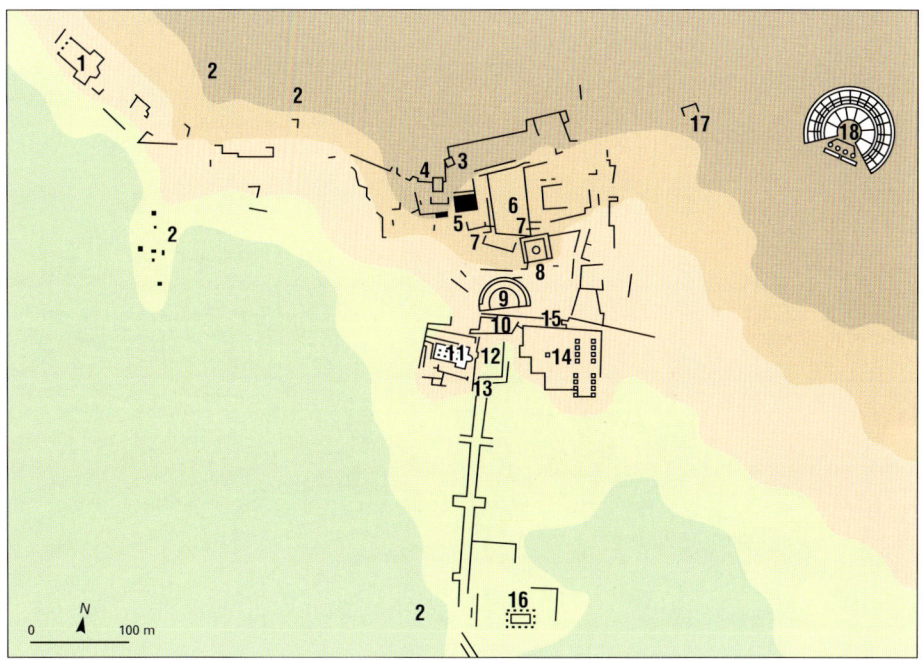

Sagalassos, Lageplan
1 Basilika
2 Nekropole
3 Heroon
4 dorischer Antentempel
5 Bouleuterion
6 obere Agora
7 Bogenreihen
8 Macellum
9 Odeion
10 Nymphaion
11 Tempel des Apollo Klarios
12 untere Agora
13 Torbogen
14 römischer Thermenkomplex
15 Bogengang
16 Tempel des Antonius Pius
17 hellenistisches Nymphaion
18 Theater

offenbar ein Hinweis darauf, daß es seit dem Altertum eine kontinuierliche Besiedlung gab. Aufgrund ihrer geographischen Lage und militärischen Stärke konnte die Stadt über lange Phasen ihrer Geschichte ihre Unabhängigkeit bewahren. 25 v. Chr. wurde sie in die Provinzreform des Augustus einbezogen und der Provinz Galatien zugeteilt. In spätantiker Zeit existierte in Sagalassos eine bedeutende Kirchengemeinde, aus der etliche Bischöfe hervorgingen. Wann die Bergstadt aufgegeben wurde und die Einwohner in die fruchtbare Ebene von Ağlasun zogen, ist nicht bekannt. Möglicherweise waren Erdbeben der Grund dafür, die Stadt zu verlassen. Sagalassos ist im 19. Jh. von allen bedeutenden Wissenschaftsreisenden besucht worden, aber erst Ende des Jahrhunderts begann mit der Forschungsreise des Österreichers Karl Graf Lanckoronski eine intensivere Untersuchung der Ruinenstätte. Seit Mitte der 80er Jahre dieses Jahrhunderts wurde unter der Federführung des archäologischen Instituts der Katholischen Universität Leuven mit systematischen Ausgrabungen begonnen.

Heute betritt man die Ruinenstätte vom Parkplatz aus. Der Hauptweg zieht sich den Hang entlang bis hinauf zur **Basilika** (1), die am westlichen Rand der Ausgrabung liegt. Hier erreicht der Weg die abfallende Felswand, in der zahlreiche Felsgräber zu sehen sind. Einfache und Akrosolgräber sind im Norden über den gesamten Hang verstreut und bilden zusammen mit großen Hausgräbern im

Die anatolische Seenplatte

Hellenistisches Theater in Sagalassos

Osten der Stadt und einer Fülle von Sarkophagen im Südwesten eine ausgedehnte hellenistische **Nekropole** (2). Auf der bergzugewandten Seite des Weges liegt auf einem Zwischenplateau das Zentrum der Stadt mit dem **Heroon** (3), in dessen unmittelbarer Nähe sieben aus hellenistischer Zeit stammende Friesplatten gefunden wurden, auf denen eine Frauenprozession dargestellt ist. Ruhig stehende und tanzende Frauen sind durch schwingende Tücher miteinander verbunden. In der Nähe befinden sich ein dorischer **Antentempel** (4) und ein **Bouleutherion** (5), ein Rathaus aus späthellenistischer Zeit. Östlich des Bouleutherion sind noch die Reste der **oberen Agora** (6) mit **Bogenreihen** (7) zu erkennen, an deren Südende das sogenannte **Macellum** (8) liegt. Nördlich des Marktplatzes der unteren Stadt befinden sich die Reste des **Odeion** (9) sowie eines **Nymphaion** (10). Der **Tempel des Apollo Klarios** (11), der später in eine christliche Kirche umgewandelt wurde, liegt westlich der **unteren Agora** (12), von der aus eine breite Prachtstraße nach Süden führt. Diese betritt man durch einen **Torbogen** (13), der die Agora an der Südseite begrenzt. Im Osten des unteren Marktplatzes erstreckt sich ein **römischer Thermenkomplex** (14), an den sich ein **Bogengang** (15) anschließt. Die Prachtstraße führt nach Süden bis an den Rand des Plateaus, wo sich der **Tempel des Antonius Pius** (16) aus dem 2. Jh. n. Chr. befindet. Der heilige Bezirk um den Tempel und die Prachtstraße waren von Säulenhallen umgeben. Von der oberen Agora aus kann man auf Pfaden vorbei an einem **hellenistischen Nymphaion** (17) hinauf zum **Theater** (18) gehen. Es schmiegt sich in eine Bergmulde und ist noch sehr gut erhalten.

Isparta

Die ca. 100 000 Einwohner zählende Provinzhauptstadt Isparta, die in den Jahren 1889 und 1914 von schweren Erdbeben heimgesucht wurde, besitzt nur noch unbedeutende historische Bauwerke. Die Stadt liegt an einem wichtigen Straßenknotenpunkt, an der die Nord-Süd- (Afyon–Antalya) auf die West-Ost-Achse (İzmir–Konya) trifft. Diese Verkehrswege gehen auf alte Zeiten zurück und begründeten die wirtschaftliche Bedeutung der pisidischen Grenzstadt Sagalassos. An dieser Stelle verliefen auch die Karawanenstraßen des Mittelalters, und heute beginnt hier der wichtigste Übergang über den Taurus.

*Isparta
Besonders sehenswert:
Firdevs Bey Camii
Bedesten*

Historische Überlieferungen gibt es nur spärlich. Nach dem Konzil von Nicäa (325) wurde Isparta Bischofssitz, im 13. Jh. unter dem Namen Sabarta Residenz der Hamididen-Dynastie. Ibn Battuta, der arabische Reisende, nannte sie »eine wohlgebaute Stadt mit guten Basaren und einem Schloß auf hohem Berg«. Die Hamididen verkauften den Ort im Jahr 1381 an den osmanischen Sultan Murat I. Von da an verliert sich die Geschichte der Stadt in der Eintönigkeit der anatolischen Provinzhistorie. Weiterhin aber blieb Isparta Sitz des orthodoxen Metropoliten von Pisidien. Mit dem Bevölkerungsaustausch im Jahr 1922 endete die in besonderer Weise von Griechen geprägte Periode der Stadt.

Isparta ist der Geburtsort von Süleyman Demirel, dem momentanen Staatspräsidenten der Türkei

Kunsthistorisch ist Isparta wenig bedeutsam, lediglich die restaurierte Firdevs Bey Camii, die 1561 erbaut wurde und dem osmanischen Hofarchitekten Sinan zugeschrieben wird sowie der benachbarte Bedesten sind erwähnenswert. Besondere Beachtung sollte das Museum finden, das am Stadteingang aus Richtung Eğirdir hinter dem Bahnübergang zu finden ist. Eine beachtenswerte Sammlung anatolischer Kleinkunst (Stickereien, Stoffe, Teppiche) wird ergänzt durch eine historische Abteilung mit Funden von der Bronzezeit bis in die römische Epoche. Die Statue des Flußgottes Eurymedon, die am Eingang der Höhle von Aksu südlich des Eğirdir-Sees gefunden wurde, ist hier ausgestellt.

Isparta hat heute in zweierlei Hinsicht einen besonderen Ruf. Zum einen ist es das Zentrum der Rosenölproduktion, die sich im 20. Jh. zu einem bedeutenden Wirtschaftszweig entwickelte. Die Technik zur Gewinnung des Rosenöls wurde am Ende des 19. Jh. aus Bulgarien von umgesiedelten Muslimen nach Isparta gebracht und nach den Befreiungskriegen von den wiederum zuziehenden Bulgaren erneut belebt. Überall in der Stadt kann man Duftfläschchen und Seifen mit Rosenölessenzen erwerben. Das echte Rosenöl jedoch wird in kleinsten Mengen teuer verkauft. Zum anderen ist

Alljährlich wird Anfang Juni in Isparta ein mehrtägiges Teppich- und Rosenfest veranstaltet

205

Die anatolische Seenplatte

Landschaft bei Isparta

Der Gölcük Gölü lädt mit Picknick- und Bademöglichkeiten in einer herrlichen Berglandschaft zu einer Rast ein, ebenso der 500 m unterhalb des Sees gelegene Milas Aile Çay Bohçesı (Becken mit Quellwasser, Teegarten)

Isparta wegen seiner Teppiche bekannt, die in mechanischen Knüpfereien hergestellt und in einem modernen Han, einem Geschäftshaus, angeboten werden.

Ein Ausflugsziel der Einheimischen ist der Gölcük Gölü, ein Kratersee, der ca. 13 km südwestlich der Stadt liegt und auf dem Weg nach Yakaören zu erreichen ist. Dieser See liegt, malerisch von hohen Bergen umgeben, in 1300 m Höhe mitten in einem bewaldeten Gebiet. Er ist ca. 1,5 km lang und bis zu 400 m breit. Unterhalb des Wasserspiegels und außerhalb des Kraters treten Quellen aus, die für die Bewässerung der Ebene und für die Trinkwasserversorgung Ispartas genutzt werden.

Atabey

Von der Straße Isparta–Eğirdir biegt nach 11 km eine kleine Straße nach Atabey ab. Das kleine Städtchen liegt in 1000 m Höhe zu Füßen des Barla-Dağı-Massivs. Sehenswert ist die seldschukische Atabey oder **Ertokuş Medresesi** aus dem 13. Jh., die in einer Grünanlage am Rand des Ortes liegt. Die Medrese wurde von dem Emir Ertokuş-bin-Abdullah im Jahr 1224 gebaut; die Stifterinschrift befindet sich über dem Türbogen. Der zentrale Hof ist von einer Kuppel überwölbt, die von vier byzantinischen Säulen getragen wird. In der Mitte des Hofes steht unterhalb der Kuppelöffnung ein Wasserbecken. An den Seiten liegen Wohnräume, und im Westen wird die Anlage von einem Eyvan abgeschlossen, der von zwei überkuppelten Räumen eingefaßt ist. Von hier aus führen drei schmale Durchgänge zu der benachbarten Türbe, die heute noch Ziel vieler Gläubiger ist.

Rund um den Eğirdir Gölü

Der Eğirdir Gölü

Der Eğirdir Gölü (940 m ü. NN.) umfaßt zusammen mit dem nördlich anschließenden Hoyran Gölü 450 km² und hat eine maximale Tiefe von 20 m. Sein Wasser ist klar, grünlich bis tiefblau und nährstoffarm. Der nördliche Teil des Sees wird durch eine Engstelle von nur 1,5 km Breite vom südlichen Teil abgetrennt. Seine Ufer sind flach, über weite Strecken versumpft und mit Schilf bewachsen. Die Feuchtwiesen und Sumpfgebiete bieten Reihern, Zwergdrommeln, Drosselrohrsängern und anderen Sumpfvögeln einen idealen Lebensraum.

Eine Besonderheit der Region um den Eğirdir Gölü ist wie in Isparta die Produktion von Rosenöl. Immer wieder stößt man deshalb auf eingezäunte Rosenfelder, die vor allem in Mai und Juni ein prächtiges Bild abgeben. Da das Mittelmeer nur 120 km weiter südlich liegt, gibt es hier aufgrund klimatischer Einflüsse schon mediterrane Vegetation. Hier wachsen u. a. Kermeseiche und der Kapernstrauch, und es werden Mandeln, Maulbeeren, Aprikosen und Feigen angebaut. Das Fehlen des Ölbaums zeigt demgegenüber an, daß der Eğirdir-See in einer Übergangsregion zum anatolischen Hochland liegt. Im See leben zehn verschiedene Fischarten, und vor allem der Karpfenfang hat eine gewisse wirtschaftliche Bedeutung. Noch wichtiger aber ist der Zander, der hier erst 1955 ausgesetzt wurde und sich als einzige Raubfischart stark vermehrt hat. Heute ist er ein hochgeschätzter Speisefisch und das wichtigste Produkt des Sees.

Der Eğirdir Gölü

Die anatolische Seenplatte

Eğirdir

Eğirdir ☆
Besonders sehenswert:
Ulu Cami
Taş Medrese

Eğirdir ist eine reizvolle Stadt mit ca. 14 000 Einwohnern am Fuß des Davraz Dağı. 1955 wurden die beiden vorgelagerten Inseln Nis Ada und Yeşil Ada durch einen Damm mit dem Festland verbunden; seit den 80er Jahren dieses Jahrhunderts führt eine Straße zu den kleinen und einladenden Pensionen auf die neu entstandene Halbinsel.

Eğirdir leitet seinen Namen von der griechischen Siedlung Akrotiri ab. Die Blütezeit der Stadt lag im 13. Jh., als der Ort Hauptsitz der Dynastie der Hamididen war. 1403 übernahmen unter dem Druck des Mongolen Timur Lenk die Karamaniden die Herrschaft; 1425 eroberten die Osmanen jedoch die Stadt wieder zurück, die sie vor dem Mongoleneinfall schon für kurze Zeit besetzt hatten. In alten Reiseberichten wird erwähnt, daß sich auf den Inseln vor der Stadt byzantinische Kirchen in großer Zahl befunden hätten. Heute sind davon nur noch wenige Reste vorhanden, die zunehmend der modernen Bebauung weichen müssen.

Eğirdir hieß früher Eğridir, was soviel heißt wie ›hier gehen krumme Dinge vor‹. Die Stadtväter änderten die Buchstabenfolge, um dem ständigen Gespött zu entgehen

Im Zentrum der Stadt liegen die Sehenswürdigkeiten aus seldschukischer Zeit, die Ulu Cami und die gegenüberliegende Taş Medrese, die auch Dündar Bey Medresesi genannt wird. Beide Gebäude verbindet eine Toranlage, die zur östlichen Befestigung der Stadt gehörte. Auf diesem Tor wurde das Minarett der Moschee errichtet. Die Ulu Cami wurde bei einem Brand 1814 völlig zerstört, so daß von dem ursprünglichen, um 1327 errichteten Bau nichts mehr erhalten ist. Alte Bauteile, vor allem das Portal, wurden restauriert und die Moschee 1820 wieder aufgebaut. Heute ist sie eine hohe zweischiffige Hallenmoschee, deren Dach auf schlanken, weiß gestrichenen Holzsäulen liegt. Die Gebetsnische ist mit farbenprächtigen Fliesen aus Kütahya verziert, die vor allem die Motive von

Stadtbefestigung in Eğirdir, mit Ornamenten aus der alten Karawanserei

Nelke und Tulpe aufgreifen. Alte, reichgeschnitzte Holztüren am Eingang geben eine Vorstellung von der prächtigen Ausstattung der einstigen Moschee. Ihr gegenüber liegt die Taş Medrese, die der Emir Dündar Hamidoğlu um 1238 zunächst wohl als Karawanserei bauen ließ, die bald aber in eine Koranschule umgewandelt wurde; heute ist die Medrese restauriert und dient als Basar. Das reich ausgestaltete, mit Flechtbändern umrahmte Eingangstor besticht durch feinste Steinmetzkunst. In die Mauern sind bei späteren Umarbeitungen Fragmente von Flechtbändern und Kreisornamenten verbaut worden. Ihrer neuen Bestimmung als Medrese gemäß umgaben den Innenhof zweigeschossige Arkaden mit dreißig Räumen, die heute teilweise als Läden genutzt werden. Die wiederverwendeten Säulen und Kapitelle mit Pflanzen- und Tierornamenten stammen aus byzantinischer Zeit, so auch ein Kapitell mit einer ausgewogenen Adlerdarstellung.

Eğirdir veranstalltet alljährlich Ende Juli ein viertägiges Seefest

Yalvaç und Antiochia ad Pisidiam

Von Eğirdir gibt es zwei Möglichkeiten, zu der kleinen Stadt Yalvaç nördlich des Eğirdir Gölü zu gelangen. Auf der Route über die westliche Uferstraße lohnt ein Abstecher nach **Barla**, das eine **frühosmanische Moschee** mit einem Ziegelminarett besitzt. Die Moschee ist ein einfacher Hallenbau mit einem sehenswerten Mihrab. Der östlich des Sees verlaufende Weg von Eğirdir führt zunächst zu dem kleinen Städtchen Gelendost mit einer alten Karawanserei.

Yalvaç liegt im welligen, landwirtschaftlich intensiv genutzten Hügelland am Nordrand des Eğirdir Gölü. In dieser Gegend wurde im Jahr 1176 bei Myriokephalon der byzantinische Kaiser Manuel Komnenos vernichtend von den Seldschuken geschlagen. Yalvaç ist der Ausgangspunkt für den Besuch der alten Ruinenstätte von Antiochia ad Pisidiam, die rund 3 km nordöstlich der Stadt liegt. In Yalvaç selbst liegt ein kleines **Museum**, das wesentliche Funde aus den Ausgrabungen sowie aus der Umgebung und neben archäologischen Zeugnissen auch ethnographische Exponate umfaßt, insbesondere ein Haus aus dem 18. Jh., das einen Einblick in die reiche Ausgestaltung und die ästhetische Komposition alttürkischer Wohnkultur vermittelt.

In Yalvaç findet Ende Mai das antiochische Kultur- und Kunstfest statt

Antiochia wurde von Seleukos I. oder seinem Sohn Antiochos I. um 280 v. Chr. gegründet. Nachdem die Römer Antiochos III., den Großen, bei Magnesia am Sypilos (190/189 v. Chr.) geschlagen hatten, wurde die Stadt unabhängig, bis sie im Jahr 25 v. Chr. im Zuge der umfassenden Provinzreform des Augustus zur Colonia Caesarea erhoben wurde. Sie war zunächst Teil der Provinz Galatia, später dann Hauptstadt des nördlichen Pisidien. Antiochia entwickelte sich zu einer der am stärksten romanisierten Städte im Inneren Kleinasiens. Nach verschiedenen Berechnungen soll die Stadt zur

Antiochia ad Pisidiam ☆ Besonders sehenswert: Kolonnadenstraße Augustus-Tempel

Die anatolische Seenplatte

Ausstellungsstück im Museum von Yalvaç

»... so sei es nun euch kund, liebe Brüder, daß euch verkündigt wird Vergebung der Sünden durch diesen [Jesus]; und von all dem allen, wovon ihr durch das Gesetz des Mose nicht konntet freigesprochen werden, ist der gerechtfertigt, der an ihn [Jesus] glaubt.«
Apg. 13,38–39

Zeit ihrer Blüte zwischen 7000 und 10 000 Einwohnern gehabt haben. Im 1. nachchristlichen Jh. besuchte der Apostel Paulus auf seiner ersten Missionsreise die Stadt und gründete eine Gemeinde.

Im Jahr 46 n. Chr. erreichte Paulus mit Barnabas die Stadt Antiochia ad Pisidiam. Sie waren im syrischen Antiochia aufgebrochen und kamen über Zypern an die kleinasiatische Küste bei Perge. Von dort aus zogen sie über den Taurus ins hochgelegene Pisidien. Paulus suchte auf seinen Missionsreisen stets die jüdische Synagoge auf, um seine neue Botschaft zu verkünden. Als jüdischer Theologe und Rechtsgelehrter hatte er jederzeit das Recht, die Predigt zu sprechen, nachdem der Vorsteher der Gemeinde die Liturgie und die Lesungen gehalten hatte, was ihm auch zunächst nie verweigert wurde. Auch in Antiochia ad Pisidiam gab es wie in vielen Städten Kleinasiens eine große jüdische Gemeinde, an die er sich wandte. In der Synagoge machte Paulus den entscheidenden Unterschied zwischen neuer Lehre und altem Glauben deutlich. Die Erlösung des Menschen könne nicht nur durch das strikte Einhalten des mosaischen Gesetzes erreicht werden.

Einen anderen wesentlichen Schritt bei der Verbreitung des frühen Christentums ging Paulus, als er begann, auch die Heiden zu missionieren. Was im syrischen Antiochia unter den aus Jerusalem geflohenen Aposteln heftig diskutiert wurde, nämlich ob man auch Heiden und nicht nur den Judenchristen das Evangelium bringen dürfe, hat Paulus in Antiochia ad Pisidiam mit dem Beginn der Heidenmission beantwortet. Damit hob er die Begrenzung auf den jüdischen Kulturkreis auf. Aus Antiochia vertrieben, zog Paulus nach Iconium (Konya), Derbe und Lystra, dann weiter nach Lykaonien. Auf dem Rückweg kam er wieder nach Antiochia, wo sich eine kleine Gemeinde gebildet hatte. Glaubensälteste wurden eingesetzt und Anfänge einer Kirchenorganisation geschaffen, und es wurde eine christliche Kirche, der Vorgängerbau der heutigen Basilika, errichtet. Auch die zweite und die dritte Missionsreise führten Paulus nach Antiochia ad Pisidiam. Die Ereignisse von Antiochia sollen der Schlüssel für die missionarische Strategie des Paulus gewesen sein.

Die Gründe für die Missionierung in Kleinasien waren vielfältig. Hier hatte der Hellenismus eine Entwicklung genommen, die ihn dem Christentum besonders zugänglich machte. Große jüdische Gemeinden, wenig ausgeprägte nationalreligiöse Bewegungen und regionale Religionszentren, die Beliebtheit synkretistischer Bewegungen und der nur als formale Klammer betrachtete Kaiserkult boten gute Möglichkeiten für eine Ausbreitung der christlichen Lehre, aber auch die Gefahr, in der Vielfalt religiöser Strömungen assimiliert zu werden.

Im 3. Jh. wurde Antiochia Sitz eines Metropoliten und Hauptstadt von Pisidien. Über das Ende der Stadt weiß man kaum etwas. Man vermutet, daß nicht nur die Arabereinfälle, die mit der völligen Zerstörung der Stadt im Jahr 713 ihren Höhepunkt erreichten, sondern auch wirtschaftliche Schwierigkeiten und Naturkatastrophen zum Untergang beitrugen. Nach der Zerstörung durch die Araber wurde die überlebende Bevölkerung in alle Teile der Provinz zerstreut, und Antiochia verschwand aus dem Blickfeld der Geschichte. Erst zwischen 1880 und 1920 wurde die Stadt wiederentdeckt. Sir William Ramsey hat den Ort des öfteren besucht und zunächst die Inschriften gesichert, darunter die Fragmente des berühmten Tatenberichts des Augustus, des ›Monumentum Antiochenum‹. Große Teile der Stadt und die bedeutenden Gebäude konnten teils freigelegt, teils identifiziert werden. Erst 1982 begann der Archäologe Mitchell mit einer erneuten Bestandsaufnahme, und seit 1987 wird systematisch am Tempel des Augustus, bei den römischen Thermen, bei der Basilika und an der Hauptstraße gegraben.

Rundgang

Wie früher betritt man die Stadt durch eine dreiteilige **Toranlage** (1) im Westen des Burghügels. Nach wenigen Metern biegt man rechts in die Hauptstraße, den **Cardo Maximus** (2) ein. Die Straße führte früher in einem Tunnel unter dem Südflügel des Theaters hindurch und hinauf zur Tiberia Platea und zum Tempel des Augustus. Zu beiden Seiten der Straße zogen sich Kolonnaden hin, hinter denen Läden lagen. In Ansätzen sind diese Anlagen noch gut zu erkennen. Das **Theater** (3), das größtenteils in einer natürlichen Mulde angelegt und nur an den Rändern durch Stützkonstruktionen erweitert war, ist heute kaum noch erhalten. Die Sitzbänke sind bereits im 19. Jh. von der Bevölkerung von Yalvaç für den Hausbau verwendet worden. Die kleinere hellenistische Anlage wurde in römischer Zeit vergrößert, so daß der Cardo Maximus übertunnelt werden mußte, eine in Kleinasien einmalige Konstruktion. Am Ende der bisher aus-

Die anatolische Seenplatte

Antiochia ad Pisidiam
 1 Toranlage
 2 Cardo Maximus
 3 Theater
 4 Kolonnaden-
   straße
 5 Tiberia Platea
 6 Propylon
 7 Augusta Platea
 8 Tempel des
   Augustus
 9 Nymphaion
10 Aquädukt
11 Thermenanlage
12 Palästra
13 Basilika
14 Kirche
15 Bouleutherion

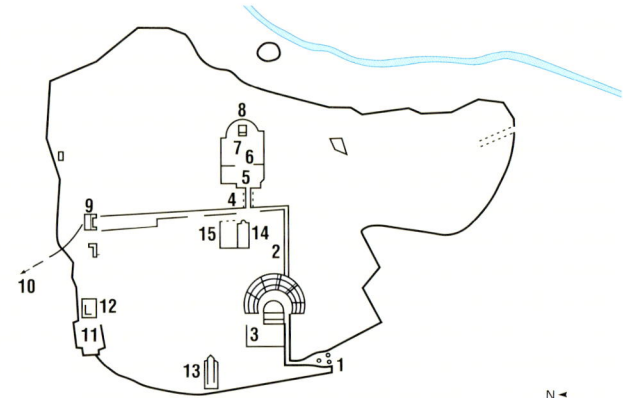

gegrabenen Hauptstraße biegt man nach links ab und trifft auf die imposante **Kolonnadenstraße** (4), die auf die obere Stadt zuführt und seit dem 1. Jh. die Prachtstraße des römischen Antiochia mit einer Breite von 11 m und einer Länge von ca. 70 m war. Säulengänge boten bis in eine Tiefe von 5,5 m Schatten; dahinter schlossen sich Läden an, die ebenfalls ca. 5 m in die Tiefe reichten. Entlang der Straße waren Statuen aufgestellt, deren Basen heute im Museum von Yalvaç stehen. Die Straße mündet in einen ehemals von Kolonnaden umstandenen Platz, die **Tiberia Platea** (5), der unterhalb des eigentlichen Tempelplatzes lag und mit diesem durch zwölf Treppenstufen verbunden war. Im Schnittpunkt beider Platzanlagen lag ein gewaltiges **Propylon** (6), ein dreiteiliges Triumphtor. An den Pfeilern dieses Triumphbogens, der dem Augustus geweiht und mit Reliefs und Statuen geschmückt war, befand sich die Inschrift des ›Monumentum Antiochenum‹. Im Zentrum des Tempelplatzes, der **Augusta Platea** (7), steht der **Tempel des Augustus** (8) am höchsten Punkt der Stadt. Seine Fundamente sind ebenso wie die der tiefer liegenden Cella aus dem anstehenden Fels bis zu einer Höhe von 2,5 m herausgeschlagen worden. Über eine zwölfstufige Treppe erreichte man die Tempelplattform. Dem Grundplan nach war der Tempel ein Prostylos mit vier Säulen an der Front, die kanneliert waren und korinthische Kapitelle trugen. Diese Tempelanlage, die möglicherweise schon ein Heiligtum des von alters her hier verehrten Mondgottes Men Askaenos war, wird von einem zweistöckigen Portikus umrahmt, der sich halbkreisförmig um den Tempel legte und ebenfalls aus dem Fels herausgeschlagen worden war. Im unteren Teil standen dorische, im oberen korinthische Säulen. Zahlreiche Bruchstücke des Frieses und der Basen sind noch am Ort zu sehen. Die in die Wand eingelassenen quadratischen Löcher dienten der Verankerung von Querbalken, die das Obergeschoß trugen.

Antiochia ad Pisidiam

Wenn man nun wieder zurückgeht und sich am Ende der Kolonnadenstraße nach rechts wendet, erreicht man nach ca. 300 m das **Nymphaion** (9), eine Brunnenanlage mit einstmals hoher Fassade. Hier endete die Wasserleitung, die von den Hängen der Sultan Dağları über einen gewaltigen Aquädukt in die Stadt führte. Die Fundamente des Nymphaion und die Grundmauern des großen Vorratsbeckens hinter dem Brunnen sind noch sichtbar. Von hier aus wurde das Wasser durch Tonröhren oder Steinkanäle in die Stadt geführt und verteilt. Außerhalb der Mauern liegen die Reste des **Aquädukts** (10), die zu den bedeutendsten Relikten der antiken Stadt zählen. Einige Abschnitte sind noch bis zu einer Höhe von 5–7 m zu sehen. Im Nordwesten der Stadt liegen ausgedehnte **Thermenanlagen** (11), die bis zu 6 m verschüttet sind. Ihnen ist eine weitläufige **Palästra** (12) vorgelagert. Beachtung sollten auch die Reste einer **Basilika** (13) finden, der Kirche des hl. Paulus, die zu den ältesten Kirchengründungen Kleinasiens zählt und z. Zt. ausgegraben wird. Die dreischiffige Säulenbasilika ist ca. 45 m lang und 25 m breit und steht auf den Resten zweier Vorgängerbauten, zum einen einer kleinen Kirche – wohl einer Gründung des Paulus –, zum anderen einer größeren Synagoge. Die halbrunde Apsis der Basilika ist noch gut zu erkennen. Eine weitere, kleinere **Kirche** (14) befindet sich am westlichen Rand der Kolonnadenstraße neben den Resten eines Rathauses, des **Bouleutherion** (15).

Aquädukt bei Antiochia ad Pisidiam

213

Die anatolische Seenplatte

Auf einem Hügel im Bereich des Dorfes **Özgüney** (Gemen Köyü) liegt ca. 5 km südöstlich von Yalvaç der heilige Bezirk des anatolischen Mondgottes Men Askaenos mit den Resten eines **hellenistischen Tempels**. An seiner südlichen Außenmauer sind Votivinschriften eingraviert, die von Bürgern aus Antiochia angebracht wurden. Um den heiligen Bezirk herum sind die Mauern anderer Gebäude und kleinerer Heiligtümer zu sehen. In der Mitte der Senke befand sich ein kleines Stadion von ungewöhnlicher Form, das in hellenistischer Zeit kultischen Festspielen diente. Aus den Resten des Heiligtums wurde in späterer Zeit eine Kirche errichtet.

Im Süden von Eğirdir: Aksu und Adada

Ein lohnender Abstecher führt von Eğirdir zu der großen Höhle von Aksu und zur Ruinenstätte von Adada. Man fährt bis zur Südspitze des Eğirdir Gölü, überquert den Kanal, biegt dahinter in Richtung Sütçüler ab und erreicht das Dorf Yılanlı. Von hier aus führt eine Straße zu dem 4 km entfernten Aksu. Im Ort biegt man nach links ab und erreicht ein Fischrestaurant an einem Forellenteich. Von hier aus führt ein Weg zunächst an einem Friedhof vorbei zu der 3 km entfernt liegenden Höhle, die im Altertum Amanus-Höhle hieß. Hier tritt der Köprü Çayı, der antike Eurymedon, ans Licht, der bei Aspendos ins Mittelmeer mündet. Über den aufgestauten Fluß führt eine römische Brücke. Am Eingang zur **Höhle von Aksu** befand sich in römischer Zeit ein Heiligtum des Flußgottes Eurymedon. Die Statue des Gottes wurde bei Bauarbeiten für den Stausee gefunden und ist heute im Museum von Isparta aufgestellt. Architekturreste aus Kalkstein aus dem 2. Jh. zeigen, daß das Heiligtum durch eine Mauer, die vor der Höhle stand, geschützt war. Drei künstliche Terrassen aus späterer Zeit sind noch zu sehen. Die Höhle ist nicht leicht und am besten nur mit einheimischem Führer zu begehen. Sie erreicht eine Tiefe von 1130 m und wird von unzähligen Fledermäusen bewohnt.

Adada ☆
Besonders sehenswerte Ruinen aus der römischen Kaiserzeit

Man fährt von Aksu zurück und weiter in Richtung Sütçüler. 1 km vor dem Dorf Sağrak Köyü zweigt ein ausgeschilderter Fahrweg nach links zu dem Ruinengebiet von Adada ab, das man nach ca. 400 m erreicht. In dem weiten Hochtal lag einst die antike Stadt Adada, die im 2. Jh. unter den Kaisern Trajan und Hadrian ihre Blütezeit erlebte. Einige aus Kalkstein errichtete Gebäude sind noch als ansehnliche Ruinen erhalten. Rechts des Fahrwegs fällt zunächst eine fast 25 m breite Treppenanlage mit zwanzig Stufenreihen auf. Sie stammt aus hellenistischer Zeit wie auch der vor ihr liegende, stark überwachsene Platz, möglicherweise eine **frühere Agora**. Südlich davon erhebt sich eine kleine **Akropolis**. Noch weiter südlich liegen die Reste eines **byzantinischen Kirchenbaus**. Zu ihm gelangt man über eine antike gepflasterte Straße, die in der Geländesenke abwärts führt.

Der Fahrweg beschreibt einen Bogen durch das Ruinenfeld. Zuerst erkennt man auf der rechten Seite eine zweistöckige Anlage,

Die Agora der römischen Ruinen von Adada

in der man das **Bouleutherion** (Rathaus) vermutet. Auch dieser Bau stammt aus hellenistischer Zeit. Dahinter liegt die eigentliche **Agora**, die nur noch schwer zu erkennen ist, mit dem größten der drei erhaltenen Tempel, dem **Trajans-Tempel**. Vier korinthische Säulen stützen die Fassade, die sich zur Agora hin öffnete. Auf der anderen Seite des Fahrwegs liegt die Ruine eines weiteren **Tempels**, der ebenfalls in der Art eines römischen Prostylos erbaut war, von dem allerdings nur noch die Cella geblieben ist. Ein **Podiums-Tempel** aus römischer Zeit, möglicherweise für den Kaiserkult eingerichtet, steht westlich davon. Oberhalb dieser beiden Tempel, eingeschmiegt in eine Geländemulde, lag das **Theater**, von dem noch einige Sitzreihen zu sehen sind. Nordöstlich des Theaters, fast ganz von immergrünem Buschwald bedeckt, liegen die Reste eines weiteren **Tempels** und eines noch gut erhaltenen **Grabbaus**. Die Vegetation wird hier schon deutlich vom Mittelmeerklima beeinflußt. Typischer Macchie, d. h. Buschwaldbewuchs, und Stein- bzw. Kermeseichen prägen die Landschaft.

Rund um den Beyşehir Gölü

Der Beyşehir Gölü

Der Beyşehir Gölü ist mit 656 km² der drittgrößte See und dabei der größte Süßwassersee der Türkei (Bodensee 539 km²). Bei einer Länge von 45 km und einer Breite von 25 km erreicht er eine maximale Tiefe von 10 m. Das Wasser ist sodahaltig, also nicht trinkbar,

Die anatolische Seenplatte

Der Beyşehir Gölü mit Blick auf die Stadt Beyşehir

aber reich an Fischen, wobei der Karpfenfang als Wirtschaftsfaktor eine Rolle spielt. Das Ostufer des Sees bildet einen flachen Saum, die Westseite dagegen steigt unmittelbar am Ufer felsig an. Im Beyşehir Gölü liegen ca. dreißig Inseln, u. a. die große **Mada Adası**, die früher Kasak Adası, ›Kosakeninsel‹, hieß, da auf ihr einst eine russische Kolonie angesiedelt war. Auf der Akif Adası im Südwesten des Sees ist eine **Tropfsteinhöhle** zugänglich. Fischer aus den Orten Yeşildağ oder Kurucuova sind bereit, Besucher hinüberzufahren. Im Süden und Südwesten des Beyşehir Gölü befinden sich ausgedehnte Schilfbestände, die zur biologischen Vielfalt des Sees beitragen; West- und Nordufer sind heute als Nationalpark ausgewiesen. Die bewaldeten Berghänge und die reizvollen Uferlandschaften verleihen diesem Gebiet großen landschaftlichen Reiz.

Schon in osmanischer Zeit wurden die Gewässer der Gebirgsstöcke westlich von Konya für ein umfangreiches Bewässerungssystem genutzt. Flüsse wurden gestaut, und der Abfluß des Beyşehir-

Der Beyşehir Gölü

Sees wurde kanalisiert, um das Wasser in die Ebene von Konya zu leiten. Dieses Bewässerungsvorhaben, das den Namen ›Çumra-Projekt‹ erhielt, war das erste größere Unternehmen dieser Art im Nahen Osten. Deutsche Banken und niederländische Ingenieure begannen 1896, das Binnendelta des Çarşamba Cayı als Ausgangspunkt dieses gewaltigen Projekts zu erschließen. Der Çarşamba entwässert die Beckenreihe zwischen den beiden Hauptachsen des westlichen Mitteltaurus, wobei er den Beyşehir- und den südlich gelegenen Suğla-See durchfließt, um dann die nördliche Gebirgskette in einem engen Canyon zu durchbrechen und ein weites Binnendelta in der Konya-Ebene zu bilden. Früher verlor er sich in ausgedehnten Sümpfen, die zu Brutstätten der Malaria und anderer Krankheiten wurden. Schon in recht früher Zeit wurden Kanäle für die Bewässerung benachbarter Gebiete angelegt. Im Rahmen des Çumra-Projekts führte man die vorhandenen Wassermengen durch einen Kanal von Beyşehir aus um den Suğla Gölü herum, um zu ver-

Die anatolische Seenplatte

meiden, daß im Bereich des Sees zuviel Wasser durch Verdunstung und Versickerung verlorengeht. Nach der Errichtung der Stauseen von Sille, Altınapa und Apa konnte darüber hinaus das Wasser systematisch verteilt und in die Ebene südlich von Konya geleitet werden.

Beyşehir

Beyşehir ☆☆
Besonders sehenswert:
Eşrefoğlu Camii

Beyşehir liegt in 1150 m Höhe am Südufer des Beyşehir Gölü; 22 000 Menschen leben hier. Die Stadt befindet sich in einer Zeit des Umbruchs. Sie bietet außer der besonders sehenswerten Eşrefoğlu-Moschee keine herauszuhebenden baulichen Reste aus ihrer Geschichte. Heute prägen am südlichen Seeufer zunehmend landwirtschaftliche und industrielle Betriebe das Bild.

Beyşehir (›Fürstenstadt‹) ist seldschukischen Ursprungs; in spätseldschukischer Zeit war es der Hauptort der Eşrefoğlu-Dynastie. Ihr Begründer Eşref, ein hoher militärischer Beamter der Seldschuken, hatte die Aufgabe, die westlichen Grenzgebiete zu sichern. In den allgemeinen Wirren beim Zusammenbruch des Seldschukenreiches und während der eher zurückhaltend ausgeübten Herrschaft der mongolischen *ilchane* gelang es ihm, seiner Familie die Herrschaft in diesem Gebiet zu sichern und sogar bis in die Umgebung von Bolvadin und Akşehir auszudehnen. Die Eşrefoğlu-Dynastie wurde abgelöst von den Hamididen (1374–1460) und schließlich, im Jahr 1460, von den Osmanen unter Mehmet II. übernommen.

Seyideddin Süleyman Bey, der Sohn des Eşref, ließ 1297 die sehenswerte Eşrefoğlu Camii, die größte Holzmoschee der Türkei, errichten, die nicht nur ein beeindruckendes Zeugnis der seldschukischen Zimmermannskunst, sondern auch der Holzschnitzerei ist. Insgesamt 46 Holzsäulen mit geschnitzten Kapitellen gliedern den siebenschiffigen Innenraum. Die über 7 m hohen Säulen tragen eine Holzbalkendecke, an der noch Reste der alten Bemalung zu sehen sind. Durch eine Öffnung in der Decke strömt Licht in das Innere; das ausgesparte Geviert wird ›Schneedepot‹ *(karlık)* genannt und hält die Erinnerung an den ehemaligen Innenhof wach. Der Bereich vor der Gebetsnische ist in typisch seldschukischer Art von einer Kuppel überwölbt, die mit Fayencen und einem Inschriftenband in kufischer Schrift geschmückt ist. Der Mihrab stellt ein besonders großartiges Beispiel seldschukischer Fayencekunst dar. Geometrische Muster und das Rankenwerk mit der sogenannten zweilappigen Blüte in blau, weiß und türkis in der Form einer Muqarnas-Nische schmücken die 6 m hohe und 4,5 m breite Gebetsnische. Die Freitagskanzel besteht aus Walnußholz. Die Tür am Treppenzugang stammt noch aus der Entstehungszeit. Verse aus dem Koran in kufischer Schrift umrahmen das Türblatt, das durch seine feinen Muster und das sorgfältig geschnitzte Rankenwerk zu den Meisterwerken der seldschukischen Holzschnitzkunst gehört. Die Stifterinschrift des Seyideddin Süleyman, die hier und am Nordportal angebracht

Beyşehir

Mihrab der Eşrefoğlu Camii in Beyşehir

wurde, verfügte, daß nicht nur die Moschee, sondern auch die umliegenden Läden und das große Bad einschließlich der Tore und der Mühlen in der Umgebung mit ihren Erträgen zu einem Fünftel für die Stiftung aufzukommen hätten. Die Einkünfte sollten seinen beiden Söhnen Mohammed Bey und Eşref Bey und den nachfolgenden Generationen zukommen. Die Tribünen für die Sänger und die Honoratioren innerhalb der Moschee sind Beifügungen aus osmani-

Die anatolische Seenplatte

Die Holzsäulenmoschee Eşrefoğlu Camii in Beyşehir, Innenansicht

scher Zeit. Durch ein Fenster an der Ostseite kann man einen Blick in den Grabraum der Stifterfamilie werfen.

Das äußere Erscheinungsbild der Moschee ist das Ergebnis zahlreicher Restaurierungen seit den 50er Jahren dieses Jahrhunderts. Durch Ergänzen fehlender Werkstücke ist das überhöhte Hauptportal wiederhergestellt worden. Der ornamentale Schmuck stellt ein Beispiel spätseldschukischer Kunst aus der Zeit der Mongolenherrschaft dar, wobei Stilelemente der Mongolen, z. B. die verstärkte Plastizität der Flechtbänder, einbezogen wurden. Neben dem Hauptportal an der Nordseite der Moschee stehen das schlanke, restaurierte Minarett und die Türbe des Gründers mit der Stiftungsinschrift. Die Eşrefoğlu Camii ist der Mittelpunkt einer Külliye, die unter den Osmanen durch ein großes Bad und einen von sechs Kuppeln überdachten Bedesten erweitert wurde. Hinter dem Moscheebau liegt die **Taş Medrese**, die nur noch als Ruine erhalten ist. Sie wurde um 1370 errichtet. Die Grabstätte des Stifters wird heute noch als volkstümliches Heiligengrab verehrt.

Die mehrschiffige basilikale Anlage der sogenannten **Holzsäulenmoschee** stellt einen eigentümlichen seldschukisch-anatolischen Bautyp dar. Ihr Äußeres ist mit Ausnahme der reich gestalteten Portale fast immer unscheinbar, nichts weist auf den Reichtum des Innenraums hin. Die Holzkonstruktion und auch die zum Teil kostbare Ausstattung der Gebetsnische und der Freitagskanzel sind von überwältigender Wirkung. Dem basilikalen Schema folgen die fünfschiffige Arslanhane-Moschee in Ankara und die siebenschiffige Eşrefoğlu-Moschee in Beyşehir, beide aus dem Ende des 13. Jh. Andere Holzsäulenmoscheen nehmen den älteren Kufatyp auf, wie die Moscheen in Afyon (um 1272) und Sivrihisar (1231). In den Moscheen von Ankara und Beyşehir staffeln sich die geschnitzten Konsolen vom Deckengebälk hinauf zum überhöhten Mittelschiff. Zum Teil werden Spolien als Kapitelle verwendet, so in der Arslanhane-Moschee in Ankara und der Ulu Cami in Sivrihisar, zum Teil sind die Kapitele in der Form stilisierter Stalaktiten reich geschnitzt wie in Afyon und Beyşehir.

Der Ursprung dieses Holzsäulensystems ebenso wie der dekorativen Einzelsäule liegt unzweifelhaft in Innerasien. In Westturkestan, zwischen Samarkand und Buchara, haben sich reich dekorierte Holzsäulen und geschmückte Bretter aus Moscheen des 10.–12. Jh. erhalten, die als direkte Vorbilder der Holzsäulen in den anatolischen Moscheen gelten können. Geschnitzte Holzsäulen wurden zudem als Stützen in turkmenischen Zelten verwendet. So liegt die Annahme nahe, daß die turkmenischen Nomadenstämme in Zentralasien anfänglich in Zelten beteten, nachdem sie zum islamischen Glauben übergetreten waren, und daß diese Gebetszelte zum Vorbild für die späteren Holzsäulenmoscheen wurden. Die Holzpfosten des zentralasiatischen Zeltbaus waren von fundamentaler Bedeutung. Das zeigt sich z. B. darin, daß es bei Todesstrafe verboten war, sich an sie anzulehnen. Ein von einem »hornlosen, weißen Rind« getragener Holzpfosten im Zelt des Mongolenfürsten Dschingis Khan galt als Sinnbild seines Weltreiches und als Symbol der Macht, und bei den Schamanen hatte der Zeltpfosten, der den Himmelspfeiler symbolisierte, sogar sakralen Charakter.

Die Altstadt von Beyşehir mit dem Moscheebezirk im nördlichen Bereich und die sich entwickelnde Kleinstadt im Westen werden durch einen breiten Kanal getrennt, der an der Stelle des natürlichen Wasserabflusses aus dem See liegt. Die heutige siebenbögige Brücke mit einem modernen Stauwerk ersetzte eine schon aus römischer Zeit stammende Brücke. Der hier beginnende **Beyşehir-Kanal** bildet einen der Ausgangspunkte des großartigen Bewässerungssystems für die Ebene südlich von Konya, das schon in osmanischer Zeit angelegt wurde.

Der Kubadabad-Palast

Um nach Kubadabad zu kommen, verläßt man Beyşehir in Richtung Antalya und biegt nach 15 km bei einem Motel nach rechts auf die Straße nach Yeşildağ und Kurucuova ab. Der Kubadabad Sarayı war die Sommerresidenz und der zweite Herrschaftssitz der seldschuki-

Kubadabad Sarayı Besonders sehenswerter seldschukischer Sommerpalast

Die anatolische Seenplatte

Kubadabad Sarayı bei Beyşehir

Die Fayencen von Kubadabad sind die Prunkstücke des Karatay-Museums in Konya

schen Sultane und wurde von dem bedeutendsten unter ihnen, Alâeddin Keykûbat I., in den Jahren zwischen 1220 und 1235 errichtet. Es handelt sich um einen ausgedehnten Palastkomplex, der innerhalb der Festungsmauern wenigstens 16 Bauten umfaßte. Drei von ihnen sind noch als größere Ruinen zu erkennen. Auf einem künstlichen Plateau liegen die Reste eines großen und eines kleinen Palastes, und am See findet man die Mauern von Bootshäusern, die zu einem Hafenkomplex gehörten. Dem Palastbereich vorgelagert ist die kleine Insel Kız Kulesi im Beyşehir-See, auf der ebenfalls Reste einer seldschukischen Bebauung zu finden sind. Ob die Insel durch einen Tunnel mit dem Palast verbunden war, wie dies am Ort behauptet wird, ist noch nicht geklärt. Zum Palastbereich von Kubadabad gehörten eine kleine Werft und ein Hafen, über den der Sultan seine Sommerresidenz erreichte.

Obwohl Kubadabad in der Seldschukengeschichte des Ibn Bibi aus der Zeit Sultan Alâeddin Keykûbats I. schon ausführlich beschrieben ist, wurde der Ort erst 1949 aufgrund einer aufgefundenen Inschrift wiederentdeckt. Die Ausgrabungen 1950 und vor allem 1965/66 unter Katharina Otto-Dorn und seit 1981 durch die Universität Ankara, die auch das Ausgräberhaus bauen ließ, brachten reiche Erkenntnisse und Funde ans Tageslicht.

Eflatun Pınar

Eflatun Pınar ☆ Besonders sehenswertes hethitisches Quellheiligtum

Östlich des Beyşehir Gölü, 19 km von Beyşehir entfernt, liegt das hethitische Quellheiligtum von Eflatun Pınar. Es stammt aus der Zeit des hethitischen Großreiches und wurde an einer wasserreichen Karstquelle errichtet. Östlich des Quellteichs erhebt sich der fast 7 m

Monumentalstele des Quellheiligtums Eflatun Pınar

hohe Quaderbau mit einer reliefgeschmückten Fassade. Eine Flügelsonne, deren oberer Teil verlorengegangen ist, faßt die gesamte Darstellung zusammen. Darunter erkennt man zwei weitere Flügelsonnen, die von Berggöttern oder Mischwesen gestützt werden. Unter den Sonnen sind zwei Figuren dargestellt, die aufgrund der Komposition als Sonnengötter identifiziert werden können. Sie sind zwar sehr verwittert, doch läßt sich links eine Göttin mit hoher Mütze und rechts eine männliche Figur erkennen. Beide Darstellungen sind doppelt so groß wie die sie umgebenden Mischwesen. Hinter dem großen Monument liegen Bruchstücke eines Throns und figürliche Reste einer Löwendarstellung. Daraus hat man geschlossen, daß auf dem Quader eine thronende Götterfigur aufgestellt gewesen sein könnte. Rekonstruktionsversuche bezogen sogar die tonnenschwere Stele von Fassılar mit ein. Heute ist der Teich durch eine neu errichtete Mauer erhöht, so daß der Fuß des Monuments im Wasser steht. Der Name Eflatun Pınar wird unterschiedlich gedeutet. Wahrscheinlich aber steht *eflatun* (›fliederfarben‹) für die Widerspiegelung des Monuments im Wasser.

Fassılar

Um nach Fasıllar und dem nahegelegenen Quellheiligtum aus der hethitischen Großreichszeit zu gelangen, verläßt man Beyşehir auf der ausgeschilderten Straße nach Seydişehir. Nach 4,5 km, kurz hinter einer Straßenkuppe, biegt ein Feldweg nach links zu dem 9 km entfernt liegenden Ort Çiçekler ab. Ca. 3 km hinter Çiçekler liegt der Ort Fasıllar. Kurz vor dem Dorf zweigt ein Fahrweg nach links ab und führt den Berg hinauf. An der folgenden Weggabelung hält man

Fasıllar
Besonders sehenswert:
hethitische
Monumentalstatue
römisches Felsrelief

Die anatolische Seenplatte

Relief am Grab des Heros Progamios in Fassılar

sich rechts, umrundet den Berg oberhalb des Dorfes und fährt in das sanfte Tal hinein.

Die unvollendete Stele aus großhethitischer Zeit liegt am Berghang auf der linken Seite; sie wiegt etwa 30 t, hat eine Höhe von 7,4 m und liegt mit ihrer Rückseite an dem leicht abfallenden Hang. Sie stellt einen bartlosen Gott in Schrittstellung dar, der eine hohe Mütze mit angedeuteten Hörnern trägt. Sein rechter Arm ist erhoben, wahrscheinlich eine Grußgeste. Er steht auf einer kleinen Figur mit breitem Kinnbart, deren Arme vor der Brust verschränkt sind und die mit einer einfachen Mütze und einem langen Gewand bekleidet ist. Zu beiden Seiten flankieren zwei fast vollplastische Löwen die Personengruppe. Warum die Stele an diesem Platz liegt, ist völlig ungeklärt. Möglicherweise ist sie bei einem Transport aus noch unbekannten Gründen liegengelassen worden. 1884 wurde die Stele erstmals von dem amerikanischen Reisenden J. R. Sithington Sterret entdeckt, der einen vagen Zusammenhang zu den hethitischen Felsmonumenten herstellte. Zwei Jahre später versuchte der englische Forscher William R. Ramsay eine erste Deutung; in der unteren Gestalt vermutete er eine Abbildung der Kybele. Eine originalgetreue Kopie des Monuments steht heute im Garten des Museums für Anatolische Zivilisationen in Ankara.

Auf der gegenüberliegenden Seite des Tals liegt das **Grab des Heros Progamios** aus dem 1./2. Jh. Es handelt sich um eine Felsnische, die von einem Rundbogen mit den griechischen Schriftzeichen für den Namen Lukianos eingerahmt ist. Rechts neben der Nische schreitet ein sehr fein aus dem Fels gearbeitetes, fast vollplastisches Pferd in Lebensgröße. In der Inschrift darunter liest man die griechischen Buchstaben ΙΡΟΣ ΠΡΟΓΑΜΙΟΣ. Etwas rechts darunter befindet sich auf geglätteter Wand eine weitere Inschrift, die bestimmte

Wettkampfregeln festhält. Der hier Bestattete soll danach Gewinner dieser Spiele gewesen sein, seine Statue muß dann wohl früher in der Nische gestanden haben.

Seydişehir

Ca. 33 km südlich von Beyşehir liegt das kleine Städtchen Seydişehir, das neben der Landwirtschaft vor allem von einem großen Aluminiumwerk lebt. Hier werden die Bauxitvorkommen des südlich gelegenen Akseki weiterverarbeitet. Beachtenswert ist die Seyit Harun Külliyesi, die 100 m westlich des Hauptplatzes steht. Die Külliye umfaßt die Moschee mit zwei Türben, einen Hamam und eine Begräbnisstätte für die Familie eines *hoca*, der als Heiliger verehrt wird. Die Moschee wurde im Jahre 1310 errichtet, die Türbe des Seyit Harun zehn Jahre später hinzugefügt. In der Türbe liegt der von außen gut zu sehende prächtige Sarkophag des Heiligen. Ein türkisfarbenes Medaillon schmückt das Kopfende des Grabes, das mit einem eindrucksvollen Turban bekrönt ist.

Seydişehir ☆
Besonders sehenswert:
Seyit Harun Külliyesi

Etwas unterhalb der Moschee steht ein von außen völlig unauffälliger Bau, die Ruhestätte des Scheichs Hacı Abdullah (1806–1903), eines weiteren als heilig verehrten *hoca*, und seiner Familie. Im Inneren des kleinen Raums befinden sich zwölf große Sarkophage, die in zwei Reihen zu seiten des übergroßen Schreins angeordnet sind. Der Raum ist mit unterschiedlichsten Fayencen ausgekleidet, deren Farbenpracht und Mustervielfalt beeindruckend ist. Die Gebetsnische fällt wegen ihrer kompositorischen Geschlossenheit und der Feinheit der farbigen Muster besonders ins Auge.

Auf dem Weg nach Konya führt etwa 7 km östlich von Beyşehir ein kleiner Abstecher in das Dorf **Bayındır**, in dem eine sehenswerte Holzmoschee aus dem 14. Jh. mit einem Steinminarett steht. Die Hauptstraße nach Konya folgt dem alten Karawanenweg von Beyşehir über Konya nach Kayseri. Bauliche Überreste einiger Karawansereien sind in der näheren Umgebung zu finden. Bei dem Ort Kızılören, der in 1550 m Höhe rechts der Hauptstraße liegt, steht die rote Ruine des **Kızılören Hanı**, 1205 unter dem Seldschukensultan Keyhüsrev I. begonnen. Die typisch rechteckige Form einer Karawanserei wurde hier nicht eingehalten: Der vordere Teil ist breiter angelegt als der hintere. Die Fassade dieses Han umfaßt zwei Stockwerke.

Etwa 6 km östlich, 200 m abseits auf einem Hügel, ist der **Kuruçeşme Hanı**, der ›Han mit dem trockenen Brunnen‹, auszumachen, den ebenfalls Keyhüsrev I. zwischen 1204 und 1210 errichten ließ. Die Eingangswand und das linke Schiff sind noch erhalten.

Am Stausee von Altınapa konnte man früher noch die Reste der Altınapa-Karawanserei aus dem Jahr 1201 sehen, die heute jedoch bis auf einen kleinen Teil in den Fluten des aufgestauten Flusses versunken sind. Von hier sind es noch etwa 15 km bis Konya.

Konya und Umgebung

Konya

Konya, einst Zentrum des Seldschukenreiches und Heimat des Ordens der ›Tanzenden Derwische‹, ist heute Hauptstadt der größten türkischen Provinz, die ein Gebiet von 51 000 km² umfaßt und damit größer als das Staatsgebiet der Schweiz oder der Niederlande ist. Mit rund einer halben Million Einwohnern ist Konya die siebtgrößte Stadt der Türkei. Sie liegt in 1024 m Höhe am Westrand der großen inneranatolischen Trockensteppe vor dem Anstieg in die Gebirgszüge des alten Isaurien. Aufgrund der schon in osmanischer Zeit (1896) begonnenen umfangreichen Bewässerungssysteme des ›Çumra-Projekts‹ (s. S. 217f.) wird sie heute von einem fruchtbaren, landwirtschaftlich genutzten Grüngürtel umgeben, in dem vornehmlich Getreide – insbesondere Weizen – angebaut wird. Außerdem gedeihen Zuckerrüben, Obst und Gemüse sowie Flachs und Mohn. In geringerem Umfang hat sich um die Stadt herum auch Industrie angesiedelt, so z. B. eine Zuckerfabrik. Konya selbst jedoch ist eine Stadt des Handels und Gewerbes, wovon der ausgedehnte Basar ein beredtes Zeugnis abgibt. Die Teppichknüpferei stellt einen wichtigen Wirtschaftsfaktor dar. Besonders aber fördern Pilgerfahrt und Tourismus die Entwicklung der Stadt.

Konya gilt als besonders religiös und konservativ. So setzten die Studentinnen der dortigen Universität durch, daß sie während der Vorlesungen ihre Kopftücher tragen können, was in der Türkei in öffentlichen Gebäuden an sich gesetzlich verboten ist, heute jedoch zögernd hingenommen wird. Zahlreiche Pilger prägen auf ihrer Wallfahrt zum Grab des Mevlâna das Stadtbild. Auch traditionelle Lebensformen sind hier mehr als anderswo in Zentralanatolien im öffentlichen Leben zu beobachten: Die Lokale schließen sehr früh, und Alkohol wird fast nirgends ausgeschenkt.

Konya ☆☆
Besonders sehenswert:
Alâeddin Camii
Karatay Medresesi
Mevlâna-Kloster

Stadtgeschichte

Schon im 3. Jt. v. Chr. war das Gebiet um das heutige Konya wegen der natürlichen Wasserreserven besiedelt. In der Folgezeit lebten hier Hethiter und Phryger, denen Assyrer, Lyder und Perser folgten. Der Alâeddin-Hügel im Zentrum der Stadt war der Ort der alten Siedlung. Konya, das alte Iconium, teilte in hellenistischer Zeit das Schicksal zahlreicher Städte in Kleinasien, kam unter pergamenische, dann unter römische Herrschaft und wurde schließlich von König Mithridates von Pontus besetzt. Das Christentum hielt schon früh Einzug. Paulus und Barnabas hatten hier um das Jahr 50 ihre missionarische Tätigkeit aufgenommen, und schon bald bildete sich eine christliche Gemeinde. Am Ende des 3. Jh. wurde Iconium Bischofssitz, was es bis 1922 blieb. Der zunehmende Wohlstand von Iconium als Hauptstadt der Provinz Lyakonien wurde gebremst

◁ *Stadtsilhouette von Konya*

Konya und Umgebung

durch eine Pestepidemie im 6. Jh. und durch die Einfälle der Araber, die die Stadt im 8./9. Jh. plünderten. Nach der Schlacht von Manzikert im Jahr 1071, in der das byzantinische Heer vernichtet wurde, war Kleinasien dem türkischen Zugriff wehrlos ausgeliefert; die Seldschuken nahmen Iconium ein. Am Ende des 11. Jh. wurde Konya Hauptstadt des Sultanats von Rum. Kaiser Friedrich I. belagerte 1190 während des Dritten Kreuzzuges die Stadt und besetzte sie bis auf die Zitadelle, in die sich der Seldschukensultan Kılıç Arslan II. zurückgezogen hatte. Kaiser und Sultan einigten sich: Die Kreuzfahrer hoben die Belagerung auf, die Seldschuken ihrerseits versorgten das Kreuzfahrerheer für den Weiterzug nach Osten.

Nach den Ereignissen von 1190 wurde Konya zur prächtigen Hauptstadt ausgebaut. Ihre Glanzzeit erlebte sie unter dem bedeutendsten Sultan der Seldschuken, Alâeddin Keykûbat I. (1219–36). In dieser Zeit wurden die beeindruckendsten Bauten der seldschukischen Kunst errichtet, die Alâeddin-Moschee, der Sultanspalast und insbesondere die mit 108 Türmen bewehrte Stadtmauer, die heute allerdings nicht mehr erhalten ist, von der jedoch Skulpturfragmente in der İnce Minare Medresesi zu sehen sind. Konya entwickelte sich zu einem wirtschaftlichen, vor allem aber religiösen Zentrum und galt als weltoffene Stadt. Orthodoxe Griechen, Armenier und Juden lebten gleichberechtigt neben den türkisch-islamischen Seldschuken. In dieser von Toleranz geprägten Atmosphäre konnte sich das Wirken des bedeutendsten islamischen Mystikers Celâleddin Rûmi, des Mevlâna (1207–73), segensreich entfalten. Im Jahr 1243 ging die Macht an die Mongolen über, die nach der Schlacht am Köşe Dağı zunächst allerdings nur als nominelle Herrscher auftraten. Die Folgezeit war trotz der großen Leistungen der Großwesire Karatay und Sahip Ata eine Epoche des Niedergangs.

Konya
1. *Alâeddin Camii*
2. *Palast Alâeddin Keykûbats I.*
3. *Karatay Medresesi*
4. *İnce Minare Medresesi*
5. *französische Kirche*
6. *Sırçalı Medrese*
7. *Hasbey Darülhüffazı*
8. *Sahip Ata Külliyesi*
9. *Archäologisches Museum*
10. *Alte Post*
11. *Hükümet Binası (Bezirksverwaltung)*
12. *Iplikçi Camii*
13. *Şerefeddin Camii*
14. *Şems-i Tebrisi Camii*
15. *Aziziye Camii*
16. *Selimiye Camii*
17. *Mevlâna-Kloster*

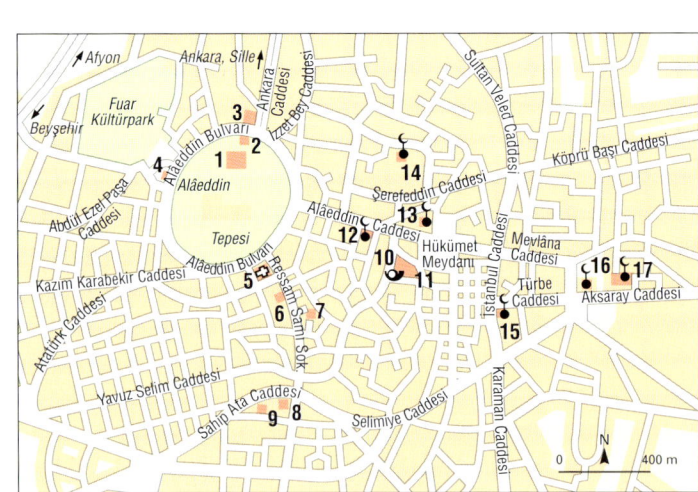

Nach der Ermordung des letzten Seldschukensultans Alâeddin III. im Jahr 1307 übernahmen die Mongolen auch die direkte Herrschaft über Anatolien. Zuvor waren auf ehemals seldschukischem Gebiet infolge des Eindringens turkmenischer Stämme neue Staatsgebilde, die Emirate, entstanden. Schon 1277 war Konya von den Karamaniden besetzt worden, die dann 1320 ihren Hauptsitz hierher verlegten und die Stadt zum Zentrum ihres Emirats machten. Nach wechselvoller Geschichte fiel Konya 1466 an die Osmanen, teilte von nun an das Schicksal der anderen zentralanatolischen Städte und wurde provinziell. Naturkatastrophen und Feuersbrünste waren weitere Faktoren für ihren Niedergang. Erst um die Wende zum 20. Jh. kam durch den Anschluß an die Eisenbahn (1896) und infolge der im gleichen Jahr begonnenen Bewässerungsprojekte wieder Leben in die Stadt.

Rundgang

Es bietet sich an, die Stadtbesichtigung in zwei Abschnitte zu gliedern: Der eine umfaßt die Bauten und Sehenswürdigkeiten um den Zitadellenhügel und erstreckt sich bis zum Archäologischen Museum, der andere schließt das Mevlâna-Kloster und die Moscheen und Bauwerke an der Alâeddin Caddesi ein.

Rund um den Alâeddin-Hügel

Auf dem Alâeddin-Hügel stand einst die Zitadelle von Iconium. Heute ist er als Parkanlage gestaltet, in der sich auch das Offizierskasino befindet. Der Hügel wird beherrscht von der **Alâeddin Camii** (1), die zu den Meisterwerken der seldschukischen Architektur zählt. Unter Sultan Mesud I. im Jahr 1155 begonnen, wurde der Bau unter seinen Nachfolgern Kılıç Arslan II. und Keyhüsrev I. fortgeführt und 1221 unter Alâeddin Keykûbat I. vollendet. Der letzte Baumeister, der die Moschee nach fast 70 Jahren fertigstellte, war Mohammad Ibn Kaulan, ein Architekt aus Damaskus. Der trapezförmige Grundriß, der durch ständige Änderungen und Erweiterungen entstand, ist Ausdruck dieser langen Bauzeit.

Der nördlich vorgelagerte Hof ist von einer hohen Mauer umgeben; zwei Eingangsportale führen ins Innere. Das prunkvolle Haupttor im Osten ist mit sich überschneidenden Bögen aus weißem und grauem Marmor geschmückt, die Einflüsse aus Syrien erkennen lassen. Die Alâeddin Camii gliedert sich in drei Teile: Die siebenschiffige Gebetshalle im Osten, der älteste Bauabschnitt, ist mit einer flachen Holzbalkendecke überdacht. 42 Säulen mit antiken Kapitellen, durch Bögen verbunden, tragen das Dach. Unter Sultan Kılıç Arslan II. wurde diese Gebetshalle durch einen überkuppelten Raum erweitert, in dem sich der Mihrab und die Freitagskanzel befinden. An der Mimber sind die Inschriften der Sultane Mesud I. und Kılıç Arslan II.

Die großen Vorbilder der Alâeddin Camii waren die Große Moschee von Damaskus, die Ibn-Tulun-Moschee in Kairo und die Moschee von Cordoba

Konya und Umgebung

Kiosk am Palast des Alâeddin Keykûbat

erhalten, ebenso der Name des ersten Baumeisters, Mengüberti aus Ahlat. Die im Jahr 1155 aus Ebenholz gearbeitete Freitagskanzel zählt zu den wertvollsten Arbeiten seldschukischer Holzschnitzkunst. In der Rahmung der Gebetsnische, die in der heutigen Form aus dem Jahr 1891 stammt, und im Übergang zur Kuppel sind noch Reste des ursprünglichen Fayenceschmucks aus blauen und schwarzen Mosaiksteinen erhalten. An diesen zentralen Raum schließt sich westlich eine dreischiffige Gebetshalle an.

Im Hof der Moschee stehen zwei Türben. Die zehneckige Türbe des Sultans Kılıç Arslan II., erbaut von dem syrischen Architekten Yusuf Ibn Abd al-Gafar, wurde aus sorgfältig behauenen Steinquadern errichtet und trug früher ein pyramidenförmiges Dach. Doppeltreppen führen zum Eingang hinauf, dessen Rundbogennische mit eingelassenen Säulen und geometrisch gemustertem Rahmen verziert ist. Im Inneren sind acht Kenotaphe unterschiedlicher Größe aufgestellt. Man vermutet in ihnen die Grabsteine der ersten acht Sultane der Seldschuken. Vier der Kenotaphe tragen weiße Inschriften auf kobaltblauem Fayenceuntergrund mit den Namen der Sultane Süleyman (1072–1107), Kılıç Arslan II. (1155–92), Keyhüsrev I. (1192–96) und Mesud I. (1116–56 und 1204–10). Die andere, unvollendete Türbe wurde im Jahr 1219 für den Bruder Alâeddin Keykûbats I., Izzeddin Keykâvus I., errichtet.

Unterhalb der Moschee stehen die Reste des ehemaligen Palastes, die heute von einem zeltartigen Betondach geschützt werden. Heute ist von dem **Palast Alâeddin Keykûbats I.** (2) nur noch eine Mauerecke erhalten. Der Balkon des oberen Stockwerkes, dessen Stützen mit Muqarna-Elementen versehen sind, ist ansatzweise zu erkennen. Die Reisenden des 19. Jh., Charles Texier und Ferdinand Sarre, beschrieben die Anlage noch als gut erhaltenes zweigeschossiges Gebäude. Der Zitadellenhügel war von einer Mauer umgeben, die im Abstand von jeweils ca. 40 m über insgesamt 108 Steintürme verfügte. Die Burg hatte die Form eines Fünfecks, und eine Inschrift aus dem Jahr 1214 deutet darauf hin, daß sie ihre endgültige Gestalt in der Blütezeit des seldschukischen Reiches erhielt. Noch in den ersten Jahren des 19. Jh. konnte der Franzose Alexandre de Laborde detaillierte Zeichnungen der Zitadelle anfertigen. Auch Texier hielt in seinen Stahlstichen den großartigen Anblick der Tore fest; Teile des Reliefschmucks sind in der İnce Minare Medresesi ausgestellt.

Nördlich der den Alâeddin-Hügel einfassenden Ringstraße, des Alâeddin Bulvarı, steht die **Karatay Medresesi** (3), eines der schönsten Beispiele seldschukischer Architektur. Sie wurde im Jahr 1251 von dem Großwesir Celâleddin Karatay gestiftet. Heute wird die ehemalige Koranschule als Fayencenmuseum genutzt, was naheliegend war, da das Innere mit kunstvollen Fayencemustern geschmückt ist. Man betritt die Medrese durch ein Eingangstor, das wie das Tor der Alâeddin-Moschee mit verflochtenen Halbbögen und geometrisch gestalteten Steinbändern aus farblich unterschiedli-

Großwesir Celâleddin Karatay war während der nominellen Oberhoheit der Mongolen der überragende Staatsmann und verstand es, unter der Herrschaft dreier Sultane die Macht des seldschukischen Staates weitgehend zu erhalten

Die Karatay-Medrese

chem Marmor gestaltet ist. Syrische Elemente im oberen Teil und die Verwendung byzantinischer Motive im unteren Portalbereich verbinden sich mit typisch seldschukischen Architekturelementen wie der Muqarna-Nische aus verzargten Kragsteinen zu einem Gesamtkunstwerk von großer Ausstrahlung.

Die zentrale Kuppel wird getragen von sogenannten türkischen Dreiecken, einer fächerförmig angeordneten Übergangszone zwischen dem quadratischen Grundriß und der Kreisform des Kuppel-

Seldschukische Fliesen in der Karatay-Medrese

ansatzes. Hier sind in eckiger kufischer Schrift die Namen der Propheten und der rechtmäßigen Kalifen verzeichnet. Die Kuppel selbst, deren Durchmesser mehr als 12 m beträgt, ist mit Motiven in unterschiedlichen Blautönen gestaltet, und vielzackige Sterne symbolisieren das Firmament. Unterhalb des Kuppelbogens verläuft ein Schriftband mit der Fâtiha (*al Fatah* = der Sieg), der 48. Sure des Koran. Ursprünglich war die Kuppel geöffnet. Unterhalb der Öffnung befand sich ein quadratisches Wasserbecken, das von einem labyrinthartigen Zulauf gespeist wurde.

Die Karatay Medresesi stellt den klassischen Typ einer Zentral-Medrese dar: Um den zentralen Raum mit der Kuppel gruppieren sich die wesentlichen Funktionsbereiche einer Koranschule, der Eyvan als Aula und die vier überkuppelten Räume, in denen die vier orthodoxen Rechtsauslegungen des Koran unterrichtet wurden. In der Regel befand sich in einem der Nebenräume das Grab des Stifters. An den Längsseiten, ein- oder zweigeschossig, lagen die Wohnräume der Schüler, bisweilen auch die der Lehrer. Der Kenotaph des Gründers Celâleddin Karatay befindet sich im hinteren überkuppelten Raum der Medrese. Im Hauptraum des Museums sind Fayencen aus seldschukischer und osmanischer Zeit ausgestellt. Von besonderem Wert sind die in den Nebenräumen gezeigten Fayencen aus dem Sommerpalast von Kubadabad. Wegen ihres figürlichen Schmucks und ihrer spezifischen Stern- und Kreuzform stellen sie eine Besonderheit in der islamischen Fayencekunst dar. Die Kacheln sind in Lüstertechnik und Unterglasurmalerei gefertigt. Die figürlichen Darstellungen von Drachen, Löwen, Adlern und Sphingen verraten persische und innerasiatische Einflüsse.

Folgt man der Ringstraße nach Westen, dann erreicht man nach ca. 300 m die **İnce Minare Medresesi** (4), zwischen 1260 und 1265 erbaut und von dem Großwesir Sahip Ata gestiftet. Das mit Ziegeln und Fayencefliesen verkleidete Minarett, das der Medrese ihren Namen gab, war ursprünglich erheblich höher und wirkte sehr schlank (*ince*). Durch einen Blitzschlag im Jahr 1901 wurde der obere Teil zerstört. Sehenswert ist vor allem das reich ornamentierte Portal aus spätseldschukischer Zeit. Zwei hochreliefierte Schriftbänder, die den inneren Teil des Portals dominieren, umschlingen sich am Scheitelpunkt über der Tür, streben dann nach oben, wo sie sich erneut kreuzen. Das aus rotem Sandstein errichtete Portal ist reich mit geometrischen Ornamenten, Flechtbändern, Palmetten und stark herausgehobenen Pflanzenmotiven in den Zwickeln verziert. Die ehemalige Koranschule, in der vor allem die Aussprüche des Propheten, die *hadith*, gelehrt und ausgelegt wurden, ist heute ein Museum für seldschukische Skulpturen und Holzschnitzarbeiten. Der Grundriß der Medrese ist mit dem der Karatay Medresesi eng verwandt. Die schlichte Kuppel wird durch ein Inschriftenband in kufischer Schrift vom Tambour abgegrenzt. Im Eyvan sind die Reliefs der schwebenden Engel zu sehen, die ehemals am Lanrende-Tor der seldschukischen Zitadellenmauer angebracht waren. Daneben steht der doppelköpfige Adler des Sultanstors. Löwenplastiken, Tierreliefs und mythische Darstellungen vervollständigen die Sammlung. Eine Reliefplatte fällt besonders ins Auge: Es wird ein Herrscher dargestellt, der auf einem Klappstuhl sitzt und auf seiner rechten Hand einen Falken trägt; mit der anderen berührt er das Kinn eines Höflings. Das Relief zeigt, daß auch bei den Seldschuken Falkenzucht und -jagd wie bei den Herrschern des christlichen Mittelalters eine beliebte Beschäftigung war. Kaiser Friedrich II. von Hohenstaufen hatte etwa zur gleichen Zeit wie Alâeddin Keykûbat I. ein Buch über die Falkenzucht verfaßt und darüber mit dem seldschukischen Sultan eine Korrespondenz geführt. Weitere Fragmente aus der Zitadelle von Konya und den Sultanspalästen sind geflügelte Genien mit langen geflochtenen Zöpfen und Kronen sowie geflügelte Sirenen mit in Spiralen auslaufenden Schwänzen. Diesen magischen Geschöpfen wurden übernatürliche Kräfte zugeschrieben, die sie befähigten, die Stadt vor drohendem Unheil zu beschützen. Neben den Steinreliefs bietet das Museum eine reiche Sammlung

Das Portal der İnce Minare Medresesi

Konya und Umgebung

Hof der Sırçalı-Medrese

von Holzschnitzarbeiten, die bis in die osmanische Zeit reichen. Besondere Aufmerksamkeit verdient der geschnitzte Fensterflügel aus der Eşrefoğlu-Moschee in Beyşehir mit seinen Pflanzen- und Tiermotiven und den geschnitzten Inschriften. Die Tür der Hasbey Mescidi von Konya aus dem Jahr 1421 ist ein weiteres Prunkstück der Sammlung.

Etwa 200 m südlich des Zitadellenhügels – man biegt vom Alâeddin Bulvarı an der **französischen Kirche** (5) rechts ab – liegt an der Ressam Samı Sokağı die **Sırçalı Medrese** (6) aus dem Jahre 1242, die ihren Namen wegen des reichen Fayencedekors trägt (*sırçalı* = glasiert). Sie wurde von dem Wesir Badreddin Muslih während der Regierungszeit des Sultans Giyaseddin Keyhüsrev II. errichtet. Der Grundriß dieser Medrese verkörpert den klassischen Stil der längsgerichteten Medrese mit offenem Hof, der auf den alles dominierenden Eyvan ausgerichtet ist. Zu beiden Seiten des Hofes liegen hinter Arkadengängen in zwei Stockwerken die Räume der Schüler. Man betritt den Hof durch ein eindrucksvolles, mit Flechtwerk geschmücktes Portal. Auf der rechten Innenseite des Tors führt eine Steintreppe zum Grabraum des Stifters. Dem Tor gegenüber liegt der große Eyvan, an dem noch Reste des einst reichen Fayenceschmucks zu sehen sind. An den Schmuckbändern lassen sich besonders gut die unterschiedlichen Formen der sogenannten zweilappigen Blüte studieren, die ein zentrales Motiv in der seldschukischen Kunst ist. Heute werden in der Medrese Grabsteine aus seldschukischer und osmanischer Zeit ausgestellt.

Südöstlich des Zitadellenhügels und wenige Schritte von der Sırçalı-Medrese entfernt steht das 1421 erbaute **Hasbey Darülhüffazı** (7), ein Krankenhaus, das in der Zeit der Karamaniden vom Sohn des Hacı Hasbey erbaut, später als Medrese genutzt wurde und heute als Heim für Koranrezitatoren dient. Leider kommt der kleine Bau zwischen den ihn umgebenden hohen Wohnhäusern kaum zur Geltung. Er ist von einer Ziegelkuppel überdacht, die die von außen sichtbaren Pententifdreiecke stützen. Die Westfassade ist mit verzierten Marmorplatten verkleidet, und auch der Portalschmuck ist – allerdings nur im unteren Bereich – erhalten. Gebetsnische und Teile der Pendentifs tragen noch Fayenceschmuck.

Folgt man der Ressam Samı Sokağı, erreicht man nach etwa 400 m die Sahip Ata Caddesi und stößt hier auf das Portal der **Sahip Ata Külliyesi** (8). Durch dieses Portal gelangt man in den Moscheebezirk, der heute nur noch in Teilen erhalten ist. Er wurde von dem bedeutenden Wesir Sahip Ata gestiftet und 1258–83 erbaut. Von der ursprünglichen Holzsäulenmoschee ist nur noch der Mihrab mit seiner reich mit Fayencemosaiken geschmückten Muqarna-Nische erhalten. Heute steht anstelle der alten Moschee ein flacher Hallenbau. Von den Külliyebauten kann noch das restaurierte und wieder in Betrieb genommene Hamam, das Bad, besucht werden. Das besonders reich im Stil des ›seldschukischen Barock‹ dekorierte Eingangsportal wird von zwei minarettähnlichen Türmen flankiert, deren Schmuck im Wechsel von unglasierten und glasierten Ziegeln besteht.

Neben der Sahip Ata Külliyesi liegt das Areal des **Archäologischen Museums** (9), das eine Fülle von Objekten von der neolithischen bis zur byzantinischen Zeit umfaßt. Das Kernstück bilden die guterhaltenen römischen Sarkophage, die in der Haupthalle des Museums ausgestellt sind. Sie gehören dem sogenannten Sidamara-Stil an und sind aus dem in der Antike berühmten Marmor von Dokimeion (İscehisar) hergestellt. Beachtenswert ist vor allem der berühmte Herakles-Sarkophag, der erst 1958 bei dem Dorf Yunuşlar

Der Herakles-Sarkophag im Archäologischen Museum

an der Straße von Konya nach Beyşehir gefunden wurde. An den Längsseiten sind die zwölf Taten des Herakles dargestellt.

Der Halbgott Herakles, Sohn des Zeus und der Alkmene, war der bedeutendste griechische Heros, Retter, Schutzpatron und Kulturbringer; er ist die Personifikation von Kraft, Mut und Tapferkeit. Er befreite u. a. Prometheus, beteiligte sich am Kampf der Götter gegen die Giganten und festigte durch die zwölf Taten im Dienste des Königs Eurystheus die göttliche Ordnung auf Erden. An der dem Eingang zugewandten Längsseite des Sarkophags beginnt die Darstellung der Taten in chronologischer Reihenfolge mit der Erwürgung des Nemeischen Löwen. Es folgen die Tötung der Hydra, das Einfangen der Kerynitischen Hirschkuh, die der Artemis geweiht war, sowie des Erymanthischen Ebers und die Tötung der Stymphalischen Vögel. Auf der Schmalseite wird das Treffen mit der Amazonenkönigin Hippolyte und das Ausmisten der Augias-Ställe geschildert. Auf der anderen Längsseite sieht man die Bändigung des Minotaurus und der Rosse des Königs Diomedes, die Erbeutung der Rinder des Riesen Geryoneus, das Eindringen in den Hades und die Entführung des Cerberus und schließlich die Gewinnung der Äpfel der Hesperiden. Diese zwölf Taten, die die zwölf Tierkreiszeichen versinnbildlichen, kennzeichnen den Weg des Sterblichen zur Unsterblichkeit. Die Attribute des Herakles sind die Keule und das Fell des Nemeischen Löwen. Neben diesem Beispiel großartiger spätantiker Sarkophagkunst befinden sich noch zwei Säulensarkophage mit Girlanden im Hauptraum des Museums. Auch sie sind exzellente Beispiele römischer Kunst aus dem 3. Jh. n. Chr.

Rund um den Hükümet Meydanı

Der Hükümet Meydanı ist ein modern gestalteter Platz mit einem unterirdischen Basar, in dem hauptsächlich Juweliere ihre Waren verkaufen. An diesem zentralen Platz der Stadt kann der zweite Teil des Stadtrundgangs beginnen. Die **alte Post** (10) wurde 1926 im neo-osmanischen Stil von dem Architekten Falih Ülkü erbaut, der die Tradition des 19. Jh. wieder aufgegriffen hat. Daneben, ebenfalls in historisierender Manier, steht das Gebäude der Bezirksverwaltung, das **Hükümet Binası** (11). Beim Bau des Gebäudes sind Teile der ehemaligen Zitadellenmauer wiederverwendet worden. Geht man von der Post in Richtung Zitadellenhügel, dann erreicht man nach wenigen Schritten die links an der Alâeddin Caddesi liegende **Iplikçi Camii** (12). Der Moscheebau, der eher an eine Karawanserei erinnert, ist eines der ältesten seldschukischen Bauwerke der Stadt. Er wurde 1201 unter dem Sultan Rukneddin Süleymanşah als ein einfacher rechteckiger Ziegelbau mit zwei ovalen und einer runden Kuppel errichtet. Die reich ornamentierte Gebetsnische aus osmanischer Zeit ist sehenswert. 1953–59 diente die Moschee als Museum für Klassische Kunst, wurde dann jedoch wieder in eine Moschee umgewandelt. Der Bau in seiner renovierten Gestalt fällt durch seine

Die Iplikci Camii ist die älteste Moschee der Stadt

nahezu schmucklose und wuchtige Außenfassade auf. Das Dach wird von zwölf mächtigen ›Elefantenfuß‹-Säulen gestützt. Die zur Külliye gehörende **Altun Baba Medresesi**, von der nur noch Reste der Kuppel erhalten sind, war im 13. Jh. die größte der Stadt; hier lehrten Mevlâna und sein Vater während der ersten Jahre ihres Aufenthalts in Konya.

Links des Hükümet Meydanı steht die ins Auge fallende **Şerefeddin Camii** (13), die im klassischen osmanischen Stil einer Kuppelmoschee 1636 auf den Fundamenten eines Vorgängerbaus errichtet wurde, der wiederum aus der Mitte des 13. Jh. stammte und von Şerefeddin Mesud gestiftet worden war. 1636 errichtete Memi Bey den heutigen Bau auf den verfallenen Resten der alten Moschee. Nur an der Außenfassade erkennt man noch Reste der seldschukischen Fayencen. Die Kuppel ruht auf sechs Säulen, und der Haupteingang ist durch Stalaktitengewölbe betont. Nördlich hinter der Şerefeddin Camii liegt die **Şems-i Tebrisi Camii** (14), Moschee und Türbe von Şemseddin aus Täbris, des geistigen Führers von Celâleddin Rûmi. Der Raum der Moschee diente den Derwischen als Tanzraum.

Vom Hauptplatz aus gelangt man auf der Alâeddin Caddesi direkt zum Klosterbezirk des Mevlâna. Es lohnt sich jedoch, einen Abstecher nach rechts zur **Aziziye Camii** (15) zu machen. Ihr auffälliges Äußeres wird von zwei eher untypischen, dem persischen Bautyp entlehnten Minaretts mit überdachten Gondeln bestimmt. Ursprünglich 1676 erbaut, wurde sie in den Jahren 1867–74 nach einem Brand im Auftrag von Sultan Abdülarin neu errichtet. Das Innere der Einkuppelmoschee besticht durch seine Helligkeit, die großen Fenster und die barockale Ausmalung. Das Monogramm des Sultans (Tuğra) befindet sich über dem Westtor, die Bauinschrift über dem Osttor.

Rokoko-Minarett der Aziziye-Medrese

Am Ende der Alâeddin Caddesi und vor dem Mevlâna-Kloster liegt der schönste Moscheebau aus osmanischer Zeit, die **Selimiye Camii** (16). Sultan Selim II. ließ sie während seiner Zeit als Statthalter von Konya errichten. Die von zwei Minaretts flankierte Moschee ist nach den strengen Regeln der hochosmanischen Architektur, der Schule Sinans, gebaut. 1567, ein Jahr nach der Thronbesteigung Selims, wurde die Moschee fertiggestellt. Ob sie, wie bisweilen berichtet wird, von Sinan erbaut oder der Bau von ihm geleitet wurde, ist nicht geklärt. Die Zentralkuppel mit einem Durchmesser von 12 m ruht auf einem hochaufragenden quadratischen Baukörper, dessen Vorhalle mit sieben Kuppeln von sechs Säulen gestützt wird. Das Haupttor ist durch eine Stalaktitennische betont. Besondere Zeugnisse der osmanischen Blütezeit sind die Gebetsnische und die Freitagskanzel.

Das Mevlâna-Kloster

Neben der Selimiye-Moschee liegt der Komplex des **Mevlâna-Klosters** (17), der bedeutendste Bau der Stadt. Er ist bis heute – obwohl 1927 in ein Museum umgewandelt – das Ziel Tausender frommer

Konya und Umgebung

> »Sucht mein Grab nicht in der Erde, sondern in den Seelen derer, die mich von ganzem Herzen verlangen.«
> Celâleddin Rûmi

Muslims, die zum Zentrum des 1925 verbotenen Ordens der ›Tanzenden Derwische‹ (Mevlevi) pilgern. Hier liegt das Grab des Celâleddin Rûmi, des großen Mystikers, Dichters und Philosophen, der die grundlegenden Ideen des Ordens in seinen umfangreichen Schriften formulierte. Die Wallfahrt zur ›Kaaba der Türken‹ kann die im Koran vorgeschriebene Wallfahrt nach Mekka ersetzen.

Die Gründung des Ordens ist eng mit der Geschichte Rûmis verknüpft und exemplarisch für die Ordensbildung des islamischen Mittelalters: Das 12./13. Jh. war für Anatolien eine Zeit tiefgreifenden politischen, kulturellen und religiösen Wandels. Durch den Einfall türkischer Völker in das bis dahin christlich geprägte Kleinasien und mit der Bildung türkischer Staaten veränderte sich der Charakter dieses Raumes grundlegend. In dieser Zeit des Umbruchs entstanden bedeutende religiöse Orden, von denen drei besonderen Einfluß auf die geistige und religiöse Entwicklung Kleinasiens nahmen: der Bektaşi-Orden, der Mevlevi-Orden und die Ahi-Bruderschaften. Sie alle hatten ihren Ursprung im **Sufismus**, einer mystischen Bewegung, die schon in der Frühzeit des Islam entstand. Der Begriff *sufi* bezeichnet das braune Wollgewand der wandernden Bettelmönche. Besitzlosigkeit und Weltverachtung waren der Kern sufischer Lebensführung, ähnlich wie bei den Bettelorden des christlichen Mittelalters. Im Lauf der Zeit entwickelte sich der Sufismus von einer Religion der Elite zu einer in allen Bevölkerungsschichten verbreiteten Bewegung. Da die Anhängerschaft rasch zunahm, wurde eine adäquate Organisation notwendig, was in Zentralanatolien zu Beginn des 12. Jh. zur Gründung der Orden führte. Es entstanden zunächst kleine Konvent, Tekken, zu denen eine Moschee und Räume für die Derwische gehörten. Die Orden umfaßten Personen aus allen sozialen Schichten; die Verbindungen der Bruderschaften zu Kaufleuten und Handwerkergilden bis hin zu den militärischen Führungsschichten sicherten ihnen den Einfluß auf das gesellschaftliche und politische Leben ihrer Zeit. Mit der Auflösung des Seldschukenreiches und den folgenden blutigen Kämpfen der Emirate, die zu einem Niedergang der türkisch-anatolischen Zivilisation führten, waren es dank des sozialen und ökonomischen Einflusses vor allem die Ahis und die Bektaşi, die die islamisch-türkische Kultur aufrechterhielten und zu ihrer Entfaltung im sich konstituierenden Osmanischen Reich beitrugen.

Der bei uns wohl bekannteste Orden sind die ›Tanzenden Derwische‹, der Mevlevi-Orden. Im Gegensatz zum Bektaşi-Orden, der seinen Rückhalt vor allem bei Volk und Militär hatte, war der Mevlevi-Orden in Oberschicht und Kunst angesiedelt. Begründet wurde er von Celâleddin Rûmi in Konya, den seine Anhänger ›Maulana‹ oder ›Mevlâna‹ (›Unser Meister‹) nannten. Die Mevlevi hatten ihre eigene Tracht. Sie trugen ein weißes, ärmelloses Gewand, eine Jacke mit weiten Ärmeln, einen Gürtel und einen schwarzen Überwurf *(hirqa)*, der vor dem Tanz abgelegt wurde. Auf dem Kopf trugen sie eine hohe Filzmütze, die manchmal am unteren Rand mit einem Turbantuch

Das Mevlâna-Kloster ▷ mit der dominierenden grünen Grabtürbe

Konya und Umgebung

umwickelt war. Diese charakteristische Mütze ist zum Emblem des Ordens geworden. Zu Lebzeiten des Ordensgründers hatte der Orden keine festen Regeln oder Organisationsformen; selbst die genauen Vorschriften für den Tanz wurden erst später erlassen. Der Sohn Mevlânas, Sultan Veled (1226–1312), führte nach dem Tod seines Vaters ein genau festgelegtes Ritual ein. Seine endgültigen Regeln erhielt der Orden der Mevlevi erst am Ende des 15. Jh.

Der **Mevlâna** wurde im Jahr 1207 in Balch, im türkischen Sultanat von Chorasan, geboren. 1212 mußte die Familie Balch verlassen. Auf der Flucht vor den Mongolen erreichte sie nach einem mehrjährigen Aufenthalt in Bagdad Anatolien, wo sie sich schließlich in Larende, dem heutigen Karaman, niederließ. Der Vater Mevlânas, ein bedeutender Gelehrter seiner Zeit – ihm wurde in Karaman sogar eine nur ihm vorbehaltene Medrese gebaut –, hielt sich sieben Jahre in Larende auf, bis er auf Einladung des Seldschukensultans Alâeddin Keykûbat I. nach Konya übersiedelte. Hier wurde Celâleddin Rûmi Schüler des bedeutenden Mystikers Burhaneddin Termizi, bei dem er neun Jahre studierte. Nach weiteren Studien in Aleppo und Damaskus lehrte er selbst in Konya. Die Begegnung mit dem Wanderderwisch Şemseddin aus Täbris im Jahr 1244 löste eine tiefgreifende Veränderung in seinem Leben aus: In der erotisch-mystischen Vereinigung mit Şemseddin erfuhr der Mevlâna seine Erfüllung. Şemseddin öffnete ihm den Blick für die Zusammenhänge des durch die Liebe Gottes wesenhaft bestimmten Seins. Er war über Jahre der Mensch, der Celâleddin Rûmi im geistigen Sinne beherrschte. Die Söhne und Anhänger des Mevlâna feindeten ihn deswegen zunehmend an, und 1245 floh Şemseddin nach Damaskus.

»Sei nicht ohne Liebe, damit du nicht unlebendig wirst, stirb in der Liebe, damit du am Leben bleibst.«
Celâleddin Rûmi

Mevlâna, der die Trennung nicht ertragen konnte, ermöglichte schließlich seine Rückkehr, doch eine erneute Verschwörung führte dann 1247 zu dem geheimnisvollen Verschwinden von Şemseddin, das Mevlâna in die tiefste Verzweiflung stürzte. Nach langer Zeit des Suchens fand er Şemseddin in sich selbst wieder. Er begann wie andere Mystiker an die Idee der Identifizierung mit dem mystisch geliebten Wesen zu glauben und erkannte die zentrale Rolle der Musik und des Tanzes *(sema)*. Er entwickelte auf dieser Grundlage das allein auf Gott bezogene Gebet *(dikr);* Tanz und Gebet wiesen ihm den Weg zur *unio mystica*, zur Vereinigung mit Gott.

Bei den religiösen Versammlungen drehten sich die Derwische in festgelegten Bewegungen mit ausgestreckten Armen, wobei die rechte Hand nach oben, die linke nach unten geöffnet war, Gesten, die das Nehmen von Gott und das Weitergeben an die Menschen symbolisieren. Für Mevlâna war dies der Weg des Ich zur Vereinigung mit der allumfassenden Liebe Gottes, als dessen Spiegelbild und Teil er sich fühlte. So erfuhr er die vereinende Kraft der Toleranz, in der die gesamte Schöpfung einbezogen war. Unterschiede zwischen den Religionen gab es für ihn nicht mehr. In seiner Erfahrung der mystischen Liebe vereinte er das Trennende und wandte sich gegen jede Sektenbildung.

Das Mevlâna-Kloster

Wallfahrtsstätte in Konya: das Grabmal des Mevlâna

Wie kaum ein anderer vermochte der Mevlâna, seine spirituellen Erfahrungen poetisch zu verarbeiten. Mit seinem Wirken und seinen Schriften wurde er in seiner Zeit der bedeutendste Mystiker, Philosoph und Dichter der islamischen Welt. Sein berühmtestes Werk ist das ›Mesnevi‹, an dem er 15 Jahre lang bis zum seinem Tod im Jahr 1273 arbeitete und das von seinen Schülern 1278 vollendet wurde. Es ist ein mystischer, moralischer und didaktischer Leitfaden, der vor allem für seine Anhänger und Schüler gedacht war; in 26 600 Versen kleidete der Mevlâna Gedanken, Vorschriften und Anschauungen, die er jeweils in einer Parabel darstellte. Dieses acht Bände umfassende Opus gilt als ein Meisterwerk der persischen Literatur.

Nicht nur in seldschukischer Zeit, sondern auch während der jahrhundertelangen Herrschaft der Osmanen behauptete der Mevlevi-Orden seine außergewöhnliche Stellung im geistigen, religiösen und politischen Leben der türkisch-islamischen Gesellschaft. Die Ordensoberen besaßen das Privileg, die neu inthronisierten Sultane mit dem Schwert Osmans zu gürten, ein Vorgang, der der mittelalterlichen Investitur der Kaiser durch den Papst vergleichbar ist.

Nachdem der Orden 1925 verboten worden war, dürfen seit 1960 die Tänze am Todestag Celâleddin Rûmis wieder offiziell vorgeführt

Konya und Umgebung

Konya, Mevlâna-Kloster
A Derwischtor
B Şadırvan
C Leseraum
D Raum der Sarkophage
E Grabmal des Mevlâna
F Grabraum der Familie
G Semahane
H Gebetsraum
I Kammer des Scheichs
J Derwischzellen
K Küche
L Hürrem Paşa Türbesi
M Fatma Hatun Türbesi
N Sinan Paşa Türbesi
O Hasan Paşa Türbesi

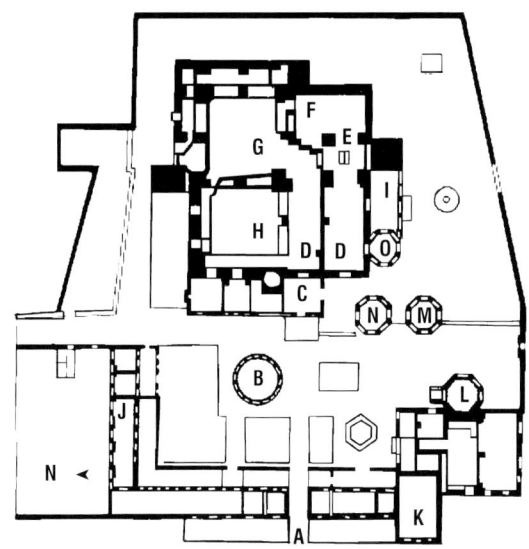

werden. In Konya findet in der Zeit zwischen dem 12. und 17. Dezember eine Gedenkwoche statt, in der an jedem Abend, zur bloßen Unterhaltung herabgesunken, die Musik und die Tänze aufgeführt werden (zum Bektaşi-Orden s. Hacıbektaş, S. 368ff., zu den Ahi-Bruderschaft s. Kırşehir, S. 373f.).

Das Mevlâna-Kloster umfaßt ein Areal von etwa 6500 m². Es lag ursprünglich außerhalb der befestigten Stadt und wurde von Alâeddin Keykûbat Mevlânas Vater und seiner Familie bei ihrer Ankunft in Konya geschenkt. Das Grundstück war Teil des königlichen Rosengartens. Nach dem Tod des Mevlâna wurde mit dem Bau des Grabmals begonnen, das heute im Mittelpunkt des Klosterkomplexes steht. Der türkische Baumeister Bedreddin-i Tebrisi wurde mit der Ausführung des Baus beauftragt und 1274 die Türbe, die der Karamanide Alâeddin Bey gestiftet hatte, fertiggestellt, jedoch rund 120 Jahre später durch den heutigen Bau ersetzt; die ursprüngliche Gestalt allerdings wurde dabei gewahrt. Die Kuppel ruht auf vier starken Pfeilern, die durch Backsteinbögen verbunden sind. Der gewaltige Tambour, dessen Außenwand durch 16 glasierte Rippen gegliedert ist, trägt ein pyramidenförmiges Spitzdach, das die Rippen des Tambour aufgreift. Im Lauf der Zeit mußte die Türbe mehrfach restauriert werden, so 1698 nach einem Erdbeben. 1830 wurden die Fayencen durch neue Fliesen aus Kütahya ersetzt. Dieser zentrale Teil des Klosters reicht noch in seldschukische Zeit zurück, alle anderen Bauteile stammen aus der osmanischen Periode. Während der Regierungszeit Süleymans des Prächtigen wurde der *semahane*,

Das Mevlâna-Kloster

der Tanzraum der Derwische, und die anschließende Moschee hinzugefügt. Die mit Kuppeln versehenen Derwischzellen an der Außenmauer der Anlage zu beiden Seiten des Eingangsportals stammen aus der Zeit Murats III. (1574–94), der monumentale Brunnen im Innenhof *(şadırvan)* wurde von Sultan Selim I. (1512–20) gestiftet. Es war stets ein besonderes Anliegen der osmanischen Sultane, dieses Kloster instand zu halten und zu erweitern. 1889 wurde eine neue Vorhalle errichtet und 1918 das Minarett repariert.

Man betritt die Anlage durch das sogenannte **Derwischtor** (A), das Dervişan Kapısı, und erreicht einen marmorgepflasterten Hof, in dessen Mitte der große **Şadırvan** (B), der Reinigungsbrunnen, steht. Eine weitere Brunnenanlage befindet sich rechts des Eingangs: Das sechseckige Becken mit Wasserspeier war der Ort, wo sich am Todestag des Mevlâna, am 17. 12. 1273, die Derwische versammelten. Die Moschee und das Mausoleum betritt man durch einen **Leseraum** (C), in dem berühmte Kalligraphien aufbewahrt werden. Über der Tür befindet sich eine persische Inschrift: »Dies ist das Mekka aller Derwische. Was ihnen innerlich mangelt, wird ihnen hier gegeben werden. Wer auch immer unerfüllt hierher kam, hier hat er die Erfüllung.« Die Holztüren sind mit geometrischen seldschukischen Motiven verziert. Der Raum war für Lesungen des Koran durch den Klostervorsteher und die Derwische vorgesehen.

Man betritt nun den Bereich des Mausoleums, den **Raum der Sarkophage** (D), den *huzur-i pir*, der auch als ›Pforte der Eingeweihten‹ – *dahil-i ussak* – bezeichnet wird. Er ist von drei Kuppeln über-

Raum der Sarkophage im Mevlâna-Kloster

Konya und Umgebung

> »Mein ganzes Leben liegt in diesen drei Worten:
> Ich war unreif,
> ich entfalmmte –
> ich wurde zur Glut.«
> Celâleddin Rûmi

dacht, die Sarkophage sind links und rechts auf Podien aufgestellt. Zwischen den Bögen zum Moscheebau stehen die sechs Särge der Derwische, die Mevlânas Vater aus Chorasan nach Konya begleitet hatten. Hier befindet sich auch eine Schrifttafel mit einem berühmten Ausspruch des Mevlâna: »Zeige dich, wie du bist, oder sei, wie du dich zeigst.« Unter dieser Schrifttafel steht eine Bronzeschale mit Deckel. Er ist mit kunstvollen Inschriftenbändern geschmückt, die in Gold und Silber gefaßt sind. Diese Schale, *nişantaşı*, wurde dem Orden 1333 von dem Ilkhanidenherrscher Ebu Said Bahadir Han von Mossul geschenkt. In dieser Schale wurde der als segenbringend geltende Aprilregen aufgefangen. Das Regenwasser wurde dann am Grab Mevlânas geweiht und als heiliges Wasser an die Pilger verteilt. In den Vitrinen dieses Raums sind die ältesten und bedeutendsten Manuskripte ausgestellt, so u. a. Teile des ›Mesnevi‹ und Beispiele aus dem ›Divan-i-kebir‹ von 1366 und des ›Divan‹ von Sultan Veled, Mevlânas Sohn, aus dem Jahr 1323. Der ›Divan-i-kebir‹ ist mit 40 380 Doppelversen die größte Gedichtsammlung der persischen Literatur.

Das **Grabmal des Mevlâna** (E) und seines Sohns Sultan Veled, das Herz des Moscheekomplexes, schließt an den ›Raum der Sarkophage‹ an. Der Doppelsarkophag ist ein beeindruckendes Beispiel seldschukischer Holzschnitzkunst und mit einer ledernen Schmuckdecke bedeckt, die mit schwarzer Atlasseide bezogen ist – ein Geschenk des Sultans Abdülhamit. Um den Sarkophag sind Zitate aus den Gedichten Mevlânas eingraviert, die sich auf das ewige Gesetz des Sterbens beziehen. Der Sarkophag von Mevlânas Vater befindet sich hinter dem linken vorderen Pfeiler. Westlich des eigentlichen Grabraums liegen die **Gräber der engsten Familienmitglieder** (F) und der *çelebis*, der Ordensoberen, die alle aus der Familie des Mevlâna stammten. An das Mausoleum schließt, von einer Kuppel überwölbt, der **Semahane** (G) an, der Tanz- und Versammlungsraum der Derwische. Er ist von Galerien umgeben, die teilweise durch Gitter abgetrennt sind, und von Podesten für männliche Besucher, dem Podium der Musiker und besonderen Podesten für den Thron des Scheichs. Heute hängen an den Wänden des *semahane* Teppiche aus verschiedenen Regionen Anatoliens. Besonders wertvoll ist der in der unteren Nordgalerie hängende ›Vogelteppich‹ aus Uşak aus dem 15. Jh. In den Vitrinen an den Wandseiten des Raumes sind Gebrauchsgegenstände aus unterschiedlichen Epochen ausgestellt: Bronzeleuchter aus der Mamelukenzeit, osmanische Kandelaber und Vasen aus dem 15./16. Jh., Mekkaschalen aus Messing und Kupfer und verzinnte Haushaltsgegenstände zeigen die Bandbreite seldschukisch-osmanischen Kunsthandwerks. In den Vitrinen, die dem Moscheebau zugewandt liegen, sind Beispiele türkischer Holzschnitzkunst zu sehen. Beachtenswert sind vor allem die Koranlesepulte aus seldschukischer Zeit; das älteste Lesepult stammt aus dem Jahr 1279. In den anderen Vitrinen sind die Musikinstrumente ausgestellt, die beim rituellen Wirbeltanz der Mevlevi-

Das Mevlâna-Kloster

Eingang zur Mevlâna-Türbe

Derwische eingesetzt wurden. Das wichtigste Instrument war der *ney*, die ›klagende‹ Rohrflöte. Sie wurde begleitet von einem violinähnlichen Saiteninstrument, der *rebap*, und dem *tef*, einem Tamburin. Weitere Instrumente waren kleine Trommeln, *küdüm*, und Holzkastagnetten, *calpare*. Hinzu kamen der *kanun*, ein Saiteninstrument, und eine *kemence*, ein Streichinstrument.

Der **Gebetsraum** (H) ist von gleicher Größe wie der *semahane*. Heute sind hier Manuskripte aus verschiedenen Zeiten ausgestellt. Das älteste Beispiel ist eine Koranhandschrift auf Gazellenhaut aus dem 9. Jh. An den grünen Kuppelbau grenzt die **Kammer des Scheichs** (I), in der früher die durchziehenden Scheichs beherbergt wurden; heute ist hier die Fachbibliothek des Klosters untergebracht. Der geräumige Saal ist durch ein kleines Fenster mit dem Grabraum des Mevlâna verbunden. Es wird als das ›Fenster des flehentlichen Bittens‹ bezeichnet, durch das Generationen von Pilgern ihre Bitten und Wünsche an den Mevlâna gerichtet haben. Die **Derwischzellen** (J), die im Jahr 1584 unter Murat III. errichtet wurden, waren ursprünglich zum Innenhof hin offen, so daß der Eindruck eines Klostergangs entstand. Heute ist die Hofseite verglast und die Zwischenwände sind herausgenommen, so daß ein größerer Ausstellungsraum entstand, in dem alte Teppiche und türkische Textilien gezeigt werden. Aus dem 15.–19. Jh. stammen die kostbaren, dem Kloster gestifteten Tuche, die als Sarkophag-Überzüge gedacht waren. Um einen Eindruck des Klosterlebens zu vermitteln, sind einige Derwischzellen wiederhergestellt worden, so die Zelle des Ordensoberen. In anderen Zellen ist die Bibliothek des Klosters untergebracht, die allerdings erst in neuerer Zeit zusammengestellt wurde. In der südlichen Ecke der Derwischzellen, die ebenfalls nach innen offen war, lag die **Küche** (K), die gleichzeitig Armenküche

Berühmt sind die pastellfarbenen Konya-Teppiche, die schon Marco Polo beeindruckten

Konya und Umgebung

war. Auch sie wurde 1584 auf Weisung Murats III. restauriert und erweitert und war Ausbildungsort für die Ordensnovizen: Hier hatten sie ihre 1001tägige Probezeit abzuleisten.

Am Ende des Rundgangs können noch vier **Türben** (L–O) besichtigt werden, die alle aus dem 16. Jh. stammen.

Die Umgebung von Konya

Meram

Dieser Ortsteil von Konya, 8 km vom Stadtzentrum entfernt, war schon bei den Seldschuken wegen seiner Quellen und üppigen Gärten berühmt. Die Oberschicht zieht es heute noch wie damals in ihre Sommersitze inmitten von Obstgärten und Weinbergen, und der Mevlâna hat hier große Teile seines ›Mesnevi‹ geschrieben. Heute zählt die alte Gartensiedlung zu einem der beliebtesten Ausflugsziele der Konyalı.

Sille

Sille
Besonders sehenswert:
Kirche St. Helena

10 km vom Stadtzentrum Konyas entfernt liegt in einem Tuffsteintal die Sommerfrische von Sille mit interessanten Überresten aus byzantinischer Zeit. Man fährt vom Stadthügel aus auf der Ankara Caddesi an der Karatay Medresesi vorbei, biegt an der zweiten Ampel links ab, und nachdem man die Straßenbahnlinie überquert hat und unter einer Brücke hindurchgefahren ist, kommt man an einen Kreisel; ab

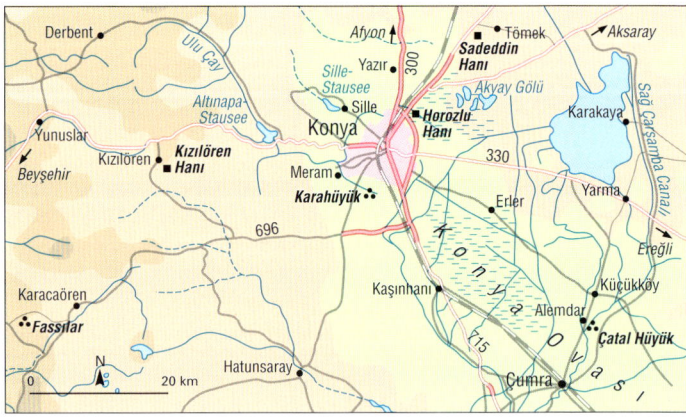

Konja und Umgebung

Sille, Horozlu Hanı und Sadeddin Hanı

Sadeddin Hanı bei Konya

hier ist das 7 km entfernte Sille ausgeschildert. Das Großdorf mit heute etwa 1800 Einwohnern wurde in byzantinischer Zeit gegründet und hatte bis 1922 eine große griechisch-orthodoxe Gemeinde. Am gegenüberliegenden Ortsende liegt, von einer hohen Mauer umgeben, die 327 gegründete Kirche St. Helena, die älteste byzantinische Kirche Kleinasiens. Der äußerlich schlichte Bau ist dreischiffig mit Apsis und Kuppel und einem schmalen vorgelagerten Narthex. Die Ausmalung im Inneren der Kirche stammt aus dem 19. Jh. und ist noch sehr gut erhalten. Über Treppen kann man die Empore besteigen, von der aus man einen eindrucksvollen Blick auf die Ikonostasis hat.

Westlich des Dorfes liegt ein alter Friedhof, hinter dem sich die mächtige Staumauer von Sille erhebt. Der Stausee dient der Bewässerung der Çumra-Ebene im Rahmen des Çumra-Projekts

Horozlu Hanı und Sadeddin Hanı

Der Horozlu-Han liegt links an der Straße Konya–Ankara hinter einem Zementwerk; die Zufahrt ist ausgeschildert. Der Bau stammt aus dem 13. Jh. und wurde zuletzt 1956 restauriert. Die ansehnliche Karawanserei besitzt ein überhöhtes Mittelschiff mit zehn Querschiffen und eine zentrale Ziegelkuppel auf einem oktogonalen Tambour. Heute ist Horozlu Hanı ein Ausflugsziel, vor allem für Reisegruppen; das Innere des Gebäudes wirkt aufgrund der Ausstattung mit langem Tisch und Bänken wie ein steinernes Bierzelt, und der gerade instand gesetzte Vorhof dient folkloristischen Vorführungen. Insgesamt gesehen verleiht die sterile Restaurierung dieser Karawanserei, die eher wie ein Neubau wirkt, eine strenge Ausstrahlung.

Abseits der Straße von Konya nach Ankara liegt bei dem Dorf Tömek der Sadeddin Hanı. Der Weg nach Tömek ist ab der Hauptstraße ausgeschildert. In Tömek fährt man auf die Moschee zu, die

Sadeddin Hanı
Besonders sehenswerte seldschukische Karawanserei

Konya und Umgebung

man rechts umfährt; dieser Weg führt direkt zur Karawanserei. Die eindrucksvolle Ruine mit einer Seitenlänge von 90 m liegt isoliert auf der ebenen, baumlosen Hochsteppe und wurde 1235–36 von dem Emir Sadeddin Köpek erbaut. Er war Baumeister unter Sultan Alâeddin Keykûbat I. und u. a. mit der Errichtung des seldschukischen Sommerpalastes von Kubadabad am Beyşehir Gölü beauftragt. Zahlreiche Spolien aus römischer und byzantinischer Zeit, Platten mit Kreuzsymbolen, Doppelsäulen und Arkadenbögen schmücken die Außenwände, die durch massive Türme verstärkt und gegliedert sind. Man betritt den Hof von der Seite durch ein mächtiges Portal aus Marmor und Kalkstein. Links liegt die fünfschiffige Halle mit erhöhtem Mittelschiff und sechs Querschiffen.

Çatal Hüyük

Çatal Hüyük
Besonders sehenswert:
neolithischer
Siedlungshügel

Eine der ältesten Fundstätten in der Türkei liegt in etwa 900 m Höhe auf dem anatolischen Hochland südöstlich von Konya. Sie ist umgeben von fruchtbarem Ackerland, das vom Çarşamba Cayı, dem Ausfluß des Beyşehir Gölü in die Ebene von Konya, bewässert wird; er verliert sich in der östlich anschließenden Salzsteppe. Man erreicht Çatal Hüyük von der Straße Konya–Karaman aus, biegt etwa auf halber Strecke nach Osten ab und erreicht das Landstädtchen Çumra. Man durchfährt den weitläufigen Ort, überquert die Eisenbahnlinie und verläßt Çumra in Richtung Alemdar und Küçükköy. Der Weg ist ausgeschildert.

Çatal Hüyük ist die bisher umfangreichste freigelegte Anlage der Jungsteinzeit

Die weite Ebene um Çatal Hüyük ist übersät von Kulturaufschüttungen aus neolithischer Zeit, die jedoch weitgehend unerforscht sind. Das Grabungsareal liegt am Südwesthang des Haupthügels. Die bis heute erforschten neolithischen Überreste von Çatal Hüyük umfassen die Reste von zwölf übereinanderliegenden Besiedlungsschichten. Die Stadtanlagen umschlossen eine Fläche von 13 ha, von denen allerdings bis heute erst 4000 m² ausgegraben worden sind – Lebensraum für etwa 6000 Menschen. Mit Hilfe der Radiokarbonmethode C 14 datierte man die Siedlung in die Zeit von ca. 6800–5700 v. Chr. Die Ausgrabungen unter der Leitung des britischen Archäologen James Mellaart begannen nach einer kurzen Sichtung im Jahr 1958 zunächst 1961 und wurden bis 1964 weitergeführt. Da die Grabung seitdem sich selbst überlassen blieb, sind die ehemals gut sichtbaren Wände durch Erosion fast bis zur Unkenntlichkeit verwittert. Die Reichhaltigkeit der Grabungsfunde verdankt Çatal Hüyük der Tatsache, daß der östliche, interessantere Hügel schon in neolithischer Zeit verlassen wurde. Dadurch ergab sich die einmalige Möglichkeit, einen nicht durch spätere Besiedlung überprägten Zustand zu erforschen.

Ein besonderer Fund und Schwerpunkt der Grabungen war die Freilegung einer einzigartigen Reihe von Heiligtümern und Kultstätten, die mit Wandmalereien, Gipsreliefs von Stierköpfen und stili-

Çatal Hüyük

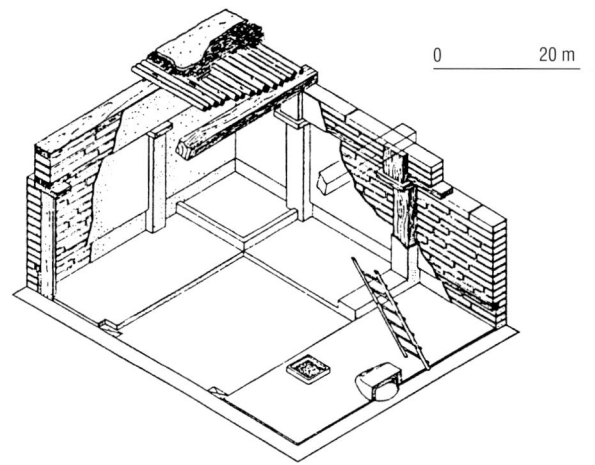

Jedes Gebäude der Siedlung hatte seine eigenen Mauern, wurde jedoch von anderen Gebäuden eingeschlossen, eine Bauweise, die der Lehmziegelkonstruktion eine größere Festigkeit verlieh. Die äußeren Gebäude dienten zugleich der Abschirmung nach außen. Die Häuser hatten in der Regel einen Grundriß von 4 m x 6 m und waren flach gedeckt; Pfeiler aus Rohziegeln oder aus Holz stützten das Lehmdach. Man betrat die Häuser über Leitern von den Dächern aus, was die Verteidigung erleichterte und Straßen und Plätze überflüssig machte

sierten Bukranien geschmückt waren, was die religiöse Haltung des neolithischen Menschen veranschaulicht. Auffällig ist, daß es keine Vorrichtungen für Opferdarbietungen gab: Altäre wurden nicht gefunden. Neben den Gipsreliefs entdeckte man eine Fülle von Wandmalereien, die völlig unversehrt erhalten und heute Prunkstücke im Archäologischen Museum in Ankara sind. Riesige rote und schwarze Stiere und Hirsche werden von menschlichen Strichfiguren gejagt, die weiße Lendenschurze oder Leopardenfelle tragen. Von besonderem Interesse ist die Darstellung einer Stadt, deren Aufbau deutlich zu erkennen ist und die sich schachbrettartig ausdehnt. In dieser Darstellung erkennt man die Stadtanlage von Çatal Hüyük und in dem dahinterliegenden zweigipfeligen Vulkan den Hasan Dağı am östlichen Rand der großen Ebene des Zentralbeckens. In anderen Kulträumen fand man Zeichnungen von Geiern, die über seltsamerweise kopflose menschliche Leichname herfallen. Diese Darstellungen geben Aufschlüsse über Bestattungsbräuche der neolithischen Kultur: Offensichtlich wurden die Toten außerhalb der Siedlung von Geiern ›gereinigt‹, d. h. sie fraßen das Fleisch von den Knochen der Toten. Die Skelette wurden dann in Gefäßen bestattet und unter den Schlafbänken in den Häusern aufbewahrt. Da Geier die Köpfe unversehrt lassen, wurden sie ihnen auch nicht vorgeworfen – das erklärt die ›Kopflosigkeit‹ der Strichzeichnungen. Neben Wandmalereien und Gipsreliefs fand man auch Skulpturen und Rundplastiken, höchstens 30 cm groß und meist aus Stein oder Ton, die weibliche Gottheiten repräsentieren: die Große Mutter in ihren unterschiedlichsten Darstellungsweisen, als Schwangere oder als Gebärende, allein oder von Leoparden begleitet, auf die sie sich stützt, als Herrin des Ackerbaus oder als Herrscherin über Leben und Tod (s. S. 83).

Die ökonomische Grundlage von Çatal Hüyük beruhte auf der Verarbeitung und dem Export von Obsidian. In der Umgebung der Stadt gab es reiche Vorkommen dieses vulkanischen Glases, aus dem man Werkzeuge und Schmuck aller Art anfertigen konnte

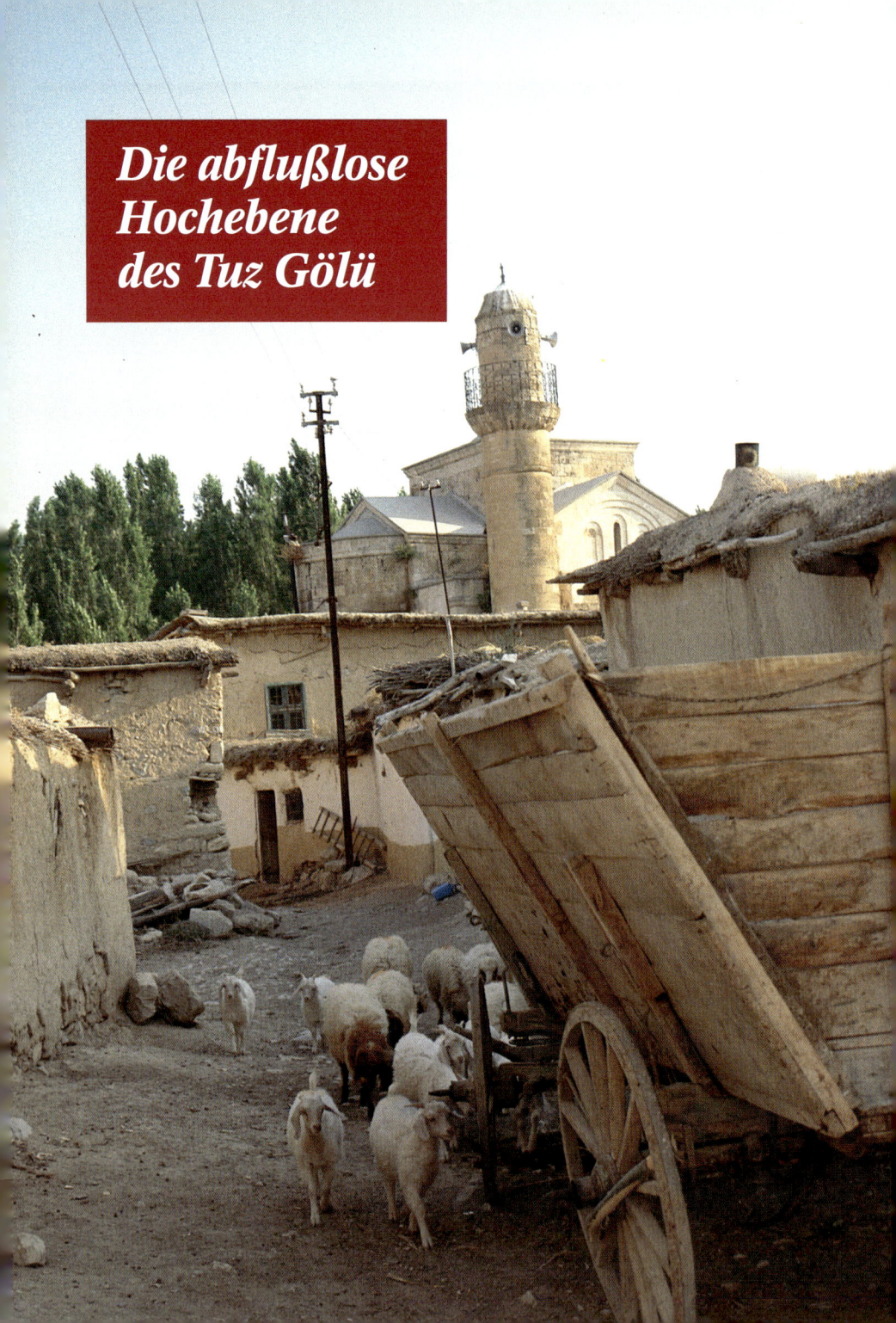

Die abflußlose Hochebene des Tuz Gölü

Von Konya nach Aksaray

Der Tuz Gölü

Im Herzen des anatolischen Hochlandes liegt auf einer Höhe von 905 m, inmitten einer fast baumlosen Getreidesteppe, der Tuz Gölü, der Große Salzsee, mit 1500 km² Fläche der zweitgrößte Binnensee der Türkei. Während der Eiszeit war er wesentlich größer und enthielt Süßwasser. Vor etwa 15 000 Jahren begann der Schrumpfungsprozeß, der bis heute anhält. An der staatlichen Saline von Kaldırımtuzla teilt ein künstlicher Damm den See in einen Nord- und einen Südteil. Der Tuz Gölü ist einer der salzhaltigsten Seen der Welt. Er ist maximal 2 m tief, doch können Größe und Wasserstand des Sees aufgrund der je nach Jahreszeit stark schwankenden Niederschläge erheblich variieren; in den Sommermonaten trocknet er bisweilen aus. Bei Temperaturen von bis zu 40 °C verdunstet das Wasser und hinterläßt eine ca. 30 cm dicke Schicht von fast reinem Kochsalz. Reste von römisch-byzantinischen Siedlungen rund um den See deuten auf eine wirtschaftliche Nutzung des Salzes hin. Heute kann man die beiden staatlichen Salinen von Cihanbeyli und Şereflikoçhisar am West- bzw. Ostufer besuchen. Sie liefern mit jährlich rund 150 000 t ein Viertel der türkischen Salzproduktion und decken damit den Inlandsbedarf. Der Salzgehalt beträgt 32 %, d. h. die Salzbrühe ist nahezu gesättigt, und das Salz kristalliert in der Lösung aus (das Tote Meer hat 24 % Salzgehalt). Die hohe Salzkonzentration resultiert nicht allein aus der starken Verdunstung in den heißen und trockenen Sommern und der Abflußlosigkeit des Hochbeckens, sondern auch dem hohen Salzgehalt der unteren Gesteinsschichten.

Obruk Hanı

75 km östlich von Konya biegt bei dem Dorf Kızören eine Straße nach Norden, nach Obruk ab. Hier liegen die eindrucksvollen Reste des Obruk Hanı, einer seldschukischen Karawanserei von 1320. Dieser Bau wurde überwiegend aus groben Quadern unter Verwendung von Spolien aus byzantinischer Zeit erbaut. Das typisch seldschukische, stalaktitenartig geformte Eingangsportal fehlt. Statt dessen findet man einen in späterer Zeit verkleinerten Eingang; er wird von zwei byzantinischen Säulen mit Inschriften flankiert, die einen antiken Architrav tragen. Die Stirnwand der Karawanserei ist noch gut erhalten und von Zinnen gekrönt, der hintere Teil der Anlage hingegen teilweise eingestürzt. An den Seitenwänden des Hofes sind noch Stütz- und Tonnengewölbe erhalten, die sich zum Innenhof hin öffnen; der Hof ist heute bis zu 5 m hoch durch das herabgestürzte Mauerwerk verschüttet.

*Obruk Hanı
Besonders sehenswerte seldschukische Karawanserei*

◁ *Fisandon bei Karaman*

Die abflußlose Hochebene des Tuz Gölü

Die abflußlose Hochebene des Tuz Gölü

Unmittelbar hinter der Karawanserei liegt eine große 145 m tiefe, ovale Einsturzdoline mit einem Durchmesser von 200–230 m. Die Doline ist mit Süßwasser gefüllt und besitzt eine unterirdische Verbindung zur Karstquelle von Taşpınar im Südwesten des Tuz Gölü; sie ist Teil eines unterirdischen Karstquellensystems, zu dem auch die Dolinen südlich der Hauptstraße bei dem Dorf Çukurkuyu gehören. Dort sind etwa zwanzig dieser Dolinen zu finden, die bis zu 500 m Durchmesser aufweisen. Heute nutzt man das Wasser der Doline von Obruk zur Bewässerung und als Trinkwasser.

Sultan Hanı

Eine Karawanen-Tagesreise östlich vom Obruk Hanı liegt die wohl bedeutendste Karawanserei der seldschukischen Zeit, der Sultan Hanı. Er wurde 1229–36 im Auftrag des Sultans Alâeddin Keykûbat I. erbaut und lag an dem bedeutenden Fernhandelsweg, der Konya mit Kayseri verband, ein Teilabschnitt der Verbindung von Anatolien mit Persien und Innerasien.

Sultan Hanı ☆☆
Besonders sehenswerte seldschukische Karawanserei

Im 19. Jh. war die Karawanserei weitgehend verfallen; innerhalb ihrer Mauern errichtete man einfache Hütten für Dörfler und Nomaden. Erst 1957 wurde sie grundlegend restauriert und zeigt sich heute in beeindruckender Pracht. Der Baukomplex hat eine Seitenlänge von 121 m, der Hof mißt 51 m × 24 m, die fünfschiffige Halle 55 m × 37 m. Man betritt die Anlage durch ein Tor, das wegen seines kunstvollen Flechtwerks einen Höhepunkt der seldschukischen Kunst darstellt. Das marmorne Eingangsportal ist 10,7 m breit und deutlich aus der Umfassungsmauer herausgehoben. Zwei breite Ornamentbänder mit Sternmotiven, Mäanderband und Blütengeflechten bilden den Rahmen für die Muqarna-Nische, die ebenfalls von einem Ornamentband eingefaßt ist. Verschiedenfarbige Marmorintarsien bilden den Türsturz, auf dem die Inschrift ›Die Herrschaft ist bei Allah‹ eingemeißelt ist. Die Nischen waren von Säulen eingerahmt und leiten zum doppeltürigen Portal über. In der Mitte des Hofes befindet sich die restaurierte kleine Mescit, die auf einem Unterbau steht, der aus Pfeilern und einem Kreuzgewölbe konstruiert ist. Treppen führen zum Gebetsraum hinauf. Auf der linken Seite des Hofes liegen die Küchen- und Gästeräume, auf der rechten die Stallungen und im ersten Geschoß die Lagerräume. Hinter der Moschee, in der Fluchtlinie des Eingangs, wölbt sich die große fünfschiffige Halle, die man durch ein reich ornamentiertes Portal betritt; sie wird durch ein erhöhtes Mittelschiff in zwei Hälften geteilt. Im Zentrum erhebt sich auf hohem Tambour eine pyramidenförmige, achteckige Kuppel. Die Pfeiler der fünf Schiffe, die neun Joche bilden, sind durch Bögen miteinander verbunden.

Der Sultan-Han ist aufgrund seiner zentralen Lage die meistbesuchte seldschukische Karawanserei in Zentralanatolien, obwohl die Restaurierung nicht so gelungen ist wie bei dem gleichnamigen Han bei Kayseri.

Die **seldschukischen Karawansereien**, auch ›Dome der Landstraße‹ genannt, sind die eigenwilligsten Schöpfungen der seldschukischen Architektur. Sie hatten die Aufgabe, die von Innerasien zur West-

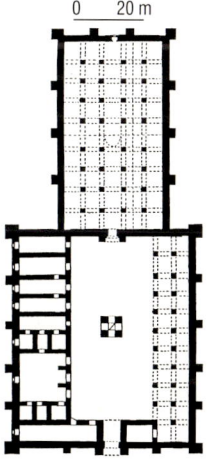

Sultan Hanı bei Aksaray, Grundriß

Die abflußlose Hochebene des Tuz Gölü

küste Kleinasiens führenden Fernhandelsstraßen und die regionalen Handelswege vor räuberischen Überfällen zu schützen. Ende des 12. Jh. überließen die Seldschuken per Dekret den inneranatolischen Handel – den Vieh- und Pferdehandel ausgenommen – den Venezianern, die als Gegenleistung für die hohen Abgaben und Zölle Sicherheit auf den Straßen verlangten. Deshalb ließen die Herrscher des Reiches – aber auch wohlhabende Privatleute – befestigte Rasthäuser

Sultan Hanı bei Aksaray, Gesamtansicht

errichten. Zunächst wurden die in byzantinischer Zeit verfallenen Handelsstraßen wieder instand gesetzt, alte Brücken verstärkt und neue gebaut. Die Zentren des Straßennetzes waren Konya und Kayseri, die Verteiler nach Osten. Daneben gewann Sivas als Anschlußpunkt an die Seidenstraße zunehmend an Bedeutung. Ungefähr 30 km voneinander entfernt, was der Tagesreise einer Karawane entsprach, legte man dann die Karawansereien an allen wichtigen Überlandwegen an, zum Teil an der Stelle alter Rasthäuser.

Mit der seldschukischen Karawanserei ist aufgrund der Verbindung von Halle und Hof eine einmalige Raumkonstruktion entstanden, für die es in der islamischen Welt keine Parallelen gibt; der einzigartige Denkmälerbestand umfaßt 76 Bauten. Der älteste inschriftlich gesicherte Bau ist der Kızılören Hanı westlich von Konya (1205/06), der jüngste der Çay Hanı (1278/79) an der Straße Konya–Afyon im Städtchen Çay. Die großartigsten Schöpfungen sind die Sultan Hanı aus den 30er und 40er Jahren des 13. Jh. bei Aksaray und Kayseri. Der festungsartige Charakter der Anlagen wird durch die bewehrten Türme, die die Außenmauern verstärken, betont. Wie bei den Moscheen bestimmt das prunkvolle, reich ornamentierte Eingangsportal den ansonsten streng und schmucklos gestalteten Bau.

Die Mehrzahl der Karawansereien ist durch die Zweiteilung des Grundrisses gekennzeichnet. Um einen großen Hof sind auf drei Seiten zum Teil geschlossene Räume, zum Teil offene Arkaden angelegt. Von hier aus betritt man eine tonnenüberwölbte Halle, der ein zweites Prunktor vorgesetzt ist, ein Pendant zum Eingangsportal. Dieser Hallenbau, der an eine Kathedrale erinnert, besitzt meist ein überhöhtes Mittelschiff, in dessen Zentrum eine pyramidenförmige Kup-

Sultan Hanı bei Aksaray, Portal

pel auf einem Tambour sitzt; durch schlitzartige Fenster fällt Licht in den relativ dunklen Raum.

In den äußeren Jochen waren die Tiere untergebracht, in der Mitte der Halle ruhten die Reisenden mit ihren Waren auf hohen Podesten. Überwältigend sind die Ausmaße der größten dieser Karawansereien; der Sultan Hanı bei Aksaray erreicht mit 1430 m² fast die Größe des Kölner Doms. In den größeren Karawansereien liegt in der Hofmitte ein auf vier Bögen ruhender ›Kiosk‹, der als Gebetsraum diente: die Mescit. Er fällt bisweilen aus der Bauachse heraus, da er mit seiner Gebetsnische nach Mekka ausgerichtet werden mußte.

Für die Karawanen war die Unterkunft in den außerstädtischen Karawansereien bis zu drei Tagen unentgeltlich, in den städtischen Hanen hingegen wurden Gebühren erhoben, die je nach der Anzahl der Kamele und der Art der Handelsware berechnet wurden. Die Reisenden fanden – je nach Größe und Ausstattung der Gebäude – recht komfortable Bedingungen vor: Außer der Unterbringung selbst gab es Badehäuser, Kaffeestuben, Werkstätten und andere Dienstleistungseinrichtungen. In gefährdeten Gebieten standen auch militärische Abteilungen zum Schutz der Karawanen zur Verfügung.

Die abflußlose Hochebene des Tuz Gölü

Karaman und Umgebung

Karaman

Karaman ☆
Besonders sehenswert:
Hatuniye Medresesi
Museum
Zitadelle
İbrahim Bey Camii

Karaman ist die Hauptstadt der erst 1989 eingerichteten gleichnamigen Provinz; sie hat 65 000 Einwohner und liegt in etwa 1080 m Höhe. Seine wirtschaftliche und historische Bedeutung verdankt Karaman seiner zentralen Lage an der Hauptverbindungsstraße zwischen Konya und Silifke am Eintritt des alten Handelsweges in den Taurus. In jüngster Zeit hat sich die Stadt stark nach Norden hin ausgebreitet; die heutige Umgehungsstraße führt an dem alten Stadtkern vorbei. Schon von weitem fällt ein eigenartiges Denkmal ins Auge, das dem in ganz Anatolien verbreiteten Karaman-Schaf gewidmet ist.

Man vermutet, daß hier schon in hethitischer Zeit eine bedeutende Festung und Siedlung bestanden hat, die unter dem Namen Landa in den Keilschrifturkunden erwähnt wird. In griechischer Zeit trug sie den Namen Laranda, der sich bis in die seldschukische Zeit als Lârende erhalten hat. Auch in der römischen Epoche war die Stadt wegen ihrer wirtschaftsgeographischen Lage von Bedeutung. Aus diesen frühen historischen Phasen ist jedoch nichts mehr erhalten. In byzantinischer Zeit war Laranda eine Garnison gegen die Araber und im 8./9. Jh. Teil der vordersten Verteidigungslinie im Kampf gegen den expandierenden Islam. 1165 wurde Laranda von den Seldschuken eingenommen, die die Zugehörigkeit der Stadt zu ihrem Machtbereich trotz einer kurzzeitigen Eroberung durch die Kreuzritter im Jahr 1190 und der sechsjährigen Herrschaft Leons II., des christlichen Herrschers von Kleinarmenien, behaupten konnten: 1211 fiel die Stadt wieder an die Selschuken. 1256 dann wurde Laranda die Residenz der Karamaniden, eines Turkstammes unter der Führung von Kerimüddin Karaman, der aus der Gegend um Mut und Ermenek eingewandert war und von den Rum-Seldschuken als Statthalter eingesetzt wurde; nach ihm wurde die Stadt Karaman benannt. Unter den neuen Herrschern begann der großzügige Ausbau Karamans, und mit dem Niedergang der Seldschuken konnten die Karamaniden ihre Herrschaft sichern, 1320 sogar den späteren Herrschaftssitz Konya einnehmen. Gegen Ende des 14. Jh. wurde Karaman erstmals vom osmanischen Sultan Bayezıt I. erobert; infolge der Niederlage Bayezıts gegen Timur Lenk 1402 gelang es den Karamaniden jedoch noch bis 1466, ihre Herrschaft zu halten. In diesem Jahr fiel die Macht endgültig an die Osmanen. Im Lauf der Zeit verlor Karaman seine Bedeutung und fiel auf das Niveau einer wenig prosperierenden anatolischen Kleinstadt zurück.

Bis zum Bevölkerungsaustausch, der nach den türkischen Befreiungskriegen 1922 zwischen Griechen und Türken vereinbart wurde und zu Massenumsiedlungen führte, lebte hier und in der

Karaman

Die Zitadelle von Karaman

Umgebung in Fisandon, Binbir Kilise am Kara Dağ und an anderen Orten eine griechisch-orthodoxe Minderheit. Die Christen der Umgebung nannte man Karamanli. Sie sprachen türkisch, bedienten sich aber der griechischen Schrift. Karaman war von jeher eine blühende Stätte von Forschung und Lehre: An den Medresen unterrichteten bedeutende Gelehrte, unter ihnen auch der Vater des berühmten Mystikers Celâleddin Rûmi, der mit seiner Familie als Flüchtling

Die abflußlose Hochebene des Tuz Gölü

vor den Mongolen des Dschingis Chan im Jahr 1228 aus Afghanistan hierher kam und acht Jahre in der Stadt unterrichtete, bevor er als geistlicher Gelehrter nach Konya berufen wurde. Auch unter den Karamaniden blühten Wissenschaft und Theologie. Kerimüddin Karaman holte hervorragende Gelehrte aus dem ganzen Reich an die neueingerichteten Medresen der Stadt, eine Tradition, die auch seine Nachfolger pflegten. 1277 ersetzte der Emir Mehmet Bey die persische Amtssprache durch das Türkische. Er berief sich dabei auf die nomadische Vergangenheit und distanzierte sich von der bisher üblichen seldschukisch-persischen Lebensweise. Der Überlieferung nach soll auch Yunus Emre, der große Mystiker und türkische Dichter des 13. Jh., in Karaman bestattet sein, doch beanspruchen auch andere Orte dieses Privileg für sich, so z. B. Sariköy, heute Yunus Emre genannt, nördlich von Sivrihisar.

Rundgang

Die Sehenswürdigkeiten von Karaman liegen im Zentrum der Stadt. An der Hauptkreuzung befindet sich die in osmanischer Zeit veränderte und zu einer Einkuppelmoschee erweiterte **Ak Tekke Camii** (*ak tekke* = weißes Kloster), ein Komplex, der im Jahr 1371 erbaut wurde. Der Bau wurde zunächst als Türbe errichtet und beherbergte die Gräber von Mevlânas Mutter, Mûmine Hatun, und seines Bruders. Später wurde der Grabbau unter dem Karamaniden Seyfeddin Süleyman Bey restauriert, dessen Grab sich ebenfalls in der heutigen Moschee befindet. Der alte Komplex wurde zu einem Kloster erweitert, von dem noch die Zellen der Derwische an der Nordseite zu sehen sind, in denen heute ein Armenasyl eingerichtet ist. Das benachbarte Türkische Bad, der **Hamam Süleyman Bey** aus dem Jahr 1358, gehörte ebenfalls zu dem Bereich des Klosters. Diese Külliye war bis 1926 ein Konvent des Mevlevi-Ordens; der Kuppelraum der Moschee diente als Tanzraum für die Derwische. Die Kenotaphe hoher Ordensbrüder und das Grab der Mutter des Mevlâna liegen an der linken Seite auf einem Podest und sind von einem Holzgitter eingefaßt. Noch heute ist dieser Ort – vor allem für die türkischen Frauen – ein wichtiges Wallfahrtsziel.

Wenn man vom Bahnhof Richtung Stadt fährt, trifft man auf die Hartana Caddesi; biegt man rechts ab, stößt man auf die **Hatuniye Medresesi** von 1382, eine der berühmten theologischen Hochschulen der Karamanidenzeit. Nach ihrer Stifterin Nefise, der Frau des Karamaniden-Emirs Alâeddin und Tochter des osmanischen Sultans Murat I., wird sie auch als Nefise Hatun oder Nefise Sultan Medresesi bezeichnet. Die Koranschule besitzt ein stattliches Eingangsportal, das durch reiche Schrift- und Ornamentbänder eingefaßt ist. Geometrische Muster, Bordüren mit lotusähnlichen Blattmustern und Akanthusblättern sowie dreiblättrige Palmetten als häufigstem Motiv zeigen die dekorative Bandbreite seldschukischer Ornamentik, ergänzt durch Schriftbänder und Schriftzeichen mit Koransuren,

Hatuniye Medresesi, Detail

die in das Flechtwerk eingebunden sind. Hier findet man auch die Bauinschrift und im Zwickel den Namen des Architekten. Der restaurierte und heute wieder zugängliche Innenhof war ehemals überdacht, die Arkaden werden von antiken Säulen unterschiedlicher Ordnung gestützt. In der Mitte des Hofes lag ein Brunnen. Die Medrese und das dahinterliegende Museum werden von einer Grünanlage umgeben, in der Werkstücke aus antiker Zeit, römische Sarkophage und Grabsteine liegen, aber auch Beispiele der Steinmetzkunst aus karamanidischer Zeit ausgestellt werden. Das **Museum** gliedert sich in zwei Abteilungen: Im ersten Bereich sind vor allem Funde der Ausgrabungen von Can Hasan aus neolithischer und Exponate aus byzantinischer Zeit zu sehen. Die neolithische Siedlung, die nordöstlich von Karaman liegt, wird außerdem in Modellen und Plänen bzw. Informationstafeln vorgestellt. In der zweiten Abteilung sind seldschukische und osmanische Gebrauchsgegenstände ausgestellt: Gefäße, Fayencen, Gewänder, Teppiche, Hausgeräte etc.

Die **Zitadelle** von Karaman ist eine ausgedehnte Festungsanlage, deren innerer Bereich restauriert und zugänglich ist. Sie wurde im 12. Jh. auf den Fundamenten einer alten, möglicherweise schon hethitischen Anlage erbaut, und an vielen Stellen sind eingearbeitete Spolien auch aus islamischer Zeit zu finden. Ehemals hatte die Burganlage drei Mauerringe, die jedoch gänzlich abgetragen wurden. Der türkische Reisende Evliya Çelebi berichtete, daß die Festung zu seiner Zeit noch 140 Türme und neun Tore besessen habe. Am Fuß der Zitadelle lag Ende der 70er Jahre noch ein typisch anatolischer Altstadtkomplex mit ein- bis zweistöckigen, flachgedeckten Lehmbauten, der einer modernen Grün- und Parkanlage weichen mußte. Innerhalb dieser Anlage steht – als Relikt des alten Viertels – die zwölfeckige **Alâeddin Bey Türbesi**, das Grab des Karamanidenfürsten Alâeddin, der 1397 von Beyazıt I. nach der ersten osmanischen Erstürmung der Stadt hingerichtet worden war.

Südlich der Ak Tekke Camii liegt der von İbrahim Bey gestiftete, restaurierte Komplex der **İbrahim Bey Camii**, auch İmaret Camii genannt. Dieser Komplex ist von 1433 und umfaßt eine kleine Moschee, ein Krankenhaus, eine Armenküche und einen Brunnen; herausragend sind die Medrese und die Druckerei, neben der die Türbe des İbrahim Bey steht. Bedeutsam ist vor allem der Bau der Koranschule, weil er an den geschlossenen seldschukischen Bautypus des 13. Jh. anknüpft. Die offene Eingangshalle steht auf Spoliensäulen neben dem fayencegeschmückten Minarett. Eine große Mittelkuppel und zwei Seitenkuppeln überdachen den Innenhof der Medrese, der heute als Gebetsraum dient. Die rechts der Hauptstraße gelegene **Yunus Emre Camii** ist z. Zt. nur in ihrer Gerüstgestalt zu sehen. Kuppeln, Arkaden und Seitenwände sind vollständig abgetragen, die einzelnen Werkstücke um die Moschee herum gelagert. Sie soll in wenigen Jahren originalgetreu wiederaufgebaut werden.

Die abflußlose Hochebene des Tuz Gölü

Fisandon

Man erreicht das Dorf Fisandon, wenn man Karaman in Richtung Mersin verläßt. Noch im Stadtgebiet biegt vor einer eisernen Fußgängerbrücke eine Straße nach links ab. Bei der unmittelbar folgenden Gabelung hält man sich wieder links und fährt bergauf, an neuen Wohnvierteln vorbei. Man erreicht schließlich ein Steinbruchgebiet, und der ins Tal führende Weg verengt sich zu einem schmalen Feldweg. Nach 2,7 km überquert man ein Flüßchen, nach weiteren 4,6 km verläßt man kurzzeitig den Flußlauf, erreicht ihn dann wieder und überquert das Flüßchen erneut unmittelbar vor dem Dorf Fisandon. Bis zu dem Dorf sind es genau 7 km. Eine neue, doch landschaftlich weniger attraktive Straße ist im Bau.

Die **Kirche** von Fisandon wurde im 9. Jh. als typisch griechische Kreuzkuppelkirche erbaut. Die Zentralkuppel hat einen Durchmesser von ca. 5 m, zwei weitere Kuppeln überwölben die Seitenarme. Dem Hauptbau ist ein schmaler Narthex vorgelagert, der von einem Tonnengewölbe überdacht ist. Der Grundriß der Kirche in der Form eines griechischen Kreuzes repräsentiert das bauliche System der christlich-orthodoxen Architektur des byzantinischen Ostens. Die Kirche, die bis zum griechisch-türkischen Bevölkerungsaustausch 1922 den hier ansässigen Griechen als Gotteshaus diente, wurde in

Die Kreuzkuppelkirche von Fisandon

eine Moschee umgewandelt und mit einem schönen Minarett versehen. Bei der wiederholten Restaurierung wird der eigentümliche griechische Charakter der Nordostseite und der Südwand bewahrt. Das Innere der heutigen Moschee ist recht schmucklos, Mihrab und Mimber sind einfach gehalten; allerdings ist der Bau mit sehr schönen und alten Teppichen ausgelegt.

Ein Nachmittagsausflug nach Fisandon führt in anatolische Abgeschiedenheit

Taşkale

Der Ort Taşkale liegt im schmalen Tal des İbrala, ca. 48 km südöstlich von Karaman. Man verläßt die Straße Karaman–Ereğli nach 12 km in richtung Yeşildere, fährt am İbrala-Stausee entlang, durch Yeşildere hindurch und erreicht – auf einer leider schlechten Fahrstrecke – das Dorf Taşkale. Die Felsen, die hier ähnlich wie in İncesu aus weichem Tuff bestehen, dienten den Bewohnern schon von alters her zur Anlage von vielstöckigen Wohnburgen. Reste bezeugen, daß schon in römischer, vor allem aber in byzantinischer Zeit die teils natürlichen, teils künstlichen Höhlenwohnungen als Zufluchtsstätten genutzt wurden. Die bis zu fünf Stockwerke hohen Höhlenwohnungen waren untereinander durch Kletterkamine, die Räume durch Durchlässe miteinander verbunden. Noch heute werden diese Behausungen teilweise genutzt. In den **Höhlen von Manazan** nördlich von Yeşildere, die leider von Grabräubern zerstört wurden, machte man bei der eingehenden Erforschung einen grausigen Fund: Über hundert mumifizierte Leichen lagen in einer bestimmten Ordnung auf dem Boden der Höhlen. Man vermutet wegen der großen Anzahl der Leichen, daß es sich möglicherweise um einen kollektiven Selbstmord gehandelt hat. Eine dieser Mumien ist im Museum von Karaman in einer Vitrine zu sehen.

Can Hasan

Das Dorf Alaçatı an der Straße von Karaman nach Ereğli erreicht man nach ca. 13 km; hier liegt der Can-Hasan-Hügel. Ein kurzer Stichweg führt nach Norden und kreuzt die begleitende Eisenbahntrasse. Man durchquert das Dorf und sieht am Dorfausgang die beiden Kulturschutthügel Can Hasan I und Can Hasan II, die sich nur undeutlich von der Ebene abheben. Ein Besuch lohnt kaum, da die Grabungen durch die Witterung wieder vollständig verschüttet wurden. Um so größer ist die Bedeutung der Fundstelle für die Wissenschaft. Die Ausgrabungen in der Zeit zwischen 1961 und 1970 durch David H. French haben wichtige Aufschlüsse über die Zeit des frühen Chalkolithikums in Anatolien erbracht. Der etwa 1 km nordöstlich gelegene kleinere Hügel (Can Hasan II) war wohl schon im 7./6. Jt. besiedelt, der größere (Can Hasan I) im 6.–4. Jt. Wie in Çatal Hüyük war die Bauweise der rechteckig aneinandergebauten Häuser

Die abflußlose Hochebene des Tuz Gölü

sehr einheitlich. Die Lehmziegelwände waren durch Pfeiler verstärkt, die man gewöhnlich mit roter Farbe bestrich und mit geometrischen Mustern bemalte. Die teilweise zweistöckigen Häuser betrat man wie in Çatal Hüyük mit Hilfe einer Leiter vom Dach aus. In der Siedlung Can Hasan II kannte man noch kein Metall, und es wurde wahrscheinlich nur Landwirtschaft betrieben. Interessanter für die Wissenschaft war der Hügel Can Hasan I. Hier konnte man schon eine Form der Subsistenzwirtschaft feststellen. Getreide und Gemüse wurden angebaut, Schafe und Rinder waren domestiziert, vielleicht auch schon eine kleine Pferderasse.

Binbir Kilise und der Kara Dağ

Binbir Kilise ☆
Besonders sehenswert:
Madenşehir
Üçkuyu
byzantinische
Kirchenruinen

Wegen seines Reichtums an frühbyzantinischen Klöstern und Kirchen hat das Gebiet 40 km nördlich von Karaman den Namen Binbir Kilise, ›1001 Kirche‹. Es umfaßt die Osthänge des Vulkans Kara Dağ bis hinauf zu seinem Gipfel. Ruinen byzantinischer Kloster- und Kirchenanlagen liegen bei den Dörfern Madenşehir, früher Barata genannt, und Üçkuyu, dem früheren Değile. Zwischen diesen Dörfern sind die Hänge kultiviert und bewaldet und vermitteln einen Eindruck davon, wie dieses Gebiet wohl früher ausgesehen haben mag. Die reiche Vegetation fällt vor allem deshalb ins Auge, weil die umgebende Hochebene nahezu baumlos, weitgehend versteppt und mit zum Teil versalzten Sümpfen durchzogen ist.

Um Binbir Kilise zu erreichen, verläßt man Karaman in Richtung Kılbasan und überquert am Stadtrand von Karaman rechts neben dem Bahnhof die Eisenbahnlinie. 9 km hinter Kılbasan biegt man bei Dinek links ab zum Großdorf Madenşehir, das man nach wiederum 9 km erreicht. Hier liegt die erste Gruppe frühbyzantinischer Kirchenruinen. Die Straße führt weiter nach Üçkuyu, dem ehemaligen Zentrum der klösterlichen Siedlung.

Das Bild der Anlage ist von der byzantinischen Vergangenheit geprägt, doch schon in hethitischer Zeit muß das Gebiet um den Kara Dağ besiedelt gewesen sein. Hethitische Inschriften auf dem Mahalaç Dağı, dem höchsten Gipfel des Kara Dağ, und der ›Felsthron‹ des späthethitischen Königs Harpatus auf dem Vulkankegel des Kızıl Dağ belegen eine Besiedlung im 9. Jh. v. Chr. Aus spätminoischer Zeit stammen Scherbenfunde, die in der Oberstadt von Madenşehir gefunden wurden, aus römischer Zeit schließlich findet man Felsgräber und Sarkophage in den Nekropolen.

Barata, das heutige Madenşehir, war bis in das 10. Jh. eine bedeutende byzantinische Siedlung mit eigenem Bischofssitz, deren Blütezeit zwischen dem 3. und 8. Jh. lag. Danach wurden die Stätten teilweise verlassen und schließlich im 11. Jh. von den Seldschuken zerstört. Nach einer langen Periode des Verfalls wurde das Gebiet von turkmenischen Nomaden besiedelt; doch erst im 19./20. Jh. wurden aus dem vorhandenen Baumaterial Steinhäuser errichtet.

Binbir Kilise und der Kara Dağ

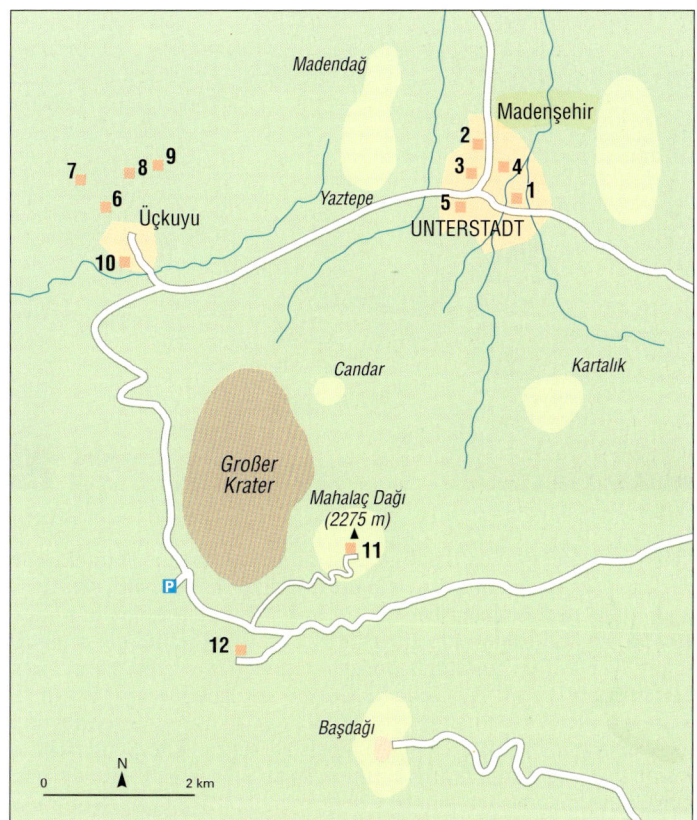

Binbir Kilise/Kara Dağ
1 Basilika
2 Exedra
3 Martyriumskirche
4 römische Nekropole
5 neue Moschee
6 Kirchenruine
7 Kloster- oder Palastkomplex
8 Klosteranlage mit Basilika
9 Klosterkomplex mit Kirche
10 Basilika
11 Klosterruine
12 Fernsehstation

Diese Siedlungsentwicklung ist der Hauptgrund dafür, daß die noch im 19. Jh. gut erhaltenen und von William Ramsay und Gertrude Bell genau beschriebenen Kirchenruinen heute nur noch in zum Teil bescheidenen Resten zu sehen sind. Man zählt noch ca. fünfzig Kirchenruinen in unterschiedlichem Erhaltungszustand, die interessante Einblicke in die besondere Baugeschichte dieser Region geben. Die Bauwerke von Binbir Kilise bilden architekturgeschichtlich eine Gruppe für sich. Die hier erhaltenen Basiliken entsprechen in keiner Weise dem hellenistischen Typus. Diese besaßen Bedachungen aus Holz und waren mit Dachschrägen versehen; die Haupt- und die Seitenschiffe der Kirchen von Binbir Kilise hingegen waren von gemauerten Gewölben überdacht. Typisch für diesen Baustil sind auch die Zwillingsfenster in den Apsiden und die durch eine gedrungene Säule getrennten Doppelarkaden der Eingänge.

Das Dorf Madenşehir beherbergt die beeindruckendsten baulichen Überreste. Gleich am Eingang des Dorfes liegt in einem Feld

Die abflußlose Hochebene des Tuz Gölü

Die große Basilika in Madenşehir

die Ruine einer großen **Basilika** (1), wahrscheinlich die Hauptkirche der alten Stadt. Die Basilika, von der noch das Seitenschiff, die Apsis und Teile des Eingangsbereichs erhalten sind, stammt aus dem 10./11. Jh. und erinnert in Einzelheiten an den Einfluß der armenischen Kunst. Der gewaltige, dreischiffige Bau war etwa 70 m lang; den Eingang an der Westseite bildete ein zweigeschossiger Narthex, dessen linker Teil erhalten ist. Reste einer gemalten Inschrift und Freskenfragmente sind ebenfalls noch zu sehen. Die Seitenschiffe waren vom Hauptschiff durch zehn Arkadenbögen getrennt, die von Doppelsäulen getragen wurden. Folgt man dem Weg zum Nordrand des Dorfes, trifft man auf eine freistehende **Exedra** (2), deren Funktion bisher noch nicht geklärt werden konnte. Unklar ist, ob sie Teil eines größeren Baus war oder als freistehende Apsis eine Funktion bei religiösen Zeremonien im Freien hatte. Auffallend ist die Hufeisenform des Bogens, die in Binbir Kilise häufiger anzutreffen ist. Ein Kreuz im Schlußstein der Halbkuppel ist der einzige ornamentale Schmuck. Ob die Reste einer Basilika, die im Westen der Exedra stehen, mit dieser in Beziehung zu setzen sind, ist ebenfalls nicht geklärt.

In Madenşehir gab es Gebäude mit zentralem Grundriß, von denen das bedeutendste eine achteckige Kirche mit vier herausragenden Flügeln war, die als **Martyriumskirche** (3) bezeichnet wird. Noch im 19. Jh. konnte dieser heute nur noch an Spuren der Grundmauern zu erkennende Kirchenbau genau beschrieben und rekonstruiert werden. Auf dem Rückweg zur asphaltierten Straße findet man überall Sarkophage aus der **römischen Nekropole** (4), und bei der **neuen Moschee** (5) steht ein Sarkophag, auf dem an einer Seite zwei sich gegenüberstehende Löwen abgebildet sind.

Binbir Kilise und der Kara Dağ

Folgt man dem Fahrweg, dann erreicht man nach ca. 7 km den halbverfallenen und fast verlassenen ehemaligen Hauptort der byzantinischen Zeit, Değile, heute Üçkuyu genannt; heute leben hier noch wenige halbseßhafte Nomadenfamilien. Ein Schotterweg führt von der Hauptstrecke nach rechts und zwischen aus dem Felsen geschlagenen Sarkophagen zunächst in das Zentrum des Dorfes, wo die Eingangsfront einer **Kirchenruine** (6) zu sehen ist. Sie wird von drei nebeneinanderliegenden Bögen durchbrochen. Die dazugehörige Basilika ist heute vollkommen zerstört, nur die drei Eingänge des Narthex sind noch zu erkennen. Von hier aus führten drei Türen in den dreischiffigen Bau, dessen Seitenschiffe Emporen besaßen; die Treppen sind noch in Ansätzen zu sehen. Die erhaltene Apsis wird von drei Fenstern durchbrochen. Heute werden die Gewölbe der Kirchenruine als Ziegenställe und Vorratskammern genutzt, was einen sehr malerischen Eindruck hinterläßt. Gegenüber der Basilika befindet sich ein etwas unübersichtlicher **Komplex** (7) mit einem Bogen, auf dem noch Reste einer hohen Mauer zu sehen sind. Ob es sich bei diesem Komplex um Kloster oder Palast gehandelt hat, ist nicht geklärt. In diese Anlage wurde eine Moschee hineingebaut, die man durch ein niedriges Tor neben dem überdeckten Gebäudeteil betreten kann. Im Osten steigt das Gelände an, und dort liegt ein **Klosterkomplex mit Basilika** (8), deren Apsis mit dem typischen Zwillingsfenster noch erhalten ist.

Am Dorfeingang, östlich der Straße, liegt ein **Klosterkomplex** (9), von dem noch vier Räume und eine Fassadenmauer erhalten sind. Den Türsturz des Portals schmücken ein Kreuz und einfache ornamentale Steinmetzarbeiten. Von der Kirche selbst ist nur ein Teil der Apsis zu sehen. Südwestlich der Straße liegt auf einem Hügel die wohl

Klosterruinen in Üçkuyu

Die abflußlose Hochebene des Tuz Gölü

Der ›Thron des Harpatus‹ auf dem Kızıl Dağ

am besten erhaltene Kirchenruine des Ortes, eine **Basilika** (10) aus dem 10. Jh. Hier gab es schon in römischer Zeit eine Nekropole mit in Felsen geschlagenen Grabkammern und Sarkophagen. Von der Basilika sind noch der Eingang zum Narthex, der mit einem Malteserkreuz geschmückt ist, die nördliche Bogenreihe des Hauptschiffes und des angrenzenden Seitenschiffes sowie Teile der Apsis erhalten.

Binbir Kilise und der Kara Dağ

Mahalaç Dagı

Von Üçkuyu führt der Fahrweg in Serpentinen hinauf zum Kraterrand des Kara Dağ. Hier bietet sich ein grandioser Rundblick über den trockenen Kratergrund mit den zerklüfteten Rändern auf den Hauptgipfel des Kara Dağ, den Mahalaç Dağı (2275 m), über die

Die abflußlose Hochebene des Tuz Gölü

zahlreichen Bienenkörbe auf dem Grund des Kraters und hin zu den grasenden Wildpferden. Von hier aus weiterzufahren ist nur mit einem Geländewagen möglich, da der Weg nicht mehr instand gehalten wird, nachdem auf der südlichen Seite des Vulkanmassivs eine neue Fahrstraße zur Fernsehstation angelegt wurde. Man erreicht den Mahalaç Dağı über die neue Straße zur Fernsehstation, die 4 km vor Dinek (von Kılbasan aus gesehen) nach links abzweigt. Vom Sattel unterhalb der Station führt ein kaum erkennbarer Trampelpfad auf den Gipfel, den man in ca. 45 Min. ersteigen kann; hier liegt eine bedeutende **Klosterruine** (11) aus der Mitte des 6. Jh. In der Bezeichnung ›Mahalaç‹ ist der Name des Erzengels Michael enthalten, dem das Kloster geweiht war. Das zentrale Bauwerk ist eine kreuzförmige Kirchenanlage mit einer Kapelle im östlichen Teil, die als Grabkapelle genutzt wurde; beide Bauten waren durch einen ca. 40 m langen, überdachten Gang miteinander verbunden. Von der Kirche stehen noch die teils zugeschütteten, teils überwachsenen Türlaibungen mit gewaltigen Türstürzen, die von Malteserkreuzen geziert werden. Guterhaltene Bögen unterschiedlicher Größe lassen Rückschlüsse auf die bedeutenden Ausmaße des Bauwerks ziehen. Westlich der Kirche befindet sich eine große, gemauerte Zisterne. Schon in hethitischer Zeit war der Gipfel des Kara Dağ ein exponierter Platz. Eine Inschrift in hethitischen Hieroglyphen, die den

Die Berglandschaft in der Umgebung von Karaman ist die Heimat der berühmten Karaman-Schafe

Namen des späthethitischen Königs Hartapus nennt, wurde in einem Felsdurchgang an der Nordseite des Hügels unterhalb der Kirche eingemeißelt. Eine längere Inschrift mit dem Namen des Wettergottes Tarhu befindet sich wenig entfernt auf der gegenüberliegenden Seite.

Kızıl Dağ

Zu dem Vulkanmassiv des Kara Dağ gehört auch der isolierte Vulkankegel des Kızıl Dağ. Ihn erreicht man, wenn man am Ortseingang von Kılbasan nach links abbiegt und auf einem Schotterweg in Richtung Demiryurt fährt. Von dort führt eine Asphaltstraße über Süleymanhacı nach Adakale, wo am Ortseingang ein Feldweg zur Nordflanke des Kızıl Dağ nach links abzweigt. Nach 300 m hält man sich bei einer Gabelung links, nachdem man ein Gelände mit Kiesgruben umfahren hat. Man folgt dem Feldweg bis zum Fuß des Vulkans. An dessen nördlicher Flanke ragt aus dem ansonsten sanft abfallenden Hang eine Trachytspitze weithin sichtbar heraus, die man als den **Thron des Hartapus** bezeichnet. In den Felsen ist die Gestalt eines sitzenden Königs eingeritzt; die Reliefinschrift weist ihn als Großkönig aus. Insgesamt sind fünf Inschriften, von denen drei leicht zu finden sind, erhalten. Der Kopf des Königs wird im Profil gezeigt, das Auge en face wie in der hethitischen Kunst üblich. Assyrische Einflüsse werden in der Darstellung der Barttracht und des Haupthaares sichtbar. Die Gestalt ist nur in Umrißlinien und ohne Relieferhebungen eingemeißelt. Aufgrund der stilistischen und ikonographischen Merkmale dürfte der Thron nicht vor der Mitte des 9. Jh. entstanden sein. Witterungsbedingt und wohl auch aufgrund menschlicher Eingriffe sind Teile der Gesamtanlage zerstört. So ist ein Stück der westlich vorgelagerten Plattform, die künstlich aus dem Fels herausgearbeitet wurde, abgebrochen. Auf dem Gipfel kann man noch Reste einer **Befestigungsanlage** sehen.

Der Aufstieg dauert ca. 30 Min. und ist etwas mühsam, da es keinen Weg gibt, aber der großartige Blick über die Hochfläche mit den zum Teil versalzten Hotamış-Sümpfen und auf das Massiv des Kara Dağ lohnen den Weg

Zwischen Konya und Ereğli

Karapınar und Umgebung

Man verläßt Konya auf der großen Ausfallstraße in Richtung Ereğli und Adana und erreicht nach ca. 90 km die kleine Kreisstadt Karapınar, deren einzige Sehenswürdigkeit die Selimiye Külliyesi ist. Der Ort, der zeitweise auch ›Sultaniye‹ genannt wurde, entstand aus einer ehemaligen Wintersiedlung inneranatolischer Nomaden und war eine Raststation für Mekkapilger. Sultan Selim II. ließ hier 1563 die ausgedehnte Külliye errichten, die aus einer Moschee, einer

Karapınar
Besonders sehenswert:
Selimiye Külliyesi

Die abflußlose Hochebene des Tuz Gölü

Medrese, einem *imaret*, einer Karawanserei und einem Hamam bestand. Die angegliederten Geschäfte sorgten für das Wohl der Durchreisenden. Die Anlage ist heute in einem sehr unterschiedlichen Zustand. Man betritt den Külliyebereich durch ein großes Tor und überquert eine Ladenstraße, hinter der sich zu beiden Seiten die Karawanserei mit ihren offenen Eingängen anschließt. Sie ist weitgehend verfallen, ebenso das etwas abseits gelegene Hamam. Die Moschee, eine osmanische Kuppelmoschee mit zwei schlanken Minaretts und einer Vorhalle mit fünf Kuppeln, von denen die mittlere überhöht ist, wurde mehrfach restauriert; vor dem Bau liegt ein ansehnlicher *şadırvan*, ein Brunnen. Die Innenausstattung ist einfach, Mihrab und Mimber bestehen aus Marmor, die Fensterumrahmungen und die Pendentifs sind durch Malereien betont. Die Dreikuppelanlage im Westen der Moschee gehörte zu einer Küche.

Die Landschaft um Karapınar erscheint auf den ersten Blick eintönig, da sie weitgehend eben und baumlos ist. Dennoch bietet sie einige geomorphologische Besonderheiten, Folgen vulkanischer Tätigkeit, die während des Pliozän und des nachfolgenden Quartär ihren Höhepunkt erreichte. 4,9 km östlich des Ortsschildes von Karapınar führt ein Feldweg rechts (nach Süden) ab zu dem 2 km entfernten, nicht ausgeschilderten **Meke Gölü**, einem 500 m × 800 m großen Ringkratersee, der ganz in vulkanischer Asche eingebettet

Die Selimiye Külliyesi in Karapınar

liegt. In der Mitte des Sees ragt ein völlig gleichförmiger Sekundärkrater ca. 50 Meter in die Höhe, der ebenfalls einen Krater von 25 m Tiefe besitzt. Kleinere Kraterbildungen auf der westlichen Seite des Sees dokumentieren die fortwährende vulkanische Aktivität. Das Wasser ist stark schwefeldioxid- (150 g/l) und salzhaltig. Der Weg führt Richtung Süden zu dem isolierten und imposanten Vulkankegel des Meke Dağı (1265 m), dessen Hänge mit 35–38° sehr steil sind. Auf seiner Spitze liegt ein Explosionskrater von fast 500 m und ein See von 100 m Durchmesser. Auf dem Weg dorthin verändert sich die Gegend westlich der Piste schlagartig. Man betritt eine Wüstenlandschaft mit bis zu 8 m hohen Sicheldünen, die letzten Zeugnisse eines eiszeitlichen Sees.

Die Spalten und Höhlen der Kraterberge bieten einer Vielzahl von Vogelarten Brutmöglichkeiten. Adlerbussarde und Schmutzgeier nisten hier neben Turmfalken, Dohlen, Felsentauben und Blaurakken. Andere Vogelarten bevölkern die schwer zugänglichen Ufer der Kraterseen. 2,9 km östlich der oben beschriebenen Abzweigung erreicht man links der Straße eine Tankstelle. Von hier aus sind es nur wenige Schritte zum ovalen Kratersee **Acı Göl**, ›Bittersee‹, dessen Hänge steil abfallen.

Ereğli

52 km östlich von Karapınar liegt die Kreisstadt Ereğli mit etwa 75 000 Einwohnern, die in römischer Zeit Kybistra und unter den Byzantinern Herakleia in Lyakaonien hieß. Die byzantinische Festung wurde 806 von den Arabern erobert und, da der Ort strategisch sehr günstig am Weg durch die Kilikische Pforte lag, von den Kalifen Harun al-Raschid und Halif al-Mamun im 9. Jh. n. Chr. befestigt. Vor den Mauern der Stadt erlitten die Kreuzfahrer Anfang des 12. Jh. eine schwere Niederlage gegen die Seldschuken. 1211 kam Ereğli unter die Herrschaft der Armenier, die bald von Seldschuken und Mongolen abgelöst wurden. 1467 wurde die Stadt osmanisch.

Zu den wenigen Sehenswürdigkeiten der Stadt gehört die **Ulu Cami**, eine seldschukische Hallenmoschee, deren Säulen zum Teil Spolien aus byzantinischer Zeit sind. Die Moschee wurde mehrmals restauriert, zuletzt 1993/94. Das aus Ziegeln erbaute Minarett ist auffällig hoch: Breite Marmorbänder gliedern den schlanken Schaft, der ursprünglich unterhalb des Umgangs zudem mit blauen Fayencemustern verziert war, von denen noch Reste erhalten sind. Das Minarett steht auf einem achteckigen Ziegelsockel, der mit Spitzarkaden und Flechtbändern geschmückt ist. Gegenüber der Moschee liegt der osmanische **Rüstem Paşa Hanı**. Der Kuppelbau der Karawanserei ist restauriert und dient heute als Markthalle. Hinter dem Han liegt ein lebendiges Basarviertel. An der Hauptachse der Stadt liegt ein kleines **Museum**, in dem Funde aus Can Hasan und aus der hethitischen Zeit ausgestellt sind.

Neben dem Museum findet man römische Grabsteine und Architekturfragmente

Die abflußlose Hochebene des Tuz Gölü

İvriz

İvriz ☆☆
Besonders sehenswertes hethitisches Felsrelief

Ereğli ist der Ausgangspunkt für einen lohnenden Abstecher zu dem 17 km südlich gelegenen hethitischen Felsrelief von İvriz; der Weg ist ausgeschildert. Er führt zunächst durch die fruchtbare Ebene südlich von Ereğli, dann entlang eines erst vor wenigen Jahren angelegten Stausees und erreicht das Dorf Aydınkent. Man durchquert das Bergdorf und kommt zu einem reißend fließenden Quellfluß, der direkt unterhalb der Brücke gestaut ist. Am Rand des kleinen Teichs wurde unter schattenspendenden Bäumen ein Picknickplatz eingerichtet. Unmittelbar neben dem Wehr, an einer 10 m aufragenden Felswand, befindet sich das berühmte, etwa 6 m hohe späthethitische Relief, auf dem sich König Warpalawas von Tuwanuwa (Tyana) und der hethitische Vegetationsgott Tarhu gegenüberstehen. Der

Der Geograph Hacı Halfa, genannt Kiatab Çelebi (1590–1656), überlieferte als erster eine Beschreibung des Reliefs

König huldigt anläßlich des Frühlingsfestes dem Gott, der mit Ähren und Trauben dem Land symbolisch Fruchtbarkeit schenkt. Warpalawas trägt einen Mantel, der auf aramäische Vorbilder verweist. Die Ornamentik des Rocks und die Gewandfibel hingegen deuten auf eine Verbindung zu den Phrygern hin, sie ähneln den Darstellungen in Gordion. Haar- und Barttracht wiederum lassen assyrische Einflüsse erkennen, und die Schnabelschuhe verweisen auf hethitische Darstellungen. Tarhu trägt deutlich hethitische Züge. Wenn auch Haartracht und Bart und die gehörnte Mütze an neuassyrische Reliefs erinnern, so sind doch der kurze Rock mit dem deutlich betonten Saum, die stilisierten Beinmuskeln und die Schnabelschuhe Merkmale der hethitischen Kunsttradition. Auch die Huldigungshaltung des Königs verweist – ebenso wie die Haltung des Gottes – auf großreichszeitliche hethitische Traditionen. Aufgrund der stilistischen und ikonographischen Merkmale läßt sich das Relief in die Zeit um 730 v. Chr. datieren.

Es lohnt sich, das Flußtal hinaufzuwandern; ein Pfad führt in die nach Süden immer enger werdende Schlucht. An der Felskante auf der rechten Seite sieht man eine natürliche Felsbrücke, und nach wenigen Metern kommt man zu einem schmalen Einschnitt mit den Resten eines byzantinischen Klosters, **Kızlar Sarayı** genannt, bei dem sich ein zweites, gröber gearbeitetes hethitisches Felsrelief befindet.

Ulukışla

Ulukışla
Besonders sehenswert: osmanische Kaserne und Karawanserei

Östlich des kaum wahrnehmbaren Passes, des Ulukışla Geçidi (1467 m), erreicht man den Verkehrsknotenpunkt Ulukışla, die ›große Kaserne‹. Der Ort verdankt seinen Namen einer großen Karawanserei, die Mehmet Paşa zwischen 1566 und 1574 erbauen ließ und die wahrscheinlich in der Folgezeit auch als Heerlager gedient hat; es war die letzte große Raststation vor der Überquerung des Taurus. Der Gebäudekomplex der Karawanserei liegt nördlich der

Ulukışla

Straße und bestand zum größten Teil aus zwei Bauten: Das südliche Gebäude diente als eigentliche Karawanserei, an die eine Markthalle angegliedert war, das nördliche war als Kaserne konzipiert. Heute ist hier eine Teppichkooperative untergebracht.

Das Felsrelief von İvriz

Kappadokien

Geographie

Landschaft und Kultur

Geographie

Für den Besucher Zentralanatoliens ist Kappadokien eines der lohnendsten Reiseziele. Die beeindruckende Landschaft mit ihren überwältigenden Tufformationen, dem künstlerischen Reichtum der Felskirchen und der reizvollen Lage der Dörfer, die teilweise in die Tuffhänge hineingebaut sind, bilden ein Natur- und Kulturschauspiel von einzigartigem Rang. Die geologische Struktur Kappadokiens ist das Ergebnis eines ständigen Wechsels von Vulkantätigkeit und Erosion. Während des Oligozäns war das Gebiet von Bergketten aus kristallinem Gestein, im wesentlichen Granit, geprägt, die sich zur Basis eines weiten marinen Beckens hin absenkten. Diese von Nordost nach Südwest verlaufenden Bergketten mit ihren abgerundeten Kuppen, sanften Flanken und einer durchschnittlichen Höhe von 1500–1700 m charakterisieren heute das Landschaftsbild nördlich des Kızıl İrmak. In der Zeit des Miozän wurden die Becken infolge des warmen und feuchten Klimas weitgehend aufgefüllt. Die nun einsetzende alpine Gebirgsbildung des Taurus ließ im Süden des Gebietes und am Nordrand des Taurus tiefe Bruchzonen und Einsenkungen entstehen wie die Ebene von Kayseri und das Einbruchtal des Kızıl İrmak. Diese Bruchzonen waren die Voraussetzung für die nachfolgende Vulkanentwicklung, die zur Bildung der Vulkankegel führte, die heute das Landschaftsbild akzentuieren. Sie erstrecken sich mit fünf Hauptgipfeln über eine Länge von ca. 150 km im südöstlichen Teil des Gebietes, einer Perlenschnur vergleichbar. Den nordöstlichen Endpunkt markiert der 3916 m hohe Erciyes Dağı. Der südlich gelegene Develi Dağı, eine Ansammlung von Haupt- und Nebenkratern, erreicht Höhen zwischen 2500 m und 3000 m, der Keciboydoran Dağı bildet den mächtigen Zwischenabschnitt. Im Westen wird die Vulkankette vom 3268 m hohen, zweikegeligen Hasan Dağı abgeschlossen. Das Vulkansystem findet seine Fortsetzung weiter westlich in Karaca Dağı und Kara Dağ bei Karaman.

Unzählige Ausbrüche im Wechsel von Aschen, Schlacken, Gesteinstrümmern und mächtigen Lavaströmen füllten die Becken auf und nivellierten alle Bodenunterschiede. Die vulkanischen Sedimente bedeckten eine Fläche von ca. 10 000 km², und die unermeßliche Decke von Tuffablagerungen verlieh dem Gebiet den Charakter einer Tafellandschaft. Infolge tektonischer Verschiebungen entstand im Gebiet zwischen Nevşehir und Ürgüp ein Gefälle, das sich zum Tal des Kızıl İrmak hin senkte, was den Prozeß der Flußerosion einleitete. Es entstanden weitgespannte, dichte Netze von Einbruchtälern, verzweigten Tälchen, jähen Schluchten und tiefeingeschnittenen Canyons mit vielfältigen Tuffgebilden, unter denen die ›Feenkamine‹, einzeln oder in Gruppen, besonders bizarr wirken. Andere Entwässerungssysteme bildeten sich im Einzugsbereich des

◁ ›Feenkamine‹ im Tal von El Nazar

◁ Tuffsteinlandschaft bei Zelve

275

Melendiz Suyu, der das İhlara-Tal formte, und des Mavrucan Dere im Soganlı-Tal. Auf den alten Hochflächen, wo die erosive Kraft des Wassers noch nicht wirksam werden konnte, stehen tafelförmige Erhebungen, die auf die Höhe der ursprünglichen Sedimentdecke schließen lassen. Klimatische Faktoren haben Farbgegensätze geschaffen, durch die die Landschaft noch bunter und plastischer wirkt. Da die Oxydierung bei verschiedenen Gesteinsarten unterschiedlich verläuft, entstand ein überwältigender Farbreichtum: das Violett der Andesite, das Ocker der Tuffhänge, das Grau der Vulkanasche, das Schwarz der Basaltpfeiler und -decken und das Weiß der Talflanken.

Das religiöse Leben in Kappadokien

Christusdarstellung in der Elmalı Kilise in Göreme

»*Das asketische Leben hat ein Ziel, die Rettung der Seele, und es muß die ganze Kraft zu eben diesem Vorsatze mitwirken, um ihn wie einen göttlichen Befehl mit Furcht zu beachten.*« *Basilius von Caesarea*

Die Ausbreitung des christlichen Glaubens traf in Kappadokien auf einen Raum, der von einem ausgeprägten Religionsgefüge bestimmt war. Die dualistische Lehre der Gnosis, eine religiöse Weltanschauung, die auf alle Religionen des Mittelmeerraumes eingewirkt hat, beeinflußte auch das junge Christentum. Daneben bestanden Mysterienreligionen, die in Anatolien ihre höchste Entfaltung erreichten. Sie waren griechischen, phrygischen und syrischen Ursprungs oder kamen wie der Mithras-Kult aus Persien. Weniger bedeutend war die Herrscherverehrung der hellenistischen und römischen Zeit. Auch dieser Kult war orientalischen Ursprungs und fand in Kleinasien den idealen Nährboden für seine Entfaltung. Darüber hinaus gab es – vor allem in den Städten – jüdische Gemeinden. Schon im 2. Jh. entstanden in Kappadokien zahlreiche Christengemeinden, die sich um zwei Bischofssitze gruppierten: um Caesarea (Kayseri) und um Melitene (Malatya). Unter dem Einfluß der Bischöfe Basilius von Caesarea (um 330–379), seinem jüngeren Bruder Gregor von Nyssa (um 335–394) und Gregor von Nazianz (um 330–390), die heute noch in der Ostkirche als Heilige verehrt werden, entwickelte sich dieses Gebiet zu einem religiösen Zentrum.

Einen besonderen Stellenwert hatte dabei **Basilius von Caesarea**. Basilius, einer der gebildetsten Männer seiner Zeit, wurde in Caesarea als Kind einer reichen und vornehmen Familie geboren. Seine Ausbildung genoß er an den Akademien von Caesarea, Konstantinopel und Athen, wo er mit Gregor von Nazianz und dem späteren Kaiser Julian Apostata (361–363), zwei einander gegensätzlichen, für seinen späteren Lebensweg wichtigen Persönlichkeiten, zusammentraf. Als Bischof von Caesarea nahm Basilius den Kampf gegen Christenverfolgung und Ketzerei auf, der sich zunächst gegen Julian Apostata richtete, der heidnische Religionen und Kulte wiederzubeleben versuchte. Im 4. Jh. wurde das Christentum Staatsreligion, und es galt, die Grundlagen des Glaubens und des kirchlichen Lebens auf Konzilien festzulegen. Der Streit zwischen Arius von Alexandria und Athanasius von Konstantinopel spaltete die junge Christenheit in

Das religiöse Leben in Kappadokien

Der Verrat des Judas; Fresko in der Karanlık Kilise in Göreme

Monophysiten, die in Christus nur das göttliche Wesen verehrten, und Orthodoxe, die in Christus die menschliche und die göttliche Natur erkannten (Zwei-Naturen-Lehre). Dieser Streit wurde in Kappadokien mit besonderer Heftigkeit ausgetragen. Im Jahr 371 teilte der arianische Kaiser Valens Kappadokien in einen arianischen Teil mit einem Bischof in Tyana (Kemerhisar) und einen orthodoxen Teil mit der Metropole Caesarea, deren Bischof Basilius blieb. Diese Tei-

Kappadokien

Der Streit der Christen untereinander dehnte sich bis nach Kappadokien aus. Göreme wurde ein Zufluchtsort für Sektierer und Häretiker, die das Wesen Christi anders verstanden als die byzantinischen Dogmatiker

lung war der Beginn einer tiefgreifenden Distanzierung der monophysitischen Kirchen – Nestorianer, Armenier, Kopten u.a. – von den orthodoxen und katholischen Kirchen des Westens; die Teilung von römisch-katholischer und orthodoxer Kirche wurde erst 1054 vollzogen. Nach der Spaltung wandte sich Basilius der Reformierung der kappadokischen Kirche zu, indem er die asketischen Bestrebungen einer christlichen Elite mit der sympathisierenden Laienbewegung zu vereinigen suchte. Eine Hauptaufgabe sah er in der Reformierung des Mönchswesens. Aufgrund der Erfahrungen auf seinen Reisen nach Ägypten und Palästina verwarf er die Auffassung der Mönche, daß nur ein asketisches Leben in Einsamkeit zur Erkenntnis der göttlichen Wahrheit führen könne, und betonte die Notwendigkeit von Klostergemeinschaften. Er verlangte den Verzicht auf persönliches Eigentum, vor allem aber die Übernahme sozialer Aufgaben in Krankenpflege und Armenseelsorge. Auch sollten sich Mönche körperlicher Arbeit unterziehen. Diese Grundsätze einer sozial ausgerichteten und diesseits gewandten Ordensgemeinschaft waren u. a. Anknüpfungspunkte für die Ordensregeln der Benediktiner. Basilius krönte sein Reformwerk der kappadokischen Kirche mit der Neugestaltung der Liturgie, die bis heute unter dem Namen ›Liturgie des Basilius‹ in der griechisch-orthodoxen Kirche Gültigkeit hat. Der Einfluß der Orthodoxie verstärke sich 451, als das Bistum von Caesarea dem Patriarchat von Konstantinopel unterstellt wurde.

Das **Mönchstum** hatte sich in Kappadokien bereits seit dem 2. Jh. entwickelt. Gab es zunächst nur eine Ansammlung von Asketenklausen, so entstanden bald ausgedehnte Mönchssiedlungen, die zeitweise einen derartigen Zulauf hatten, daß durch kaiserliche Erlasse die Ordensgrößen beschränkt werden mußten, um das wirtschaftliche und militärische Gleichgewicht der Region nicht zu gefährden. Während der Bedrohung durch die Perser (um 605), später durch die Araber (um 647) und schließlich durch die Seldschuken (nach 1060) boten die zahlreichen Höhlen in den zerklüfteten und abgelegenen Tufftälern der christlichen Bevölkerung auch aus der Metropole Caesarea Zuflucht. Die Mönchsgemeinden Kappadokiens waren im Gegensatz zu denen anderer Gegenden (ägyptische Thebais, Athos) eng mit den Wohn- und Arbeitsstätten der bäuerlichen Siedlungen verbunden. So finden sich neben reinen Mönchssiedlungen wie im Tal von Göreme auch zahlreiche Kapellen und Klausen innerhalb bäuerlicher Gemeinden, z. B. im Ort Göreme oder in Çavuşin.

Eine Bedrohung für die gesellschaftliche Ordnung und das mönchische Gemeinwesen war die Zeit des **Ikonoklasmus** (Bilderstreit) 726–843. Der Bildkult hatte bis zum frühen 8. Jh. übersteigerte Formen angenommen, die an Götzendienst und magische Verehrung heranreichten. Die Ikonoklasten empfanden die Abbildung und Verehrung des Christus, dessen Göttlichkeit sich jeglicher Darstellung entziehe, als gotteslästerlich. Die Anhänger der Bilderverehrung hingegen sahen in diesen Darstellungen ein Manifest der Fleischwer-

Fig.

Mönch nach einer Darstellung aus dem 10. Jh.

Das religiöse Leben in Kappadokien

Mönchsklausen in Çavuşin

dung und somit der zweifachen Natur Christi als Mensch und Gott. In der Zeit des Ikonoklasmus wurden alle figürlichen Darstellungen zerstört und durch einfache christliche Motive ersetzt. Klöster wurden geschlossen, der Grundbesitz beschlagnahmt, Mönche verfolgt und vertrieben. In Kappadokien sind daher aus dieser Zeit nur wenige Kirchenornamente und bildliche Darstellungen erhalten. Im Jahr 843 wurde die Bilderverehrung von Kaiserin Theodora wieder zugelassen. Die Rückkehr zur Orthodoxie bedeutete zugleich einen Triumph der Kirche über die kaiserliche Gewalt: Neue Kirchen wurden gebaut und mit Mosaiken, Wandmalereien und Ikonen geschmückt. In Kappadokien erlebte das Mönchstum einen explosionsartigen Zulauf. Ein Jahrhundert später hatte diese Entwicklung schon wieder solche Ausmaße angenommen, daß der Kaiser Nikephoros Phokas im Jahr 964 ein Verbot von Klosterneugründungen und Besitzmehrung erließ.

Die kirchlichen und mönchischen Gemeinden führten ihr religiöses Leben auch unter seldschukischer und osmanischer Herrschaft weiter und waren wie zuvor dem Patriarchat von Konstantinopel unterstellt. Konnten sie sich in seldschukischer Zeit noch frei entfalten, so blieb die christliche Bevölkerung unter den Osmanen ohne Entwicklungsmöglichkeiten, bis sie im 19. Jh. aufgrund der Reformbewegung des Tanzimat wieder selbstbewußter auftreten konnte.

Kappadokien

Architektur und Malerei der byzantinischen Höhlenkirchen

Die künstlerische Ausgestaltung der Kirchenanlagen in Kappadokien reicht in die Zeit vor dem Bilderstreit zurück. Die ältesten Beispiele stammen aus dem 6. Jh. und sind einfach und unbeholfen. Sie entspringen einer volkstümlichen Kunst, die sich fernab von den großen kulturellen Zentren wie Alexandria, Antiochia oder Konstantinopel entwickelte. Dennoch spiegeln Architektur und Malerei die byzantinische Kulturentwicklung wider.

Das Charakteristikum der kappadokischen **Felsarchitektur** ist, daß sie ›ex negativo‹ entstanden ist: Die Höhlen der byzantinischen Sakralarchitektur wurden aus dem weichen Tuffgestein herausgearbeitet; so entstanden Räume durch Entfernen statt durch Aufeinanderfügen von Material. Die Statik konnte man unberücksichtigt lassen. Daraus entwickelte sich die nachahmende Architektur, die sich an den Bautypen der aus Stein errichteten byzantinischen Kirchen orientierte. Die Anlagen wurden ausschließlich entsprechend liturgischen Funktionen konzipiert und erhielten dadurch symbolische Bedeutung: die Apsis mit Altar, das Synthronon, der Platz für die

Elmalı Kilise in Göreme, Innenansicht

Kleriker, die Kuppel als Abbild des Himmels, die Vorhalle für die Katechumenen, die Ikonostase und die Kanzel. An den Felskirchen Kappadokiens kann man alle Formen byzantinischer Sakralbaukunst in verkleinertem Maßstab studieren. Sie reichen vom einfachen Schiff mit Gewölbe (Karabaş Kilise im Tal von Soğanlı) bis zur Trikonchenanlage (Tağar Kilise in Yeşilöz), vom trapezförmigen Raum, der von einer Querreihe aus Pfeilern und Arkaden abgestützt ist (Şaklı Kilise bei Göreme) bis zum quadratischen Kirchenschiff, bei dem vier Säulen die Bögen und eine Pendentifkuppel stützen (Eski Gümüş bei Niğde) und finden ihren krönenden Abschluß in der Grundrißform des griechischen Kreuzes mit überkuppelten Nebenschiffen (die ›Säulenkirchen‹ in Göreme). Aus der Kombination zweier Kirchen entstand die ungewöhnliche Tokalı Kilise bei Göreme. Die meisten Anlagen waren vollständig ins Berginnere verlegt, aus Sicherheitsgründen gut getarnt und von außen kaum zu erkennen. Die Innenräume erreichte man über versteckte Treppen und durch unscheinbare Zugänge. Die äußere Unauffälligkeit der Kirchen steht häufig in überraschendem Gegensatz zu der oft reichen und kunstvollen Innengestaltung, der Malerei.

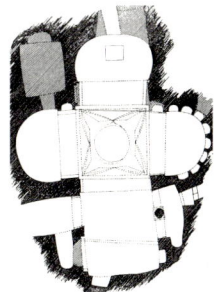

Trikonochenanlage der Tağar Kilise in Yeilşöz, Grundriß

In Form und Inhalt stellt die byzantinische Kunst das umfassendste und beständigste künstlerische System des Mittelalters dar. Die **Bildprogramme** und einzelnen Themen waren durch Liturgie und biblische Überlieferung festgelegt. Alle Elemente der byzantinischen Kunst waren religiösen und formalen Konventionen verpflichtet, die der künstlerischen Freiheit Grenzen setzten, aber dennoch Spielräume ließen, um innerhalb dieser Grenzen eine lebendige Entwicklung der Formen und Stile zu ermöglichen. In der Regel entnahm man die Motive den Evangelien, aber auch apokryphen Texten. Die Funktion der Bilder beruhte – ebenso wie bei der mittelalterlichen Malerei in den Kirchen der Romanik – auf einer darstellenden Interpretation der heiligen Texte; die Aufgabe der Bildfolgen bestand darin, Prediger in der Auslegung der Evangelien zu unterstützen und die Mönche bei der Meditation zu leiten. Immer wieder stößt man auf die zentralen Themen der Evangelien; die Kindheit Marias, die Verkündigung, die Geburt Christi, die Anbetung der Könige, die Darstellung im Tempel, die Taufe Jesu durch Johannes, die Wunder Jesu, der Verrat des Judas, die Verleugnung des Petrus, das Abendmahl, Passion und Kreuzigung, die Grablegung, die Auferstehung, die Verklärung und das Pfingstfest. In der Apsis thront im allgemeinen Christus als Pantokrator, als König der Welt, zum Teil umrahmt von apokalyptischen Symbolen. In den Seitenapsiden wird Maria, meist mit dem Kind, dargestellt.

Die Säulenkirchen von Göreme und die Tokalı Kilise spiegeln die höfische Kunst Konstantinopels im 11. Jh. in allen Elementen wider. Möglicherweise sind Künstler einer Malschule aus der Metropole hierher gekommen, um die Kirchen im Auftrag wohlhabender Bürger dieser Gegend auszumalen. Neben der höfisch beeinflußten Kunst der Kirchen gibt es Kirchen mit dem typischen Dekor einer

Fresko in der Tokalı Kilise in Göreme, das sich durch seine leuchtend blaue Farbe auszeichnet

Kappadokien

Ikonoklastische Malerei in der Barbara Kilise in Göreme

anikonischen Kunst, so wie sie die ikonoklastische Lehre forderte. Ein Beispiel ist die Barbara Kilise in Göreme, die fast ausschließlich mit abstrakten Motiven und Symbolen geschmückt ist; ihre Architektur stammt jedoch aus einer Zeit lange nach dem Ikonoklasmus. Die Darstellungen aus dem 11. Jh., dem Höhepunkt der kappadokischen Malerei, zeigen einen hochentwickelten Stil. Die Zeichnung der Figuren gewinnt an Eleganz und Detailliertheit, die Frontalität wird zunehmend aufgelöst, die Gesichter entwickeln individuelle Züge, die Gesten werden lebendiger und die Hände sind von starker Ausdruckskraft. Die ›nassen‹ Gewänder, die sich eng an die Körper anschmiegen und so deren Formen zur Geltung bringen, sind ein charakteristisches Merkmal dieser Periode. Der Ausdruck der Figuren, die die Kuppeln, Gewölbe, Zwickel, Laibungen und die Wände der Kirchen bedecken, verleiht der Kunst in Kappadokien den Charakter einer intensiven Spiritualität und einer tiefgehenden mystischen Ausstrahlung.

Unterirdische Städte: Kaymaklı und Derinkuyu

Kaymaklı ☆☆
Derinkuyu ☆☆
Besonders sehenswert: unterirdische Stadtanlagen

Ein touristischer Anziehungspunkt in Kappadokien sind die unterirdischen Anlagen, teilweise ganze Städte wie in Kaymaklı und Derinkuyu, teilweise befestigungsähnliche kleinere Einheiten. Insgesamt hat man bis heute 155 solcher Anlagen gefunden. Es ist jedoch noch nicht endgültig geklärt, wann und zu welchem Zweck die Menschen begannen, diese unterirdischen Systeme zu konstruieren. Wahrscheinlich reichen sie in die Zeit der Phryger zurück und hatten die Aufgabe, die Bevölkerung dieses Gebietes vor den eindringenden Assyrern zu schützen. Die Erforschung der Anlagen fiel mit

Gang mit Verschlußstein in der unterirdischen Stadt von Derinkuyu

Unterirdische Städte

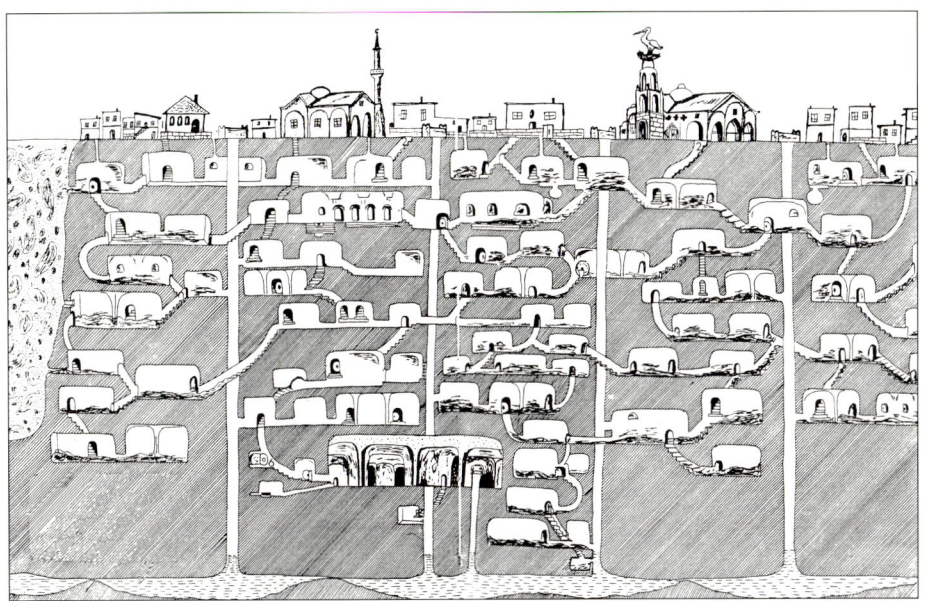

Die unterirdische Stadt von Derinkuyu reicht 52 Stockwerke in die Tiefe

der systematischen Bestandsaufnahme der byzantinischen Höhlenkirchen zusammen; das legte damals den Schluß nahe, daß alle Bauten dieser Art in den gleichen zeitlichen Rahmen gehören könnten, also ins 5.–14. Jh. n. Chr. Doch schon Xenophon hat im 5. Jh. v. Chr. in seiner ›Anabasis‹ von unterirdischen Wohn- und Vorratsanlagen berichtet. In byzantinischer Zeit wurden diese Vorläufer wahrscheinlich unter dem Eindruck arabischer und persischer Einfälle ausgebaut und als Rückzugsorte und Verteidigungsanlagen genutzt. Die größeren Städte zogen sich kilometerweit und bis zu acht Stockwerke tief in den weichen Tuff. Sie bildeten ein Labyrinth verzweigter schmaler Tunnel und Treppengänge, die zu Räumen unterschiedlicher Größe führten. An den Wegekreuzungen entstanden kleine Plätze. Im Fall eines Angriffs konnten die Gänge durch Verschlußsteine, Mühlsteinen ähnlich, abgeriegelt werden. Bis zu 80 m tiefe Luftschächte versorgten die Anlagen mit Frischluft. Wasserreservoirs und Vorratsräume ermöglichten einen längeren Aufenthalt.

Die am besten erschlossenen unterirdischen Städte Kappadokiens sind Kaymaklı und Derinkuyu, die 20 km bzw. 29 km südlich von Nevşehir an der Straße nach Niğde liegen. Die Anlage von Kaymaklı kann man bis ins vierte Stockwerk begehen. Der Weg ist mit Pfeilen ausgeschildert und beleuchtet, letzteres gilt nicht für alle Nebenräume; es lohnt sich, eine Taschenlampe mitzunehmen. Die weiter südlich gelegene unterirdische Stadtanlage von Derinkuyu ist die größte in Kappadokien. Sie wurde 1963 entdeckt, teilweise freigelegt und schon 1965 für die Öffentlichkeit zugänglich gemacht. Sie umfaßt ein Gebiet von 1500 m², doch Berechnungen zufolge handelt es sich dabei nur um ein Viertel der Gesamtanlage. Bisher wurden insgesamt 52 Luftschächte gezählt. Die einzelnen Stockwerke sind auch hier durch Gänge und Treppen miteinander verbunden und konnten durch Verschlußsteine abgeriegelt werden. Diese Gänge sind teils breit, teils sehr eng angelegt und führen in eine Tiefe von 55 m. Über die Funktion der einzelnen Räume ist viel spekuliert worden, auch über die Zahl der Bewohner bzw. Zufluchtsuchenden. Genaue Angaben lassen sich nicht machen; die Schätzungen liegen zwischen 3000 und 50 000. Die untersten Räume, darunter einer mit kreuzförmigem Grundriß – wahrscheinlich eine Kirche – liegen acht Stockwerke tief. Möglicherweise wurden zunächst nur die beiden oberen Stockwerke als Wohnbereiche genutzt und die darunterliegenden als Zufluchtsorte. Die Schuttmassen, die beim Aushöhlen anfielen, kippte man in die tiefe Schlucht des nahegelegenen Baches. So wurde das Gelände eingeebnet.

Heute betritt man die unterirdische Stadt, die *yeraltı şehri*, über eine neue Treppe am Hauptplatz des sich rasch entwickelnden Großdorfes Derinkuyu. Schon im 4. Jh. v. Chr. wurde der Ort erwähnt, Münzfunde von der römischen Kaiserzeit bis in die Zeit der Seldschuken belegen eine kontinuierliche Besiedlung. Durch einen ca. 8 km langen Tunnel war Derinkuyu mit dem Nachbarort verbunden, der jedoch heute verschüttet und nicht mehr begehbar ist. Im Ort selbst fällt die mächtige **armenische Kirche** aus dem 19. Jh. auf, die am südlichen Dorfausgang liegt und in der heute ein kleines Museum eingerichtet ist. Die **Moschee** in der Mitte des Dorfes ist eine aus Basalt errichtete ehemalige Kirche aus dem 16./17. Jh. mit einfachen Fresken.

Zwischen Aksaray und Hasan Dağı

Aksaray

Aksaray
Besonders sehenswert:
Ulu Cami
Zinciriye Medresesi
Eğri Minare

Die zentralanatolische Provinzstadt Aksaray mit etwa 92 000 Einwohnern verdankt ihren Aufschwung der erst vor einigen Jahren neu angesiedelten Industrie, vor allem der Automobilindustrie. Aksaray liegt an der Kreuzung zweier schon in der Antike wichtigen Verkehrsverbindungen, der West-Ost-Route von Konya nach Kayseri und der Nord-Süd-Verbindung von Ankara nach Adana. Das ›Tor Kappadokiens‹, wie man die Stadt nennt, liegt am Ostrand der abflußlosen Hochebene des Tuz Gölü und am Westrand des vulkanischen Gebietes um Hasan Dağı und Erciyes Dağı; die Stadt eignet sich somit als Ausgangspunkt für Exkursionen zu den Kirchen nördlich des Hasan Dağı und vor allem zum İhlara-Canyon mit seinen zahlreichen Klöstern und Kapellen. Die fruchtbare Oase wird vom

Aksaray

Die Ulu Cami in Aksaray

Melendiz Suyu bewässert, der, nachdem er den İlhara-Canyon durchflossen hat, nördlich von Aksaray in der Ebene des Tuz Gölü versickert.

Schon in der Antike war dieser Ort besiedelt und wird bei Strabo als Militärstützpunkt des Bezirks Garsauritis bezeichnet. Zur Zeit des kappadokischen Königreiches trug der Ort den Namen Archelais nach dem Herrscher Archelaos (34 v. Chr.–17 n. Chr.) und war

Kappadokien

Kappadokien

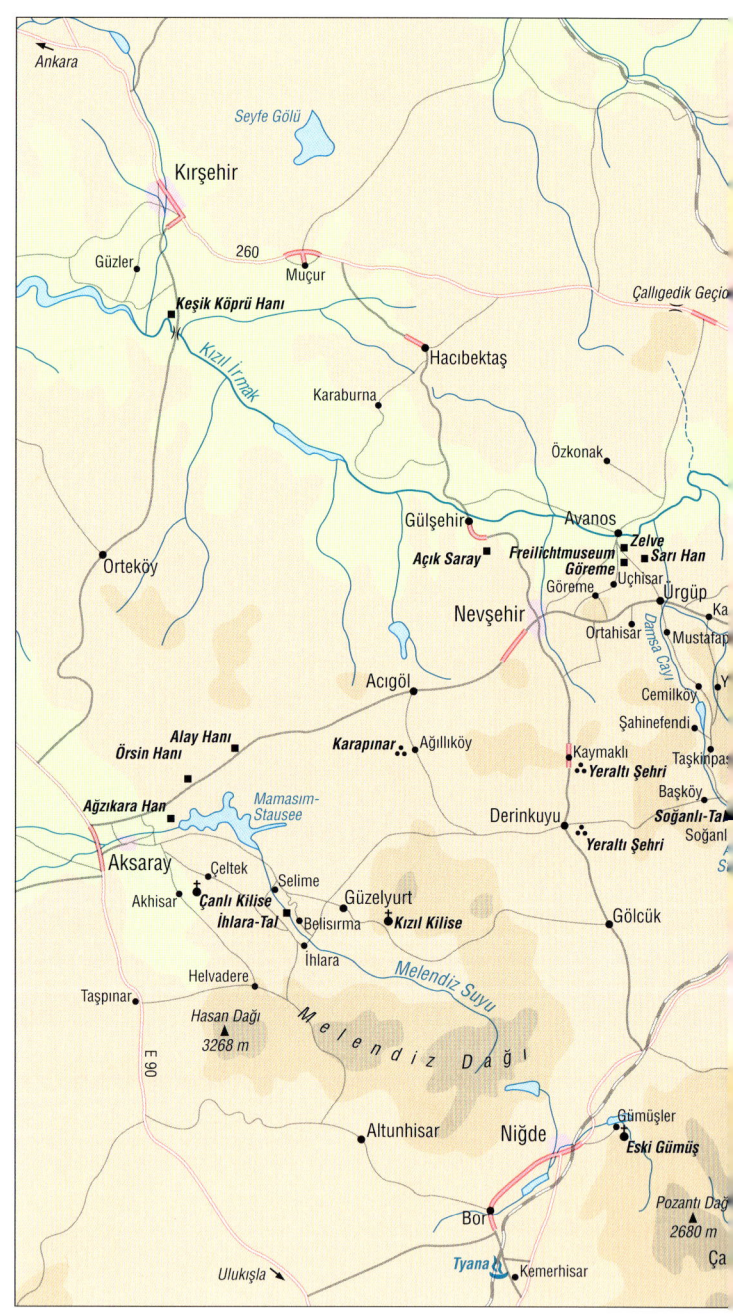

Aksaray

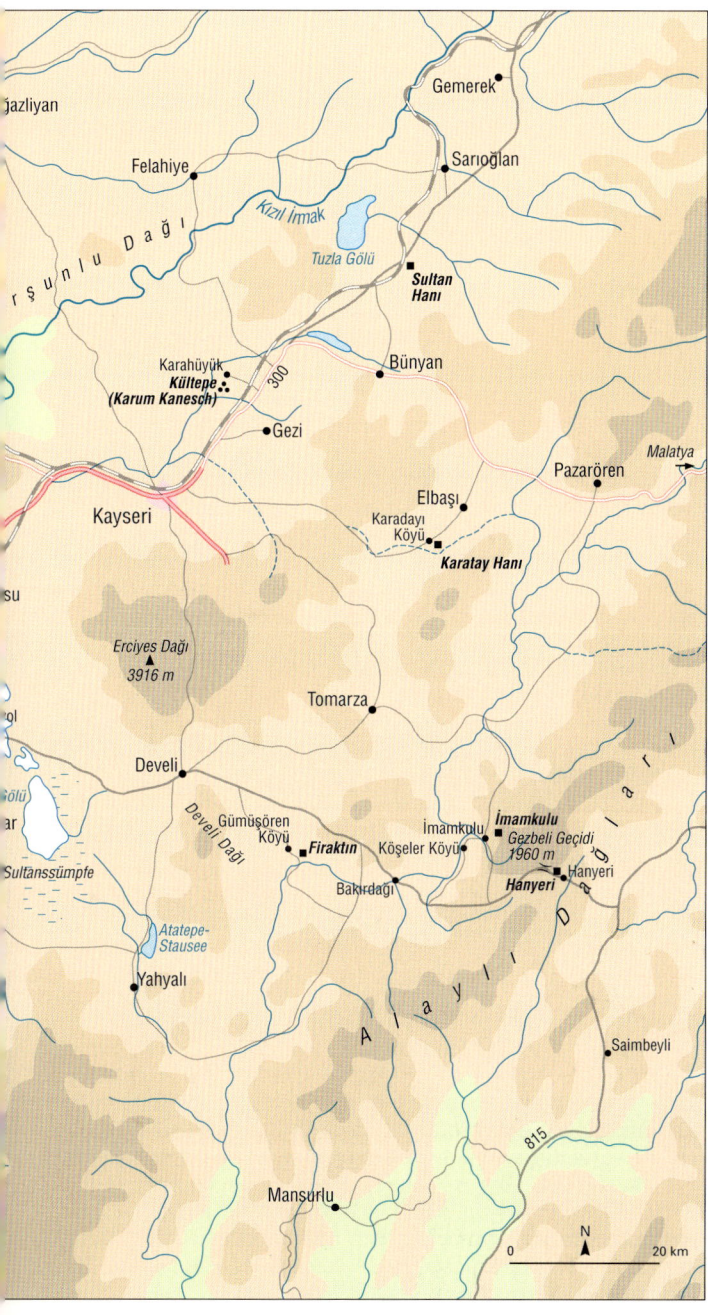

Kappadokien

eine Grenzfestung gegen die Lyakonier. In seldschukischer Zeit wurde die Festung unter Kılıç Arslan II. ausgebaut. Hier empfing der Sultan den von der Pilgerfahrt nach Jerusalem heimkehrenden Heinrich den Löwen und schenkte ihm aus seinem reichen Bestand dreißig Pferde samt silbernem Zaumzeug. Später kam die Stadt unter mongolische, dann unter karamanidische Herrschaft, und unter Mehmet II. wurde sie osmanisch. Teile der Bevölkerung wurden 1453 nach İstanbul umgesiedelt, um die weitgehend entvölkerte Stadt wiederzubeleben; aufgrund dessen trägt ein zentraler Stadtteil İstanbuls heute den Namen Aksaray.

Im Zentrum der Stadt, am Hükümet Meydanı, liegt die **Ulu Cami**, die 1435 von den Karamaniden erbaut wurde. Die flachbekuppelte Moschee besitzt eine sehenswerte geschnitzte ›Himmelstreppe‹, die aus der nicht erhaltenen Moschee Kılıç Arslans II. stammt. Das Minarett wurde 1925 hinzugefügt. Die Zinciriye Medresesi, die westlich des Hükümet Meydanı liegt, wurde 1336 von dem Karamaniden İbrahim Bey gestiftet und ist heute ein Museum. Die ehemalige Koranschule besitzt ein eindrucksvolles Portal. Die Längsseiten im Inneren der Medrese sind von Arkaden eingefaßt, hinter denen sich die Räume für Schüler und Lehrer befinden; Eyvane an beiden Seiten bilden die optische Querachse. Im Museum sind neben einem hethitischen Inschriftenstein Funde aus der Umgebung ausgestellt. Hinter dem Museum liegt ein großes osmanisches Hamam, ein Bad, das noch heute in Betrieb ist.

An der Ausfallstraße nach Nevşehir steht ein Ziegelminarett, das **Eğri Minare**, ›schiefes Minarett‹, wegen seiner Farbe auch *kızıl minare*, ›rotes Minarett‹, genannt wird, das zu der oben erwähnten Moschee Kılıç Arslans gehörte. Es besitzt noch Spuren des früher reichhaltigen Fayenceschmucks.

Eğri Minare, das ›rote Minarett‹ bei Aksaray

Çanlı Kilise

Zwischen der Straße Aksaray–Nevşehir und den Nordhängen des Hasan Dağı liegen zahlreiche Höhlenkirchen und Kirchenruinen aus dem 10.–13. Jh. Aber nicht nur Kirchen, sondern auch Felswohnungen, Stallungen und Vorratsräume, die teilweise heute noch genutzt werden, wurden in den Tuff geschlagen. Das beeindruckendste Ensemble bilden die Höhlenkirchen von İhlara und Belisırma im İhlara-Tal. Der Melendiz Suyu hat hier in der Zeit nachlassender Vulkantätigkeit eine bis zu 150 m tiefe Schlucht geformt, an deren steil aufragenden Flanken die Kirchen in das Tuffgestein hineingemeißelt wurden. Das İhlara-Tal erstreckt sich in nordsüdlicher Richtung etwa 14 km lang in zahlreichen Windungen vom Großdorf Selime im Norden hinauf zum Ort İhlara im Süden. Die Talsohle ist mit unzähligen Pappeln bewachsen und bildet einen eindrucksvollen Kontrast zum baumlosen Hochplateau, das sich bis zum Hasan Dağı hinzieht.

Çanlı Kilise

Çanlı Kilise bei Aksaray

Bevor man, von Aksaray kommend, das İhlara-Tal erreicht, biegt man nach 28,4 km–100 m hinter einer links der Straße liegenden Tankstelle – rechts in einen Schotterweg ab und erreicht nach 7 km das Dorf Çeltek, das unterhalb eines Steilabhangs liegt. Man durchquert den Ort und erreicht nach 2,5 km die imposante Çanlı Kilise, eine aus rötlichem Sandstein errichtete Doppelkirche aus dem 11. Jh. mit Narthex und Längsschiffen. Ihre schmalen, scharten-

Kappadokien

artigen Fenster sind von drei voneinander abgesetzten Bögen eingerahmt. Das Kuppeldach ist eingestürzt, die Trümmer füllen den Innenraum. Die innen halbrunde, außen als Fünfeck gestaltete Apsis ist noch gut erhalten.

Neben der Çanlı Kilise befinden sich **Klosteranlagen** aus dem 10. Jh., die in den Tuffstein hineingeschlagen wurden. Besonders auffällig ist die dreischiffige Basilika mit Narthex; Reste der Bemalung, vor allem in der Apsis, sind noch erhalten. Einige Fassaden sind herabgestürzt, die geglätteten Wände nutzte man für die Einrichtung von Taubennistplätzen. 100 m links der Straße liegen weitere Klosteranlagen mit Taubenhäusern. Die Felskirchen haben einen Kreuzgrundriß und werden von Kuppeln und Tonnengewölben überdacht. Eine der Kirchen hat drei Apsiden und einen quer vorgelagerten Narthex. Nach wenigen Schritten öffnet sich ein zweiter Hof, der ebenfalls Teil der Klosteranlage war. Von hier aus betritt man durch Eingänge, deren Bögen mit spitzen Giebeln verziert sind, einen großen Raum, der seiner Anlage nach wohl ein Refektorium war. Vertiefungen in den Wänden ersetzten die Schränke. In der rechts des Raums liegenden kleinen Kapelle mit Apsis stehen einige Sarkophage. Von Çeltek aus führt ein Fahrweg nach Akhisar, der bei Trockenheit gut zu befahren ist; in den Straßenkarten ist er jedoch nicht eingetragen. Bei dem großen Dorfbrunnen am Ortsausgang stößt man auf die asphaltierte Straße von Aksaray nach Helvadere.

Das Felsenkloster von Selime

Um von Aksaray auf direktem Weg zum İhlara-Canyon zu gelangen, fährt man bei der Abzweigung nach Çeltek geradeaus weiter und erreicht Selime, ein Großdorf, das sich am Fuß eines mächtigen Tafelbergs ausbreitet. An seiner Flanke sind durch Erosion zahlreiche Kegel und Feenkamine entstanden, in die Wohnungen und Stallungen hineingearbeitet wurden. Zahlreiche künstliche Höhlen sind

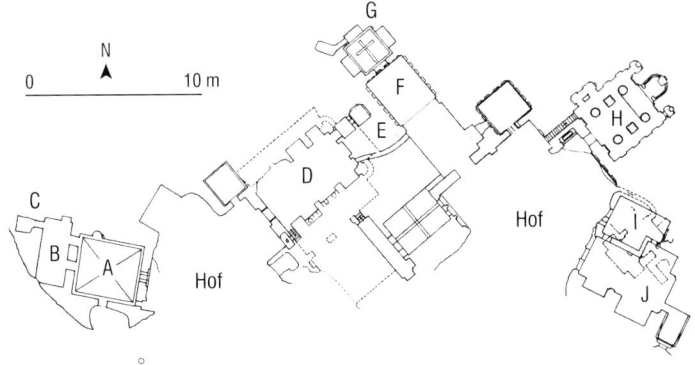

Das Felsenkloster von Selime
A–C *Küche mit Nebenräumen*
D *Raum mit Emporen*
E *Tunnel*
F *Raum mit Blendarkaden*
G *Kapelle*
H *Kale Kilise*
I/J *Wohnkomplex*

Das Felsenkloster von Selime

Das Felsenkloster von Selime

in den Jahrhunderten, in denen Menschen in dieser Gegend siedelten, eingestürzt, so daß der Hang teilweise bizarre Formen aufweist. 1985 z. B. brachen Teile des Klosterkomplexes herunter. Dennoch ist die ausgedehnte, mehrere Stockwerke beanspruchende Klosteranlage Selime Kalesi besonders sehenswert. Es ist die größte Anlage dieser Art im Bereich des İhlara-Tals und liegt unmittelbar links der Straße gegenüber einem islamischen Friedhof, auf dem die seldschukische **Türbe** des Sultans Selim steht, der dem Dorf den Namen gab. Besonders beachtenswert sind die Kirche, der große Raum mit den Emporen und eine kleine Kapelle, deren Decke mit einem reliefierten Kreuz geschmückt ist.

Die Klosterräume gruppieren sich um zwei Höfe: Um den westlichen Hof liegen die **Küche mit Nebenräumen** (A–C) und der **Raum mit Emporen** (D), die man über eine Treppe in der Südwestecke des Raumes erreichen kann. Von der Nordseite des Emporenraums führt ein **Tunnel** (E) zu einem **Raum mit Blendarkaden** (F), auf dessen linker Seite die oben erwähnte **Kapelle** (G) liegt. Diese Räume öffnen sich zum zweiten Hof. Beachtenswert ist die Tür mit mächtigem Sturz, der mit Pflanzenornamenten verziert ist. Über ihr befindet

Kappadokien

sich ein Bogenfenster, das von Halbsäulen gestützt wird. Von diesem Hof aus erreicht man die Kirche des Klosters, die **Kale Kilise** (H), deren Vorraum herabgebrochen ist. Die Kirche hat einen basilikalen Grundriß, Mittel- und Seitenschiffe sind durch auf Pfeilern und Säulen ruhenden Arkaden voneinander getrennt. An der Ostseite liegen drei Apsiden mit einigen noch erhaltenen Fresken, so u. a. die Himmelfahrt Christi in der Apsis, Christus in der Mandorla und sieben stehende Personen links des Fensters. Südlich der Kirche schließt sich ein ausgedehnter **Wohnkomplex** (I, J) an.

Das İhlara- (Peristrema-) Tal

İhlara-Tal ☆☆
**Besonders sehenswert:
byzantinische
Höhlenkirchen**

Das eigentliche İhlara-Tal beginnt etwa 2 km südlich von Selime bei Yaprakhisar und erstreckt sich bis zum Ort İhlara. Die Straße überquert den Melendiz Suyu, an dessen östlichen Ufer ein Weg beginnt. Nachdem man den Fluß abermals auf einer kleinen Brücke überquert hat, führt er am westlichen Ufer entlang nach Belisırma. Es bietet sich jedoch an, die Wanderung durch das Tal am südlichen Einstieg zu beginnen und in Richtung Belisırma und Selime zu gehen. Etwa 1 km nördlich von İhlara wurde ein offizieller Zugang in das Tal angelegt. Eine neue Stichstraße endet an einem großen Parkplatz mit Restaurant, Hotel und sonstigen touristischen Ange-

Das İhlara-Tal

Das İhlara-Tal

boten. Von hier aus führt eine Treppe mit 383 Stufen hinunter zum Talgrund.

Noch im Bereich der Treppe liegt die **Ağaçaltı Kilise** aus dem 11. Jh. Da man diese Kirche früher nur erreichen konnte, indem man an einem Baum hinabkletterte, trägt sie den Namen ›die Kirche unter dem Baum‹. Der über einem kreuzförmigen Grundriß angelegte Bau ist überkuppelt; wegen Einsturz und Auffüllung kann man nur noch ein Stockwerk der ehemals dreistöckigen Anlage besichtigen. Die einfachen Fresken sind relativ gut erhalten, besonders die Himmelfahrt Christi in der Kuppel. Das Medaillon, in dessen Mitte Christus in segnender Haltung dargestellt ist, wird von den vier Erzengeln getragen. In der unteren Zone sind zwischen dekorativen Quadraten die Könige und Propheten aus dem Geschlecht Davids dargestellt. Beim heutigen Eingang in der Nähe des Altars sind Szenen aus dem Leben Marias, die Geburt Christi und die Drei Weisen aus dem Morgenland mit auffälligen, an phrygische Tracht erinnernden Mützen abgebildet. Auf der rechten Seite kann man die Flucht nach Ägypten, die Taufe Jesu und den Tod der Maria erkennen.

Wenn man den Talboden erreicht hat, empfiehlt es sich, zunächst das Tal rechts hinauf zu gehen. Nach etwa 300 m erreicht man die **Pürenli Seki Kilise**, die ihren Namen nach dem hier wachsenden Pürenkraut erhalten hat. Diese Doppelkirche aus der 2. Hälfte des 11. Jh. betritt man durch einen überkuppelten Vorraum; Pfeilerarkaden trennen die beiden Haupträume. Die Fresken auf grünem und gelbem Untergrund sind teilweise stark zerstört. In der Kuppel ist ein von zwei Engeln getragenes Kreuz abgebildet. In der Übergangszone zwischen den Seitenwänden und der Kuppel sind zwölf der vierzig Märtyrer von Sebaste dargestellt. Die Mandorla mit dem segnenden Christus wird von den vier Erzengeln getragen, Maria und die Apostel sind im Altarraum abgebildet. An den Seiten der Apsis stehen unter den Erzengeln links und rechts die Kirchenväter Basilius von Caesarea und Gregor von Nazianz, darüber, in der Apsisstirn, ist die Himmelfahrt Christi abgebildet, und im Bogenfeld über der Tür ist die Geburt Christi und die Anbetung der Weisen und der Hirten zu sehen. Im Gewölbe erkennt man neben den fünf Propheten Szenen aus dem Leben Jesu. Gut erkennbar sind auch noch die Darstellungen der Flucht nach Ägypten und die Kreuzigungsszene.

Etwa 70 m südlich der Pürenli Seki Kilise liegt die **Kokar Kilise** (›duftende Kirche‹), die wegen ihrer farbenfrohen Fresken besonders sehenswert ist. Der Eingang in der Nähe des Altars ist nicht der ursprüngliche; der lag früher an der Nordwand und war über einen unterirdischen Korridor und eine Treppe zugänglich. Wie in den schon beschriebenen Kirchen gibt auch hier der Bilderzyklus an den Wänden Szenen aus dem Leben Christi wieder. Besonders auffällig ist die Geburtsszene mit der Anbetung der Weisen und der Hirten. In der Wölbung über dem Eingang ist die Himmelfahrt dargestellt. Das Tonnengewölbe wird von einem großen Kreuz beherrscht, in dessen Mittelpunkt die segnende Hand Christi her-

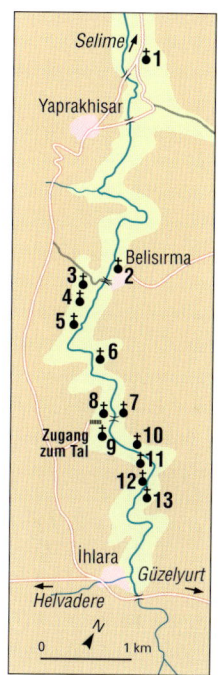

Das İhlara-
(Peristrema-) Tal
1 Selime Kalesi
2 Ala Kilise
3 Direkli Kilise
4 Bahattin Samanlığı
  Kilise
5 Kırk dam altı Kilise
6 Karagedik
  Kilise
7 Yılanlı Kilise
8 Sümbüllü Kilise
9 Ağaçaltı Kilise
10 Karanlık Kale Kilise
11 Pürenli Seki Kilise
12 Kokar Kilise
13 Eğri Taş Kilise

Kappadokien

Christus-Medaillon in der Ağaçaltı Kilise

ausgehoben ist. Die zwölf Apostel bilden den Übergang vom Gewölbe zu den Seitenwänden.

Direkt gegenüber der Kokar Kilise liegen auf der östlichen Seite des Flusses zwei Kirchen, deren Besuch ebenfalls lohnt. Man überquert den Fluß beim Treppeneinstieg und wendet sich nach rechts in Richtung Süden. Nach etwa 450 m erreicht man zunächst die **Eğri Taş Kilise** (›Kirche im steilen Fels‹), die zu den ältesten Kirchenbauten des Tals gehört. Der vordere, westliche Teil der Kirche ist abgebrochen, die Fresken sind weitgehend zerstört und nur teilweise deutbar; durch den Abbruch der Felswand liegen die Fresken zum Tal hin offen. Im Gewölbe erscheint wieder das dominierende Kreuz, in dessen Winkel Szenen aus dem Leben Marias zu erkennen sind. Auf dem Rückweg zur Brücke liegt rechts an der Felswand die **Karanlık Kale Kilise** (›dunkle Burgkirche‹). Die Klosteranlage führt tief in den Berg hinein. Sie besitzt keine Fresken, ist aber an der Frontseite mit roten Strichmalereien versehen. Reste von Kreuzdarstellungen und Medaillons sind an den Kapitellen der Pfeiler im Inneren der Kirche erhalten.

Links (nördlich) der Zugangstreppe sieht man die auffällige Fassade der **Sümbüllü Kilise** (›Hyazinthenkirche‹), die am besten von der Yılanlı Kilise aus zu sehen ist; sie liegt etwa 20 m über dem Flußniveau und kann leicht über eine Treppe erreicht werden. Die Anlage war ursprünglich ein zweistöckiges Kloster. Ihre dekorative, tempelartige Fassade wird durch vier vorspringende Pfeiler in fünf Segmente gegliedert, die im Wechsel Tore und Blendnischen darstellen. Den oberen Abschluß bildet ein Architrav, der von einer Reihe arkadenartiger Bögen geschmückt ist. Durch Wassereinbrüche sind die Fresken weitgehend zerstört, die erhaltenen Reste jedoch sind von besonders guter Qualität, so der segnende Christus in der Kup-

Das İhlara-Tal

Das Tonnengewölbe der Kokar Kilise

pel und die Verkündigung Mariens an der Südseite der Anlage. Daneben erkennt man noch Darstellungen der Erzengel, des Königs Salomon, der Heiligen Nikolaus und Katharina und in einer Zelle in der Westwand Kaiser Konstantin und seine Frau Helena.

Für die weitere Wanderung durch das İhlara-Tal bietet sich der Weg am Ostufer des Flusses an, der direkt nach Belisırma führt. 150 m nördlich der Holzbrücke liegt die wohl eindrucksvollste Kirche des Tals, die **Yılanlı Kilise** (›Schlangenkirche‹), aus der zweiten Hälfte des 11. Jh., die aufgrund der Höllendrachen und Schlangen des Weltgerichtsbildes auf der Westwand ihren Namen erhielt. Auch sie liegt etwa 20 m über dem Talboden. Sie unterscheidet sich in ihrer Architektur und ihrer Ausmalung deutlich von allen anderen Kirchen des İhlara-Tals. Der Grundriß besteht aus einem nur angedeuteten Kreuz mit großer Apsis und einem breiten vorgelagerten und fast quadratischen Narthex. Die Ausmalungen im Narthex stehen ganz im Zeichen des Jüngsten Gerichts, das die eine Stirnwand einnimmt. Wegen der Besonderheit dieser Gesamtkomposition sei auf einige Details genauer eingegangen: Die mehrteilige Darstellung, in der im oberen Feld der richtende Christus zwischen den Erzengeln Michael und Gabriel thront, folgt noch ganz dem traditionellen Stil der Bildaufteilung. Thematisch neu jedoch ist die Darstellung der 24 Greise in den Seitenwölbungen, die auf der gleichen Höhe wie die Christusabbildung komponiert ist. Es handelt sich um die 24 Alten der Apokalypse, die aus magischen und gnostischen Überlieferungen bekannt sind. Sie sind wie syrische Priester gekleidet und halten die Namen von Schutzengeln sowie ein Buch mit jeweils einem Buchstaben des Alphabets in Händen. Nach einer Deutung der Apokalypse aus dem 7. Jh. werden die 24 Buchstaben des Alphabets den Alten zugeordnet, weil diese »sich durch ihr Wissen und Handeln auszeichneten«. Die Eigenart des Weltgerichtsbildes zeigt

Fresko in der Yılanlı Kilise

Kappadokien

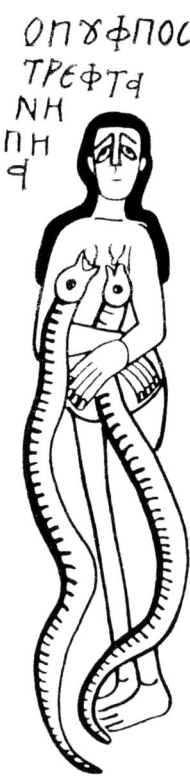

ΟΠΥΦΠΟΣ
ΤΡΕΦΤα
ΝΗ
ΠΗ
α

Von Schlangen gebissene Frau in der Yılanlı Kilise

sich ferner in der Wahl der Heiligen, die unter dem Christusbild als die Auserwählten dargestellt sind. Es sind ›soldatische Heilige‹, die in Kappadokien besonders verehrten vierzig Märtyrer von Sebaste. Im unteren Band der Stirnwand werden die Seelen der Verstorbenen gewogen. Ein Engel auf der linken Seite hält eine Waage, in deren Schalen Köpfe liegen, die ihm der Teufel streitig macht. Im Zentrum des Freskos erkennt man einen dreiköpfigen Höllendrachen. Eine Besonderheit in Kappadokien bildet die Darstellung der vier von Schlangen gebissenen Frauen im rechten Teil des unteren Bandes. Diese Darstellung – typisch für die Frauenfeindlichkeit des Klerus – ist in der byzantinischen Ikonographie wie auch im romanischen Formenschatz häufig anzutreffen. Die entsprechenden Inschriften besagen, daß die an den Ohren gebissene Frau ungehorsam, die am Mund gebissene verleumderisch gewesen sei und die an den Brüsten gebissene Frau ihre Kinder nicht gestillt habe. Letzteres thematisiert ein soziales Problem jener Zeit: Die Armen der unteren Klassen setzten häufig ihre Kinder aus. Im Westen dagegen steht diese Figur für Frauen, die wegen Unzucht bestraft werden.

In der Kuppel der Ostwand ist ein großes Kreuz im Flachrelief herausgemeißelt, in der Apsis sieht man Maria mit dem Kind. Die Fresken der Südwand, rechts des Schiffes, sind besser erhalten. Erzengel und Heilige, unter ihnen der hl. Nikolaus, sind gut zu erkennen. Unter dem Fenster ist der Tod Mariens abgebildet. Konstantin und Helena zu beiden Seiten des großen Fensters fallen durch ihre prächtige Kleidung auf: In vielen Höhlenkirchen, die sich unter den direkten Schutz des Kaiserpaares gestellt hatten, sind sie als Heilige dargestellt.

Die bisher beschriebenen Kirchen werden zur Gruppe der Kirchen von İhlara zusammengefaßt. Die andere Gruppe von Kirchenanlagen befinden sich rund um das Dorf Belisırma, das in der Mitte des Tals liegt. Auf dem Weg dorthin entdeckt man 2 km vor Belisırma die aus Stein erbaute **Karagedik Kilise** aus der 1. Hälfte des 11. Jh., die von herabstürzenden Felsbrocken weitgehend zerstört wurde. Nur die Nordwand ist noch recht gut erhalten; die Fresken, die die Verfolgung der Elisabeth und die Legende des hl. Georg erzählen, sind in Fragmenten zu sehen.

Auf der westlichen Seite des Tals befinden sich drei interessante Kirchenkomplexe. Hoch in der Felswand und nicht ganz leicht zu erreichen liegt die **Kırk Dam altı Kilise** (›Kirche unter vielen Dächern‹) oder Georgskirche aus der 2. Hälfte des 13. Jh., etwa 1 km südlich von Belisırma und 50 m über dem Talgrund. Sie ist an einem leider stark zerstörten Fresko an der Außenwand der Kirche zu erkennen, das den hl. Georg auf einem Schimmel zeigt. Besonders wichtig ist ein Fresko an der Nordwestwand der Kirche, die einen Einblick in die geistige Haltung der seldschukischen Zeit gibt. Der hier abgebildete Emir Basileios Giagupes war Offizier in der Armee und Konsul des Seldschukensultans Mesud II. Er und seine Frau Thamar, eine georgische, christliche Prinzessin, waren die Stifter dieser Kirche des hl. Georg, deren Stifterinschriften neben dem Bild

Direkli Kilise

des Heiligen zu erkennen sind. Basileios trägt Kaftan und Turban, Thamar übergibt die Kirche, und zwischen beiden steht der hl. Georg in Kettenrüstung und Umhang, mit Lanze und Schild bewaffnet. Links des Stifterfreskos ist, wenn auch stark zerkratzt, eine eindrucksvolle Darstellung des Marientodes zu sehen. An der Decke sind die Himmelfahrtsszene und die Verklärung Christi abgebildet, darunter die Kreuzigung. Links seitlich der Verklärungsszene ist das Portrait des Sultans Mesud II. zu sehen, was als Dankesgeste der Christen für die Toleranz der islamischen Türken interpretiert wird.

Wenige Schritte nördlich der Georgskirche liegt die **Bahattin Samanlığı Kilise**, die ›Kirche in der Scheune des Bahattin‹. Diese Bezeichnung stammt von dem Kirchenbesitzer Bahattin, der das Gebäude als Scheune benutzt hatte. Der Bau ist klein und einschiffig. Die Fresken im einfachen Tonnengewölbe sind stark verrußt; sie stellen Szenen aus dem Leben Marias und Jesu dar. 50 m weiter nördlich, unmittelbar an der Straße nach Belisırma, liegt eine Klosteranlage mit der sehenswerten **Direkli Kilise** (›Kirche mit Säulen‹); sie wurde wie die Bahattin Samanlığı Kilise in der 1. Hälfte des 11. Jh. erbaut. Als Grundriß wurde das griechische Kreuz gewählt, vier Pfeiler stützen die Scheinkuppel. Die Wände sind mit Heiligenfiguren geschmückt, teils einzeln, teils in Gruppen, von wie Mosaiken wirkenden Freskenbändern eingerahmt. Auf dem Bogen der Mittelapsis ist Christus, eingerahmt von den Erzengeln Michael und Gabriel, als Pantokrator in

Kappadokien

der Mandorla abgebildet. In der Apsis sieht man eine Deesis. Auf der Säule, die der Eingangstür gegenüberliegt, ist die thronende Maria mit dem aufrecht sitzenden Jesuskind dargestellt.

Im Ort Belisırma selbst, an der Straße nach Güzelyurt, liegt die **Ala Kilise** (›bunte Kirche‹), deren Fassade mit Blendnischen ausgestattet ist. Die große Klosterkirche am Steilabfall eines Felsens besitzt einen kreuzförmigen Grundriß mit einer Zentralkuppel. Die vier Balken des Kreuzes sind mit kleineren Kuppeln überwölbt.

Güzelyurt und Umgebung

Güzelyurt ☆
Besonders sehenswert:
Kızıl Kilise
Hagios Gregorios
Manastır Vadisi

Den malerisch gelegenen Ort Güzelyurt erreicht man über eine direkte Straßenverbindung von Aksaray über Selime oder, von Osten her, über Gölcük. Der Weg von Belisırma hinauf zur Hauptstraße ist in sehr schlechtem Zustand. Das Dorf liegt in einem Tuffsteintal, das der Sivrihisar-Bach in die Hochfläche eingeschnitten hat. Ein Besuch lohnt sich wegen der zahlreichen Höhlenkirchen im Ort selbst und im nahegelegenen Manastır Vadisi (Klostertal) und 7 km östlich von Güzelyurt liegt kurz hinter dem Sivrihisar-Paß die besterhaltene frühbyzantinische Kirche von Zentralanatolien, die Kızıl Kilise. Die Straße nach Güzelyurt (Gelveri), dem byzantinischen Karbala, führt direkt zum Hauptplatz des Ortes, auf dem ein Atatürk-Denkmal steht. Es ist unerläßlich, den Museumswärter als Führer zu engagieren, da einige byzantinische Höhlenkirchen und Wohnanlagen innerhalb des Dorfes auf Privatgrund liegen und ohne Hilfe nicht zu besuchen sind. Die Kirchen sind ebenso wie das 4 km entfernt liegende Klostertal ausgeschildert.

Fresko in der Hagios-Gregorios-Kirche bei Güzelyurt

Güzelyurt und Umgebung

Die Kızıl Kilise besitzt einen kreuzförmigen Grundriß, dessen Westarm um ein Quadrat erweitert wurde. Die 12,5 m lange Kirche ist, ausgenommen das Dach, noch in einem guten Zustand. Die zentrale Kuppel wird von einem achteckigen Tambour getragen. Die nach außen hin fünfeckige Apsis hat im Inneren die Form eines Hufeisens; hier sind Reste einer Bemalung zu erkennen

Der Ort hatte bis zum Bevölkerungsaustausch 1922 einen hohen griechischen Bevölkerungsanteil. Aus dieser Zeit stammen die reich ornamentierten Steinhäuser, die zum Teil in die Felsen hineingebaut worden sind. Unterhalb der Abbruchkante liegt die Kreuzkuppelkirche **Hagios Gregorios** (1896), zu der sich eine Straße hinunterwindet. Der Bau wurde vom russischen Zaren gefördert und ist entsprechend ausgestattet; die Kanzel und die Dekorationen an den Seitenwänden sind Stiftungen. Für die hier ansässige katholische Bevölkerung befand sich damals ein Weihwasserbecken in einem Seitenschiff. 1896 wurde der Bau restauriert; heute dient er als Moschee. Die Fassade ist durch Bögen und Säulen gegliedert, der Eingang durch Säulenpaare hervorgehoben. Die byzantinischen Fresken wurden nach 1922 übertüncht und später von der Yildiz-Universität von İstanbul wieder restauriert. Die Darstellung der Geburt und der Kreuzigung, die durch ornamentale Bänder eingerahmt sind, sind auffallende Fresken. An der rechten Seite der Kirche liegt ein großer **Brunnen**, der wie früher bei den Christen heute bei den Moslems große Bedeutung hat, da sein Wasser als heilig gilt.

Über eine aus dem Fels geschlagene Treppe auf der gegenüberliegenden Seite der Straße erreicht man die in einem Komplex von Gräbern und Nischen mit Sarkophagen liegende **Sivisli Kilise** (Anargios-Kirche). Sie wurde 1887 erbaut und nach einer hier ansässigen griechischen Familie benannt; ihre Fundamente ruhen auf den Resten eines Vorgängerbaus aus dem 4. Jh. Die dreischiffige Anlage besitzt sehr präzise gearbeitete Pfeiler. Fresken sind nur teilweise erhalten, so in der Kuppel Christus in der Mandorla, umgeben von den zwölf Aposteln. Links des Hauptraums befindet sich ein weiterer sakraler Raum, der durch einen Gang mit der Hauptkirche verbunden ist.

Kappadokien

Kızıl Kilise bei Güzelyurt, Innenansicht

Von der Gregorios-Kirche aus führt ein Weg nach rechts in eine Schlucht mit alten griechischen Häusern. Wenn man sich an der Weggabelung nach links wendet, erreicht man das Manastır Vadisi, das Klostertal. Am Steilabhang zur Linken, unmittelbar am Ortsausgang, liegen zwei Kirchen, die **Hacı Saadet Koç Kilise** und die **Carfalar Kilise**, beide mit Apsis und Kuppel. Die Wände sind teilweise mit Fresken aus dem 9. und 11. Jh. geschmückt. In der Cafarlar Kilise bestehen die älteren Fresken vornehmlich aus Ornamentbändern in Rot, Grün und Gelb. Am Ende der Fahrstraße beginnt das etwa 4 km lange Manasur Vadisi, das in eine großartige Landschaft eingebettet ist. Der weite Taleinstieg verengt sich zunehmend zu einer tiefeingeschnittenen und schmalen Schlucht. An der Nordseite des Taleingangs liegen mehrere Kloster- und Kirchenanlagen mit einem verzweigten Raumsystem im Inneren des Felsens, deren Räume später als Stallungen genutzt wurden; das Feuer der Hirten hat Wände und Decken eingeschwärzt. Auffallend ist der Reliefschmuck, der vorwiegend aus Kreuzen besteht. Zwei Höhlenkirchen liegen ebenfalls am Taleinstieg: Die Fassade der **Fırıntaş Kilise** an der Nordseite der Schlucht ist mit Blendnischen ausgestattet. Am östlichen Ende der Anlage liegt die **Kalburlu Kilise**, deren Außenfassade einst mit einem Löwen geschmückt war. Durch ein Portal gelangt man in einen querliegenden Raum. In der Kapelle findet man noch Reste von in Rot gehaltenen Fresken.

Auf einem isoliert stehenden Tuffsteinblock in der Ebene von Güzelyurt steht, malerisch in die Landschaft gesetzt, die Klosteranlage von **Yüksek Kilise**, der ›hohen Kirche‹; die zweiräumige Anlage wurde im 19. Jh. errichtet. Sie ist architektonisch wenig reizvoll, man hat aber von hier aus einen großartigen Rundblick. Von der Straße Güzelyurt–Aksaray biegt man 200 m nach einer Tankstelle links auf einen Schotterweg ab, der direkt zur Klosteranlage führt.

7 km östlich von Güzelyurt liegt die berühmte **Kızıl Kilise** (›rote Kirche‹). Auf dem Weg dorthin überquert man den Sivrihisar-Paß (1770 m). Die **Burg Sivrihisar** (›spitze Burg‹) beherrschte in byzantinischer Zeit Ebene und Paß. In dieser Zeit war das Gebiet dicht bewohnt und wahrscheinlich wesentlich fruchtbarer als heute. Arabische Quellen nennen diesen Landstrich »die Wiese des Bischofs«, wahrscheinlich eine Anspielung auf den großen Kirchenvater Gregor von Nazianz. Gregor von Nazianz gehörte neben Gregor von Nyssa und Basilius von Caesarea zu den bedeutendsten Kirchengelehrten des 4. Jh. Er wurde 328 in Nazianz, dem heutigen Dorf Nenezi in der Nähe von Güzelyurt, geboren. Seinen Beinamen ›Gregorios Theologos‹ verdankt er seiner unermüdlichen Tätigkeit, in Wort und Schrift für die orthodoxe Theologie einzutreten. Dies machte ihn zu einem Hauptgegner der in Anatolien weitverbreiteten arianischen Gemeinden. Die theologische Ausbildung erhielt er in Caesarea, Alexandrien und Athen. Der große Basilius übertrug Gregor die Bischofswürde von Sasima, und 378 wurde er als Bischof in die Hauptstadt Konstantinopel berufen. In dieser Funktion war er maßgeblich an der Formulierung des klassischen ›Dogma vom Heiligen Geist‹ beteiligt, das 381 auf dem ökumenischen Konzil festgelegt wurde. Nach Auseinandersetzungen mit den Arianern verließ Gregor die Hauptstadt und zog sich auf seinen Landsitz Arianzos in der Nähe von Güzelyurt zurück, der bisher jedoch noch nicht lokalisiert werden konnte. Hier starb er im Jahr 390.

Auf der Grundlage des Dogmas vom Heiligen Geist wurde der Heilige Geist als dritte Einheit der Trinität anerkannt

Die **Kızıl Kilise** liegt, von der Straße aus gut sichtbar, in den Feldern einer kleinen Hochebene. Sie wird als die Grabeskirche Gregors bezeichnet und wurde nach seinem Tod wahrscheinlich ein Wallfahrtsort. Der Bau ist sehr sorgfältig aus roten Sandsteinquadern gefügt, wobei die tonnenschweren Türstürze besonders eindrucksvoll sind. Die Wände sind mit eingeritzten Kreuzen bedeckt, ein

Die Kızıl Kilise gehört zu den qualitätsvollsten und schönsten Sakralbauten aus frühbyzantinischer Zeit in Kappadokien

Hinweis darauf, daß sie von Pilgern besucht wurde. Ein heiliger Brunnen, zu dem einige Stufen hinunterführen, befindet sich an der Südseite der Kirche. Baureste um die Kirche herum lassen vermuten, daß hier früher eine Siedlung existiert hat.

Helvadere (Viranşehir)

Von Aksaray über Akhisar fährt man auf einer asphaltierten Straße zum Großdorf Helvadere am Fuß des Hasan Dağı. Man kann den Ort auch über eine Schotterstraße erreichen, die von der Straße Aksaray–Ulukışla bei Taşpınar nach Osten abzweigt. Es empfiehlt sich, den Wagen am Ortseingang bei dem Teehaus abzustellen und auf einem Serpentinenweg das Plateau zu ersteigen. Nach einer halben Stunde erreicht man die Hochfläche, auf der die Ruinen der ehemaligen byzantinischen Stadt Mokissos, die heutige Ruinenstätte Viranşehir (*viran* = Ruine, *şehir* = Stadt) auf einer Höhe von 1430 m liegt. Sie wurde von Justinian im 6. Jh. gegründet und, da sie zur Metropolis erhoben wurde, reich ausgestattet. Sie war ganz aus dem schwarzen, anstehenden Lavagestein erbaut, dessen Trümmer weit über das Plateau verstreut liegen. Die Mauern, deren Steine nicht gemörtelt, sondern nur aufeinandergeschichtet waren, sind noch deutlich zu erkennen. Möglicherweise waren nur die Grundmauern, die wahrscheinlich die Terrassen und Untergeschosse der Häuser gebildet haben, aus Stein, der obere Teil könnte in Holzbauweise ausgeführt worden sein. Am höchsten Punkt der Ansiedlung stehen die Reste der **Kemer Kilise**, von der noch zwei elegante, kreuzförmig zueinandergestellte Bögen auf einem massiven Unterbau erhalten sind. Die Kirche hatte einen kreuzförmigen Grund und vermutlich eine Zentralkuppel. Drei Arme tragen das Tonnengewölbe, im dritten Arm befand sich die Apsis. Südlich unterhalb der Kirche liegt eine überdachte Zisterne, deren Decke teilweise eingestürzt ist, so daß man in die Tiefe schauen kann.

Niğde und Umgebung

Niğde

Niğde ☆
Besonders sehenswert:
Kale
Alâeddin Camii
Sungur Bey Camii

Seit der osmanischen Verwaltungsreform 1864/65 ist Niğde mit seinen heute ca. 55 000 Einwohnern die Hauptstadt der gleichnamigen Provinz. Sie liegt in beherrschender Lage auf einer Paßhöhe, die durch das Vulkanmassiv des Melendiz Dağı (2963 m) im Nordwesten und dem bereits zum Taurusgebirge gehörenden Pozantı Dağı (2689 m) im Südosten begrenzt wird. Die Straße über den Paß war von alters her eine wichtige Verbindung vom Mittelmeer nach

Niğde

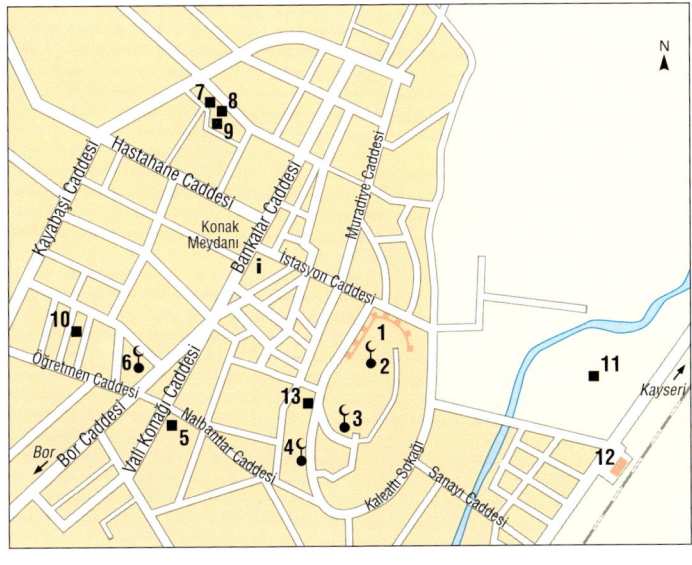

Niğde
1 Kale
2 Rahmaniye Camii
3 Alâeddin Camii
4 Sungur Bey Camii
5 Ak Medrese
6 Dışarı Camii
7 Hudavent Hatun Türbesi
8 Fatma Hanım Türbesi
9 Gündoğdu-Türbe
10 Archäologisches Museum
11 Stadion
12 Bahnhof
13 Bedesten

Kayseri und Sivas. Parallel zur Straße führt heute auch eine Eisenbahnlinie über den Sattel.

Die Untersuchungen einiger Kulturschutthügel bei Niğde ergaben, daß die Gegend bereits um 3000 v. Chr. besiedelt war; auch eine hethitische Siedlungsperiode läßt sich nachweisen. Im 8./7. Jh. v. Chr. war der Platz Grenzfeste zwischen den Reichen der Phryger und Assyrer. Infolge des Niedergangs der benachbarten Metropole Tyana (Kemerhisar) durch die Arabereinfälle im 8. Jh. gewann das damalige Nahida in byzantinischer Zeit an Bedeutung und wurde in seldschukischer Zeit – nun hieß die Stadt Negide – ausgebaut und befestigt. Nach dem Zerfall des Seldschukenreiches wurde Niğde Sitz des mongolischen Statthalters, der von hier aus die Geschicke der sich entwickelnden turkmenischen Teilfürstentümer im Inneren Anatoliens kontrollierte. 1467 wurde die Stadt in das Osmanische Reich eingegliedert. Als 1720 der Großwesir İbrahim Paşa alle Verwaltungsinstitutionen in die neugegründete Stadt Nevşehir verlegte, sank Niğde in die Bedeutungslosigkeit herab. Erst in der Mitte des 19. Jh. begann der allmähliche Wiederaufstieg.

Rundgang

Aus der Blütezeit sind nur wenige sehenswerte Zeugnisse erhalten. Die Stadt wird von der **Kale** (1), der Zitadelle beherrscht, deren Mauern am nördlichen Ende des künstlich aufgeschichteten Stadthügels erhalten sind. Sie stammt aus dem 13. Jh. und wurde zum

Den Besuch des Zitadellenhügels kann man mit einem geruhsamen Stadtbummel verbinden

Kappadokien

Sungur Bey Camii, axiometrische Ansicht und Grundriß

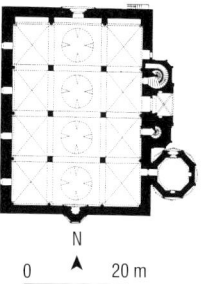

größten Teil unter dem Sultan Alâeddin Keykûbat I. ausgebaut. Der achteckige mächtige Turm, der noch bis vor kurzem als Gefängnis diente, und der schlanke Uhrturm sind die optisch bestimmenden Elemente der alten Befestigungsanlage. An der Nordseite des Zitadellenhügels steht die kleine **Kahmaniye Camii** (2) von 1747, und am südlichen Ende die beeindruckende seldschukische **Alâeddin Camii** (3) aus dem Jahr 1223. Besonders auffällig ist das reich ornamentierte Portal, das überdimensional über die Außenwand der dreischiffigen Hallenmoschee hinaufgezogen ist; es zeigt die typische seldschukische Gestaltung mit Flecht- und Sternmustern. In den Zwickeln der spitz zulaufenden Muqarna-Nische sind Rosetten und Halbkugeln eingelassen, darüber sind Mädchenköpfe zu erkennen, die Sonne und Mond symbolisieren. Eine Inschrift in weißem Marmor, die die Namen des Bauherren und des Architekten wiedergibt, bildet einen reizvollen Kontrast. Das Innere der Moschee ist von der wuchtigen Gliederung durch Pfeiler und Bögen geprägt, drei Kuppeln betonen die Kibla-Wand. Die Moschee war früher in ihrem Zentrum, an der Stelle des Reinigungsbrunnens, nach oben hin geöffnet.

Der Weg zur **Sungur Bey Camii** (4) führt von der Alâeddin Camii durch Teile der Altstadt hinunter in den eigentlichen Stadtbereich.

Niğde

Diese Moschee wurde 1335 von dem mongolischen Statthalter Seyfeddin Sungur erbaut, und zwar unter Mitwirkung christlicher Baumeister und Steinmetze, die im 14. Jh. in Zypern für die Kreuzritter tätig waren. So zeigt das Portal eine bemerkenswerte Kombination von seldschukischer Ornamentik und gotischem Maßwerk mit Kreuzrippengewölbe. Dies muß als Indiz gewertet werden, daß es trotz der kriegerischen Auseinandersetzungen während der Kreuzzüge in friedlichen Perioden vielfältige Formen des Zusammenlebens und der Zusammenarbeit auf kulturellem Gebiet zwischen Christen und Moslems gegeben hat. Die Sungur-Bey-Moschee brannte im 18. Jh. bis auf die Außenmauern ab; im Zuge der Renovierung wurde eine flache Holzdecke eingezogen. Besonderes Interesse verdient die reichgeschmückte Holztür an der rechten Außenwand mit ihren breiten Rankenbordüren, in die Tiermotive eingearbeitet wurden. An die Moschee angelehnt steht die Türbe des Stifters. Zwei schlanke Minaretts flankieren das Portal.

Schloß an der Seitentür der Sunğur Bey Camii

Westlich der Sungur Bey Camii liegt die **Ak Medrese** (5), die ihren Namen ›weiße Medrese‹ dem weißen Marmor verdankt, mit dem das Portal verkleidet ist. Sie wurde 1490 unter der Herrschaft der Karamaniden erbaut. Das prächtige Portal ist eindrucksvoll; die spitz nach oben geführte Muqarna-Nische weist die Vielfalt spätseldschukischer Ornamentik auf. Der Innenhof, an dessen Seiten sich offene Galerien befinden, wird von einem großen Eyvan beherrscht. Die Medrese diente bis 1982 als Archäologisches Museum, das sich heute unweit der Dışarı Camii westlich der Hauptstraße in einer Seitengasse befindet. Hier sind Funde aus prähistorischer Zeit, aus der Zeit der assyrischen Handelskolonien und der hethitischen Epoche bis hin zu Exponaten aus der benachbarten Metropole von Tyana ausgestellt. Auf einer Nebenstraße erreicht man nach ca. 50 m die

Türbe der Hudavent Hatun, Detail

Kappadokien

Dışarı Camii (6), einen Einkuppelbau aus dem 16. Jh. Die aus osmanischer Zeit stammende Moschee beherbergt eine kunstvoll geschnitzte Mimber, die ursprünglich in der Sungur Bey Camii stand. Ca. 300 m nördlich des Hauptplatzes der Stadt, des Konak Meydanı, liegen zwei beachtenswerte Türben, die **Hudavent Hatun Türbesi** (7) aus dem Jahr 1312 und die **Fatma Hanim Türbesi** (8) aus der Zeit um 1600. Die Türbe der Hudavent Hatun, der Tochter Kılıç Arslans IV., ist ein oktogonaler Grabbau, dessen reich dekorierter oberer Kranz durch stalaktitenartige Auskragungen den sechzehneckigen Unterbau für das pyramidenförmige Dach bildet. Das Mausoleum gilt als Kostbarkeit der seldschukischen ornamentalen Kunst. In den Zwickeln der Fensterfüllungen erkennt man figürliche Darstellungen, von denen besonders die Harpyien, Vögel mit Frauenköpfen, ins Auge fallen. Ihre Bedeutung im islamischen Kulturkreis ist noch nicht geklärt.

Eski Gümüş

Eski Gümüş ☆
Besonders sehenswerte byzantinische Klosteranlage

9 km südlich der um Niğde herumführenden Umgehungsstraße liegt das teilweise in den Fels hineingebaute Dorf Gümüşler. Hier befindet sich die ausgedehnte, wehrhafte Klosteranlage Eski Gümüş (›altes Silber‹), die man durch ein künstliches Felstor betritt. 1963 wurde die Anlage von Michael Goff gründlich erforscht und restauriert. Um den zentralen Innenhof sind Räume angeordnet, die unterschiedlich genutzt wurden. Höhlenwohnungen und Vorratsräume links des Eingangs erstrecken sich über zwei Stockwerke; die Zugänge waren durch Verschlußsteine gesichert. Durch einen Tunnel, der erst 1990 ausgegraben wurde, konnte man das Kloster ver-

Die Klosteranlage Eski Gümüş bei Niğde

Eski Gümüş

Eski Gümüş, Innenansicht

lassen. Die Fassade der Kirchenfront wird von Bögen mit einfachen Mustern und Kreuzen gegliedert, die auf schmalen Pfeilern aufliegen. Einlaßstutzen an den Wänden des Hofes lassen vermuten, daß er teilweise überdacht gewesen ist. Dafür sprechen auch die Vorrichtungen für eine Pfeilerkonstruktion, die in der Mitte des Hofes zu erkennen sind. An der rechten Seite des Hofes liegt eine Grabkapelle mit drei Apsiden, in deren vorderem Teil sich eine größere Anzahl von Gräbern befindet.

Die Hauptkirche, eine Kreuzkuppelkirche des Viersäulentyps, zählt zu den schönsten Anlagen dieser Art in Kappadokien. Man erreicht sie über eine Treppe vom Innenhof aus. Die Kirche besitzt einen äußeren und einen inneren Narthex und ist über dem Grundriß eines griechischen Kreuzes errichtet. Die Scheinkuppel wird von vier mächtigen Säulen getragen, die mit polychromen Blumenmotiven und regelmäßigen, streng geometrischen Mustern bedeckt sind. Die Fresken in der Apsis sind aus dem 11. Jh. und zeigen ein außergewöhnliches ikonographisches Programm: An der Nordwand erkennt man die Geburt Christi und die Darstellung im Tempel, in der Hauptapsis Maria. In den drei Zonen sind Kirchenväter, darüber die Apostel und schließlich die Deesis zu erkennen. Links der Apsis ist in einer schmalen Nische noch einmal Maria in überdimensionaler Größe dargestellt. Ihr Haar ist in der Mitte gescheitelt und fällt weit herab. Über dem Nebeneingang zum Hauptraum ist wiederum Maria mit dem Kind und den Erzengeln Gabriel und Michael zu sehen. Im Narthex erkennt man gegenüber dem Aufgang ein Tierfresko mit Steinbock, Löwe, Flamingo und Pferd. Am linken Bildrand ist eine Gestalt abgebildet, die einen Bogen spannt, rechts steht ein Mann mit Speer und Schild.

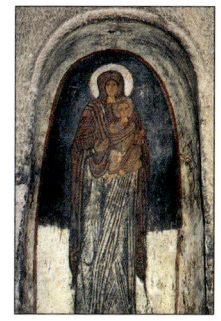

Freskodetail von Eski Gümüş

Kappadokien

Bor

Etwa 15 km südlich von Niğde liegt die Kleinstadt Bor, die wegen ihrer Teppiche bekannt ist. In osmanischer Zeit wurde hier das Schießpulver für die Armee des Sultans produziert, wobei man die bei Kemerhisar liegenden Salpetervorkommen nutzte. Die Stadt wird durch die tiefe Schlucht des Human Çayı in zwei Hälften geteilt. An den Hängen des Tals, das von Brücken überspannt wird, findet täglich ein malerischer Markt statt. Die älteste Moschee der Stadt, die **Sarı Cami** aus dem Jahr 1205, ist sehenswert. Inmitten des Marktviertels liegen das ›alte Bad‹, **Eski Hamam**, mit einer großen Mittelkuppel, und die **Paşa Camii**, eine Kuppelmoschee aus dem 19. Jh., die über einem alten Bedesten aus dem 16. Jh. errichtet worden ist.

Kemerhisar (Tyana)

8 km südlich von Bor liegt auf drei Hügeln das Dorf Kemerhisar, das alte Tyana. Die Ausgrabungsfunde reichen zurück bis in die Zeit der assyrischen Handelskolonien. In späthethitischer Zeit war Tyana die Residenz des Königs Warpalawas, der auf dem Felsrelief von İvriz dargestellt ist. Auch in hellenistischer und christlicher Zeit eine bedeutende Stadt, wurde sie 372 zur Kapitale der Provinz Cappadokia II erhoben. Im Jahr 367 wurde hier eine Synode abgehalten, um die Glaubenseinheit innerhalb des Byzantinischen Reiches zu sichern, die durch den arianischen Metropoliten von Tyana, Anthimos, dem Gegenspieler des kappadokischen Bischofs und Kirchenlehrers Basilius, gefährdet war. Mit dem Einfall der Araber

Römisches Aquädukt bei Kemerhisar

zu Beginn des 8. Jh. und mit ihrer Zerstörung im Jahr 833 verlor die Stadt ihre Bedeutung. In islamisch-seldschukischer Zeit trat die Nachbarstadt Niğde die Nachfolge an. Sehenswert ist in Kemerhisar vor allem der gut erhaltene und 1100 m lange **Aquädukt** aus dem 2. Jh. n. Chr. 118 Bögen in unterschiedlichem Erhaltungszustand, teils auf Pfeilern errichtet, teils – bei ansteigendem Gelände – direkt auf den Boden gesetzt, durchqueren Äcker und Gärten.

Wenn man von der Straße Niğde–Adana bei dem Schild ›Bahçeli‹ nach rechts abfährt, erreicht man ein **römisches Badebecken**. Der Weg ist ausgeschildert. Das Becken mißt ca. 20 m x 60 m, ist restauriert und wird von einer starken Quelle gespeist. Heute ist es ein beliebtes türkisches Ausflugsziel.

Kayseri

Die Provinzhauptstadt Kayseri hat ca. 500 000 Einwohner und liegt 1058 m hoch; sie wird im Süden von dem 3916 m hohen Erciyes Dağı überragt, dem höchsten Berg von Zentralanatolien. Die Stadt entwickelte sich im 20. Jh. zu einem bedeutenden Industriestandort, vor allem durch die Ansiedlung metallverarbeitender Betriebe. Von jeher wird die Qualität der handwerklichen Erzeugnisse der Gerbereien und Teppichknüpfereien gerühmt. Über die Händler von Kayseri kursieren überall in der Türkei Anekdoten; ihre Geschäftstüchtigkeit ist sprichwörtlich. Die moderne Stadt besitzt heute eine Universität und vermittelt den Eindruck eines prosperierenden wirtschaftlichen und kulturellen Zentrums. Die Altbauviertel am Rand der Altstadt mit Basar, Zitadelle und Moscheen werden zunehmend sanierungsbedürftig, sind teilweise schon abgerissen worden, machen einer aus den Außenbezirken eindringenden modernen Bebauung Platz oder werden in Parkanlagen und Freiflächen umgewandelt. Mit dieser Entwicklung zeigt sich ein Strukturwandel, der für viele zentralanatolische Städte charakteristisch ist. Die ehemals im Basar angesiedelten Läden werden aus dem Zentrum verbannt und in *sanayik çarşısı*, Gewerbegebieten, an den Ausfallstraßen der Stadt angesiedelt.

Eine besondere Spezialität von Kayseri ist das Pastırma, ein panierter Schinken. Der Rinderrücken wird in Salz eingelegt, um ihm Wasser zu entziehen. Dann wird das Fleisch mehrere Wochen lang luftgetrocknet. Die rote Kruste, die dem Pastırmaschinken die Würze verleiht, besteht aus Knoblauch, Paprika, Zimt und Kumin. Diese Zutaten werden in großen Kübeln zu einem Brei vermischt, dessen jeweilige Zusammensetzung das bestgehütete Geheimnis der Hersteller ist. Das getrocknete Fleisch wird einige Tage in dieser Marinade eingelegt und anschließend erneut an der Luft getrocknet.

Kayseri ☆☆
Besonders sehenswert:
İç Kale
Huant Hatun
Külliyesi
Sahibiye Medresesi
Archäologisches
Museum

Köstliches in Kayseri:
Pastırma und Mantı

Kappadokien

Das Stadtzentrum von Kayseri, im Vordergrund die Ulu Cami

Der Schinken wird schließlich in millimeterdünne Scheiben geschnitten, als Vorspeise gereicht und als Zutat für viele Gerichte verwendet. Eine andere Spezialität sind die Mantı, eine blättrige Spätzleart in der Form geöffneter Taschen, die mit Hackfleisch und Yoghurt gefüllt werden.

Stadtgeschichte

Kayseri war in seiner langen Geschichte immer ein bedeutender Verkehrsknotenpunkt und zentraler Marktort Inneranatoliens. Aus der frühen Zeit der Stadt erfährt man nur wenig. Sie trug den Namen Mazaka – die Reste dieser Siedlung sind ca. 2 km südlich der heutigen Stadt zu sehen – und gehörte zur persischen Satrapie Kapatukya (›Land der schönen Pferde‹). 225 v. Chr., in hellenistischer Zeit, wurde sie unter dem Namen Eusebia Hauptstadt des Königreiches Kappadokien. Die Herrschaft des Tigranes von Armenien, der die Stadt im Jahr 77 v. Chr. eroberte, dauerte nur zwölf Jahre; sie wurde von Pompeius beendet. Die zuvor verschleppte Bevölkerung kehrte zurück, und die Herrschaft wurde einem einheimischen Fürstengeschlecht übertragen. Unter Kaiser Tiberius wurde die Stadt 17 n. Chr. römisch und Hauptstadt der Provinz Caesarea (Kaisaraia), nach der Teilung der Provinz Kappadokien 371 n. Chr. die

Kayseri
1 Atatürk-Denkmal
2 İç Kale
3 Fatih Camii
4 Basar
5 Vezir Hanı
6 Ulu Cami
7 Melik Gazi Medresesi

Kayseri

Hauptstadt von Cappadocia I. In römischer und byzantinischer Zeit entwickelte sie sich zu einer bedeutenden Stadt, die zeitweise bis zu 400 000 Einwohner hatte.

Das Christentum fand durch die Missionstätigkeit des Apostels Paulus schon früh Eingang in diese Region. Besondere Bedeutung gewann Caesarea im 4. Jh. durch das Wirken der Bischöfe und Kirchenväter, vor allem des hl. Basilius (s. S. 276ff.); er schuf ein soziales Netz zur Versorgung der Alten. Bis 1922 war Kayseri/Caesarea Sitz eines Metropoliten, dessen Residenz das Johannes-Prodomos-Kloster war, das ca. 12 km südöstlich von Kayseri lag. Heute ist hier militärisches Sperrgebiet. Außerhalb der Stadt ließ Basilius eine Siedlung errichten, die seinen Namen trug: Basileias. Im 7. Jh. wurde die Stadt zur Grenzfestung gegen die Sassaniden ausgebaut, die erstmals 611 n. Chr. die Stadt belagerten und Tausende von Einwohnern verschleppten. Wenig später folgten Einfälle der Araber, und von hier aus begannen im 10. Jh. die erfolgreichen Rückeroberungen der Byzantiner. Nach der Schlacht von Manzikert im Jahr 1071, in der das byzantinische Heer von den Seldschuken vernichtend geschlagen wurde, fiel auch Caesarea 1077 in die Hände der türkischen Invasoren. Der Turkstamm der Danischmendiden, der im Gefolge der Seldschuken nach Kleinasien kam, machte die Stadt zu seiner Residenz. Als die Kreuzritter auf ihrem Ersten Kreuzzug nach Caesarea kamen, fanden sie nur Schutt und Asche vor. Ab 1134 wurde die Stadt neu aufgebaut und erlebte in der Mitte des 12. Jh. unter seldschukischer Herrschaft eine erneute Blüte: Neben der Hauptstadt Konya genoß Kayseri die besondere Wertschätzung der

8 Kadı Hamamı
9 Hoca Bey Camii
10 Hatuniye Medresesi
11 Güllük Camii
12 Huant Hatun Külliyesi
13 Sahibiye Medresesi
14 Kurşunlu Camii
15 Çifte Medrese
16 Avgunu Medresesi
17 Hasbek Kümbeti
18 Hacı Kılıç Camii
19 Döner Kümbet
20 Sırçalı Türbe
21 Archäologisches Museum
22 Seyit Burhaneddin Türbesi
23 Çifte Kümbet
24 Post
25 Provinzverwaltung

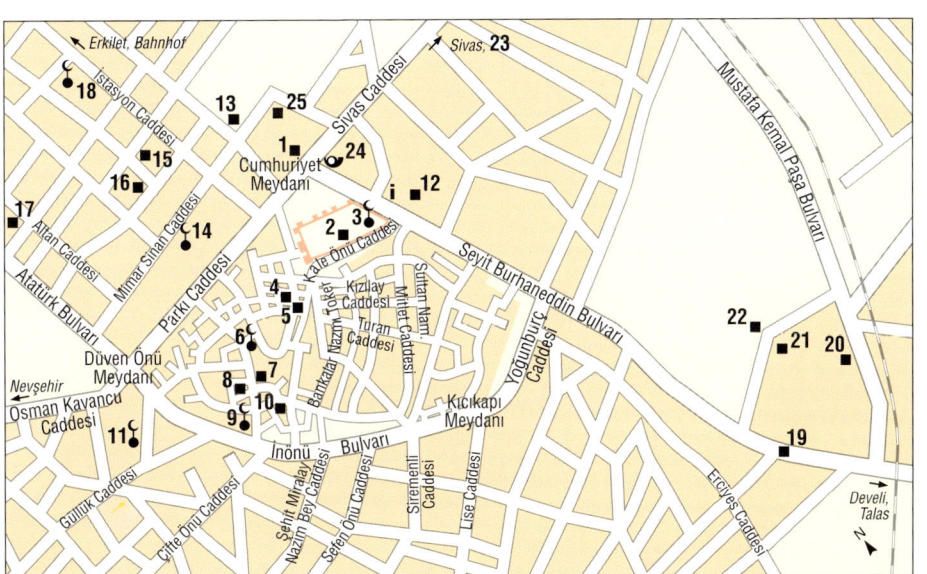

Kappadokien

Kayseri ist das geographische Zentrum der Türkei, das Herz Anatoliens

Sultane und der seldschukischen Oberschicht; aus dieser Zeit stammen die meisten Baudenkmäler. Nach dem Untergang des Seldschukenreiches wechselte Kayseri mehrmals die Herrschaft und wurde schließlich im Jahr 1515 unter Sultan Selim I. osmanisch. In der folgenden Friedenszeit verlor Kayseri zunehmend an Bedeutung und fiel auf den Stand einer anatolischen Mittelstadt zurück. Neben den islamischen Türken bildeten griechische und armenische Minderheiten einen bedeutenden Bevölkerungs- und Wirtschaftsfaktor; mit der Vertreibung der christlichen Religionsgruppen verlor die Stadt abermals an Bedeutung. Erst unter Atatürk begann der Aufstieg zu einem wichtigen überregionalen Zentrum und Industriestandort.

Rundgang

Der Ausgangspunkt für den Besuch der alten Baudenkmäler ist der Cumhuriyet Meydanı im Zentrum der Stadt mit dem Uhrturm und dem 1937 errichteten **Atatürk-Denkmal** (1). Die modernen Gebäude der Provinzverwaltung, die Post und das Offizierskasino schließen sich nördlich an. Der Hauptplatz wird im Süden von der Zitadelle, der **Iç Kale** (2), begrenzt. Sie wurde im 6. Jh. unter Justinian als nördlicher Abschluß der Stadtbefestigung angelegt, die dem Schutz vor den sassanidischen Persern diente. Baumaterial war der

Der Basar von Kayseri

vulkanische Basalt des Erciyes Dağı. Von der Stadtmauer sind noch wenige Reste erhalten; in seldschukischer und osmanischer Zeit wurde sie restauriert und neu befestigt; ihre heutige Form erhielt sie zur Zeit des Alâeddin Keykûbat I. (1210–26). Unter den Osmanen wurde die Festung als Kaserne genutzt. Die Mauern umschließen ein Areal von ca. 200 m^2; 19 Türme bewehren den Mauerring, drei Toranlagen führen in den Innenhof. Das nördliche Tor wird von zwei seldschukischen Löwen flankiert. Von der zinnenbewehrten Burgmauer, die man über eine schmale Treppe besteigen kann, hat man einen großartigen Blick auf die Altstadt und den Erciyes Dağı mit seinen zahlreichen Nebenkratern. Bis in die 60er Jahre war hier ein lebhafter Gemüse- und Gemischtwarenmarkt ansässig. Im Zuge der allgemeinen Sanierungsarbeiten wurde die Zitadelle restauriert und dient heute dem Goldschmiede- und Touristikgewerbe. Innerhalb des Hofes steht in seinem östlichen Winkel die **Fatih Camii** (3), eine kleine Moschee, die unter Sultan Mehmet II. im 15. Jh. errichtet wurde. Die große Moschee mit den zwei Minaretts, die in unmittelbarer Nachbarschaft der Festung liegt, wurde erst in den 70er Jahren durch private Spenden der Gläubigen gestiftet. Südlich und westlich der Zitadelle liegt der **Basar** (4), der teilweise überdacht ist. Erst in den 70er Jahren wurden die eingefallenen Tonnengewölbe des Bedesten restauriert. Mehrere Zugänge, durch Brunnen markiert, führen in den inneren Bereich. In diesem Teil des Bazars werden heute vor allem Textilien und Schuhe angeboten.

Am südlichen Ausgang des Basars liegt der **Vezir Hanı** (5), eine offene Hofanlage mit einem Brunnen aus dem Jahr 1797, die von zweistöckigen Arkaden umgeben ist. Hier wird Schafwolle getrocknet und mit Teppichen gehandelt. Gegenüber dem Vezir Hanı liegt die Külliye der **Ulu Cami** (6). 1142 wurde sie in der Form einer fünfschiffigen Hallenmoschee erbaut. Die Kapitelle aus römischer und byzantinischer Zeit stützen eine flache Holzdecke, die im Vorraum des Mihrab und in der Mitte des Raums durch eine Kuppel überhöht ist. Südlich daran anschließend befinden sich weitere bemerkenswerte Bauten: die **Melik Gazi Medresesi** (7), 1432 erbaut, der osmanische **Kadı Hamamı** (8), die ebenfalls osmanische **Hoça Bey Camii** (9) und die **Hatuniye Medresesi** (10) von 1432, aus der Zeit der Karamanidenherrschaft. Für die Vorhalle wurden ionische und korinthische Kapitelle verwendet. Durch ein spitzbogiges Eingangstor gelangt man in einen von Arkaden umstandenen Innenhof; auch hier findet man Kapitelle aus dem 5. Jh. Die **Güllük Camii** (11) liegt südlich des Basarviertels und jenseits der breiten Ringstraße İnönü Bulvarı inmitten eines verfallenden Altbauviertels. Sie wurde 1210 gegründet und 1335 von Kölük Şemseddin auf dem durch Erdbeben zerstörten Vorgängerbau neu errichtet. In dem fünfschiffigen massiven Hallenbau mit zentraler Kuppel ist die Gebetsnische besonders sehenswert: Fayencemosaike, geometrische und Blumenmuster und eine große Inschrift schmücken den Mihrab. Die Moschee ist nur zu den Gebetszeiten geöffnet.

In Kayseri pflegten die Seldschukensultane im Rahmen großer Feiern ihre jährlichen Heerschauen abzuhalten; bei diesem Anlaß trugen auch die Dichter ihre neuesten Werke vor

Die Kayserianer gelten als gerissene Händler; ihr erstes prominentes Opfer soll Marco Polo gewesen sein

Kappadokien

Die zweistöckigen Arkaden des Vezir Hanı

Östlich der Zitadelle liegt die eindrucksvolle Anlage der **Huant Hatun Külliyesi** (12). Sie wurde von Mahperi Huant Hatun, der Frau des Sultans Alâeddin Keykûbat I., im Jahr 1237/38 gestiftet. Die Stiftung ist die früheste Anlage dieser Art in Anatolien. Sie besteht aus einer Moschee, einer versetzt angebauten Medrese, der Türbe der Stifterin und, quer vorgelagert, einem Doppelhamam; alle wesentlichen Gebäudeteile sind reich mit seldschukischem Flechtwerk geschmückt. Die Ornamentik, vor allem am Grabbau und an den Portalen, veranschaulicht die hohe Kunstfertigkeit der seldschukischen Steinmetze. Man betritt die Moschee durch ein reich geschmücktes, hochgezogenes Eingangsportal, über dem ein baldachinähnliches kleines Minarett steht; das große Minarett wurde erst im 18. Jh. hinzugefügt. Der fast quadratische Innenraum (40 m × 50 m) ist siebenschiffig, 48 Pfeiler stützen die Tonnengewölbe. Das Zentrum des überhöhten Mittelschiffs wird von einer Kuppel bestimmt, eine weitere befindet sich vor dem Mihrab. In der benachbarten Medrese, seit 1969 Museum für Türkische und Islamische Kunst, war eine der vier islamisch-sunnitischen Rechtsschulen untergebracht. Hier hat auch der Mystiker Calâleddin Rûmi, der Mevlâna, geistliche Studien betrieben. Durch einen besonders wehrhaft wirkenden Eingang mit einem vorgezogenen, überhöhten und von Flechtwerkmotiven umrahmten Portal gelangt man in den offenen, von Arkaden umstandenen Innenhof; hinter den Arkaden lagen früher die Räume der Studierenden. Dem Eingang gegenüber liegt der Haupteyvan, an dessen linker Seite ein großer Vorlesungsraum grenzt. In einem kleinen Hof, der Moschee und Medrese verbindet, befindet sich die oktogonale Türbe, in der die Kenotaphe der Stifterin Huant Hatun und zweier ihrer Töchter liegen. Die Fenster in den Bogenfeldern werden von Flechtornamenten kunstvoll umrahmt, Halbsäulen, die ebenfalls mit Flechtwerk versehen sind, heben die Gebäudekanten hervor. Der Übergang zum Dach wird durch ein Inschriftenband und durch Muqarna-Elemente hergestellt. Die an den Längsseiten des Hofes liegenden Räume und der Gang unter den Arkaden werden als Museum genutzt. In den Vitrinen sind goldbestickte Gewänder, verzinnte Kupferkannen und -teller, alter Silberschmuck, Koranhandschriften und anderes mehr ausgestellt.

Nördlich des Cumhuriyet Meydanı liegt die **Sahibiye Medresesi** (13), die 1268 von Sahip Ata, einem bedeutenden Großwesir der Seldschuken, gestiftet wurde. Turmartige Eckpfeiler verleihen dem Bau einen festungsartigen Charakter. Das weit vorspringende Portal, das die Nordseite des Hauptplatzes beherrscht, ist mit typisch seldschukischen Flechtbändern umrahmt. In den Arkadennischen, die den Innenhof umgeben, sind heute Buchhandlungen untergebracht.

Inmitten des Atatürk-Park westlich des Hauptplatzes steht die **Kurşunlu Camii** (14), die ›Bleidachmoschee‹, die wegen ihrer im Osten Anatoliens eher selten anzutreffenden Kuppelbedachung aus Blei so genannten Ahmet Paşa Camii, ein Einkuppelbau aus dem Jahr 1585. Es ist der größte Sakralbau aus osmanischer Zeit. Ob Sinan, der bedeutende osmanische Architekt, diese Moschee erbaut hat oder nur die Ideen lieferte, ist ungeklärt.

Das Altstadtviertel nördlich des Atatürk-Parks ist bis auf die seldschukischen Bauruinen in den letzten Jahren abgerissen worden.

Arkadengang und Ornament der Huant Hatun Külliyesi

Kappadokien

Hier soll eine Parkanlage entstehen, in deren Zentrum dann die **Çifte Medrese** (15) liegen wird, eine Doppelanlage, die eine Medizinschule und ein Krankenhaus umfaßt. Die Medrese ist gänzlich restauriert worden und dient heute als Museum für Medizingeschichte. Der einzige Zugang in den Krankenbereich, in das ›Haus der Heilung‹, führte durch das im Westen gelegene Portal, das mit einem Band aus Sternornamenten und Rosetten geschmückt ist. Hier findet sich auch die Bauinschrift des Sultans Giyaseddin Keyhüsrev I., die das Datum 1206–08 trägt, und das interessante Relief einer Doppelschlange, die an den Äskulapstab erinnert. Beide Gebäude sind durch einen Korridor an der Nordseite miteinander verbunden. Neben dem Eyvan an der Nordseite der Medrese liegt die Türbe der Prinzessin Gevher Nesibe, nach der die Medrese auch Gevher Nesibe Hatun Medresesi genannt wird. Beide Anlagen folgen dem typischen seldschukischen Medresentyp mit offenem Hof und Eyvanen. Westlich der Çifte Medrese liegt die **Avgunu Medresesi** (16) aus dem 13. Jh., die momentan restauriert wird, dahinter das **Hasbek Kümbet** (17), ein Grabbau aus seldschukischer Zeit. Nördlich der Çifte Medrese, an der İstasyon Caddesi, befindet sich der von einer hohen Mauer umgebene Komplex der **Hacı Kılıç Camii** (18) mit angeschlossener Medrese, 1249 von dem Seldschukenwesir Abdül Gazi erbaut. Sehenswert sind die beiden Eingangs-

Axiometrische Ansicht der Huant Hatun Külliyesi in Kayseri

portale und der Steinmihrab der Moschee mit dem geometrischen, seldschukischen Dekor. Die Gebäude, die heute als Koranschulen genutzt werden, sind durch Arkaden miteinander verbunden.

Verläßt man den Hauptplatz auf dem breiten Seyit Burhaneddin Bulvarı Richtung Süden, erreicht man nach 1 km das auf dem Mittelstreifen der Straße stehende **Döner Kümbet** (19), den schönsten seldschukischen Grabbau der Stadt. Er wurde 1276 für die Prinzessin Şah Cihan Hatun gebaut. Der Ursprung des Namens ›drehendes Mausoleum‹ ist ungeklärt. Auf einem soliden quadratischen Sockel erhebt sich die zwölfeckige, im Inneren zylindrische Türbe. Die einzelnen Wandteile werden durch Blendarkaden betont, deren Innenfelder mit Flechtmuster gefüllt sind. Auffallend sind die bildlichen Darstellungen: zwei Palmen mit Adler, Sphingen und Doppeladler über dem Eingang. Palmen sind in der schamanistischen Glaubenswelt Zentralasiens Symbole des Lebensbaumes, sie versinnbildlichen die Mitte der Welt bzw. die Verbindung von Himmel und Erde. Der Adler, der als heiliger Vogel gilt, ist Sinnbild der Macht, steht aber auch für Schutz. Oberhalb der Blendarkaden leiten horizontal verlaufende Flechtmuster und ein Muqarna-Band zum kegelförmigen Spitzdach über, das ebenfalls durch flache Arkadenbögen gegliedert ist. Die Türbe erreicht eine Höhe von fast 14 m. Nur wenige Schritte sind es zur **Sırçalı Türbe** (20) am Kemal Paşa Bulvarı, einem weiteren Grabbau aus dem 14. Jh.

Döner Kümbet, das ›kreisende Mausoleum‹, ist das Wahrzeichen der Stadt

Nördlich des Döner Kümbet führt eine Seitenstraße zum **Archäologischen Museum** (21). Die Funde des Museums sind in zwei Sälen und einem Hauptraum zu sehen, weitere Exponate sind im Garten aufgestellt. Die Dokumentation beginnt mit der frühen Bronzezeit (2500–2000 v. Chr.). Beachtenswert ist in Vitrine 3 die Ausstattung einer Küche aus der assyrischen Handelskolonie Karum Kanesch, beeindruckend auch der römische Bronzesarkophag aus dem 1. Jh. n. Chr. Im Saal 2 sind hellenistische, römische und byzantinische Funde ausgestellt. Im zentralen Hauptraum findet man vor allem Zeugnisse aus hethitischer Zeit, so eine gut erhaltene Inschrift Tuthalijas IV., eine lebensgroße Darstellung eines Königs von Kululu aus späthethitischer Zeit (7. Jh. v. Chr.) und einen Gipsabdruck des Reliefs von İmamkulu. Die Vitrinen enthalten Funde aus Kanesch, u. a. einen Ofen, dessen Gestell, in das man Gefäße hineinstellen konnte, einem Hufeisen nachempfunden ist. Im Museumshof hat man das Tumulusgrab von Beş Tepeler rekonstruiert; im Garten steht auch der Abguß des Reliefs von Firaktın. Dem Museum gegenüber liegt in einem kleinen Friedhof die **Seyit Burhaneddin Türbesi** (22) aus dem 13. Jh. Burhaneddin war ein berühmter Gelehrter und Theologe, bei dem auch Celâleddin Rûmi Unterricht nahm.

An der Ausfallstraße nach Sivas führt man an dem 1247 erbauten **Çifte Kümbet** (22) vorbei, das rechts der Straße liegt. Von der ehemaligen Doppelanlage ist nur noch ein Grabbau erhalten, in dem eine Frau Alâeddin Keykûbats I., Melike Adiliye, bestattet ist.

Rund um den Erciyes Dağı

Der Erciyes Dağı

Mit einer Höhe von 3916 m ist der Erciyes Dağı, der Mons Argaios, der höchste Berg von Zentralanatolien. Mit ihm endet im Osten eine gewaltige Vulkankette, die im Westen mit dem Hasan Dağı beginnt. Der Kraterrand hat sich im Lauf der Zeit mehrfach gespalten und ist stellenweise eingestürzt. Das zerklüftete Profil des Berges erscheint viel schroffer als das des ›sanften‹ Hasan Dağı. Mehrere Zacken wurden von der Erosion herausgebildet, zwischen denen natürliche Höhlen und künstliche Durchbrüche entstanden, die vermutlich noch in byzantinischer Zeit als Speicher- und Wohnräume genutzt wurden: An den Wänden sind heute noch Inschriften zu erkennen. Der Erciyes Dağı gilt nicht nur als der Hausberg von Kayseri, sondern wird auch als der heilige Berg Kappadokiens bezeichnet; schon in hethitischen Keilschriften wird er mit dem Berggott Hargaia oder Harga gleichgesetzt. Später verband sich der Mythos um den Gigantensproß Typhon, der Zeus die Herrschaft über die Welt streitig machte, mit dem Argaios, und in der vulkanischen Tätigkeit sah man ein Zeichen der Heiligkeit. Ob der Felstunnel am höchsten Punkt des Berges im Zusammenhang mit voriranischen und iranischen Kulten zu sehen ist – die Perser hatten hier eine Satrapie eingerichtet – ist nur Vermutung. In der Literatur der römischen Kaiserzeit wird der Mons Argaios als ein gewaltiger Berg beschrieben, von dessen Gipfel aus man bis zum Schwarzen Meer und zum Mittelmeer habe blicken können, und auf zahlreichen Münzen aus Caesarea, Sitz einer kaiserlichen Münze, wird der Berg dargestellt. Noch in historischer Zeit war er oder einer seiner Nebenkrater tätig, worüber Strabo im 1. Jh. n. Chr. berichtete. Aufgrund eines langanhaltenden Tauwetters wurde 1989 ein jahrhundertelang unter dem Eis verborgener Tempel freigelegt, der unmittelbar unterhalb des Gipfels in den Fels gebaut war. Dieser Tempel war bereits auf Münzen der römischen Kaiserzeit zu sehen.

İncesu

İncesu
Besonders sehenswert:
Kara Mustafa Paşa
Külliyesi

Ab Kayseri erreicht man nach ca. 30 km auf einer autobahnähnlichen Ausfallstraße in Richtung Niğde die kleine Kreisstadt İncesu mit etwa 8000 Einwohnern, deren Häuser teilweise in die steil abfallenden Flanken eines breiten Tuffsteintals gebaut sind. Im Zentrum des Ortes liegt die eindrucksvolle, aus rotem Sandstein errichtete Kara Mustafa Paşa Külliyesi aus dem Jahr 1680. Der Stifter der Anlage war Großwesir und Befehlshaber der osmanischen Truppen, die 1683 Wien belagerten. Der Külliyekomplex umfaßt eine Mo-

İncesu, Develi

İncesu, im Hintergrund der Erciyes Dağı

schee, eine einfache Medrese und ein Hamam, wobei die Moschee und die an der westlichen Seite gelegene Medrese durch eine Mauer zu einen Bereich zusammengefaßt werden. Die Kuppelmoschee ist ein osmanischer Zentralbau von beachtlicher Höhe. Das verfallene Türkische Bad liegt außerhalb des ummauerten Bereichs, ebenso die Karawanserei, die sich westlich der Moschee befindet. Der überdachte Teil des Han besteht aus drei querliegenden Schiffen, die von mächtigen Pfeilern und Arkaden gestützt werden. Der Hof wird vollständig von überkuppelten und mit Schornsteinen versehenen Arkaden eingerahmt. Külliye und Han verbindet eine Ladenstraße, die heute nur noch teilweise genutzt wird.

Develi

Östlich der Sultanssümpfe und im Süden des Erciyes Dağı liegt auf 1175 m Höhe die Kreisstadt Develi mit ca. 33 000 Einwohnern. Hier endet auch die Paßstraße, die von Kayseri über die Flanke des meist schneebedeckten Erciyes Dağı nach Süden führt. Develi entstand im 19. Jh. durch den Zusammenschluß der Ortschaften Agostan, Fenisse und Everek. Der alte Ort Eski Develi liegt südlich der neuen Stadt auf einem Bergrücken, auf dessen Spitze sich die Reste der spätbyzantinischen Burg **Develi Kalesi** befinden. Sie liegt heute in

Develi
Besonders sehenswert:
Eski Develi
Sivasi Hatun Camii
Hızır Ilyas Türbesi

Kappadokien

Die Teppichproduktion ist ein wichtiger Wirtschaftsfaktor in der Region um Develi

Die Ausschmückung der Gebetsnische in der Sivasi Hatun Camii mit einem Flechtband aus Arabesken, einer Inschriftenbordüre und Sternornamenten sowie die Ausgestaltung der Mihrabnische selbst zählt zu den besonderen Leistungen seldschukischer Steinmetzkunst

einem militärischen Sperrgebiet und kann nicht besucht werden. Im 11. Jh. war Eski Develi ein wichtiger Stützpunkt des Königsreichs von Kleinarmenien, und auch unter den Seldschuken behielt die Burg ihre Bedeutung. Hier wurde Sultan Alâeddin Keykûbat I. von seinem Bruder Izzededdin Keykâvus II. für einige Zeit festgesetzt. Der alte Ort wurde im 19. Jh. aufgegeben, doch später siedelten hier wieder Bauern, so daß ein ansehnliches Dorf entstand. Unterhalb der Burg lag das alte Armenierviertel, das 1915 eingeäschert wurde. Im türkischen Teil der alten Stadt ist vor allem die Ulu Cami oder **Sivasi Hatun Camii** sehenswert. Diese Stiftung von 1281 ist eine Hallenmoschee mit fünf Pfeilerreihen; die Schiffe sind mit spitz zulaufenden Tonnengewölben überdacht.

Die **Seyit-i Şerif Türbesi** wurde 1276 im oberen Teil des Ortes erbaut, ebenso die **Dev Ali Türbesi**, die von einem islamischen Friedhof umgeben ist. Auch dieser achteckige Grabbau mit dem pyramidenförmigen Dach stammt aus dem 13. Jh. Von hier aus hat man einen großartigen Blick auf den mächtigen Vulkankegel des Erciyes Dağı und die neue Stadt Develi auf der Talsohle. Südlich von Eski Develi liegt auf der Kuppe eines Berges die einzelnstehende, um 1270 erbaute Türbe des Propheten Elias, die **Hızır Ilyas Türbesi**, ein Grabbau aus seldschukischer Zeit mit ornamentiertem Marmortor. Der Prophet Elias wird noch heute vor allem von Frauen und Kindern zur Zeit des Frühlingsfestes am 6. Mai verehrt. An diesem Tag werden seine in ganz Anatolien verteilten Grabstätten aufgesucht – eine autorisierte gibt es nicht. In dem ehemals christlichen Viertel von Eski Develi sind noch die Ruinen einer **Kirche** zu sehen, die den Heiligen Cosmas und Damian geweiht war.

An der Straße nach Yahyalı liegt am südlichen Stadtrand eine der größten türkischen Fabriken zur Herstellung maschinell geknüpfter

◁ *Erciyes Dağı*

Teppiche. Auf Anfrage kann man sich durch die zum Teil sehr modernen vollautomatischen Knüpfanlagen führen lassen. Von der Anlieferung der Rohwolle bis zur Abfertigung für den Export in alle Welt, besonders in die arabischen Länder, kann man alle Stufen der Teppichproduktion sehen.

Firaktın

An der Straße von Develi über Bakırdağı zum Gezbeli-Paß (1960 m) liegen drei hethitische Felsreliefs, von denen das wichtigste, das Relief von Firaktın, in der Nähe des Dorfes Gümüşören Köyü liegt, das man nach 11,3 km von der Abzweigung an der Hauptstraße erreicht; der Weg zum Relief ist ausgeschildert. Ca. 100 m vor dem Ortseingang biegt links ein spitzwinklig zulaufender Schotterweg ab, der auf der rechten Seite von einer ein Pappelwäldchen umgebende Mauer begrenzt wird. Man folgt dem Weg ca. 1 km bis zum Ende der Mauer. Hier verläßt man den Wagen, überquert einen von Pappeln und Weiden gesäumten Bach und steht vor einem Felsabfall, in dessen unterer rotbrauner Andesitschicht das dreiteilige, 6 m breite und 1,2 m hohe Relief eingemeißelt wurde. Die linke und mittlere Darstellung sind in ihrem Aufbau vergleichbar, das rechte Relief besteht aus einer fragmentarischen Inschrift. Auf dem linken Relief begegnen sich der Wettergott Teschup (links) und der hethitische Großkönig Hattuschili III. (1275–1250 v. Chr.), beide sind durch Hieroglyphen benannt. Zwischen ihnen steht ein Altar, auf dem eine Opfergabe liegt. Der König bringt ein Trankopfer dar, das er aus

Firaktın ☆
Besonders sehenswertes hethitisches Felsrelief

Das hethitische Felsrelief von Firaktın

Kappadokien

einer Kanne in ein am Boden stehendes Gefäß gießt. Auffällig ist, daß der König eine Spitzmütze trägt, die in der hethitischen Ikonographie den Göttern vorbehalten ist. Eine Kopie dieses Reliefs ist im Garten des Archäologischen Museums in Kayseri aufgestellt. Analog zum linken Relief bringt auf der rechten Darstellung die Großkönigin Puduhepa der obersten hurritischen Göttin Hepat, der Gemahlin des Wettergottes, ebenfalls ein Trankopfer dar. Puduhepa war die Frau Hattuschilis III. und die bedeutendste Frauengestalt der hethitischen Geschichte. Zwischen den beiden Personen, die ebenfalls durch Hieroglyphen benannt sind, steht ein Altar, auf dem ein Vogel zu erkennen ist. Wie die männlichen Figuren sind auch die weiblichen ähnlich gekleidet. Das mittlere Relief ist wie die Hieroglypheninschrift nur umrißhaft ausgearbeitet und nicht vollendet.

İmamkulu und Hanyeri

İmamkulu ☆
Hanyeri ☆
Besonders sehenswerte hethitische Felsreliefs

Etwa 8 km hinter dem Ort Bakırdağı biegt hinter einer kleinen Brücke eine Schotterstraße nach Nordosten Richtung Köşeler Köyü ab, das man nach 5 km erreicht. Nach weiteren 4 km gelangt man nach İmamkulu. Man biegt dann vor der Moschee rechts ab und fährt auf einer schlechten Dorfstraße hinunter zu einer Felsquelle, die von einem großen Brunnen gefaßt wird. Von hier aus führt ein Weg nach rechts hinauf, den man am besten zu Fuß geht. Er führt zu dem einzelnstehenden Felsblock, auf dessen talwärts gerichteter Seite das Relief zu sehen ist. Dieses 1934 entdeckte Relief gehört ebenso wie das von Firaktın in die hethitische Großreichszeit. Die Darstellung versinnbildlicht die hierarchische Ordnung der hethitischen Götterwelt: Auf drei Mischwesen stehen jeweils Berggötter mit weit vorgeneigten Köpfen, auf deren Nacken der Wettergott, mit Keule und Schwert bewaffnet, einen von einem Stier gezogenen Wagen besteigt. Der Gott erscheint hier mit seinen heiligen Tieren, den Stieren Hurri und Scheri. Auf der linken Seite des Mittelbildes ist ein hethitischer Prinz dargestellt. Er trägt Schnabelschuhe, hält einen Bogen in der rechten und einen Stab in der linken Hand und ist mit einem Schwert gegürtet. Die Darstellungen rechts davon könnten eine geflügelte Gottheit und ein Lebensbaum sein. Die Deutungen des Reliefs gehen noch weit auseinander.

Am Nachmittag ist das Relief von İmamkulu am besten zu erkennen

Man fährt zurück zur Hauptstraße und nach Osten über den Gezbeli-Paß (1960 m); hinter der Paßhöhe liegt Hanyeri. 300 m vor dem Dorf liegt am Ende einer Linkskurve direkt an der Straße ein weiteres hethitisches Relief. Am späten Vormittag wirft das in etwa 4 m Höhe liegende Relief den besten Schatten, sonst ist es nur schwer zu erkennen. Es zeigt eine männliche Gestalt mit Bogen, Lanze und Schwert; sie erinnert an die Prinzenfigur von İmamkulu. Ihr gegenüber kann man eine kleinere Figur, wahrscheinlich einen Berggott, erkennen, auf dessen Nacken sich ein Stier stützt. Rechts hinter der großen Figur ist eine spiegelsymmetrische Inschrift angebracht.

Gezi, Kültepe (Karum Kanesch)

Östlich von Kayseri

Gezi

Gezi ist eine ehemals griechische Siedlung, die heute teilweise von türkischen Neusiedlern bewohnt wird. Das Dorf liegt malerisch inmitten einer blühenden Gartenlandschaft, teils in einem kleinen Bachtal, teils an den Hängen. Den Ort erreicht man, indem man von der Straße Kayseri–Sivas nach etwa 9 km rechts abbiegt. Der Weg ist ausgeschildert, und man gelangt von der Hauptstraße direkt auf den Hauptplatz. Von hier aus führt die Straße zur ehemaligen armenischen **Klosteranlage**, von der noch die mächtige Kirche erhalten ist. Im Tal liegt eine griechische **Kreuzkuppelkirche** mit einem separaten Glockenturm. Da der Kirchenraum heute leider als Stall benutzt wird, ist eine Besichtigung nicht möglich. Der beste Blick auf die Anlage und den sich dahinter auftürmenden Erciyes Dağı bietet sich von der gegenüberliegenden Steilkante.

Kirchenturm der armenischen Klosteranlage in Gezi

Kültepe (Karum Kanesch) X

In Gezi biegt man vom Hauptplatz nach rechts ab und folgt dem Hinweisschild ›Kayabak, Güselköy, Gürpınar‹. Bei der ersten Abzweigung hält man sich links (Ortsausgang). Überall am Weg sieht man an den Hängen runde und quadratische, nach oben offene ›Steintürme‹ mit zum Tal hin abgeschrägten Simsen ohne Zugang; sie sind in der Regel nach Südosten ausgerichtet. Es sind Taubenhäuser, die einmal im Jahr ausgemistet werden; der Taubenmist wird als Dünger verwendet. Nach 2,4 km erreicht man eine **Kirchenruine**, einen gewaltigen dreischiffigen Bau mit drei Apsiden, der durch quergelegte Gurte zusätzlich gegliedert wird. Von einer großen Empore und Galerien aus kann man auf allen Seiten die Reste der Ausmalung – wahrscheinlich aus dem 19. Jh. – gut erkennen.

Die alte Siedlung Karum Kanesch wird heute Kültepe *(kül* = Asche, *tepe* = Hügel) genannt und liegt in der Nähe des Dorfes Karahüyük in der weiten Ebene von Kayseri. Der ausgeschilderte Rundgang, der nur in Begleitung eines Führers gemacht werden kann, beginnt bei einem Wärterhäuschen am Eingang der eingezäunten Ausgrabungsstätte und verbindet die verschiedenen Grabungsareale. Wichtige Informationen sind auf Tafeln festgehalten.

Die Ausgrabungsstätte Karum Kanesch besteht aus zwei Bereichen: Kanesch ist der links der Straße gelegene ältere Siedlungshügel, der Palast- und Wohnbereich der ursprünglich anatolischen Bevölkerung, die hier ab der Mitte des 3. Jt. v. Chr. siedelte. Karum bezeichnet die assyrische Handelssiedlung zu Füßen von Kanesch,

**Kültepe
Besonders sehenswert:
Siedlungshügel
assyrische
Handelskolonie**

Der Siedlungshügel von Kültepe zählt zu den wichtigsten bronzezeitlichen Ausgrabungsstätten der Türkei

Kappadokien

Das Grabungsgelände von Kültepe: Die Wände des Großen Palastes bestanden aus Lehmziegeln, die durch Holzpfeiler gestützt wurden. Sie waren auf Steinfundamenten errichtet und erreichten teilweise eine Dicke von 1 m. Um einen zentralen Hof waren Räume unterschiedlicher Größe und Funktion gruppiert. Die kleineren dienten als Unterkunft für Haus- und Wachpersonal, in einem langen, schmalen Raum lagerten die Vorräte

die im 19. Jh. v. Chr. zur zentralen Schaltstelle des assyrischen Handels in Anatolien wurde und die befestigte Siedlung Kanesch bald um das Dreifache an Größe übertraf. Kanesch wurde um 1770 v. Chr. durch eine Feuerkatastrophe zerstört. Später siedelten hier zunächst die Hethiter, dann, im 8. Jh. v. Chr., die Phryger, und möglicherweise ist dies der Ort der Hauptstadt des Königreiches von Tabal gewesen.

Die Grabungen auf dem Siedlungshügel legten 14 Schichten frei. Man entdeckte zum Teil zweigeschossige Gebäudetypen gemäß der anatolischen Tradition. Die Stadtanlage, von großen Höfen gegliedert, macht deutlich, daß Kanesch schon vor dem assyrischen Karum ein bedeutender Ort gewesen ist. Im südwestlichen Teil der Stadt, die von einer Stadtmauer umgeben war, lag der **Große Palast**, der 1850 v. Chr. durch ein Feuer vernichtet und dadurch konserviert wurde. Nordwestlich des zentralen Hofes lagen größere Räume, die Repräsentationszwecken dienten. Das aus großen Steinen errichtete quadratische Gebäude war wahrscheinlich ein **Tempel**, der am Nordende des Palastes lag. Hier residierte der in Quellen bezeugte König Warschama von Kanesch. In einem der Paläste, die während der Zeit des Karum bestanden und deren Fundamente noch gut zu erkennen sind, wurde eine bronzene Lanzenspitze gefunden, die die Inschrift: ›Palast des Anitta, des Königs‹ trägt. Auf dem Siedlungshügel fand man ebenfalls bemalte Keramik, die zum Teil schon auf der Scheibe

Kültepe (Karum Kanesch)

hergestellt wurde, daneben flache Stein- und Alabasteridole, die einen bis drei Köpfe tragen.

Am unterhalb des Siedlungshügels gelegenen Karum begannen die Handelswege, die bis in das Gebiet des Großen Salzsees und ans Schwarze Meer führten. Hier sammelten sich auch die Karawanen, bevor sie ihre Reise zur assyrischen Metropole Assur am Tigris antraten, mit der der Karum von Kanesch in engster wirtschaftlicher Verbindung stand. Doch wie die Siedlung Kanesch wurde der Karum 1850 v. Chr. durch ein Feuer zerstört. Eine spätere Siedlung konnte sich nur kurze Zeit, bis 1770 v. Chr., halten. Die Bedeutung des Karum bestand nicht nur im Austausch von Waren, sondern besonders darin, daß über die Vermittlung der Kaufleute die assyrische Keilschrift nach Anatolien gelangte. Die Keilschrifttafeln geben vor allem Auskunft über die Handelsbeziehungen, über Vertragsabschlüsse und Warenlisten, aber auch über Erbschaften, Abgaben und Rechtsvorschriften. Man erfährt, daß Zinn, Textilien und Luxusgüter nach Anatolien eingeführt wurden; die Einfuhr von Zinn war für die Herstellung von Bronze besonders wichtig. Im Gegenzug brachte man Gold, Silber und Kupfer nach Assur. Die Güter wurden von Karawanen befördert, die oft aus mehr als 250 Eseln bestanden. Sie folgten festen Handelsrouten, an denen *warbatums*, ähnlich den seldschukischen Karawansereien, eingerichtet wurden, die den Karawanen Schutz und Unterkunft gewährten. Schon im 19. Jh. hatten die Einheimischen Tontafeln auf einem Feld gefunden, das sie *antikelik*, ›Antikenstelle‹, nannten. Die nach ihrer Herkunft als ›kappadokische Tafeln‹ bezeichneten Tontafeln waren in altassyrischer Keilschrift geschrieben und stellten die bisher ältesten in Anatolien gefundenen schriftlichen Zeugnisse dar. Sie erreichten den europäischen Kunstmarkt und lösten archäologische Recherchen aus, zuerst durch E. Chantre im Jahr 1893, dann 1906 durch den deutschen Archäologen H. Winckler und schließlich 1925 durch den tschechischen Philologen B. Horzny, der bei seinen Nachforschungen die assyrische Handelsniederlassung entdeckte und als erster Keilschrifttafeln in größerem Umfang fand. Seine Grabungen wurden jedoch nicht fortgesetzt, und der Karum geriet in Vergessenheit. Seit 1948 wird er von den türkischen Archäologen Taksin und Nimet Özgüç systematisch ausgegraben. Dabei wurden bisher mehr als 10 000 Tontafeln zutage gefördert.

Der Karum weist vier Siedlungsschichten auf. Die bedeutendsten Schichten sind Ib und II; sie repräsentieren den Höhepunkt der Kolonialzeit. In beiden Schichten fand man übereinandergebaute lange und schmale Vorratshäuser, die zur Straße hin offen waren. Geordnete Straßenzüge, aneinandergebaute Stadthäuser, Vorratsräume, Küchen, Werkstätten, Räume mit Backöfen und vor allem bedeutende Archive bestimmten den Charakter der Handelsniederlassung. Neben den dichtgedrängten Wohnbereichen fand man auch Tempelreste. Mit der Erweiterung des Grabungsareals sind noch andere Hausbautypen entdeckt worden.

1925 wurden erstmals auf wissenschaftliche Weise Tontafeln im Gebiet des Karum ausgegraben

Kappadokien

Karatay Hanı

*Karatay Hanı ☆
Besonders sehenswerte seldschukische Karawanserei*

Den Karatay Hanı erreicht man, wenn man auf der Straße Kayseri – Malatya fährt. Nach 19 km biegt rechts ein Weg nach Elbaşı (5 km) ab, und von hier aus führt eine kleine asphaltierte Straße zum Dorf Karadayı Köyü, das von dem mächtigen Karatay Hanı beherrscht wird. Die Karawanserei lag an der alten Handelsstraße von Kayseri

Karatay Hanı bei Kayseri: Den Außenmauern vorgelegte Pfeiler in sehr abwechslungsreicher Gestaltung unterstreichen den festungsartigen Charakter. Auffällig sind die Tierköpfe, die als Wasserspeier dienen, sowie die zwischen den Ecktürmen und dem Portal stehenden Rundpfeiler mit zopfartig verschlungenen Stäben. Das vor die Mauerfront vorgezogene Portal aus hellem Sandstein wird von einem Flechtband und einem breiteren Band mit Sternmustern umrahmt, das hinter einem spitz zulaufenden Bogen in eine Muqarna-Nische ausläuft. Der gedrungene Bogen in syrischer Steinmetztechnik wird durch eine horizontal verlaufende, marmorne arabische Inschrift im oberen Teil begrenzt. Verknotete Dreiviertelsäulen flankieren den Eingang und begrenzen die beidseitigen Nischen

nach Malatya und ist eine Stiftung des Großwesirs Celâleddin Karatay, der in der Zeit der Sultane Alâeddin Keykûbat I. und Keyhüsrev II. die Staatsgeschäfte leitete. Der überdachte Teil, der sogenannte Wintersaal, wurde zwischen 1219 und 1236 erbaut, der offene Hof erst 1240. Der Karatay-Han gehört zu den bedeutendsten Karawansereien und kann sich mit den Sultan Hanı von Aksaray und Kayseri durchaus messen. Er wurde nach klassisch-seldschukischem Planschema als streng symmetrische Anlage mit Hof und überdachtem Teil erbaut, die man durch zwei prunkvoll ausgestattete Tore betritt. Rechts im Tordurchgang, der von einem leicht zugespitzten Tonnengewölbe überdacht ist, befindet sich, durch Holzgitter abgetrennt, das Grab des Stifters. Auffallend sind die Tierdarstellungen am oberen Rand des Grabraums und an der Innenseite des Hofportals. Die Ornamentbänder enden in Drachenköpfen. Die Darstellung verweist auf zentralasiatische Symbolik: Drachen stehen für Harmonie, Ordnung und Fruchtbarkeit, in diesem Fall für die Harmonie der Himmelsbewegungen.

Im Inneren des Hofes führt links des Eingangs eine Treppe auf das Dach der Anlage; rechts des Torbaus betritt man durch eine von Ornamenten umrahmte Tür den kleinen Gebetsraum der Karawanserei. Auf der linken Seite liegen die offenen Gewölbe, denen durch Joche gestützte Arkaden vorgesetzt sind. Auf der rechten Seite führen niedrige Eingänge zu den Unterkünften, die durch Durchlässe miteinander verbunden sind. Hier liegt auch das Bad, das zur Standardausstattung der großen Karawansereien gehörte.

Der überdachte ›Wintersaal‹ hat fünf Schiffe, deren mittleres die anderen deutlich überragt. Das Mittelquadrat wird von einer achteckigen Haube bekrönt.

Sultan Hanı

An der Straße von Kayseri nach Sivas liegt, ca. 43 km von Kayseri entfernt, die mächtige Karawanserei Sultan Hanı. Sie ist eine der prächtigsten Anlagen dieser Art aus dem 13. Jh. und wurde von Alâeddin Keykûbat I. gestiftet. Hier lief der Handelsweg von Konya über Kayseri nach Sivas und weiter nach Persien, die bedeutendste Handelsstraße im seldschukischen Reich. Nach einem Erdbeben im Jahr 1950 wurde der Bau gänzlich restauriert, nur der Gebetsraum im Inneren des Han und die Prunktore sind in ursprünglicher Form erhalten geblieben. Wie beim Karatay Hanı entspricht der Grundriß mit seinem streng axialen Bauplan dem klassischen Planschema. Eine Variation besteht allerdings darin, daß der Hof mit seinem fast quadratischen Grundriß (41 m × 29 m) an beiden Längsseiten über die Linie des bedeckten Teils um die Tiefe der Räume erweitert wurde.

Das besonders reich gestaltete Hauptportal ist deutlich über die Mauerkrone hinaufgezogen, tritt jedoch nicht aus der Mauerfront

Sultan Hanı ☆
Besonders sehenswerte seldschukische Karawanserei

Kappadokien

Sultan Hanı, Detail

hervor. Die Außenwände hingegen sind – wie bei allen seldschukischen Karawansereien – schmucklos und nur durch Pfeiler optisch gegliedert. Durch das Hauptportal gelangt man in den Hof, in dessen Mitte eine kleine, reich mit Ornamenten verzierte Mescit auf vier Pfeilern steht; Treppen führen zu beiden Seiten des Eingangs zum Gebetsraum hinauf. Besonders kunstvoll sind die Rahmungen mit plastischen Blütenranken und stilisierten Schlangen als Flechtband über den Bögen. Im Osten des Hofes befinden sich offene Hallen, in Norden und Westen überwölbte Räume und in der Nordwestecke ein Türkisches Bad.

Ein weiteres Prunkportal, von Mäander- und Sternmusterbändern eingerahmt, führt in den überdachten Teil. Fünf Längsschiffe und Tonnengewölbe werden von Gurtbögen in sieben Segmente geteilt. Das stark überhöhte Mittelschiff, das im Zentrum von einer Kuppel mit oktogonalem Spitzdach gekrönt ist, dominiert den Raum. Die Halle (41 m × 29 m) erinnert – wie auch bei den anderen großen Karawansereien – an eine Kirche. Einflüsse armenischer und georgischer Sakralbaukunst sind unverkennbar; Gliederung und Höhe des Raums sowie die überhöhte Kuppel mit dem Spitzdach sind ohne armenische Vorbilder nicht zu denken.

Dom der Landstraße: Sultan Hanı bei Kayseri

Von İncesu ins Soğanlı-Tal

Ürgüp und Umgebung

Die Straße von İncesu nach Ürgüp windet sich zum Teil recht steil (15 % Steigung) auf eine Paßhöhe, von der aus man einen großartigen Blick auf den Erciyes Dağı und die ausgedehnte Tuffsteinlandschaft von Göreme hat. Beidseits der Straße fallen die bis zu 2 m dikken vulkanischen Basaltdecken auf, die beim schnellen Erkalten in einzelne Blöcke zersprungen sind: Es sieht aus, als hätten Zyklopen eine Straße gepflastert. Fährt man über Dörtyol nach Ürgüp, dann geht vor dem Dorf Karacaören eine Abzweigung nach Yeşilöz in Richtung Süden ab. Sie führt durch die Dörfer Karain und Karlık, traditionelle Ortschaften mit weitgehend leerstehenden Höhlenwohnungen, und erreicht nach 8 km den Ort Yeşilöz, der in byzantinischer Zeit den Namen Tador oder Tahar trug. Oberhalb des Dorfes liegt die Theodora Kilise, auch **Tağar Kilise** genannt (Grundriß, s. S. 281). Die Höhlenkirche ist eine Kuppelkirche mit drei Apsiden und einem westlich anschließenden Kreuzarm, der dreischiffig konzipiert war, aber nicht fertiggestellt wurde. Die Fresken stammen aus dem 11./12. Jh. In der Hauptapsis sind Christus Pantokrator, Johannes der Täufer und Maria dargestellt sowie Kirchenväter in den Medaillons. Szenen aus dem Neuen Testament – Verkündigung, Geburt und Kreuzigung – sind links davon zu sehen. An der Unterseite der Vierungsbögen erkennt man Heilige und Propheten des Alten Testaments.

Ürgüp, das ca. 10 000 Einwohner hat, wurde wegen seines regionalen Stellenwertes kurz vor dem Ersten Weltkrieg das Stadtrecht verliehen. Die heutige Bedeutung der Stadt wird zusätzlich durch den ausgeprägten Tourismus (Hotels, Restaurants, Einkaufsmöglichkeiten) gesteigert. Wegen der verkehrsgünstigen Lage bietet Ürgüp neben Nevşehir und Avanos einen idealen Ausgangspunkt für einen Besuch der bizarren Tuffsteinlandschaften um Göreme und Ortahisar.

Ürgüp ☆
Besonders sehenswert:
Tafelberg
Altıkapılı Türbe
Nukrettin Türbesi

Eine wichtige Erwerbsquelle für die Bewohner bieten der Weinanbau und die Weinkelterei: Von den fünf großen Weinkellereien Kappadokiens befinden sich drei in Ürgüp. Die Weine der Region werden in der ganzen Türkei gerühmt und teilweise auch exportiert. Auf einer Fläche von 6600 ha werden jährlich etwa 60 000 t Trauben geerntet; die teilweise künstlich bewässerten vulkanischen Böden sind für den Weinanbau besonders geeignet. An der Straße nach Nevşehir, unterhalb des Turban Motels, kann man eine der größten Kellereien *(şarap fabrikası)* besuchen. Hier wird der Wein vor der Abfüllung in etwa einem Dutzend Lagerräumen – der größte hat ein Volumen von 110 000 l – je nach Qualität zwischen sechs und 18 Monaten gelagert.

Kappadokien

Stadtzentrum von Ürgüp

Ürgüp wird von einem beherrschenden Tafelberg überragt, der früher vollständig von Wohnanlagen durchzogen war. 1954 brach der östliche Teil ab, so daß heute das Innere der Höhlenwohnungen offenliegt. Auf dem Tafelberg lag die seldschukische Festung Kadi Kalesi aus dem 13. Jh., von der nur noch Reste erhalten sind. Der Name Ürgüp leitet sich von den Begriffen *ür* (›Felsen‹) und *kup* (›eine Menge davon‹) ab. Im 10./11. Jh. erlebte die byzantinische

Stadt als Bischofssitz mit dem Namen Hagios Prokopios ihre Blütezeit. Bauliche Überreste aus dieser Phase gibt es nicht mehr. Unter den Seldschuken war Ürgüp nicht nur eines der bedeutendsten christlichen Zentren Kappadokiens, sondern auch ein wichtiger Handelsplatz. Aus dieser Zeit stammen mehrere Bauten, so die **Karamanoğlu Camii** aus dem frühen 13. Jh., in deren Garten sich das Grab des Şeik ül-Islam Hayri Efendi befindet. Genannt sei auch die **Altıkapılı Türbe**, ein Mausoleum für die Frau und die Kinder eines seldschukischen Prinzen, und die **Nukrettin Türbesi** aus dem Jahr 1286, die Sultan Kılıç Arslan IV. für eine seiner Töchter erbauen ließ und die bis heute ein regionales Wallfahrtsziel ist. Ihr benachbart liegt die **Taşın Ağa Kütüphanesi**, eine Volksbibliothek, die von einem reichen Bürger der Stadt im 19. Jh. gestiftet wurde. Von hier aus wurde ein Ausleihsystem organisiert, das per Eseltransport die entlegendsten Dörfer mit Druckerzeugnissen versorgte.

Von Ürgüp nach Soğanlı

Um nach Soğanlı zu gelangen, verläßt man Ürgüp in Richtung Süden auf einer Nebenstrecke, die bei Yeşilhisar auf die Hauptstraße Kayseri–Niğde stößt. Zunächst verläuft die Straße im fruchtbaren Tal des Damsa Çayı, steigt dann bei Şahinefendi auf die Höhe der begleitenden Tafelberge und führt bei Güzelöz in ein benachbartes Tal, von dem aus die Stichstraße nach Soğanlı abzweigt. Der asphaltierte Weg, der vor dem kleinen Akköy-Stausee nach rechts abbiegt, ist ausgeschildert. Auf dem Weg nach Soğanlı erreicht man zunächst das Großdorf Mustafapaşaköy, das alte Sinassos, das bis 1923 ausschließlich von Griechen bewohnt war. Von ihnen stammen die Kirchenbauten im Ort, die heute andere Funktionen haben. Viele alte Häuser erinnern mit ihren kunstvoll gearbeiteten Simsen, Fenster- und Türrahmungen und den Balkonen aus Tuffstein noch an den Wohlstand der alten Zeit. Nach der Ausweisung der Griechen zogen türkische Familien aus Saloniki, der Heimatstadt von Kemal Mustafa Paşa (Atatürk), hierher und benannten den Ort nach ihm um. Von Mustafapaşaköy aus lohnen sich Ausflüge zu den in den Seitentälern gelegenen byzantinischen Höhlenkirchen. Es ist ratsam, sich im Schulgebäude des Ortes zu informieren. Hier gibt es auch einen Wächter *(bekçi)*, der die Schlüssel für die Kirchen der Umgebung aufbewahrt und manchmal zu einer Führung bereit ist. Eine Führung ist sinnvoll, denn die Kirchen liegen teilweise sehr versteckt. Die sehenswerteste dieser Kirchen, die **Basileios Kilise** (1) – auch Agios Vasilios genannt – liegt im Gömedi-Tal, im oberen Felsabbruch eines kleinen Seitentals, etwa 2 km südwestlich von Mustafapaşaköy. Aus einer Inschrift geht hervor, daß sie in den Jahren 726 und 780 entstanden ist. Die ornamentale Ausstattung – Rautenmuster und Kassettenfelder, die das breite Kreuz an der Decke einfassen – ist entsprechend der Zeit streng ikonoklastisch. Die Kreuze im

*Mustafapaşaköy ☆
Besonders sehenswerte byzantinische Kirchen- und Klosteranlagen*

Kappadokien

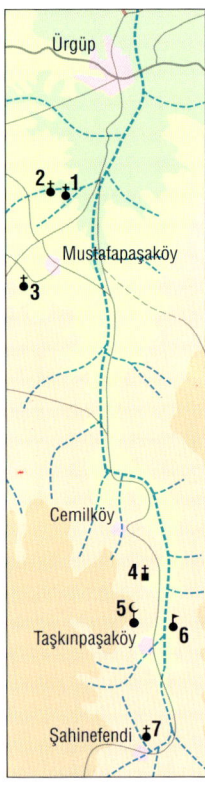

Von Ürgüp ins Soğanlı-Tal
1 Basileios Kilise
2 Timios Stavros Kilise
3 Tavaşanlı Kilise
4 Archangelos-Kloster
5 Moschee
6 Palast
7 Kırk Şehitler Kilise

Apsisbogen werden von Schlingbändern eingefaßt und tragen die Namen derer, die durch die Kreuze symbolisiert werden: Isaak, Abraham und Jakob. Der ikonoklastische Gedanke drückt sich prägnant in einer kurzen Inschrift aus, die neben einem der Kreuze zu lesen ist: ›Der durch das Kreuz dargestellte Christus leidet keinen Schaden, da man ihn nicht durch ein Bild wiedergeben kann.‹

Gegenüber, am westlichen Hang, liegt die **Timios Stavros Kilise** (2), die ›Kirche vom Ehrwürdigen Kreuz‹, eine dreischiffige Kirchenanlage mit präikonoklastischer Malerei und Fresken aus dem 10. Jh.

Von Mustafapaşaköy führt ein geschotterter Fahrweg in westlicher Richtung nach İbrahimpaşaköy zu der etwa eine halbe Stunde entfernten **Tavşanlı Kilise** (3), der ›Kirche mit dem Hasen‹. Die Wände sind mit Motiven aus den Evangelien bedeckt, ihr Erhaltungszustand ist allerdings nur mäßig. Eine Inschrift datiert die Ausgestaltung auf die Zeit zwischen 913 und 920.

1,2 km hinter Cemilköy biegt ein Feldweg ab, der zum **Archangelos-Kloster** (4) oder Keşlik bzw. Başmelek Manastır führt, zum ›Kloster der Erzengel‹. Der Weg ist ausgeschildert, das Kloster nur mit Wächter zu besuchen. Der Klosterkomplex ist sehr sehenswert, weil er unterschiedliche sakrale Anlagen und Bautypen miteinander verbindet. Man erreicht zunächst eine Taufkapelle, zu der man einige Stufen hinuntergehen muß. Das Wasser stammt von einer Quelle, die im hinteren rechten Bereich der Kapelle entspringt. Über dieser Taufkapelle, auch über einige Stufen zu erreichen, liegt ein Kirchenraum, der wegen der verrußten Decken und Wände **Kara Kilise** genannt wird (*kara* = schwarz). Nur geringfügige Spuren einer Bemalung sind noch zu erkennen. Die Kirche, die noch bis 1912 in Gebrauch war, ist zweischiffig mit zwei Apsiden. Die mit dem Kirchenschiff verbundenen Kapellen wurden in späterer Zeit von einer gemeinsamen Kuppel überwölbt. Im Westen liegt ein vorgelagerter Narthex, an dessen Nordwand der Erzengel Michael und in dessen Tonnengewölbe Szenen aus dem Leben Christi zu sehen sind. Im südlichen Schiff der Kirche sind die Kreuzigung, die Auferstehung und die Taufe abgebildet, die Apsis ist der Darstellung Christi vorbehalten. Im nördlichen Teil erkennt man die Darstellungen des Abendmahls, der Fußwaschung und der Frauen am Grab sowie in der Apsis Christus und Johannes den Täufer. Neben der Kirchenanlage liegt ein großes Refektorium.

Wenn man rechts um den Tuffkegel herumgeht, erreicht man eine **Kapelle** aus dem 9. Jh., die dem hl. Stephanus geweiht war. Die Ausmalung stellt eine bemerkenswerte Variante der ikonoklastischen Malerei dar. Das Deckenfresko ist gut erhalten; es ist in drei große Felder unterteilt, die mit unterschiedlichen Ornamenten bemalt sind. In einem weiteren Feld wird ein Kreuz von verschiedensten Früchten wie Weintrauben, Birnen, Aprikosen und Äpfeln eingerahmt. Auf der rechten Seite des Bogens, zur Apsis hin, erkennt man einen Lebensbaum. Die Darstellungen an den Seitenwänden sind im 11. Jh. entstanden. Sie zeigen Pferde, Löwen und Hirsche, in der linken hinteren Ecke den Erzengel Gabriel und unmittelbar links des Eingangs einige Apostel.

Auf der Weiterfahrt erreicht man nach weiteren 4 km **Taşkınpaşaköy**, das byzantinische Damsa. Sehenswert ist hier die Külliye, die von dem Emir Taş Hun gestiftet wurde. Zum Külliyebereich gehören eine **Moschee** (5) mit zwei Türben und ein heute stark zerstörter **Palast** (6), der unmittelbar an der Straße liegt und ein schönes Por-

Griechische Fassaden in Mustafapaşaköy

Kappadokien

Das Archangelos-Kloster bei Cemilköy

tal hat. Die Moschee befindet sich am Ende der Dorfstraße und ist von der Landstraße aus nicht zu sehen. Rechts des Moscheeportals liegt ein Gebetsraum mit einem Minarett, die beiden Grabbauten (um 1342) mit geometrischem Dekor stehen im Hof der Anlage. Die Haupttore der Moschee und des Palastes und die Umrahmung des Mihrabs in einem Gebetsraum des Palastes sind reich mit seldschukischen Ornamenten versehen.

Nach weiteren 4 km erreicht man **Şahinefendi**, das byzantinische Sobesos. Es ist das letzte Dorf des Tals, bevor die Straße in Windungen auf das Hochplateau führt. Vor dem Ort biegt ein Feldweg nach rechts ab, der zu der **Kırk Şehitler Kilise** (7), der ›Kirche der vierzig Märtyrer von Sebaste‹ führt. Nur von Ürgüp kommend kann man die Schilder ›Altıparmaklı Chapel‹ lesen. Der Weg ist noch ca. 100 m zu befahren, dann muß man die nächsten 500 m bergauf gehen; Wege gibt es nicht. Hinter einem freistehenden Felskegel wird die Fassade der Doppelkirche sichtbar, die laut Inschrift im Jahr 1216 erbaut wurde. Die Fresken, vor allem die Darstellung der vierzig Märtyrer, sind gut erhalten. Die vierzig Märtyrer von Sebaste waren Legionäre der XII. Römischen Legion unter dem Feldherrn Licinius (1. Jh. n. Chr.). Weil sie dem christlichen Glauben nicht abschwören wollten, wurden sie dem Erfrierungstod ausgeliefert. Darstellungen der 40 Märtyrer von Sebaste sind in ganz Kappadokien verbreitet, vielfach in Kirchen.

Hinter der Kırk Şehitler Kilise liegt hangaufwärts eine weitere Kirchenanlage, deren Vorderfront wegen der weichen Struktur des Tuffs abgebrochen ist. Die Kirche ist nicht fertiggestellt worden, vielleicht aufgrund der Erkenntnis, daß die Bausubstanz nicht geeignet war. Nach weiteren 14 km erreicht man **Güzelöz**, das byzantinische Mavrucan, das am Ende eines sich nach Südosten erstreckenden Tals liegt. Der Ort wurde im Lauf seiner Geschichte zweimal besiedelt: Die erste Phase reicht in die Frühzeit des kappadokischen Mönchswesens zurück. Die Kirchen und Kapellen aus dieser Zeit wurden in die gleiche Wand geschlagen, in die schon in der Antike Gräber hineingearbeitet wurden: Früher lag hier eine römische Nekropole. Von der Zeit des Bilderstreits (726–843) bis ins 13. Jh. hinein scheint das Gebiet um Mavrucan fast entvölkert gewesen zu sein. Erst ab dem 14. Jh. wurde es neu besiedelt. Das Dorf mit seinen für die Gegend typischen Steinhäusern wird heute teilweise als Zweitwohnsitz genutzt. Die Bewohner leben in Kayseri und kommen nur an Wochenenden oder in der Ferienzeit hierher, um Gärten und Felder zu bestellen. Die **Eski Cami** im Ortskern ist eine ehemalige, aus Steinquadern errichtete Kirche aus dem 8./9. Jh., die dem hl. Eusthatios geweiht war; heute wird sie als Depot genutzt.

Zwischen Güzelöz und Başköy kann man **römische Felsgräber** in der rechten nördlichen Felsflanke erkennen. Auf der gegenüberliegenden Seite befinden sich die Ruinen der im 13. Jh. erbauten **Georgskirche**, der Heimatkirche des wichtigsten Heiligen Kappadokiens. Von hier aus bietet sich ein Ausblick über das malerisch gelegene Dorf Başköy. Die Kirche wurde mehrfach umgebaut und macht heute einen uneinheitlichen Eindruck; Zerstörungen taten ihr Übriges. Sie hat drei Apsiden, die außen polygonal ummauert sind. Der obere Bereich der Kirchenanlage wurde später erneuert und neu ausgemalt. Das Tonnengewölbe ist noch gut erhalten, die Kuppel jedoch eingestürzt. Der hl. Georg und zwei sich gegenüberstehende Reiterfiguren mit Drachen sind als Fresken in der östlichen Seitenapsis zu sehen.

Die beiden Schiffe der Şehitler Kilise werden durch drei Bögen, die auf zwei Säulen ruhen, getrennt; zwei Apsiden schließen die Kirche ab. In der Apsis des linken Teils ist die Deesis zu sehen, daneben Kirchenväter. In der Apsis des rechten Teils sieht man die Himmelfahrt Christi und an den Seitenwänden die Verkündigungs- und die gut erhaltene Geburtsszene

Kappadokien

Im deutschen Sprachraum ist der hl. Georg einer der 14 Nothelfer und wird von unterschiedlichen Berufsgruppen als Schutzpatron verehrt: Von den Bergleuten, den Artisten, den Bauern, Schmieden und Sattlern; auch Pfadfinder bitten um seinen Beistand

Es gibt wohl keinen Heiligen, der derart legendenumwoben ist wie der **hl. Georg**; es gibt kaum verläßliche Daten über sein Leben und Wirken. In Kappadokien wird er als Symbol für den Sieg des Guten über das Böse verehrt. Die Kreuzfahrer brachten Namen und Legende des Märtyrers nach Europa; sie verehrten in ihm symbolisch die Werte des Rittertums. Unter den 13 Ritterorden, die seinen Namen führen, ist der bayerische St. Georgs-Orden der bekannteste. Seit 1222 ist Georg Nationalheiliger von England, und sein Festtag, der 23. April, gehört zu den höchsten des Landes. Das Land Georgien trägt seinen Namen, die Stadt Genua und das Bistum Limburg verehren ihn als Schutzheiligen. Die Dardanellen hießen einst ›Meerenge des heiligen Georg‹. Als Sohn einer vornehmen Familie aus Kappadokien diente er zunächst als Soldat, später als Tribun im römischen Heer unter Diokletian; schon früh trat er zum Christentum über. Die zentrale Legende rankt sich um seinen Kampf mit dem Drachen: Dieser habe das Land tyrannisiert und täglich Opfer, schließlich auch Menschenopfer gefordert. Als das Los die Tochter des Königs zum Opfer bestimmte, tötete Georg den Drachen mit einer Lanze. Der König und sein Volk ließen sich aufgrund dieses Wunders taufen. Im Jahr 305 dann wurde Georg im Zuge der Christenverfolgung unter Diokletian gefangengenommen. Trotz Folter widerrief er nicht; schließlich wurde er in der Nähe von Byzanz enthauptet.

Das Soğanlı-Tal

Soğanlı-Tal ☆☆
Besonders sehenswerte byzantinische Höhlenkirchen

Von Güzelöz aus führt die Straße weiter in Richtung Yeşilhisar, und nach etwa 15 km erreicht man den Akköy-Stausee. Vor dem See zweigt rechts eine Straße in das Tal von Soğanlı ab, das byzantinische Soandos, in dem zahlreiche Felskirchen und -klöster aus dem 9.–13. Jh. liegen. Der Name Soğanlı geht zurück auf das 8. Jh.: Der arabische Heerführer Battal Gazi erreichte das Tal am Ende seiner Feldzüge gegen die Byzantiner und gab ihm den Namen Sonakaldi, ›bis zum Schluß geblieben‹.

Das Soğanlı-Tal war neben Göreme das zweite bedeutende Zentrum des kappadokischen Mönchstums. Die Fresken der Kirchen und Kapellen stammen aus der Zeit des 9.–13. Jh., einige Ausmalungen konnten wie bei der Barbarakirche und der Karabaş Kilise durch Inschriften genau datiert werden. Insgesamt hat man ca. 150 Kirchen entdeckt, von denen die meisten jedoch verschüttet sind oder als Taubenschläge benutzt werden. Erosion, Vulkanismus und die Einwirkungen des Menschen haben zur Zerstörung vieler Felskirchen beigetragen. Am Eingang des Tals, im linken Seitental, liegt die **Balıklı Kilise**, die ›Kirche mit dem Fisch‹, in der noch wenige Freskenreste zu sehen sind. Direkt an der Straße befindet sich auf der anderen Seite des Bachs die Münsel oder **Munhil Kilise**, eine zweischiffige Kirche mit archaischen Fresken aus dem frühen 10. Jh. Ihr

Das Soğanlı-Tal

benachbart liegt nordöstlich am Hang die **Geyikli Kilise**, eine kleine Kapelle aus dem 11. Jh. mit Tonnengewölbe und Seitenkapelle. Der Name Geyik, ›Hirsch‹, bezieht sich auf eine Darstellung des hl. Eusthatios mit dem Hirsch. Als Stifter wird auf einer Inschrift ein Angehöriger der Skepiden-Familie genannt.

Als Ausgangspunkt für eine Rundwanderung (ca. 1,5 Stunden) bietet sich der große Parkplatz vor dem Ort Soğanlı mit Teestuben und *lokantas* an. Ein Abstecher geradeaus führt in ein sich nordwestlich erstreckendes Tal. Auf der gegenüberliegenden Seite des Bächleins liegt die Tahetlı oder **Barbara Kilise**, eine einschiffige Anlage, die zu Beginn des 11. Jh. ausgemalt wurde. Der Hauptraum der Kirche ist vollständig mit Fresken geschmückt. In der Apsis sind Christus mit den Symbolen der vier Evangelisten sowie Adam und Eva dargestellt. Im unteren Abschnitt erscheinen die Evangelisten in Medaillons und in einer dritten Zone Kirchenväter. In der Nordnische der Apsis sieht man die Säulenheiligen Daniel, den Styliten, und darüber Simeon. In der zentralen Nische der Apsis ist eine prophetische Vision zu erkennen, die aus zwei brennenden Rädern besteht. Im Hauptraum ist die Lebensgeschichte Christi, in den Medaillons sind Propheten dargestellt. Rechts der Apsis erkennt man die hl. Barbara, an der Südwand eine Deesis. Unter den Heiligen an der Nordwand befinden sich Helena und Konstantin, das Siebenschläfermotiv und Szenen aus der Kindheit Jesu schmücken die Grabkapelle.

Kappadokien

Die einschiffige Barbarakirche war Teil eines Klosterbezirks, dessen Hof tief verschüttet ist

Im Haupttal trifft man auf eine der eigenwilligsten Schöpfungen kappadokischer Felskirchen, die man wegen ihrer auffälligen Form **Kubelli Kilise** nennt. Der Komplex umfaßt drei Kirchenbauten, die alle denselben Namen tragen. Im 10. Jh. wurden die Felskegel zu Kuppelkirchen (daher der Name) mit Langhaus und Dach gestaltet, wobei das Kuppeldach durch Zahnschnittgesimse und Quaderimitationen gegliedert wurde und wie ein zylindrischer Tambour mit Spitzdach wirkt. Bemerkenswert ist, daß den äußeren architektonischen Merkmalen jeder Bezug zum Innenraum fehlt. Der Sinn der Gestaltung lag wohl darin, dem Kirchenraum auch nach außen hin Form zu verleihen, wobei man auf die gebräuchlichen Architekturformen zurückgriff. Die einstigen Wohnräume und Kapellen, die durch Schächte und Treppen miteinander verbunden waren, liegen bis zu sieben Stockwerke untereinander. Die Hauptkirche im großen Kegel war eine Kreuzkuppelkirche mit zahlreichen Nebenräumen. Auf der linken Seite des Schiffes sind noch Reste einer Ikonostasenwand und eine Apsis erhalten.

Die Kubelli-Kirche II ist zweistöckig; ihr Untergeschoß besteht aus mehreren Räumen mit insgesamt fünf Apsiden. Die Gliederung im oberen Teil wird durch zwei Kapellen und einem kreuzförmigen, überkuppelten Raum gegliedert. Nicht nur in der Dachform, sondern auch in den klar betonten Details der Kapitelle, der Architrave, der Zwickel und der Ornamente werden armenische Einflüsse sichtbar. Die Armenier gehörten zu den bedeutendsten Baumeistern der byzantinischen Zeit und haben nicht nur auf die Gestaltung der seldschukischen Karawansereien, sondern auch auf die Kirchenarchitektur einen großen Einfluß gehabt.

Der Weg führt weiter bis zum Ende des Tals, wo man den Bach überquert und direkt auf die **Yılanlı Kilise** (›Schlangenkirche‹), auch

Canavar Kilise, ›Drachenkirche‹ genannt, zugeht. Diese kleine Kirche wird durch Arkaden in zwei Räume geteilt. Ihre Fresken aus dem 11. und 13. Jh. sind weitgehend zerstört; die erhaltenen Malereien sind verrußt und nur schwer zu erkennen. In der Apsis der Seitenkapelle sind eine Deesis und das Abendmahl, in ihrem Gewölbe das Jüngste Gericht dargestellt. In der Grablege erkennt man die Auferstehung des hl. Georg.

Talabwärts erreicht man die **Karabaş Kilise**, die ›Kirche mit dem schwarzen Kopf‹, deren Ausgestaltung von Michael Skepides, einem byzantinischen Heerführer unter Kaiser Konstantin X. (1059–67), gestiftet wurde. Der Stifter und seine Familie sind in einem Fresko dargestellt. Die zweischiffige Kirche wurde in späterer Zeit um zwei weitere Schiffe vergrößert. Die Malerei, die auf ältere ornamentale Bildfolgen und Quaderimitationen aufgetragen wurde, stammt aus dem 10./11. Jh. Am Talausgang, in der Nähe der Brücke, liegt auf der linken Straßenseite die **Tokalı Kilise** – nicht zu verwechseln mit der gleichnamigen Kirche in Göreme –, eine Kreuzkuppelkirche mit Fresken aus dem 11. Jh., in einfachem Lineardekor gehalten. Die in eine Felskuppe hineingebaute Kirche erreicht man über steil hinaufführende Stufen.

Kubelli Kilise

Kappadokien

Karabaş Kilise: Die Ausmalung aus dem 10./11. Jh. wurde im 13. Jh. durch neue Fresken überdeckt. Aus dieser späteren Zeit stammen die Kirchenväter und das Abendmahl in der Apsis ebenso wie die Ausmalung des Gewölbes mit Darstellungen aus dem Leben Christi. Der tonnengewölbte Kirchenraum zeigt in der Apsis Fresken von Christus und den zwölf Aposteln, an der linken Wand Christus am Kreuz, die Verkündigung und die Darbringung Jesu im Tempel an der rechten Wand

Die Nebenstrecke endet bei dem Ort **Yeşilhisar** an der Hauptstraße zwischen Kayseri und Niğde. Die hoch über der Stadt liegende Festung **Zengibar Kalesi** beherrschte schon in byzantinischer Zeit diesen wichtigen Verbindungsweg. Sie wurde nach einer ersten – vergeblichen – arabischen Belagerung 806 aufgrund eines Friedensvertrages zwischen dem Kaiser Nikephoros Phokas und dem Kalifen Harun al-Raschid zunächst verschont, 839/40 dann jedoch von den Arabern erobert und zerstört. Reste der Ober- und Unterburg und die Ruinen zweier Türme auf der Vorburg sind noch erhalten.

Göreme und Umgebung

Das Dorf Göreme

In den Behausungen, die christliche Eremiten in den Tuff schlugen, wohnen heute muslimische Bauern

Der Ort Göreme zu beiden Seiten des Kodarak Dere liegt eingebettet in der eindrucksvollen Tuffsteinlandschaft von Kappadokien. In den letzten Jahren hat er sich zu einem touristischen Zentrum mit Hotels, Restaurants und Läden unterschiedlichster Art entwickelt. Geologische Formationen und bäuerliche Architektur, Weingärten und Felder haben ein malerisches Ensemble entstehen lassen. Das Tal war schon in römischer Zeit besiedelt; davon zeugt ein Grab in einem Felskegel, der im Zentrum des Ortes steht und dessen Fassade herabgebrochen ist. In byzantinischer Zeit trug die Siedlung den Namen Korama und wurde zum Bischofssitz erhoben. Der Ort, der von armenischen Christen ›Macan‹ genannt wurde und in türkischer

Das Dorf Göreme

Zeit Avcılar hieß, erhielt 1974 den heute gültigen Namen Göreme. In der näheren Umgebung Göremes liegen einige sehenswerte Höhlenkirchen, die leicht zu Fuß zu erreichen sind. Die meisten der zahlreichen Kirchen entstanden nach den Arabereinfällen im 11. Jh., als das Dorf wiederaufgebaut wurde und sich zu einem geistigen Zentrum entwickelte. Die wichtigsten von ihnen sind die Yusuf Koç Kilise und die Durmuş Kadır Kilise. Die **Yusuf Koç Kilise** aus dem 13. Jh. liegt im nordwestlichen Teil des Göreme-Tals. Sie wurde in einen freistehenden Kegel als Teil einer Klosteranlage gebaut und besteht aus zwei nebeneinanderliegenden Räumen mit eingeschriebenem Kreuz. Die sechs Säulen, die ursprünglich die Kuppeln gestützt haben, sind vollständig weggebrochen – das Gewölbe scheint zu schweben. Erst 1963 wurde diese Kirchenanlage von Nicole Thierry, einer bedeutenden Erforscherin des Göreme-Gebiets, entdeckt. Sie wurde nach Yusuf Koç benannt, auf dessen Boden der Tuffkegel steht.

Die Hauptakzente des Bildprogramms liegen auf den Darstellungen von Aposteln, Heiligen und Märtyrern sowie der Evangelisten. Zwei Kuppeln im Zentrum des Gewölbes zeigen Erzengel. In der linken Apsis ist Maria mit dem Kind zu sehen, während in der rechten Apsis die Deesis dargestellt ist. Die Verkündigungsszene auf der Nordwand ist die einzige, die dem typischen Christuszyklus folgt.

Ein markierter Weg führt hinüber zu der am südlichen Felsrand gelegenen dreischiffigen Basilika **Durmuş Kadır Kilise**, deren älteste Teile in das 6./7. Jh. zurückreichen. Beeindruckend sind die architektonischen Bauteile dieses großen Kirchenschiffes: die von Arkaden abgetrennten breiten Seitenschiffe, der Ambo – eine frühe Form der Kanzel – im Zentrum des Mittelschiffes und der Altarraum, der durch Chorschranken vom Hauptschiff abgetrennt ist. Man betritt die Kirche durch einen Narthex, an dessen Seiten Gräber liegen.

Durmuş Kadır Kilise in Göreme

Kappadokien

Neben dem Auto ist in Göreme der Esel noch immer das wichtigste Transportmittel

Am Ortsausgang von Göreme, an der linken Seite der Straße nach Uçhisar, liegt das **Bezirhane Manastır** hinter einem neu errichteten Haus. In dieser alten Klosteranlage wurde bis vor wenigen Jahren Öl gepreßt, woraus sich der Name herleitet (*bezir hane* = Ölpresse). Der Vorraum des Klosters ist herabgebrochen und gibt den Blick auf eine dreigeteilte Fassade mit hufeisenförmigen Blendarkaden frei, mit deren Bogenfelder die unregelmäßig gestalteten Fenster gebrochen sind.

Uçhisar, Çavuşin und Zelve

Zelve ☆☆
Besonders sehenswert:
Paşarbağı
byzantinische
Dorfanlage
Höhlenkirchen

Uçhisar wird beherrscht von einem Burgfelsen, dessen Inneres von Gängen, Wohnanlagen und Räumen durchzogen ist. Von dem 60 m hohen, schon von weitem sichtbaren und die Landschaft beherrschenden Felsblock hat man einen der großartigsten Ausblicke über die Erosionslandschaft von Kappadokien (am besten frühmorgens oder spätnachmittags). Die überwiegend im traditionellen Stil erbauten Steinhäuser, die am Fuß des heute verlassenen Burgfelsens liegen, zeugen vom hohen Standard der örtlichen Steinmetzkunst und dem Wohlstand der bäuerlichen Gemeinde, den die Bewohner von Uçhisar vor allem durch den Weinanbau und die Verarbeitung von Aprikosen erwarben.

Bei Çavuşin 3 km nördlich von Göreme liegt direkt an der Straße die **Büyük Güvercinlik Kilise**, die große ›Taubenschlagkirche‹, die auch als ›Kirche des Nikephoros Phokas‹ bekannt ist. Sie wurde zu Ehren des Kaisers aus Anlaß seines Besuches und seines nachfolgenden Feldzugs nach Syrien 964/65 erbaut. Er und seine Familie sind in der Nordapsis dargestellt. Eine Eisentreppe führt zum Narthex

Christus in der Mandorla (Fresko in der Hacı Kilise im Güllü Dere)

Uçhisar, Çavuşin und Zelve

Weinranken in der Üzmülü Kilise im Kızıl-Çukur-Tal

hinauf, dessen Vorderseite abgebrochen ist. Der einfache tonnenüberdeckte Raum hat drei Apsiden. In der Mitte ist Christus dargestellt, an der herabgebrochenen Außenwand die Erzengel Gabriel und Michael, die eine Weltkugel als Symbol der Macht und ein Banner mit einem roten Kreuz, dem Symbol des hl. Georg, in Händen halten. Oberhalb der Nordapsis befindet sich ein Fresko, das Josua, den Nachfolger von Moses zeigt, wie er vor dem Erzengel Michael kniet. Josua war wie Nikephoros Phokas ein Heerführer, und so deutet man die Szene als Hinweis auf die Einnahme von Tarsus durch Phokas, die man mit der Einnahme von Jericho durch Josua in Bezug gesetzt hat. Das reich mit Fresken ausgemalte Tonnengewölbe zeigt Szenen aus dem Leben Christi. Im Ort selbst, dessen Wohnberg durch ein Erdbeben zerstört und von der Bevölkerung verlassen wurde, liegt am oberen Rand des Tafelbergs die Johanneskirche, eine dreischiffige Basilika aus dem 5. Jh. Der vordere Teil ist abgebrochen, was schon von unten einen Blick in das leider stark verrußte Innere ermöglicht. Diese Kirche hat in der Religionsgeschichte des Gebietes eine wichtige Rolle gespielt, denn hier wurde die Hand des Märtyrers Hieron aufbewahrt, der aus dem Dorf Macan/Avcılar stammte. Die Reliquie symbolisiert den »Ruhm des makellosen Glaubens der Kappadokier«. Für den Besuch der südlich von Çavuşin liegenden Täler ist es ratsam, einen Führer zu engagieren, da die Kirchen schwer zu finden sind; einige sind darüber hinaus verschlossen. Die Schlüssel bekommt man im Ort. (Für die Besichtigung der Kirchen sollte man eine Taschenlampe mitnehmen.)

Südlich des Dorfes Çavuşin liegen zwei Täler, in denen ehemals viele Eremiten lebten. Sie sind von besonderem landschaftlichen Reiz und lohnen einen Besuch. Im Güllü Dere, dem ›rosafarbenen Tal‹ sind noch fünf Kirchen erhalten, so die **Haclı Kilise**, die ›Kirche

Es gibt hier noch keine markierten Wege; die Umgebungsskizzen der Tourismusämter geben jedoch gute Orientierungshilfen

Kappadokien

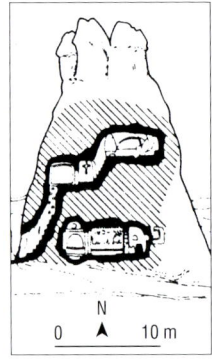

◁ *Landschaft bei Uçhisar*

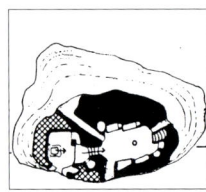

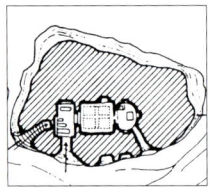

Mönchsklause im Tuffkegel: St. Simeonskegel in Zelve

mit dem Kreuz‹, deren Fresken weitgehend zerstört sind. Sehenswert ist ein reliefiertes Langkreuz zwischen Lebensbaummotiven. Talaufwärts liegt die **Ayvalı Kilise**, die ›Kirche mit Quitten‹, eine Doppelanlage, in der ein Teil heute als Taubenhaus genutzt wird. Die Fresken stammen aus dem 9. Jh.

Das Kızıl-Çukur-Tal ist ein weiter südlich gelegenes Paralleltal. An seinem östlichen Ende liegt wiederum eine **Haclı Kilise**, deren Fresken in frischen Farben gut erhalten sind; sie ist in der Regel verschlossen. Eine besonders reizvolle Wanderung führt von hier hinauf in Richtung Aktepe und Ortahisar. In einem weiteren Taleinschnitt gelangt man dabei zur **Üzümlü Kilise**, zur ›Kirche mit den Weintrauben‹, mit schönen Fresken aus dem 7. und 10. Jh. Die Kirche war die Einsiedelei eines Eremiten namens Niketas. Sie erhielt ihren Namen nach dem Deckenfresko, das Weinranken *(üzüm)* zeigt. Weitere Motive sind Kreuze, Apostel und Heilige. In der Apsis sieht man Maria zwischen den Erzengeln Michael und Gabriel.

Von der Straße Göreme–Avanos biegt hinter Çavuşin eine Straße nach rechts ab, die durch das ›Tal der Mönche‹ oder ›Tal der Einsiedler‹, das **Paşarbağı**, nach Zelve führt. Der Name Paşarbağı, ›Garten des Paşa‹, ist abgeleitet von einem etwas höher gelegenen Weingarten. Charakteristisch sind hier die einzeln oder in Gruppen stehenden Feenkamine, an denen man den unterschiedlichen Grad der Erosion gut erkennen kann. In mehrere dieser Tuffkegel wurden Mönchsklausen und Einsiedeleien hineingearbeitet, deren bekannteste die des Mönches Simeon ist, eines Namensvetters des berühmten syrischen Eremiten: der **St. Simeonskegel**. Die Kapelle ist mit Fresken aus seinem Leben ausgestattet, die leider stark zerstört sind. Über ihr befindet sich eine mit einfachen Ornamenten geschmückte Zelle, zu der man über eine Treppe bis in die Spitze des Tuffkegels hinaufklettern kann.

Nach einem weiteren Kilometer erreicht man den Talkessel von Zelve. Hier laufen drei Täler zusammen, die eines der phantastischsten Landschaftsbilder in Kappadokien formen. Das natürliche **Amphitheater** wurde 1953 verlassen, weil die Bewohner der Felswohnungen durch herabstürzende Felsen gefährdet und in das 5 km entfernt liegende Yeni Zelve umgesiedelt wurden. 1967 wurde das Gebiet in ein Freilichtmuseum umgewandelt. Auf verschiedenen Ebenen und über ein Gewirr von Pfaden kann man die Täler erkunden: Wohnanlagen, Stiegen, Galerien, Kirchen und Taubenschläge, deren Fassaden teilweise herabgebrochen sind, präsentieren ein abwechslungsreiches Bild. Bis ins 20. Jh. hinein wurden die beiden Haupttäler von Christen und Moslems gemeinsam und in Eintracht bewohnt. Eine kleine **Moschee** mit einem auffälligen Minarett und eine aus dem Tuff herausgearbeitete Radmühle sind neben den Felswohnungen Zeugnisse aus neuerer Zeit.

Die besondere kunstgeschichtliche Bedeutung der Kirchen dieser drei Täler liegt darin, daß ihre Fresken teilweise in die Zeit vor dem Bilderstreit zurückreichen. Offensichtlich haben die Mönche des

Tals von Zelve schon sehr früh die Bilderverehrung abgelehnt, denn figürliche Darstellungen sind selten. Darstellungen von Kreuzen, Fischen, Trauben und einem Hirsch, Symbole des frühen Mönchtums, sind hingegen häufiger anzutreffen. Besondere Beachtung verdient die **Üzümlü Kilise**, die ›Kirche mit den Weintrauben‹, am besten erhalten und mit Fresken aus dem 8./9. Jh.

Direkt daneben liegt die **Balıklı Kilise**, die ›Kirche mit dem Fisch‹, benannt nach einem Fresko. Außerhalb des Museumsbereiches findet man an der nördlichen Felswand die **Haclı Kilise**. Im mittleren Tal stößt man auf die **Vaftızlı Kilise**, die ›Taufkirche‹, mit einfachem Kreuzdekor. Ihr gegenüber befindet sich die **Geyikli Kilise**, die ›Kirche mit dem Hirsch‹. Ihre Fassade ist herabgebrochen. Ein Kreuz in Reliefform ziert den Innenraum. Rechts vom Eingang liegt schließlich die Yazılı Kilise oder **Direkli Kilise**, die ›Kirche mit Pfeiler‹.

Üzümlü Kilise, Innenansicht

Höhlenklöster in Zelve

Kappadokien

Das Freilichtmuseum Göreme

Göreme ☆☆
Besonders sehenswert:
byzantinische Höhlenkirchen, besonders
Tokalı Kilise und
Karanlık Kilise

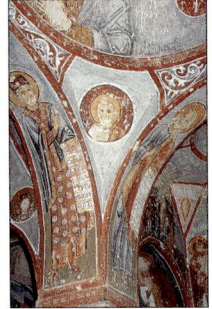

Malerei in der Elmalı Kilise im Freilichtmuseum Göreme

Freilichtmuseum
Göreme und
Umgebung
 1 *Basiliuskirche*
   (Kapelle 18)
 2 *Elmalı Kilise*
   (Kapelle 19)
 3 *Barbarakirche*
   (Kapelle 20)
 4 *Yılanlı Kilise*
   (Kapelle 28)
 5 *Refektorium*
   (Komplex 3, mit
   Kapelle 27)

Die Tuffsteinkegel von Göreme gehören zu den Attraktionen von Anatolien. Im Dreieck zwischen Nevşehir, Ürgüp und Avanos, in einem Gebiet von mehr als 300 km², findet man zahlreiche Kirchen und Klosteranlagen, die teilweise schon in frühchristlicher Zeit in die Felsen geschlagen wurden, teilweise aus der Zeit der Blüte des Byzantinischen Reiches im 10./11. Jh. stammen. Die Felskirchen von Göreme stellen die schönsten Beispiele der Architektur und Malerei in Kappadokien dar. Das Areal der sechs Höhlenkirchen und mehreren Klosteranlagen im Talkessel ist als Freilichtmuseum eingerichtet worden. Dieser Bereich von Göreme war ausschließlich ein religiöses Zentrum. In frühchristlicher Zeit eher unbedeutend, bildete es zusammen mit den Kirchen und Klöstern von Çavuşin und Zelve eine Gemeinschaft. Nach dem Ende des Bilderstreits im Jahr 843 entwickelte sich das Tal zu einem Zentrum der monastischen Besiedlung. Den Höhepunkt der künstlerischen Entwicklung erreichte Göreme im 11. Jh. mit dem Bau der Säulenkirchen.

Im unteren Teil des Museums, über der Abbruchkante der Schlucht, liegt die **Basiliuskirche** (1), ein einfacher Kirchenraum mit Apsiden. Die ornamentale Ausstattung stammt noch aus der Zeit des Bilderstreits. Später wurden auf die nicht verputzte Wand Bilder aufgetragen, unter ihnen die Darstellung des hl. Basilius. Oberhalb der Basiliuskirche liegt die **Elmalı Kilise** (2), die ›Apfelkirche‹, die ihren Namen wohl von einem früher hier stehenden Apfelbaum erhalten hat. Durch einen Tunnel und einen Vorraum erreicht man diese versteckt liegende Kreuzkuppelkirche. In der Zentralkuppel ist Christus Pantokrator abgebildet, in den Nebenkuppeln Erzengel, und die Zentralapsis zeigt eine Deesis und Kirchenväter. Im Tympanon der rechten Apsis ist das Abendmahl zu sehen, wobei das Kreuz direkt auf den Felsen aufgemalt wurde. Des weiteren sind Szenen aus dem leben Christi dargestellt. Die interessanteste Szene ist die Darstellung der Taufe Christi in der Südwestecke des Raums. Die Säule, die rechts neben Christus zu sehen ist, bildet eine Säule ab, die im Jordan zum Gedenken an die Taufe errichtet wurde; in byzantinischer Zeit wurde sie von Pilgern, die ins Heilige Land zogen, noch gesehen und beschrieben.

Direkt neben der Elmalı Kilise liegt die **Barbarakirche** (3), die der architektonischen Gestaltung nach wahrscheinlich erst im 11. Jh. errichtet wurde. Die kunstvolle Fassade mit Giebel und Blendarkade ist trotz Erosion eindrucksvoll erhalten. Die Innenausstattung unterscheidet sie wegen der bizarren Tierdarstellungen von den anderen Kirchen in Göreme. Dem Eingang gegenüber sind die Heiligen Georg und Theodor im Kampf mit dem Drachen dargestellt. An der Westwand befindet sich ein Gemälde der hl. Barbara, nach der diese Kirche benannt ist. Die schwer deutbaren Ornamente, unbeholfen in ihrer Darstellung, ziehen besondere Aufmerksamkeit auf sich. Stilisierte Zypressen und ein Hahn (?), ein Symbol der Wachsamkeit (?),

Das Freilichtmuseum Göreme

daneben byzantinische Standarten (?) und rätselhafte Insekten, deren Deutung möglicherweise in esoterischen Bereichen zu suchen ist, bedecken die Wände der Kirche.

Im Abendland gehörte die **hl. Barbara** vom 14. Jh. an zu den beliebtesten und am häufigsten dargestellten Heiligengestalten, und im 15. Jh. wurde die Märtyrerin der Gruppe der 14 Nothelfer zugeordnet. Ihre Lebensgeschichte ist von Legenden überlagert. Diese berichten, daß sie als Tochter des wohlhabenden Dioscuros aus Nikomedia gegen Ende des 3. Jh. in Kleinasien lebte. Der Vater, ein fanatischer Christenhasser, sperrte sie in einen Turm, um sie von den Christen fernzuhalten. Als sie ihm gestand, daß sie getauft sei, folterte und verstümmelte er sie und ließ sie schließlich enthaupten. Ein vom Himmel gesandter Blitz tötete ihn daraufhin. Seitdem gilt die hl. Barbara als Beschützerin der Artillerie sowie der Festungen und Türme; sie ist neben dem hl. Florian auch Patronin der Feuerwehr. Ihr Todesjahr 306 fällt in die Regierungszeit von Galerius Valerius Maximinus, unter dem die von Diokletian eingeleitete Christenverfolgung fortgesetzt wurde.

Im Zusammenhang mit der Märtyrerin Barbara entwickelten sich zahlreiche Volksbräuche. Der bekannteste ist sicher das Schneiden von ›Barbarazweigen‹: Am 4. Dezember werden Obstzweige in Vasen gestellt; wenn sie zu Weihnachten blühen, wird das kom-

6 *Karanlık Kilise (KK/Kapelle 23)*
7 *Çarıklı Kilise (Kapelle 21)*
8 *Kızlar Manastır (Komplex 9, mit Kapelle 16 und 17)*
9 *Tokalı Kilise*
10 *Meryem Ana Kilise*
11 *Kılıçlar Kilise*
12 *Saklı Kilise*
13 *El Nazar Kilise*

Die Ziffern in den Klammern entsprechen der Numerierung der Kapellen vor Ort

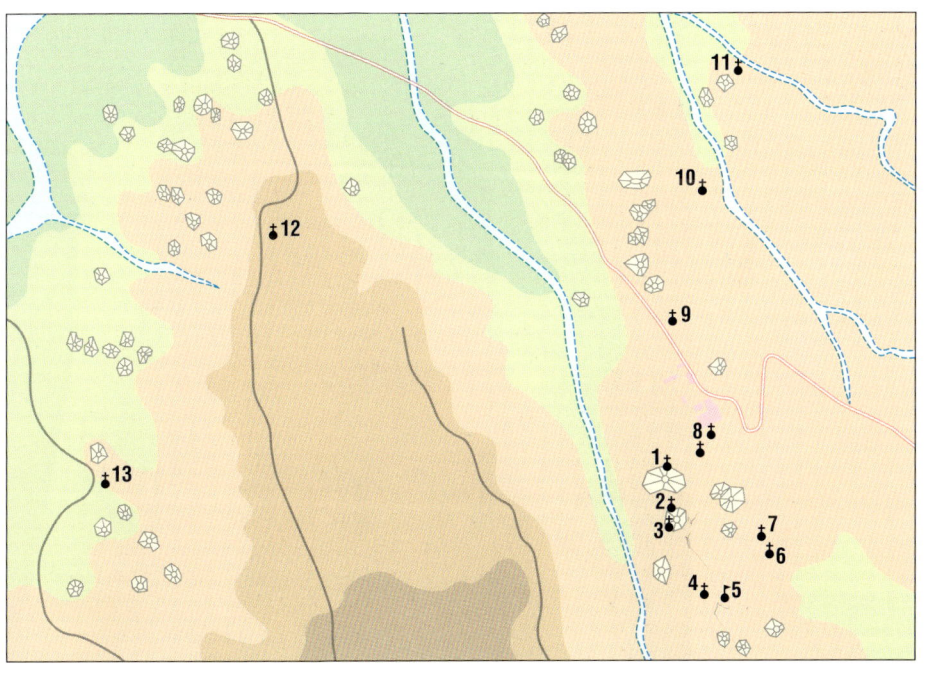

Kappadokien

mende Jahr Glück bringen. Ein anderer Brauch ist bei den Bergleuten üblich: Zum Schutz vor Unglück und Tod zünden sie ein ›Barbaralicht‹ für ihre Schutzheilige an. Schutzpatronin ist die hl. Barbara noch für eine Reihe von Berufen. Ihr Symbol ist der Turm.

Man steigt nun zum Felsrund hinauf und erreicht zuerst die **Yılanlı Kilise** (4), die ›Schlangenkirche‹, aus dem 11. Jh., die ihren Namen dem großen Fresko an der linken Wand des einfachen Tonnengewölbes verdankt. Wahrscheinlich war dieser Raum, bevor er zu einer Kirche mit Apsis erweitert wurde, zunächst eine Begräbnisstätte. Auch hier sind wieder die Reiterheiligen Georg und Theodor im Kampf mit dem Drachen dargestellt. Neben dieser Szene sind der Kaiser Konstantin und seine Mutter, die hl. Helena, abgebildet. Auf der gegenüberliegenden Seite sind der hl. Thomas, der hl. Basilius und der Eremit Onuphrios dargestellt. Onuphrios lebte im 4. oder 5. Jh. in der ägyptischen Wüste Thebais. Während der sechzig Jahre, die er dort zubrachte, kleidete er sich nur mit einem Lendenschurz aus Blättern; Haar und Bart wuchsen ihm bis zur Erde. Sein Ruhm verbreitete sich rasch in ganz Kleinasien und gab den Anlaß für diese Darstellung. Die abenteuerlichen Berichte in manchen Reiseführern

Ikonoklastische Ausmalung in der Barbara Kilise

und von Reiseleitern werden von der stark modellierten Brustmuskulatur inspiriert: Manch einer will in dieser Figur eine in einen Mann verwandelte Frau erkennen und stellt diese Darstellung in den Zusammenhang von entsprechenden Legenden – Bekehrung einer Hure oder die Errettung einer christlichen Prinzessin vor dem Heiratswerben eines islamischen Emirs; das sind jedoch reine Phantasieprodukte.

Im weiteren Verlauf des ausgeschilderten Weges kommt man zu einer Klosteranlage, von der nur noch das **Refektorium** (5) sowie Küche und Keller erhalten sind; die drei Räume liegen nebeneinander an einem Gang. Das Refektorium ist mit einem aus dem Fels herausgearbeiteten Tisch sowie Sitzbänken versehen, die 40–50 Mönchen Platz boten.

Yılanlı Kilise: Abgebildet sind Kaiser Konstantin und seine Mutter, die hl. Helena, die das Heilige Kreuz halten. Die hl. Helena trat schon sehr früh zum Christentum über und unternahm aufgrund einer Vision noch im hohen Alter eine Pilgerfahrt nach Jerusalem, um das Heilige Kreuz zu suchen. Der Überlieferung nach fand sie die drei Kreuze von Golgatha

Die bedeutendste Kirche im Talkessel von Göreme ist die **Karanlık Kilise** (6), die ›dunkle Kirche‹. Der Kreuzkuppelkirche ist ein Narthex vorgelagert, dessen Inneres durch den Abbruch der Wand von außen sichtbar ist. Ihren guten Erhaltungszustand verdankt die Kirche der Tatsache, daß sie durch den versteckten Zugang vor der islamischen Bilderzerstörung bewahrt wurde. Da das Innere fast völlig von natürlichem Licht abgeschottet war, haben die Fresken ihre ursprüngliche Leuchtkraft bewahrt. Die Figuren, vor allem deren Gesichter, sind nahezu unversehrt, so daß sie einen besonderen Schatz im Rahmen der figürlichen Kirchenausschmückung darstellen.

Die Bildfolge im Inneren entspricht dem traditionellen Programm des 11. Jh. mit den Merkmalen des strengen byzantinischen Symbolismus; auffällig ist die blaue Farbe, die aus dem teuren Azurit-Gestein gewonnen wurde. Die Zentralkuppel zeigt Christus mit Engeln in Medaillons sowie Heilige auf den Pendentifs, auf den Bögen sieht man Heilige und Propheten und in den drei Kuppeln im östlichen Teil der Kirche Christus, Gabriel und Raphael; die Kuppeln im westlichen Eingangsteil zeigen die Erzengel Michael und Uriel. In der Zentralapsis ist die Deesis dargestellt. Weitere Fresken geben Szenen aus dem Leben Jesu sowie die Evangelisten wieder.

Am Ende des Weges liegt die **Çarıklı Kilise** (7), die ›Kirche mit den Sandalen‹, zu der man über eine Eisentreppe hinaufsteigt. Sie trägt ihren Namen entweder wegen der Fußabdrücke im Boden oder wegen der Figuren, die vornehmlich Sandalen tragen. Die Zweisäulenkirche mit kreuzförmigem Grundriß hat vier Kuppeln. Die Innenausmalung fügt sich ins ikonographische Programm der klassischen byzantinischen Malerei ein, wobei im Tympanon über der Nordapsis Szenen aus dem Alten Testament zu sehen sind. Die Darstellung der Taufe auf der Nordwand ist zum größten Teil zerstört.

Hier endet der Rundgang. Auf dem Weg zum Ausgang umrundet man einen einzelnstehenden Tuffkegel, in den hinein eine ausgedehnte Klosteranlage gebaut wurde, das **Kızlar Manastır** (8), das ›Mädchenkloster‹. Die Klosterkirche besitzt einen kreuzförmigen

Kappadokien

Karanlık Kilise

Grundriß mit vier von Kapitellen bekrönten Säulen. Küchen und Speisesaal lagen in einer unteren Etage. In der Spitze des Tuffkegels befinden sich Kammern mit Nischen, in denen möglicherweise Ikonen aufgestellt waren.

Außerhalb des Museums

Wenige Schritte unterhalb des Freilichtmuseums von Göreme liegt direkt an der Straße die **Tokalı Kilise** (9), die ›Kirche mit dem Schild‹. Um sie besichtigen zu können, braucht man die Eintrittskarte für das Freilichtmuseum Göreme. Diese beeindruckende Kirchenanlage besteht aus zwei Bauteilen. Der ältere Teil von Anfang des 10. Jh. diente später als Vorhalle für den Erweiterungsbau der 960 errichtet wurde. An die neue Kirche schließt sich eine kleine Seitenkapelle an. Unterhalb der beiden Kirchen liegt eine weitere Kirchenanlage, die erst seit kurzer Zeit für Besucher zugänglich ist. Sie hat drei Apsiden mit Darstellungen von Aposteln.

Die alte Tokalı Kilise, die Eski Kilise, ist ein schlichter, von einem Tonnengewölbe überdachter Raum. Die sehenswerten Fresken sind in hellen Braun- und Grüntönen gehalten. In jeweils drei Registern, beginnend an der östlichen Ecke der Südseite, wird die Geschichte Christi und Johannes des Täufers erzählt. Der Zyklus verläuft chronologisch und endet im Nordosten mit Kreuzigung und Auferstehung. Im unteren Abschnitt der Wände sind Heilige, u.a. Theodor, Konstantin, Helena und Katharina abgebildet. Durch diesen ›Vorraum‹ betritt man die großartige Kirchenanlage der neuen Tokalı Kilise. Sie ist eine der größten Felskirchen in Kappadokien mit den schönsten Fresken

Das Freilichtmuseum Göreme

Tokalı Kilise, Innenansicht

aus der Blüte der sogenannten makedonischen Renaissance. Man nimmt an, daß sie die Zentralkirche eines ausgedehnten Klosterbereichs gewesen ist. Die Tokalı Kilise unterscheidet sich in ihrem Aufbau von allen anderen Kirchen im Bereich von Göreme.

Blendarkaden an der Nordseite und tief ausgehöhlte Apsiden hinter vier mächtigen Pfeilern tragen zu der dynamischen Raumwirkung dieser Kirche bei. Das breite, quergestellte Schiff ist von einem Tonnengewölbe überdacht, das von zwei Gurten unterteilt wird. Eine Inschrift in der nördlichen Apsis nennt Nikephoros als Maler und die Kaiser Konstantin und Leon als Stifter. In der Ausgestaltung zeigen sich deutliche Unterschiede zur Eski Kilise: Die Figuren sind eleganter, größer und künstlerisch ausgefeilter, ihre Gesichter differenziert und ausdrucksvoll. Besonders auffällig ist die intensive Blautönung des Freskenhintergrundes.

Der **Christuszyklus** beginnt links in der Nordecke des Gewölbes und zieht sich im Wandregister über den Arkaden weiter. Die Kindheit Christi wird durch die Verkündigung eingeleitet und endet mit der Taufe, wobei vor allem die Darstellung der Heiligen Drei Könige in der Tradition der Spätantike bemerkenswert ist. Mit dem letzten Bild der Kindheit startet die Szenenfolge zum öffentlichen Wirken Jesu: Sie beginnt mit der Versuchung in der Wüste und setzt sich bis zur Auferstehung des Lazarus an der Südwand fort, wo die Passionsgeschichte beginnt, die sich in die Zentralapsis zieht. Im südlichen Teil des Gewölbes findet man die Erscheinungen Christi nach seinem Tod zusammen mit Darstellungen von Himmelfahrt und Pfingsten. Im Mittelteil des Gewölbes erkennt man die Aussendung der Apostel. Einzigartig in der byzantinischen Wandmalerei sind die Szenen, in denen Petrus die ersten Diakone einsetzt und Joël und

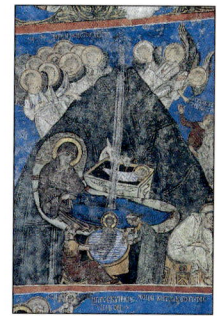

Die Geburt Christi, Fresko in der Tokalı Kilise

Kappadokien

Lukas den Nationen predigen. An den Wänden des Naos ist ein fragmentarisch erhaltener **Basiliuszyklus** angebracht entsprechend der spätbyzantinischen Tendenz, durch die räumliche Nähe von Christus- und Heiligenzyklen in den Wandmalereien eine quasigöttliche Überhöhung der Heiligen zu erreichen.

Östlich des Göreme-Tals liegt hinter einem Bergrücken das steil abfallende Kılıçlar Vadisi. Der Pfad dorthin beginnt auf der gegenüberliegenden Seite des neuangelegten Parkplatzes. Nach wenigen Minuten erreicht man die **Meryem Ana Kilise** (10), mit Fresken des 11. Jh. in zarten Blau- und Rosatönen ausgemalt, eine harmonische Synthese, die einen Höhepunkt der regionalen Kunst darstellt. Trotz der bisweilen nur angedeuteten Konturen sind die Gesichter der schlanken Figuren ausdrucksvoll gestaltet. Von der Meryem Ana Kilise aus hat man einen eindrucksvollen Ausblick in das Kılıçlar-Tal. Talabwärts auf der rechten Seite, inmitten einer Klosteranlage, liegt die **Kılıçlar Kilise** (11), eine Kreuzkuppelkirche mit wertvollen Malereien aus der Periode Anfang des 10. Jh. Christus ist in der Apsis dargestellt, umrahmt von den heiligen Bischöfen Gregor von Nyssa, Gregor von Nazianz und Basilius von Caesarea. Maria mit dem Kind füllt die Nordapsis, in der Kuppel erkennt man die Himmelfahrt, und die Wände zeigen den traditionellen Christuszyklus.

Bei einem auf der linken Seite talauswärts liegenden Café beginnt der steil hinaufführende Weg zur **Şaklı Kilise** (12), der ›verborgenen Kirche‹. Die durch einen Erdrutsch verschüttete Kirche wurde erst 1957 auf dem Höhenzug, der das Göreme-Tal vom Tal von El Nazar trennt, entdeckt; sie ist heute zugänglich. Die Kirche hat einen kreuzförmigen Grundriß und wird von einer Arkadenwand in zwei

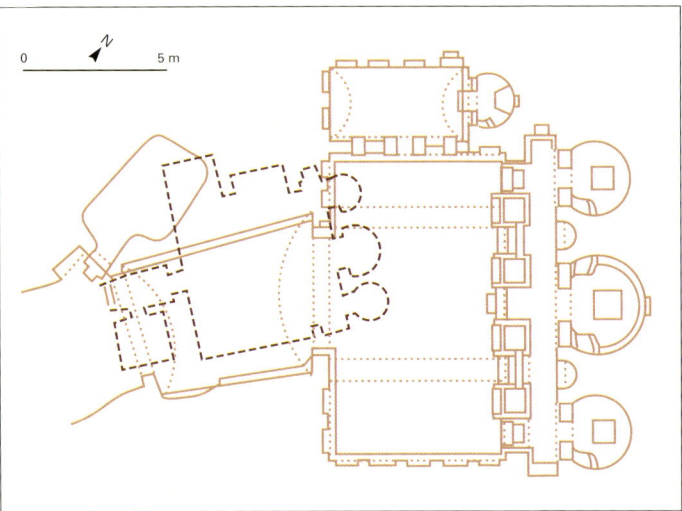

Tokalı Kilise, Grundriß

Das Freilichtmuseum Göreme, Ortahisar und Umgebung

El Nazar Kilise

Räume geteilt. Von den ursprünglich drei Apsiden stehen nur noch zwei. Die gut erhaltenen Fresken gehören dem provinziellen Stil an und stellen den traditionellen Bilderzyklus dar. Ungewöhnlich ist die Szene der Veronika, einer Frau aus Jerusalem, die mit ihrem Schleier den Schweiß auf dem Gesicht Jesu auf seinem Weg nach Golgatha abtrocknete. Der Legende nach blieb das Abbild seines Gesichts auf dem Schleier zurück, der seit dem 8. Jh. im Petersdom in Rom aufbewahrt wird.

Talauswärts öffnet sich links das weite Tal von El Nazar. Besuchenswert ist die in einen einzelnstehenden Felskegel eingemeißelte **El Nazar Kilise** (13), deren Außenwand erodiert und durch ein Erdbeben abgebrochen ist und deren Fresken nun von außen sichtbar sind. Sie stammen aus dem 11. Jh., der Blütezeit der makedonischen Renaissance. Die Felder und Bögen sind klar gegliedert, aber aufgrund der Witterungseinflüsse leider nicht in bestem Erhaltungszustand. El Nazar hat einen kreuzförmigen Grundriß. In die Wände sind zahlreiche Nischen mit Gräbern eingelassen, und die Wandmalereien folgen der ikonographischen Tradition der Göreme-Kirchen.

Ortahisar und Umgebung

Wenn man Ürgüp in Richtung Nevşehir verläßt, dann kommt man nach wenigen Kilometern an dem beliebtesten Postkartenmotiv Kappadokiens vorbei, den drei Tuffkegeln mit Kappen aus härterem Tuffgestein. Von hier aus bietet sich ein großartiges Panorama über die ganze Region bis hin zum Erciyes Daği. Nach 5 km erreicht man eine Abzweigung zu dem 1 km südlich gelegenen Ort Ortahisar, die ›Burg der Mitte‹. Der Ort wird beherrscht von einem 90 m hohen

Ortahisar ☆
Besonders sehenswert:
Burgberg
Hallaç Manastır

Kappadokien

steil aufragenden **Burgfelsen**, der vollständig von ehemaligen Wohnräumen durchzogen ist und von dem aus sich ebenfalls ein großartiger Rundblick bietet. Die gewaltige Kraft der Erosion zeigt sich hier in ihrer ganzen Plastizität: Einerseits sieht man die noch nicht abgetragenen Tuffsteindecken, auf denen vorzugsweise Wein angebaut wird, andererseits den Farben- und Formenreichtum der tiefen Schluchten, in denen eine landwirtschaftliche Nutzung kaum möglich ist. Um den Wohnfelsen herum dehnt sich der heutige Ort aus. 1955 wurde hier das erste touristische Hotel Kappadokiens eröffnet: Man setzte schon früh auf den wachsenden Fremdenverkehr. Anfang der 60er Jahre begann man, die großen Höhlen zu erweitern und als Lagerräume für Obst und Gemüse, vor allem für Zitrusfrüchte aus der Çukurova (Adana) zu nutzen. Die konstante Temperatur von 8–10 °C in den natürlichen Kühlhäusern bietet ideale Lagerbedingungen und führte zur Entwicklung eines völlig neuen Wirtschaftszweiges. Heute werden gewaltige Mengen von Zitrusfrüchten hier gelagert und in alle Regionen der Türkei verteilt. Die größten Depots liegen an den Ortsausgängen von Ortahisar; einen Besuch sollte man nicht versäumen.

Das ruhige Dorf Ortahisar ist eins der größten Obst- und Gemüselager der Türkei

Hallaç Manastır

Ortahisar und Umgebung

Im Ort selbst liegen Kirchen aus byzantinischer Zeit: die **Harım Kilise**, die heute als Schuppen benutzt wird, und die **Cambazlı Kilise**, eine Kreuzkuppelkirche aus dem 11. Jh. Beide Kirchen sind mit Fresken geschmückt, die das Leben Christi darstellen und Bilder von Propheten und Heiligen zeigen.

Von Ortahisar aus kann man in alle Richtungen unterschiedlich lange Wanderungen zu besuchenswerten Kirchen unternehmen. Ohne Führer findet man sich in diesem unüberschaubaren Gelände jedoch nur schwer zurecht. Vor der Brücke am Ortseingang führt ein Feldweg zu dem etwas abseits gelegenen **Hallaç Manastır**, dem ›Baumwollschläger-Kloster‹ aus dem 10./11. Jh. Durch Erosion und Einwirken des Menschen ist die Weitläufigkeit der Anlage heute nur noch schwer zu erkennen. Der Innenhof dient als Acker und ist zur Hälfte aufgeschüttet, so daß nur noch die oberen Teile der Fassade und der Eingänge mit Blendarkaden sichtbar sind. Die Nischen mit bunter Randbemalung werden heute als Taubenschläge genutzt. Die breite Fassade stellte ursprünglich die rückwärtige Wand einer Vorhalle dar, die der großen, zweischiffigen Halle im Norden und einem überkuppelten Raum im Westen vorgelagert war. An der rechten Seite des Hofes liegt die Kreuzkuppelkirche – Teil einer mehrstöckigen Anlage – mit einer Grabkammer. Die Fresken in der Apsis sind aus dem 10./11. Jh. und zeigen Maria mit dem Kind, zwei Erzengel und den hl. Basilius, dem die Kirche geweiht war.

Taubenschlag am Hallaç Manastır

Die Kirchen im Balkan Dere – eine Ansammlung von Bauten um eine Klosteranlage, die noch relativ unberührt ist – erreicht man durch das Trockental, das unterhalb des Burgfelsens beginnt. Nach etwa 20 Minuten biegt nach rechts ein Pfad ab, der zu den Gärten und Kirchen von Balkan hinaufführt. Von den drei kleineren Kirchen, in denen noch Fresken aus der vorikonoklastischen Zeit vorhanden sind, reichen zwei in das 6. Jh. zurück. In der besterhaltenen Kirche, einer Kreuzkuppelkirche, sind noch schöne Fresken aus dem 10. Jh. zu sehen.

Etwa 1 km südlich des Ortskerns gelangt man zu einer Wegkreuzung. Der nach links abzweigende Weg in Richtung Ürgüp (Osten) führt zu der versteckt liegenden **Pançarlık Kilise**, der ›Kirche mit den Rüben‹. Der Weg dorthin ist teilweise ausgeschildert (›Pançarlık valley and churches‹), doch verliert er sich sehr rasch in verschiedenen Gabelungen, so daß die Hilfe eines Führers nützlich ist. Die einschiffige Pançarlık Kilise ist wegen ihrer gut erhaltenen Fresken aus dem ausgehenden 9. Jh. sehenswert; ein leuchtendes Grün dominiert. Szenen aus den Evangelien wie die Verkündigung, Maria mit dem Kind, die Anbetung der Weisen und die Taufe im Jordan sind dargestellt. Die Kirche wurde noch bis zur Ausweisung der Griechen und Armenier 1922 als Gotteshaus genutzt. Weiter östlich liegen die **Kirchen im Kepezler Vadisi**, darunter eine Kreuzkuppelkirche mit Malereien aus dem 11. Jh. In einer Gruppe von Felsnadeln und Klippen sind mehrere Kirchen- und Klosterräume eingemeißelt worden, deren Innenwände ebenfalls bemalt sind.

Kappadokien

Von Nevşehir nach Aksaray

Nevşehir

Nevşehir ☆
Besonders sehenswert:
İbrahim Damat Paşa
Külliyesi
Museum

Die Provinzhauptstadt Nevşehir mit 55 000 Einwohnern liegt am westlichen Rand der Tuffsteinlandschaft von Kappadokien, an der Durchgangsstraße von Kayseri nach Konya, die schon in byzantinischer und seldschukischer Zeit ein bedeutender Handelsweg war. Obwohl die Geschichte der Stadt in die hethitische Zeit zurückreicht, hat sie niemals besondere historische Bedeutung erlangt. Als Nyssa, später Soandos und schließlich Muskara ist sie in historischen Quellen erwähnt. In seldschukischer Zeit wurde sie befestigt und eine Zitadelle auf dem beherrschenden Tafelberg errichtet. Erst zu Beginn des 18. Jh., unter der Regierung des Sultans Ahmet III. (1703–30) begann der Aufstieg des Ortes durch seinen bedeutendsten Bürger, den Großwesir Damat İbrahim Paşa, der seine Garnisonen von Niğde und Yeşilhisar hierher verlegte, Karawansereien, Bäder, Medresen und 1727 die Kurşunlu Külliye mit Moschee, Krankenhaus, Medrese und Bibliothek stiftete. Er erhob Muskara zur Stadt, nannte sie Nevşehir, ›neue Stadt‹, und restaurierte die alte Festung. Die Blüte Nevşehirs fiel in die sogenannte Tulpenzeit, eine

Nevşehir zu Füßen der Zitadelle

Nevşehir, Acıgöl und Karapınar

Art Belle Epoque in der Zeit des Niedergangs des Osmanischen Reiches. Damat Paşa war wie sein Sultan ein Förderer von Kunst und Literatur. Politische Unruhen in İstanbul führten zu seinem Tod, und die Stadt fiel wieder in unbedeutende Provinzialität zurück. Nur noch wenige Bauwerke zeugen von der einstmaligen Blüte Nevşehirs.

In der Altstadt, unterhalb der Zitadelle, liegt die İbrahim Damat Paşa Külliyesi, ein Moscheekomplex aus dem frühen 18. Jh. in klassisch-osmanischem Stil. Zu diesem Moscheebezirk gehören eine Medrese, die 1961 restauriert wurde und seitdem als Bibliothek genutzt wird. Daneben befindet sich die noch heute genutzte Armenküche, das *imaret*. Auf der gegenüberliegenden Seite der Straße liegt das ebenfalls noch genutzte Türkische Bad. Das Zentrum bilden die Kurşunlu Camii und ein sehenswerter Brunnen, die beide im Stil der Lale-Zeit, der ›Tulpenzeit‹, ausgestaltet sind. Die zentrale Kuppel der Moschee wird im Inneren durch Säulen und Bögen gestützt. Im hinteren Bereich liegen oben links die Loge des Großwesirs und oben rechts die Loge für sein Gefolge. An der Straße nach Ürgüp, nach der Abzweigung nach Derinkuyu, wurde ein kleines modernes Museum mit archäologischer und ethnographischer Abteilung gebaut. Funde von der frühen Bronzezeit bis in die römische Zeit sind ausgestellt, u. a. Keramikfunde wie Schalen, Amphoren, Kindersarkophage, daneben römische Glaswaren und Terrakottafiguren. In vier Vitrinen ist eine interessante Münzsammlung zu sehen.

İbrahim Paşa, Schwiegersohn des Sultans Ahmet Paşa III., Großwesir 1718–30, gehörte zu den aufgeklärtesten Politikern dieser Epoche. In seine Zeit fällt die erste kulturelle Kontaktaufnahme mit Europa, vor allem mit Frankreich

Acıgöl und Karapınar

21 km westlich von Nevşehir, an der Straße nach Aksaray, liegt der kleine Ort Acıgöl mit etwa 5000 Einwohnern. Im Zentrum biegt eine Straße nach Norden ab zu der unterirdischen Stadt von Patlarin (gelbes Hinweisschild). Auch in Acıgöl liegt unter dem heutigen Ort eine unterirdische Stadt. An sechs Stellen konnte man die Anlage betreten. Infolge von Bauarbeiten kam es jedoch in jüngerer Zeit zu Einstürzen und Wassereinbrüchen, so daß der erste Stock weitgehend verfüllt ist. Größere Räume sind durch recht niedrige Gänge miteinander verbunden, die durch Verschlußsteine abgeriegelt werden konnten. Luft- und ›Verständigungsschächte‹ zu anderen Räumen sowie Nischen in den Wänden zur Unterbringung von Gegenständen und Öllampen gehörten zur Ausstattung der unterirdischen Anlage. Eine elektrische Ausleuchtung ist nur teilweise vorhanden.

Südlich der Hauptstraße liegt das beeindruckende hethitische Relief von Karapınar. Von Nevşehir kommend, benutzt man am besten einen links vor dem Kraterberg abzweigenden (nicht ausgeschilderten) Schotterweg 12,5 km hinter dem Ortsausgangsschild von Nevşehir. Der Weg verläuft zunächst durch landwirtschaftlich genutztes Gelände und führt zum Dorf Ağıllıköy. Man fährt geradeaus weiter – die Moschee liegt links des Weges – und dann entlang

Kappadokien

*Hethitische Inschrift
von Karapınar*

einer von Osten kommenden Überlandleitung. Ein anderer Zufahrtsweg biegt 16 km hinter dem Ortsende von Nevşehir bzw. 4,5 km vor Acıgöl ebenfalls links nach Süden ab. Hier steht ein unscheinbarer Wegweiser ›Karapınar, Ağıllıköy‹. (Beide Wege treffen sich in Ağıllıköy.) Vor den ersten Häusern des nächsten Dorfes trifft im rechten Winkel eine Piste von rechts auf den Schotterweg, in die man einbiegt (nicht auf den asphaltierten Weg). Nach 2,9 km erreicht man das Relief, das an einer Felskante angebracht ist. Die **hethitische Inschrift** ist die größte dieser Art in Anatolien. Sie setzt sich aus acht Zeilen zusammen und wurde von dem hethitischen Herrscher von Tabal, Wassurma, in Auftrag gegeben. In der Inschrift nennt er sich ›Großkönig, Held und Sohn des Großkönigs Tuwati, des Helden‹. Etwa 50 m westlich der Inschrift findet man auf glattem Fels eine einzeilige Inschrift von 1,1 m Länge, deren Entzifferung bis heute nicht gelang. Die beste Zeit, die Inschrift zu betrachten, ist der Vormittag.

Ağzıkara Han, Öresin Hanı und Alay Hanı

*Ağzıkara Han ☆
Besonders sehenswerte seldschukische Karawanserei*

An der alten Handelsstraße von Kayseri nach Konya liegen zahlreiche Karawansereien, besonders häufig im Streckenabschnitt zwischen Nevşehir und Aksaray. Die bedeutendste unter ihnen ist der Ağzıkara Han etwa 15 km östlich von Aksaray; dieses beeindruckende Denkmal seldschukischer Baukunst wurde in den Jahren 1231–39 unter der Herrschaft Alâeddin Keykûbats I. erbaut. Sie gehört neben den Sultan Hanı von Aksaray und Kayseri zu den bedeutendsten Karawansereien der seldschukischen Zeit. Die Anlage folgt dem klassischen Bauplan mit rechteckigem Hof und

Ağzıkara Han, Öresin Hanı und Alay Hanı, Avanos

mehrschiffiger überdachter Halle. Ungewöhnlich jedoch ist, daß das Hauptportal des Hofes nicht üblicherweise in der Achse der Anlage liegt, sondern an der linken Längsseite. Das Portal ist 2,5 m vor die Außenmauer vorgezogen und üppig mit seldschukischer Ornamentik geschmückt. Über dem Bogenfeld befinden sich zahlreiche Rosetten – Symbole für die Planeten – und die Bauinschrift. Offene Hallen bzw. geschlossene Räume liegen an den Längsseiten des fast quadratischen Hofes (37 m × 40 m). Die 30 m lange Halle betritt man durch ein weiteres Prunkportal. Geometrische Flechtbänder und Rosetten schmücken das Tor. Beachtenswert neben dem überreichen Portaldekor ist die auf Pfeilern stehende kleine Mescit im Innenhof.

Ca. 6 km östlich in Richtung Nevşehir liegt der Öresin Hanı aus dem 13. Jh. Er ist weitgehend zerstört, nur die Ruinen des Hallenraums sind noch erhalten. Wenige Kilometer weiter östlich trifft man auf den Alay Hanı, einen der frühesten seldschukischen Bauten vom Beginn des 13. Jh. Die Fahrstraße durchschneidet den ehemaligen Hof der Anlage, von der ansonsten nur noch Reste zu sehen sind.

Ağzıkara Han, Detail

Von Avanos nach Ankara

Avanos ✕

»Selbst ein Blinder findet den Weg nach Avanos«, sagen die Einheimischen, »er folgt den Scherben zerbrochener Tonkrüge.« Das aufstrebende Städtchen Avanos (ca. 10 000 Einwohner) liegt zu beiden Seiten des Kızıl İrmak, nördlich der Tuffsteinformationen von Göreme. Dem Kızıl İrmak, dem ›roten Fluß‹, dem antiken Halys verdankt Avanos seinen wirtschaftlichen Wohlstand. Er ist mit einer Länge von 1355 km der längste Fluß und wichtigste Wasserweg der Türkei. Gewaltige rote Lehmmassen, die der Fluß mit dem Frühjahrshochwasser jährlich heranspült und die sich hier ablagern, bilden seit der Antike die Grundlage für die heute über hundert Töpfereien. Man produziert hier die unterschiedlichsten Waren, mittlerweile vorwiegend für den touristischen Bedarf. Wegen der Errungenschaften der modernen Technik wie Kühlschränke und Plastik nahm zeitweise die Bedeutung der Tongeschirrherstellung ab; mit dem Tourismus belebte sich dieser Wirtschaftszweig wieder. Oft kann man den Töpfern bei ihrer Arbeit zusehen; die Werkstätten befinden sich in traditionellen Häusern, deren Fassaden in typischer Weise verziert und die teilweise in den Felsen hineingebaut sind. Mit einer originellen Plastik am Hauptplatz hat man den Töpfern ein Denkmal gesetzt.

Neben den Töpfereien stellen Teppichfabrikation und Onyxschleiferei wichtige Wirtschaftszweige dar. Im Altertum war Avanos, damals Venessa, ein wichtiges Zentrum Kappadokiens: Ein Zeus-

Avanos ☆
Besonders sehenswert:
Töpferwerkstätten

Töpfer in Avanos

Avanos, Gülşehir

Heiligtum und hellenistische Gräber aus dem 4.–1. Jh. v. Chr. deuten auf die politische und kultische Bedeutung der Stadt hin. Der heutige Name wird von Bey Evranoz abgeleitet, der in türkischer Zeit hier mit seinem Nomadenstamm siedelte.

Gülşehir

Man verläßt Avanos auf der nördlichen Seite des Kızıl İrmak und erreicht nach 26 km die kleine Kreisstadt Gülşehir. Der Ort mit etwa 7000 Einwohnern liegt am Fuß des Kepez Tepe. Man vermutet, daß die Stadt von den Hethitern unter dem Namen Zoropassus gegründet wurde; bei den Griechen hieß sie Arabusun, und nach der Gründung der Republik 1923 erhielt sie den jetzigen Namen Gülşehir, ›Rosenstadt‹, nach dem beliebten Rosenwasser, das in dieser Gegend hergestellt wird. Im Zentrum des Ortes liegt die osmanische Stiftungsanlage der **Kurşunlu Külliyesi** aus dem Jahr 1778 mit Moschee, Medrese, Bibliothek, Hamam und mehreren Brunnen; der Stifter war Karavezir Seyit Mehmet Paşa. Am südlichen Ortsausgang von Gülşehir liegt auf der rechten Seite der Straße die Johanneskirche oder **Karşı Kilise** aus dem Jahr 1212. Der Weg dorthin ist ausgeschildert. Die Doppelkirche ist meist verschlossen, doch ein Museumswärter öffnet dem Besucher gerne. Die erhaltenen Fresken im oberen Teil der Kirche zeigen das Jüngste Gericht, Szenen aus der Passionsgeschichte, Heilige in den Nischen und die Deesis in der Apsis.

3,5 km von Gülşehir entfernt, in Richtung Nevşehir, liegt auf der rechten Seite der großartige und weitläufige Höhlenkomplex des **Açık Saray** (›offener Palast‹); der Weg ist ausgeschildert. Insgesamt sechs Klosteranlagen, die im 11. Jh. errichtet und wahrscheinlich in späterer Zeit als Handels- oder Militärstützpunkte genutzt wurden, liegen auf einer Fläche von ca. 1 km² in den Felsabbrüchen des Tuffgesteins. Ein Sandweg führt in einem sich weitenden Talkessel zunächst zu einer Kirchenanlage mit einer besonders auffälligen, dreigeteilten Fassade. Der mittlere Teil wird durch einen Giebel hervorgehoben. Über dem Eingang erkennt man im Zentrum fünf, auf der rechten Seite – auf einem balkonähnlichen Sims – zwei Blendarkaden, deren Bögen tailliert sind und an arabische Fenster erinnern. Der obere Teil ist bis auf zwei Blendarkaden zerstört. In den südwestlich dieser Anlage gelegenen Hügel sind drei weitere Komplexe hineingebaut, in deren Zentrum eine zweigliedrige Fassade liegt, die im unteren Teil sehr verwittert ist. Der obere Teil hingegen ist deutlich durch die typischen, zweiteiligen Fenster gegliedert, die durch Rahmen und starke Pfeiler betont werden, was der Fassade einen dynamischen Ausdruck verleiht. Man betritt die hoch gewölbte Kirche durch die herausgebrochene Vorderfront. Der Raum wird durch Joche in fünf Tonnenfelder unterteilt und durch eine Leiste in ca. 2,5 m Höhe horizontal gegliedert. Durch ein Tor betritt man einen

Gülşehir ☆
Besonders sehenswert:
Açık Saray

◁ *Avanos, die Töpferstadt*

Kappadokien

Der Açık Saray bei Gülşehir

zweiten, noch höheren Raum, dessen Monumentalität überrascht. Er ist dem ersten quer vorgelagert, so daß ein T-förmiger Grundriß entstand. Im Südosten des Hofes befindet sich eine lange Halle, deren Vorderfront vollständig abgebrochen ist. Sie diente, wie die Futterkrippen vermuten lassen, als Stall.

Die zweite Anlage besitzt neben einer einfachen Kirche eine Vorhalle und einen weiteren Raum; der dritte Teil des Gesamtkomplexes ist jedoch wegen der vielen unterschiedlichen Gebäude von größerem Interesse. Im westlichen Teil betritt man einen gut erhaltenen rechteckigen Raum. Vier mächtige Säulen stützen ein Kuppelquadrat; zwei quergelagerte Räume könnten als Narthex gedient haben. Licht erhält das Innere durch Fenster, die über einem Gang in die Wand gebrochen wurden. Daß es sich um eine Klosteranlage gehandelt hat, lassen die etlichen überkuppelten und auch einfachen Räume vermuten, die es neben den beiden zentralen Räumen noch gibt. Darauf weisen auch Räume hin, die man wegen ihrer Abzüge als Küchen identifiziert hat. Weiter östlich, talaufwärts hinter einem Platz, liegen die weiteren Anlagen, die jedoch stärker zerstört und infolge des starken Bewuchses und der Versumpfung im Frühjahr relativ schwer zugänglich sind.

Sarı Han

Etwa 6 km östlich von Avanos, nördlich des Kızıl İrmak, liegt im Tal des Damsa Çayı am alten Handelsweg von Kayseri nach Ankara die im 13. Jh. errichtete seldschukische Karawanserei Sarı Han. Der Weg biegt am südlichen Ende der Brücke von Avanos am Hinweisschild nach links ab. Ihren Namen erhielt die Karawanserei wegen des hellen Tuffgesteins, aus dem sie erbaut wurde (*sarı* = gelb, bleich). Heute ist sie vollkommen restauriert, nachdem man die Steine zuvor zum Bau einer Brücke über den Kızıl İrmak zweckentfremdet hatte; nur das prächtige Portal an der Ostseite ist in der alten Form erhalten geblieben. Mit geometrischen Formen und spiralförmig stilisiertem Rankenwerk aus verschiedenfarbigen Steinen ist die Fassade kunstvoll gestaltet. Die Anlage repräsentiert den klassisch seldschukischen Stil mit einem fast quadratischen Hof von über 30 m Seitenlänge und einer mehrschiffigen, von Tonnengewölben überdachten Halle.

Özkonak

Ca. 20 km nördlich von Avanos liegt die **unterirdische Stadt** (*yeraltı şehri*) von Özkonak. Der Weg ist an einer Abzweigung von der Nebenstraße, die nach Çallıgedik Geçidi hinaufführt, ausgeschildert. Das unterirdische System, das am Rand des langgezogenen Dorfes liegt, führt bis zu zehn Stockwerke in die Tiefe, von denen jedoch nur fünf für den Tourismus zugänglich sind. Da alles relativ schwach ausgeleuchtet ist, empfiehlt es sich, eine Taschenlampe mitzunehmen. Man vermutet, daß Özkonak die größte unterirdische Stadt in Kappadokien ist und in ihrer Blütezeit ca. 60 000 Einwohner gehabt hat. Entdeckt wurde das künstliche Höhlensystem von dem Muezzin des Dorfes, der bei den Arbeiten auf seinem Acker zufällig auf einen Zugang zur Stadtanlage stieß; erst 1972 wurde sie dann systematisch freigelegt. Gefunden hat man in den zahlreichen Räumen und Gängen Weinkeller und Gefäße, eine Küche und etliche Kindergräber.

Kappadokien

Belha Manastır bei Özkonak

3 km südöstlich von Özkonak biegt man von der neuen Straße nach Avanos nach links auf die alte Trasse ab und erreicht nach ca. 1 km (keine Ausschilderung!) das in einen Felsabbruch hineingearbeitete **Belha Manastır**. Der byzantinische Klosterbezirk stammt aus dem 6.–10. Jh. Eine große, sehr hohe und von fünf Pfeilern gestützte Vorhalle liegt quer zum Hauptraum, durch den man zu einer Zufluchtsstätte gelangte. Im hinteren Teil führen links zwei verwinkelte Gänge ab, von denen einer mit einem runden Verschlußstein abgesperrt werden konnte. Am Ende der Gänge befindet sich ein rechteckiger, völlig lichtloser Raum, in dessen Wände Nischen und Halterungen zum Befestigen von Seilen geschlagen wurden, weshalb er als Gefängnis bezeichnet wird. Am rechten Ende der Vorhalle liegt der Eingang zur Kirche mit Längsgewölbe und jeweils drei Nischen an den Seitenwänden. Auf der linken Seite des Eingangshofes befinden sich zwei lange, tonnengewölbte Räume, deren Bestimmung unklar ist und die bei den Einheimischen zu gewagten Spekulationen über einen byzantinischen Königspalast geführt haben.

Hacıbektaş

Hacıbektaş ☆☆
Besonders sehenswert: Bektaşi-Kloster

An der Strecke von Gülşehir nach Kırşehir liegt der Wallfahrtsort Hacıbektaş mit dem Mutterkloster der Bektaşi-Derwische. Der Bektaşi-Orden spielte eine bedeutende Rolle im Osmanischen Reich. Sein Begründer, Hacı Bektaş Veli, wurde um 1248 in Chorasan geboren und lebte bis zu seinem 25. Lebensjahr in Nischapur, wo er die Wissenschaften seiner Zeit – Philosophie, Physik, Literatur und Theologie – studierte. Über den Iran, Bagdad, Mekka und andere Zentren der islamischen Welt kam er schließlich nach Anatolien und gründete sein Hauptkloster südlich von Kırşehir in dem Ort, der heute seinen Namen trägt. Der Orden verbreitete sich sehr schnell in ganz Anatolien, und es entstanden zahlreiche Zweigklöster, z. B. in Seyitgazi. Die enge Verbindung der Bektaşi zu den osmanischen Elitetruppen der Janitscharen verschafften ihnen einen besonderen politischen Einfluß. Sie beteiligten sich z. B. 1527 an den Janitscharenaufständen gegen die osmanische Zentralmacht, teilten aber auch deren Schicksal, als sie unter Mahmut II. im Jahr 1826 blutig liquidiert wurden. Viele Klöster der Bektaşi wurden aufgelöst, doch in der Mitte des 19. Jh. reorganisierte sich der Orden wieder. 1925 wurde er wie alle religiösen Bruderschaften von Atatürk verboten, seine Klöster in Museen umgewandelt oder verlassen. Die Bektaşi sind bis heute vor allem im Balkan aktiv, und hier hauptsächlich in Albanien und Bosnien.

Hacı Bektaş Veli war wie sein Zeitgenosse Petrarca von einer schrankenlosen Liebe für die Welt erfüllt, in der er lebte

Die religiösen Vorstellungen und Lehren der Bektaşi weichen von denen des orthodoxen Islam in wesentlichen Punkten ab, ohne daß es jemals zu einem Bruch mit der sunnitischen osmanischen Zentralgewalt gekommen ist; der Vorwurf der Häresie wurde allerdings oft erhoben. Die Bektaşi vertreten eine dem christlichen Trinitätsdogma sehr ähnliche Lehre, derzufolge sie in Allah, Mohammed und Ali eine Dreifaltigkeit sehen. Da der Orden in Ali den rechtmäßigen Nachfolger Mohammeds anerkennt, spricht er in besonderer Weise die schiitischen Gruppen und die Aleviten in Anatolien an, die Hacı

Das Bektaşi-Kloster in Hacıbektaş

Kappadokien

Das Bektaşi-Kloster, Innenansicht

»Nationen, die ihre Frauen nicht bilden, werden keine Fortschritte machen.« Hacı Bektaş Veli

Bektaş Veli als einen ihrer großen Führer betrachten. Frauen werden als gleichberechtigte Mitglieder aufgenommen, und es ist ihnen erlaubt, an allen Riten teilzunehmen sowie unverschleiert in der Öffentlichkeit aufzutreten. Den offiziellen Gebräuchen des sunnitischen Islam schenkten die Bektaşi kaum Beachtung. Sie praktizierten u. a. ein dem christlichen Abendmahl eng verwandtes Ritual mit Brot, Wein und Käse. Der Orden übte auf breite Bevölkerungsschichten eine große Anziehungskraft aus, denn die Lehren wurden hauptsächlich in Liedern und volkstümlichen Gedichten in türkischer Sprache verbreitet, und der berühmte türkische Volksdichter Yunus Emre soll dem Orden nahegestanden haben. Alljährlich wird vom 16.–18. August ein Fest zu Ehren des Ordensgründers gefeiert. (Mevlevi-Orden, s. S. 238ff., Ahi-Bruderschaften, s. S. 373f.)

Der Ort Hacıbektaş hieß vor der Gründung des Klosters Suluca Karahöyük und war eine Wegstation an der Handelsstraße von Ankara nach Adana. Im Zentrum des Ortes liegt das ehemalige **Bektaşi-Kloster**, das 1964 als Museum der Öffentlichkeit zugänglich gemacht wurde. Im Jahr 1337 wurde von dem zweiten osmanischen Sultan Orhan Gazi ein Grabbau in seldschukischem Stil für den Ordensgründer erbaut. Um die Türbe herum entstanden im Lauf der Zeit unterschiedliche, um Höfe gruppierte Gebäude, so daß allmählich ein abwechslungsreiches, geschlossenes Ensemble entstanden ist.

Hacıbektaş

Das Kloster umfaßt drei Höfe, die hintereinander angelegt sind. Durch ein großes Tor betritt man den ersten Hof. Rechts liegt ein Brunnen, der 1902 erbaute **Üçler Çeşmesi**. Hinter dem zweiten Tor, Üçler Kapısı, liegt der zentrale Mittelhof mit einem großen Wasserbecken aus dem Jahr 1908. Der ›Löwenbrunnen‹ auf der rechten Seite des Hofes, **Arslanlı Çeşme**, stammt aus dem Jahr 1554 und trägt den Namen nach einer Löwenskulptur, die 1853 von Ägypten hierhergebracht worden ist. Der Löwe symbolisiert Ali, den Schwiegersohn Mohammeds. Auf der rechten Seite des Hofes folgt zunächst die Armenküche **Aş Evi** und der Speisesaal. Ausgestellt sind Küchengeräte und Kessel, darunter ein großer schwarzer Kessel (*kara kazan*), der als Beute von einem Feldzug gegen die Mongolen mitgebracht und dem Kloster geschenkt wurde. Die Küche war ein wichtiger Raum innerhalb des Klosters; hier leisteten die Novizen ihre ersten Dienste. Neben der Küche liegt die von Mehmet II. im 19. Jh. gestiftete kleine Mescit. Der wichtigste Raum auf der linken Seite des Hofes war der Zeremonienraum, **Meydan Evi**, in dem die Ordensfeierlichkeiten stattfanden. Hier legten die Novizen das Gelübde ab, »Herr über ihre Hände, ihre Zunge und ihre Lenden« zu sein. Über dem Eingang befindet sich die älteste Inschrift des Klosters aus dem Jahr 1367. Heute enthalten die mit einer interessanten Holzkuppelkonstruktion versehenen Räume den Thron des Ordensoberen, des *pir*, und die Sitze der zwölf bedeutendsten Derwische. Bilder aus deren Leben, darunter das berühmte Bildnis des Hacı Bektaş mit einer Gazelle und einem Löwen, sind hier ausgestellt. Auf beiden Längsseiten ist dieser Hof von Arkaden eingefaßt und vermittelt bei aller Unterschiedlichkeit der einzelnen Gebäude einen einheitlichen Eindruck. Durch das **Altılar Kapısı**, das ›Sechsertor‹, betritt man den **Friedhofsbereich** mit Gräbern von Derwischen und

Der schwarze Kessel, ›kara kazan‹, wurde nur einmal im Jahr befeuert, um die Süßspeise ›aşura‹ zuzubereiten

Das Bektaşi-Kloster ist noch heute eine Pilgerstätte

Kappadokien

Hacı Bektaş Veli (Zeremonienraum des Bektaşi-Klosters, Hacıbektaş)

Ordensoberen sowie der Türbe des Hacı Bektaş. In ihrem Eingangsbereich, Ak Kapı, dem ›weißen Tor‹, befinden sich Gräber von Derwischen, und in den Vitrinen sind Gegenstände des Ordens ausgestellt. An der rechten Seite schließt sich der Fastenraum, der **Çilehane** an, in dem die Novizen ihre Prüfungs- und Fastenzeit zubrachten. Über hinabführende Treppen erreicht man den großen ›Raum der Vierzig‹, **Kırklar Meydanı**; er diente der Lehre und dem Gebet. Ein vierzigarmiger Kandelaber symbolisiert die vierzig Weggefährten des Hacı Bektaş, die ihn aus Chorasan hierher begleitet haben. Auf der Westseite des Raums liegt neben einer Reihe von Ordensoberen auch das Grab des Güvenç Abdal, einen Heiligen des Ordens, der bis heute von den Bauern der Umgebung verehrt wird. Von diesem Raum, in dem auch rituelle Tänze veranstaltet wurden, führt eine Treppe in die **Türbe des Hacı Bektaş**. Der hohe Sarkophag ist mit grünem Stoff bedeckt, der mit Medaillons, Kalligraphien und Blütenmotiven bestickt ist. An der Ostseite des Hofes liegt die Türbe von Balım Sultan – dem Nachfolger des Haci Bektaş – aus dem Jahr 1519, erbaut im traditionellen seldschukischen Stil.

An der Hauptstraße von Hacıbektaş liegt ein kleines, erst 1987 eröffnetes **Museum** mit Funden von der frühen Bronzezeit bis zur phrygischen Periode. Ein Raum dient als ethnographische Abteilung, in der Gewänder, Waffen, Schmuck und sehenswerte Kelims ausgestellt sind. Am Ortsausgang in Richtung Gülşehir führt im spitzen Winkel nach rechts abzweigend eine kleine Asphaltstraße zu dem 12 km entfernt gelegenen Großdorf **Karaburna**, das sich unterhalb eines Tafelberges erstreckt. Etwa 300 m hinter dem Ortsschild führt ein Dorfweg hinunter zu einem Waschplatz. Hier beginnt ein Weg auf das Plateau. Auf der dem Dorf zugewandten Seite erkennt man eine **hethitische Toranlage**, die einem natürlichen Einbruch in der Felskante vorgelagert ist. Links des Einschnitts ist eine etwa 2 m lange hethitische Inschrift in den Fels gemeißelt, die in der Mittagszeit am besten zu erkennen ist. Sie besteht aus drei Zeilen mit einer abgesetzten Überschrift. Im Jahr 1900 wurde diese Inschrift entdeckt, ihren Sinn hat man jedoch noch nicht eindeutig klären können.

»Wer den Weg nicht mit Vernunft geht, der steht am Ende im Dunkeln.«
Hacı Bektaş Veli

Muçur

Das aufstrebende Landstädtchen Muçur mit einem alten Ortskern hat ca. 12 000 Einwohner. Im Zentrum der Stadt liegt der gut ausgeschilderte Eingang zu einer **unterirdischen Stadt**. Die Anlage umfaßt 42 Räume, die vornehmlich in römischer und byzantinischer Zeit genutzt wurden. Die Stadt, deren oberstes Stockwerk – wie Deckeneinbrüche zeigen – unmittelbar unter der Oberfläche angelegt ist, liegt bis zu drei Etagen tief. Der Rundgang ist sehr übersichtlich durch blaue und rote Pfeile markiert. Treppen führen hinab zu einem großen, ca. 12 m langen Raum, in dessen Wände Nischen hineingearbeitet sind, und hier findet man die typischen Verschlußsteine. Aus spätbyzantinischer Zeit sind zwei große Amphoren erhalten. In einem tieferliegenden Stockwerk befindet sich ein ähnlich gestalteter Raum mit einer Zisterne. Über schmale und sehr niedrige Gänge und Tunnel gelangt man wieder nach oben. Ein hallenartiger Raum mit Nischen und Vertiefungen, die an Taubenhäuser erinnern, ist besonders auffällig. Eine durch ein Giebeldach und seitliche Pfeiler hervorgehobene Zentralnische läßt auf eine religiöse Nutzung des Raumes schließen.

Kırşehir

20 km hinter Muçur erreicht man die blühende Stadt Kırşehir mit ca. 75 000 Einwohnern, die seit 1957 Provinzhauptstadt ist. Sie liegt am Westrand der Hochfläche von Bozok, umgeben von Gärten und ergiebigen Thermalquellen. Aus der Blütezeit im 13. Jh., als Kırşehir eine wichtige Handelsstadt an der Karawanenstraße von Ankara nach Kayseri war, sind noch einige Bauten erhalten. Im 13. Jh. entwickelte sich Kırşehir – damals Gülşehir, die ›Rosenstadt‹ – rasch zu einem religiösen Zentrum und war Heimat einiger bedeutender Sekten, vor allem der politisch und religiös einflußreichen Ahi-Bruder-

Kırşehir ☆
Besonders sehenswert:
Caca Bey Camii
Ahi Evran Türbesi
Aşık Paşa Türbesi

Kappadokien

schaft; ihr Gründer, Ahi Evran, lehrte in Kırşehir und wurde auch hier beigesetzt. Die Ahis, die ›Brüder‹, waren zunächst die Anführer von wie Gilden organisierten Bünden, die vor allem den Handwerkerschichten entstammten. Sie leiteten sich aus der Futuwwa-Bewegung ab, die sich im 11. Jh. in Bagdad in Bruderschaften organisierte und deren Ideale vor allem Freigiebigkeit, Edelmut, Brüderlichkeit, Gemeinschaftssinn und Jünglingsgemeinschaft waren. Der arabische Reisende Ibn Battuta beschrieb begeistert die Gastfreundschaft der Ahis in jeder Stadt Anatoliens. Ihre besondere Beziehung zu den Seldschukensultanen förderte den militärischen Charakter dieses verwaltungsmäßig straff durchorganisierten Ordens und machte ihn in den Städten, insbesondere in Ankara, zu Stützen der Zentralmacht. So konnte er z. B. die Stadt 1333 gegen die Mongolen erfolgreich verteidigen, um sie dann dem osmanischen Sultan Murat I. zu übergeben. Die Ahis waren strenge Sunniten, dennoch hatten sie zu den beiden großen Orden der Bektaşi und der Mevlevi enge Kontakte. In der zweiten Oktoberwoche findet in Kırşehir alljährlich eine Kulturwoche zum Andenken an die Bruderschaft der Ahis statt.

Trotz des Niedergangs des seldschukischen Reiches entwickelte sich Kırşehir zu einem Zentrum der türkischen Kultur. Aşik Paşa, ein berühmter Dichter und Philosoph, Caca Bey, der Sohn von Kılıç Arslan IV., Ahi Evran (1236–1329), der Führer der Handwerker und Kaufleute, Hacı Bektaş, der Gründer des Bektaşi-Ordens, der Scheich Edebalı, Schwiegervater des ersten osmanischen Sultans Osman Gazi, und viele andere bedeutende Persönlichkeiten lebten und lehrten hier. Kırşehir teilte das Schicksal vieler anatolischer Städte: Es geriet unter die Herrschaft verschiedener Turkstämme und wurde schließlich unter Murat II. in das Osmanische Reich eingegliedert. Bis ins 19. Jh. hinein behielt Kırşehir jedoch seine Bedeutung als Handelsplatz.

In der Nähe des Hauptplatzes liegt neben der Post die **Ahi Evran Türbesi**, die später durch einen Moscheebau erweitert wurde. Beide Baukörper sind deutlich voneinander getrennt: Die groben Bruchsteine der Türbe und die fein gearbeiteten Sandsteine der Moschee bilden einen auffälligen Kontrast. Die Moschee besteht aus zwei Kuppelräumen und einem tonnengewölbten Raum. Die Ausmalung des Inneren, in der auch die Angehörigen des Ahi Evran bestattet sind, stammt aus dem 19. Jh. Am Hauptplatz liegen zwei andere seldschukische Bauwerke, die westlich gelegene **Burg**, die bis auf wenige Reste verschwunden ist, und die **Caca Bey Camii**, eine ehemalige Medrese, die 1273 von Cebrail Ibn Bahâeddin Caca erbaut wurde. Die Medrese folgt dem typischen seldschukischen Bauplan. Bevor sie zu einer Moschee umgebaut wurde, war sie ein Zentrum naturwissenschaftlicher, insbesondere astronomischer Forschung. Die tiefreliefierten, sich überschneidenden Bänder des eindrucksvollen Portals deuten auf die Spätphase der seldschukischen Kunst hin. Das Innere der überkuppelten, nach oben hin offenen Moschee-Medrese zeigt die klare Aufteilung dieses Bautyps: zwei seitliche

Caca Bey Camii, Detail

Kırşehir

Fenster der Caca Bey Camii in Kırşehir

Lehrräume und ein erhöhter, durch einen breiten Gurt abgesetzter Haupteyvan, in dem sich heute eine einfache Gebetsnische und eine ebenso einfache Freitagskanzel befinden. Besondere Beachtung verdienen zwei Scheinsäulen, die das Tonnengewölbe nach vorne hin abschließen.

Aufgrund der Asymmetrie der Anlage und der unterschiedlichen Bauteile wirkt die Moschee heute etwas verbaut. Jeder Bogen hat z. B. eine andere Spannweite, der Hauptraum unter der Kuppel und der Haupteyvan jedoch bilden eine architektonische Einheit. Neben der Moschee steht die **Caca Bey Türbesi**. An der Innenwand des Grabes befindet sich eine seldschukische Inschrift, die dekorativ als umlaufendes Band gestaltet ist. Das Portal ist in einfachem seldschukischen Stil vor die Türbe gesetzt.

Im Friedhofsbereich der Stadt, direkt von der Umgehungsstraße aus zugänglich, liegt die **Aşik Paşa Türbesi**, die um 1333 erbaut wurde. Das Eingangsportal ist besonders sehenswert. Die Nische oberhalb der Tür wölbt sich wie eine Muschel nach außen und weist wie die wulstartigen Portalreliefs auf mongolische und spätseldschukische Einflüsse hin. Umfangreiche Restaurationen der Fassade bestimmen das heutige Aussehen der Türbe. Im Inneren ist sie bis auf einen Sarkophag leer.

Kappadokien

Aşik Paşa Türbesi in Kırşehir

Südlich der Stadt biegt nach Westen die Straße nach Aksaray ab, auf der man nach 17 km eine Karawanserei und die dreizehnbogige seldschukische **Brücke von Keşik Köprü** erreicht. Die Pfeiler der Brücke, die den Kızıl İrmak überspannt, sind heute schon teilweise im Wasser versunken – eine Folge der Aufstauung des Flusses zum Hırfanlı-Stausee, dessen Talsperre 1959 fertiggestellt wurde. Am östlichen Flußufer liegt nahe der Brücke der **Keşik Köprü Hanı**, der von dem Sohn des Caca Bey 1268 gestiftet wurde. Der abweisend und wehrhaft wirkende Bau ist heute vollständig restauriert. Ein ansehnliches Portal und das hohe Mittelschiff sind die auffallenden Akzente des Han.

Die Straße von Kırşehir nach Ankara führt bei dem Dorf **Köprüköy** über eine **seldschukische Brücke**. Mehrere unterschiedlich große Bögen bilden das Fundament für die Straße, die in ihrem höchsten Punkt einen für seldschukische Brücken typischen Knick aufweist. Die Brücke steht an der Stelle, an der der Kızıl İrmak die weite Hochfläche verläßt und in eine bizarre Felslandschaft eintritt.

Hier schließt sich nun der Kreis; Zentralanatolien mit seiner Fülle eindrucksvoller Kultur-Zeugnisse liegt hinter uns. Wenn dieser Führer dazu beigetragen hat, Ihnen das Gebiet nahezubringen, wenn er Ihnen eine Hilfe war, das Land zu erkunden und besser zu verstehen, dann ist das Ziel erreicht.

Glossar

Agora (gr.) Marktplatz und Mittelpunkt des öffentlichen Lebens in einer antiken Stadt, als Staatsagora politisches Zentrum

Akanthus (gr.) distelartige Pflanze, deren Blattform als Vorbild für eine antike Ornamentform diente (korinthisches Kapitell)

Akroterion (gr.) bekrönender Schmuck von Giebelspitzen und Giebelenden

Ambo (lat.) freistehende Kanzel in einer byzantinischen Kirche

Antentempel s. Tempel

Apsis (gr.) Raumteil mit halbrundem Grundriß und Halbkuppel, der den östlichen Abschluß einer Kirche bildet

Arabeske (frz.) unendlich fortsetzbares Ornamentmuster, das aus Pflanzenmotiven besteht

Arcosolium (lat.) von einer Bogennische überwölbtes Felsgrab

Arkade (lat.) Bogen über Säulen oder Pfeilern, meist in fortlaufender Reihung

Atrium (lat.) in der christlichen Architektur säulenumstandener Vorhof einer byzantinischen Kirche

Avlu Vorhof einer Moschee

Baptisterium (gr.) Taufbecken oder Taufkapelle in oder bei einer Kirche

Basilika (gr.) in der wörtlichen Bedeutung zunächst Königshalle mit drei oder mehreren Längsschiffen, deren mittleres bisweilen erhöht war. In römischer Zeit Markthalle, woraus sich in der christlichen früh ein bevorzugter Kirchentyp entwikkelte
Der Bauplan setzt sich zusammen aus
1. Atrium (Vorhof)
2. Narthex (quergelagerte Vorhalle)
3. Naos (Hauptschiff mit Seitenschiffen)
4. Bema (erhöhter Altarraum)
5. Synthronon (Sitzreihen im Chor)
6. Apsis (meist Altarnische)
7. Pastophorion (Schatzkammer)

Bedesten (pers.) überdachter, durch Tore verschließbarer Teil eines Basars

Beylik Fürstentum, von einem Bey regiertes Land

Cami (arab.) große Freitagsmoschee mit Minarett im Unterschied zur kleinen → Mescit

Cavea (lat.) Zuschauerraum eines antiken Theaters

Cella (lat.) Haus der Gottheit, das fensterlose innerste Heiligtum eines Tempels

Çeşme (türk.) Straßen-, Trinkbrunnen

Deesis (gr.) Darstellung von Christus zwischen Maria und Johannes dem Täufer als Fürbitter. Maria stellt symbolisch das Neue Testament dar, Johannes der Täufer das Alte Testament

Dershane (türk.) Unterrichtsraum in einer → Medrese

Derwisch (pers.) Wander- oder Bettelmönch, meist Mitglied einer religiösen Bruderschaft, z. B. der Mevlevi oder der Bektaşi

Akanthusblüte

Fünfschiffige Basilika

Glossar

Fliese aus Konya

Glasierte Fliese mit dem Motiv des zweilappigen Blattes

Diazoma (gr.) Umgang zwischen den Sitzstufen in einem griechischen Theater
Diözese (gr.) Kirchen- und Verwaltungsbezirk im Byzantinischen Reich
Dipteros (gr.) s. Tempel
Epitaph (gr.-lat.) Grabinschrift oder Gedenktafel mit Inschrift
Eyvan (Eiwan, Liwan) (pers.) große überwölbte Nischenhalle, die sich zu einem Hof hin öffnet
Exedra (gr.) einer Apsis vergleichbarer halbrunder, manchmal auch eckiger Raum als Nischenabschluß einer Kirche, mit Sitzreihen ausgestattet
Fayence (frz.) bemalte und glasierte Keramikfliese, die in seldschukischer und osmanischer Zeit als Wanddekoration in sakralen und profanen Gebäuden weite Verbreitung fand und hauptsächlich in İznik und Kütahya hergestellt wurde
Fresko (ital.) auf frischem, feuchtem Putz aufgetragene Wandmalerei
Gavur (Giaur) (arab.) Nicht-Muslim, Ungläubiger
Genien Halbgöttliche, bisweilen geflügelte Wesen
Hamam öffentliches Türkisches Bad
Han → Karawanserei
Haremlik familiärer Privatbereich in einem größeren türkischen Haus
Hatun Frau, Dame
Heroon Kultanlage zu Ehren eines Heroen, eines Helden, oder einer als göttlich verehrten Person
Hüyük (türk.) Kulturschutthügel aus Lehmziegelsiedlungen, die jeweils überbaut wurden
Hypokausten (gr.) Hohlräume unter den Fußböden, die durch Ziegelpfeiler oder -säulen gestützt waren; sie dienten der Bodenbeheizung von Baderäumen
Ikonostase (gr.) meist mit figürlichen Darstellungen geschmückte Trennwand zwischen Altarraum und Gemeinderaum in einer byzantinischen Kirche
İman meist Oberhaupt einer islamischen Gemeinde; manchmal auch Vorbeter
İmaret (arab.) Armenküche innerhalb eines Moscheekomplexes, als massiver Steinkomplex errichtet
Karawanserei (pers.) Raststation an den Handelswegen, in Anatolien seldschukisch aus dem 13. Jh.
Karum assyrisches Handelszentrum
Kenotaph (gr.) leerer, symbolischer Sarg oder Sarkophag in einer Begräbnisstätte. Der Tote ist meist – aber nicht immer – am gleichen Ort in der Erde bestattet
Kibla (Qibla) Moscheewand, die in Richtung Mekka weist
Kilise Kirche
Kline Totenlager, Liege
Külliye (arab.) geschlossener Baukomplex eines Moscheebezirks
Kümbet Grabdenkmal, Mausoleum
Kütüphane Bibliothek
Kufi eckige Monumentalform der arabischen Schrift
Martyrien (gr.) Gedenkstätten für Märtyrer
Medrese (arab.) theologische Hochschule, insbesondere für die Lehre des Koran, an der auch Mathematik, Astronomie, Medizin, Grammatik und Literatur gelehrt wurde

Glossar

Megaron (gr.) rechteckige Wohnhalle; Bautyp mit Haupthaus und Vorhalle, seit altanatolischer Zeit bezeugt
Mescit (arab.) kleine Moschee ohne Minarett
Mihrab (arab.) nach Mekka ausgerichtete Gebetsnische in einer Moschee
Minarett (arab.) schlanker Turm bei einer Moschee, dessen Umgang *(şerefe)* über eine Wendeltreppe im Inneren zu erreichen ist. Von hier aus wird zum Gebet *(ezan)* gerufen.
Mimber (Minbar) Freitagskanzel rechts des →Mihrab
Monolith Baukörper aus einem einzigen Steinblock
Müezzin (türk.) Gebetsrufer
Muqarnas (arab.) Ornament, das aus kleinen Nischen zusammengesetzt ist. Vor allem in der seldschukischen Architektur ein weitverbreitetes Zier- und Konstruktionsornament zur Überleitung von geraden zu gebogenen Formen
Naos (gr.) Raum für das Götterbild in griechischen →Tempeln
Narthex (gr.) querliegende, westliche Vorhalle einer →Basilika
Nahski arabische Rundschrift in dekorativem Stil
Nekropole (gr.) antiker Friedhof außerhalb einer Stadt, meist an den Straßen
Nymphaion (gr.) öffentliche Brunnenanlage in antiken Städten; in römischer Zeit meist mit prachtvollen Fassaden versehen
Opsidian (lat.) vulkanisches Glas. Werkstoff und Handelsgut vor allem in prähistorischer Zeit (Çatal Hüyük, Hacılar u. a.)
Opisthodomos (gr.) hintere kleinere Halle, die an die Cella eines Tempels angrenzt (s. Tempelformen)
Orchestra (gr.) zentraler, kreisrunder Platz in einem antiken Theater; ursprünglich der Tanzplatz bei dionysischen Festen, dann der Ort für Chor und Schauspieler
Orthostat (gr.) senkrecht stehende Steinplatten, die die unteren Teile des Mauerwerks verkleideten und teilweise (Alaca Hüyük, Karkemisch) mit Reliefs verziert waren
Palästra (gr.) von Säulen umstandener Hof eines Gymnasiums, der sportlichen Zwecken diente
Pankus hethitische Adelsversammlung
Pantokrator Darstellung von Christus in der Haltung des Allherrschers, meist in der Kuppel byzantinischer Kirchen
Pendentif sphärisches Dreieck, das den Übergang von einem quadratischen Grundriß zu einem Kreisgrundriß ermöglicht. Eine Sonderform der Pendentifs bilden die ›Türkischen Dreiecke‹, die den Übergang zur Kuppel bilden, z. B. in den Medresen von Konya
Peripteros (gr.) s. Tempel
Peristyl (gr.) von Säulen umstandener Innenhof eines Gebäudes, auch eines Wohnhauses
Pilaster (lat.) Blendpfeiler, den Außenwänden vorgelegt
Pithoi (gr.) Vorratsbehälter aus Ton
Polos runde Kopfbedeckung, die die Bedeutung z. B. eines Gottes unterstreicht; fast alle Kybelestatuen tragen einen Polos
Pronaos (gr.) Vorhalle der → Cella eines Tempels

Aus Holz geschnitzes Mimber-Motiv

Glossar

Säulen ionischer (oben), dorischer (Mitte) und korinthischer Ordnung (unten)

Propylon (gr.) Torbau
Proszenium (lat.) erhöhte Plattform vor der Bühnenwand, auf der in römischer Zeit Theater gespielt wurde
Prostylos s. Tempel
Pseudodipteros s. Tempel
Refektorium (lat.) Speisesaal in einem Kloster
Rhyton (gr.) Trinkgefäß in der Form eines Tierkopfes
Şadırvan (arab.) Waschbrunnen bei einer Moschee
Scenae (frons) (lat.) Wand des Bühnenhauses in einem Theater
Schiiten islamische Glaubensrichtung, die nur Ali und seine Nachkommen aus der Ehe mit Fatima als die rechtmäßige Führer des Islam anerkennt
Selamlık (arab.) öffentlicher Empfangsraum eines islamischen Wohnhauses
Sema (arab.) mystischer Tanz
Şerefe (arab.) Umgang, Balkon bei einem → Minarett
Şifahane Krankenhaus
Spolie (lat.) Baumaterialien, die vorher schon beim Bau anderer Gebäude verwendet wurden, meist antike Bauteile
Stadion (gr.) Sportstätte für den Wettlauf; ursprünglich ein griechisches Längenmaß (ca. 190 m)
Stele aufrecht stehender Stein, teils mit Inschriften versehen, teils mit Reliefs geschmückt
Stoa (gr.) antike, überdachte (Wandel-)Halle mit Säulenfront
Stylit christlicher Säulenheiliger
Sunniten orthodoxe islamische Glaubensrichtung; betrachtet neben dem Koran auch die Aussprüche des Propheten als Grundlage der offenbarten Religion

Tambour (frz.) zylindrischer Unterbau einer Kuppel
Tekke (arab.) Derwischkloster
Temenos (gr.) heiliger Bezirk für einen oder mehrere Tempel
Tempel Das ›Haus der Gottheit‹ wurde aus dem → Megaron entwickelt und hat im Lauf der Zeit vielfältige Formen angenommen. Aus der Verschiedenheit der äußeren Umbauung der Cella leiten sich die Bezeichnungen für die Tempel ab:
1. Die Cella ohne Säulen heißt auch Astylos.
2. Beim **Antentempel** ist der Cella ein Pronaos mit Säulen vorgelagert.
3. Der **Doppelantentempel** wiederholt die Antenfront an der Rückseite mit einem → Opisthodomos.
4. Sind die Anten zurückgenommen und ist dem Tempel eine Säulenhalle vorgelagert, spricht man von einem **Prostylos** und
5. von einem **Amphiprostylos**, wenn die Säulenhalle auch an der Rückseite des Tempels wiederkehrt.
6. Ein Tempel mit umlaufender Säulenstellung hieß **Peripteros**, der entstehende Umgang Peridromos.
7. Der **Dipteros** besitzt eine doppelte Säulenstellung.
8. Beim **Pseudodipteros** sind die Säulen den Längsseiten der Cellawand vorgeblendet oder sie fehlen ganz (doppeljochiger Umgang).
Thema Verwaltungseinheit des Byzantinischen Reiches seit dem 7. Jh.; Bezeichnung für die neuen Militärbezirke unter Leitung eines Strategen
Theotokos Maria als die Mutter Gottes nach der orthodoxen Lehre

Thermen öffentliche römische Badeanlagen
Troglodyten Bezeichnung für die Höhlenbewohner Kappadokiens in byzantinischer Zeit
Trompe Verbindungsglied zwischen quadratischem und Kreisgrundriß in Form eines Hohlkegels zur Bildung einer Kuppel
Türbe islamisches Mausoleum
Vakif religiöse Stiftung
Zaviye Komplex von Sakralbauten

Literaturempfehlungen

Allgemeines und Landeskunde

Grothusen, K.-D. (Hrsg.): Türkei. In: Südosteuropa-Handbuch Bd. VI, Göttingen 1985
Hütteroth, W.-D.: Türkei. Wissenschaftliche Länderkunde 21, Darmstadt 1982
Kündig-Steiner, W.: Die Türkei. Ländermonographien 4, Tübingen 1974
Moltke, H. v.: Zustände und Begebenheiten in der Türkei. Berlin 1893
Türkei. Munzingers Länderprofile. Fakten – Personen – Ereignisse, Frankfurt 1989
Akurgal, E. (Hrsg.): Kunst in der Türkei. Würzburg 1980
Lexikon der Alten Welt. Zürich/München 1990
Der kleine Pauly. Lexikon der Antike. Zürich/München 1979
Bellinger, G. J.: Lexikon der Mythologie. München 1989
Kreiser, K./Diem, W./Majer, H. G. (Hrsg.): Lexikon der islamischen Welt. 3 Bde., Stuttgart 1974
Khoury/Hagemann/Heine: Islam-Lexikon. Freiburg 1991
Cahen, C.: Der Islam I. Vom Ursprung bis zu den Anfängen des Osmanenreiches. Fischer Weltgeschichte 14, Frankfurt/M. 1968
Encyklopädie des Islam. Leiden 1938
Kellerhals, E.: Der Islam. Geschichte – Lehre – Wesen. Basel 1967
Gosciniak, H.-T.: Kleine Geschichte der islamischen Kunst. Köln 1991
Kühnel, E.: Die Kunst des Islam. Stuttgart 1962
Kühnel, E.: Islamic Art and Architecture. London 1966
Otto-Dorn, K.: Die Kunst des Islam. Baden-Baden 1980
Ünsal, B.: Turkish Islamic Architecture in Seljuk and Ottoman Times (1071–1923). London 1953

Akurgal, E.: Ancient Civilisations und Ruins of Turkey. İstanbul 1983
Freely, J.: Türkei, ein Führer. München 1984
Grashäuser, J./Schmid, M. X.: Türkei gesamt. Göttingen ⁵1992
Gronau, D.: Türkei. Ein Landschafts- und Erlebnisführer. Badenweiler 1989

Literaturempfehlungen

Hoff, E. P./Korst, M.: Türkei Handbuch. Rappweiler ⁴1989
Kasparek, M. u. A.: Türkei, Reiseführer Natur. München 1990
Schneider, D.: Türkei – Richtig Reisen. Köln 1988
Tappe, A.: Türkei – magisch reisen. Brücke zwischen Abend- und Morgenland. München 1991
Bastanoğlu, S.: Türkische Küche. Köln 1985
Gümüş, D.: Türkische Kochkunst, İstanbul 1988
Curatoli, G.: Teppiche. München 1981
Erdmann, K.: Der orientalische Knüpfteppich. Versuch einer Darstellung seiner Geschichte. Tübingen ³1965
Schürmann, U.: Teppiche aus dem Orient, Luxemburg o. J.
Spuler, F.: Konya-Teppiche. In: Die Kunst des Islam. Propyläen Kunstgeschichte Bd. 4, Berlin 1973

Vor- und Frühgeschichte

Alkim, U. B.: Anatolien I. Genf 1968/München 1978
Akurgal, E.: Die Kunst der Hethiter. München 1976
Bittel, K.: Grundzüge der Vor- und Frühgeschichte Kleinasiens. Tübingen 1950
ders.: Die Hethiter. München 1976
ders.: Hattuscha. Köln 1986
Ceram, C. W.: Enge Schlucht und Schwarzer Berg. Hamburg 1955
Cornelius, F.: Die Geschichte der Hethiter. Darmstadt 1973
Lloyd, S.: Early Anatolia. London 1956
Mellaart, J.: Çatal Hüyük. London 1967/Bergisch Gladbach 1967
Naumann, R.: Architektur Kleinasiens. Tübingen 1972
Neve, P.: Hattuscha, Stadt der Götter und Tempel. Mainz 1992
Neve, P.: Hattuscha Informationen. Boğazkale 1985
Otten, H.: Hethiter, Hurriter, Mitanni. In: Fischer Weltgeschichte, Frankfurt/M. 1966
Rossner, E. P.: Die hethitischen Felsreliefs in der Türkei. München 1988
Wilhelm G.: Grundzüge der Geschichte und Kultur der Hurriter. Darmstadt 1982

Antike

Akurgal, E.: Phrygische Kunst. Ankara 1955
Aulock, H. v.: Münzen und Städte Phrygiens. İstanbuler Mitteilungen, Beiheft 25. Tübingen
Haspels, E.: The Highlands of Phrygia. Princeton 1971
Metzger, H.: Anatolien II. Genf 1969/München 1979
Young, R. S.: Gordion. Ankara 1968

Die byzantinische Epoche

Beck, H.-G.: Das byzantinische Jahrtausend. München 1982
Bell, G./Ramsey, W. M.: The Thousand and One Churches. London 1909
Browning, R.: Byzanz, Roms Goldene Tochter. Die Geschichte des byzantinischen Weltreiches. Bergisch Gladbach 1982

Ducellier, A.: Byzanz. Das Reich und die Stadt. Frankfurt/New York 1990
Eickhoff, E.: Friedrich Barbarossa im Orient. İstanbuler Mitteilungen, Beiheft 17, Tübingen 1977
Eyice, S.: Die byzantinische Kunst in der Türkei. In: Akurgal, E. (Hrsg.), Kunst in der Türkei, Würzburg 1980
Giovannini, L.: Kunst in Kappadokien. Genf 1972
Restle, M.: Byzantinische Wandmalerei in Kleinasien. 3 Bde., Recklinghausen 1967
Rice, D. T.: Byzantinische Kunst. München 1959
Runciman, S.: Byzanz – Von der Gründung bis zum Fall Konstantinopels. München 1969
Runciman, S.: Geschichte der Kreuzzüge. München 1978
Stierlin, H.: Byzantinischer Orient. Stuttgart 1988
Thierry, N.: L'art monumental byzantin en Asie Mineure du XIe siècle au XIVe. In: Dumberton Oaks Papers, Washington D. C. 1975
Thierry, N.: Nouvelles églises ruprestres de Cappadoce – Région du Hasan Dağı. Paris 1963
Winkelmann, F./Gomolka-Fuchs, G.: Die byzantinische Kultur. Leipzig 1988

Seldschukische und osmanische Zeit

Altun, A.: An Outline of Turkish Architecture in the Middle Ages. Ankara 1990
Arık, O.: Die türkische Architektur zur Zeit der Emirate. In: Akurgal, E. (Hrsg.), Kunst in der Türkei, Würzburg 1980
Aslanapa, O.: Turkish Art and Architecture. London 1971
Erdmann, K. u. H.: Das anatolische Karawanseray des 13. Jhs., 3 Bde., İstanbuler Forschungen 21 u. 31, Berlin 1961/62 u. 1976
Erdmann, K.: Zur türkischen Baukunst seldschukischer und osmanischer Zeit. In: İstanbuler Mitteilungen VIII (1958)
Gabriel, A.: Monuments Turcs d'Anatolie. 2 Bde., Paris 1934
Goodwin, G.: A History of Ottoman Architecture. London 1971
Gost, R.: Der Harem. Köln 1991
Kuban, D.: Die osmanische Architektur. In: Akurgal, E. (Hrsg.), Die Kunst in der Türkei. Würzburg 1980
Küçükerman, Ö.: Das Alttürkische Wohnhaus. İstanbul ⁵1992
Kühnel, E.: Islamische Kleinkunst. Braunschweig 1963
Kuran, A.: Die anatolisch-seldschukische Architektur. In: Akurgal, E. (Hrsg.), Kunst in der Türkei. Würzburg 1980
Matuz, J.: Das Osmanische Reich. Grundlinien seiner Geschichte, Darmstadt 1985
Meinecke, M.: Fayencedekorationen seldschukischer Sakralbauten in Kleinasien. Istanbuler Mitteilungen Beiheft 13, Tübingen 1976
Öney, G.: Architectural Decoration and Minor Arts in Seljuk Anatolia. Ankara 1978
ders.: Bauschmuck und Kleinkunst. In: Akurgal, E. (Hrsg.), Kunst in der Türkei, Würzburg 1980

Literaturempfehlungen

Rice, T. T.: Die Seldschuken. Köln 1963

Schneider, G.: Bauornamente der Seldschuken in Kleinasien. 2 Bde., Wiesbaden 1980/89

Vogt-Göknil, U.: Osmanische Türkei. In: Stierlin, H. (Hrsg.), Architektur der Welt, Lausanne o. J.

Die Türkei seit Atatürk

Göktürk, P.: Der Werdegang der modernen Türkei. İstanbul 1983

Heper, M./State, A.: Democracy and the Military, Turkey in the 1980s. Berlin/New York 1988

Lewis, B.: The Emergence of Modern Turkey. Oxford 1968

Rill, B.: Kemal Atatürk. Hamburg 1985 (ro ro ro-Monographien)

Schmitt, E. (Hrsg.): Türkei: Politik, Ökonomie, Kultur. Berlin 1985

Şen, F.: Türkei, Land und Leute. München 1985

Werle, R./Kreile, R.: Renaissance des Islam. Das Beispiel Türkei. Hamburg 1987

Werner, E./Markov, W.: Geschichte der Türkei. Von den Anfängen bis zur Gegenwart. Berlin 1979

Fremde Kulturen kennenlernen und gastfreundlichen Menschen begegnen – wie sehr genießen wir das auf Reisen. Zu Hause bei uns jedoch wird mancher Ausländer von einer kleinen Minderheit beschimpft, bedroht oder sogar mißhandelt. Alle, die in fremden Ländern Gastrecht genossen haben, tragen hier besondere Verantwortung. Deshalb: Lassen Sie es nicht zu, daß Ausländer diffamiert und angegriffen werden. Lassen Sie uns gemeinsam für die Würde des Menschen einstehen.

Verlagsleitung, Mitarbeiterinnen und Mitarbeiter des DuMont Buchverlages

Inhalt des Infoteils

Praktische Reiseinformationen

Reisevorbereitung
Informationsstellen 386
Einreisebestimmungen 386
Reisezeit 387
Gesundheitsvorsorge 387
Anreise 387

Informationen für unterwegs
Auskunftsstellen 389
Unterkunft 390
Camping 392
Essen und Trinken 392
Festivals und Messen 394
Urlaubsaktivitäten 394

Kurzinformationen von A bis Z 396

Kleiner Sprachführer 409

Abbildungs- und Zitatnachweis 414
Personenregister 415
Ortsregister 420
Danksagung 427
Impressum 431

Reisevorbereitung

Informationsstellen

Bei den türkischen Fremdenverkehrsämtern erhält man Prospekte, Kartenmaterial und Hotelführer.

... in der Bundesrepublik Deutschland
Baseler Straße 37
D-60329 Frankfurt/Main
✆ 0 69/23 30 81–2

Karlsplatz 3/1
D-80335 München
✆ 0 89/59 49 02, 59 43 17

... in Österreich
Singer Straße 2/8
A-1010 Wien
✆ 01/5 12 21 28/29

... in der Schweiz
Talstraße 74
CH-8001 Zürich
✆ 01/2 21 08 10–12

... in der Türkei
Gazi Mustafa Kemal Bulv. 121
06570 Ankara
✆ 3 12/2 29 26 31
Meşrutiyet Cad. 57/56
34840 İstanbul-Beyoğlu
✆ 2 12/2 45 68 75

Diplomatische Vertretungen der Türkei

... in der Bundesrepublik Deutschland
Botschaft der Republik Türkei
Utestraße 47
D-53179 Bonn-Bad Godesberg
✆ 02 28/34 60 52

Konsulate der Republik Türkei gibt es in Berlin, Düsseldorf, Essen, Frankfurt, Hamburg, Hannover, Karlsruhe, Köln, Leipzig, Mainz, München und Nürnberg.

... in Österreich
Botschaft der Republik Türkei
Prinz-Eugen-Straße 40
A-1040 Wien
✆ 01/5 05 73 38, 5 05 55 59

Konsulate der Republik Türkei findet man in Bregenz und Salzburg.

... in der Schweiz
Botschaft der Republik Türkei
Lombachweg 33
CH-3006 Bern
✆ 0 31/43 16 91

Konsulate der Republik Türkei gibt es in Genf und Zürich.

Einreisebestimmungen

Für einen bis zu drei Monate dauernden Aufenthalt genügen Reisepaß oder Personalausweis. Kinder unter 16 Jahren müssen sich entweder durch einen Kinderausweis (mit Foto) oder durch einen Eintrag im Paß eines Elternteiles ausweisen. Eine Verlängerung der Aufenthaltsgenehmigung über drei Monate hinaus ist über ein Konsulat rechtzeitig zu beantragen. Sie wird in der Regel problemlos gewährt. Für eine Anreise mit dem Auto durch Rumänien und Bulgarien sind Transitvisa bei den jeweiligen Botschaften zu beantragen.

Reisezeit

Die besten Reisemonate für den Besuch der Zentraltürkei sind Mai/Juni und September/Oktober. Da im anatolischen Hochland ein trockenes Kontinentalklima herrscht, sind die Sommermonate Juli und August recht heiß (ca. 35–40 °C). Fast immer weht aber ein leichter Wind, der das Reisen auch in diesen Monaten angenehm macht. Abends kühlt es deutlich ab.

Gesundheitsvorsorge

Impfvorschriften bestehen nicht, eine Hepatitisimpfung ist aber ratsam. Prinzipiell kann man in der Türkei alle notwendigen Medikamente bekommen. Fast in jedem Ort gibt es eine Apotheke *(eczane)*, in der alle handelsüblichen Medikamente erhältlich sind. Diese werden entweder eingeführt oder in Lizenz im Land hergestellt; sie sind oftmals um die Hälfte billiger als bei uns. Dennoch ist es sinnvoll, eine Grundausstattung von ständig benötigten Medikamenten und solchen gegen Durchfall, Fieber, Infektionen, Insektenstiche und Wundinfektionen mitzunehmen.

Die ärztliche Versorgung ist zumindest in den Städten gesichert. Mit der Türkei wurde ein Abkommen über die gegenseitige Anerkennung von Krankenscheinen abgeschlossen. Man erhält auch bei einigen Versicherungen Auslandskrankenscheine, die allerdings nur von den Ärzten und Kliniken der türkischen Sozialversicherungsanstalt (Sosyal Sigortlar Kurumu) akzeptiert werden. Es ist ratsam, sich vor der Reise bei der Krankenkasse nach den Versicherungsmöglichkeiten zu erkundigen und ggf. eine befristete Auslandskrankenversicherung mit Rücktransport abzuschließen.

Anreise

... mit dem Flugzeug

Von allen größeren Flughäfen der Bundesrepublik Deutschland bestehen Flugverbindungen nach İstanbul oder Ankara mit fast allen mitteleuropäischen Fluggesellschaften und der Turkish Airlines.

Büros der Turkish Airlines (Türk Hava Yolları, THY) befinden sich in Afyon, Aksaray, Ankara, Çorum, Eskişehir, Karaman, Kayseri, Kırşehir, Konya und Yozgat (weitere Büros in allen größeren Städten des Landes). Turkish Airlines hat in Deutschland Niederlassungen in Berlin, Köln, Düsseldorf, Frankfurt, Hamburg, Hannover, Leipzig, München, Nürnberg und Stuttgart, in Österreich in Wien, in der Schweiz in Genf und Zürich. In Ankara gibt es auch Niederlassung von Lufthansa Swiss Air und Australien Airlines.

Inlandflüge werden über Ankara abgewickelt. Bisweilen fliegen die Inlandsmaschinen der THY nur zwei- bis dreimal

Reisevorbereitung

in der Woche die gewünschte Route. Die Flugzeit von Frankfurt nach Ankara beträgt etwa drei Stunden. Vom Esenboğa International Airport, ca. 30 km nordöstlich von Ankara, verkehren Pendelbusse der THY.

... mit dem Auto

Z. Zt. gibt es nur den beschwerlichen Weg über Ungarn, Rumänien, Bulgarien in die Türkei (Grenzübergang: Edirne). Die Veränderungen der politischen Lage nach dem Friedensabkommen lassen sich noch nicht abschätzen.

Bei der Einreise mit dem Auto sind der nationale und internationale Führerschein, die Zulassungspapiere, der Haftpflichtversicherungsnachweis sowie die internationale Grüne Versicherungskarte vorzulegen. Ratsam ist der Abschluß einer befristeten Vollkasko- und Insassenversicherung und ein Auslandsschutzbrief. Bei der Einreise wird das Kraftfahrzeug durch einen Stempel im Paß vermerkt. Für Wohnwagen benötigt man keine besonderen Papiere; sie werden ebenfalls im Reisepaß eingetragen. Wer mit einem fremden Wagen in die Türkei einreist, sollte eine beglaubigte Vollmacht des Wagenhalters mit sich führen, in der der Fahrer zur Führung des Fahrzeugs ermächtigt wird (Vordrucke beim ADAC). Bei der Ausreise muß man darauf achten, daß der Einreisevermerke wieder getilgt wird.

Bei einer Aufenthaltsdauer von mehr als drei Monaten wende man sich rechtzeitig an einen Automobilclub bzw. während der Reise an den Türkischen Touring Automobilclub (Türkiye Turing ve Otomobil Kurumu, TTOK).

Adressen des TTOK

Ankara
Mareşal Fevsi Çakmak Cad. 31/8, Beşevler
✆ 3 12/2 22 87 23, 2 13 97 61
İstanbul
Adakale Sok. 4/1, Yenişehir
✆ 3 12/31 76 48-49
Levent
Oto Sanayi Sitesi Yanı 4
✆ 2 12/2 82 81 40

Verhalten bei einem Unfall mit dem PKW

Drängen Sie bei einem Unfall darauf, daß ein polizeiliches Protokoll aufgenommen wird. Sind dabei Personen zu Schaden gekommen, dürfen beteiligte Ausländer vor der Klärung der Verantwortlichkeit das Land nicht verlassen. Es ist in diesem Fall unerläßlich, sich an eine diplomatische Vertretung des Heimatlandes zu wenden und Angaben bei der Polizei nur in Anwesenheit eines von einer diplomatischen Vertretung benannten deutschsprachigen Anwalts zu machen.

Genauere Verhaltensmaßnahmen können Sie vorab bei einem Automobilklub erfragen.

... mit dem Bus

Büros der türkischen Busfirmen befinden sich in München (Bosfor), Berlin (Varan Turizm),

Karlsruhe (Ulusoy Turizm),
Wien (Bosfor, Varan),
Genf (Bosfor), Zürich (Varan Turizm).

Zentralen der Busfirmen

Ankara
– Bosfor und Ulusoy Turizm
Şehit Adem Yavuz Sok. No. 5/2
✆ 3 12/4 19 30 61
– Varan Turizm
Tur-Tes Han, Kızılay
✆ 3 12/4 17 25 25

In İstanbul gibt es weitere Zentralen.
  Die Firma Deutsche Touring-GmbH verkehrt einmal wöchentlich (Sa) nach İstanbul (Ankunft Mo) und zurück von folgenden Städten aus:
Bochum, Bonn, Dortmund, Düsseldorf, Duisburg, Essen, Frankfurt, Heilbronn, Karlsruhe, Köln, Mannheim, München, Nürnberg, Stuttgart und Ulm.

... mit dem Schiff

Es bestehen Schiffsverbindungen von Italien (Venedig, Ancona, Brindisi) und Griechenland nach İzmir und İstanbul. Autofähren der Turkish Maritime Lines verkehren zwischen Venedig und İzmir.
Auskunft und Buchung in Deutschland über
Turkish Maritime Lines
Nekkarstr. 37
71065 Sindelfingen
✆ 0 70 31/87 60 77

... mit der Bahn

Täglich verkehren Züge von München, Wien und Athen nach İstanbul und zurück. In München, Belgrad und Sofia werden Waggons aus verschiedenen europäischen Ländern angehängt. Ein Transitvisum für Bulgarien sollte man zwei Monate vor Antritt der Reise beantragen.

Informationen für unterwegs

Auskunftsstellen

Informations- und Fremdenverkehrsämter gibt es in allen größeren Städten. Sie unterstehen dem Ministerium für Kultur und Tourismus und sind am üblichen ›i‹-Zeichen zu erkennen. Man erhält dort Stadtpläne, Prospekte, Kurzbeschreibungen und Hotelinformationen. Es ist jedoch sinnvoll, sich schon bei den Reisevorbereitungen alle nur verfügbaren Informationen zu beschaffen.
  Adressen der städtischen Informationsbüros in Zentralanatolien:
Aksaray: Ankara Cad., Dinçer Apt. 212
Ankara: Gazi Mustafa Kemal Bulv. 121
Çankırı: Mektepler Sok. 60, Yıl İşhanı
Çorum: Yeni Hükümet Binası
Eskişehir: Vilayet Binası

Informationen für unterwegs

Hacıbektaş: Nevşehir Cad. 44, Arkeoloji ve Etnoğrafya Müzesi Karsısı
Kayseri: Kagnı Pazarı 61
Kırşehir: Cumhuriyet Meydanı, Açik Paşa Bulv.
Konya: Mevlâna Cad. 21
Nevşehir: Atatürk Bulv. Hastane Önü
Niğde: Istiklal Cad. Vakif Işhanı 1/D
Ürgüp: Park İçi
Yozgat: İl Özel İdare Müdürlüğü Hizmet Binası

Unterkunft

In den meisten Städten gibt es gute und Mittelklassehotels, deren Adressen man bei den staatlichen Informationsbüros erhält. Oft weisen große Schilder am Ortseingang auf die Hotels hin.

Das Türkische Ministerium für Tourismus gibt jährlich einen deutschsprachigen Reiseführer heraus, in dem auch eine umfangreiche und zuverlässige Hotelliste zu finden ist. Im touristischen Zentrum von Kappadokien entstehen Jahr für Jahr neue Unterkünfte für jeden Geldbeutel; hier findet sich für jeden geschmack etwas.

Ankara

Hilton Hotel *****
Tahran Cad. 12
Ankara (Kavaklidere)
✆ 3 12/4 68 28 88
Fax 3 12/ 4 68 09 09

Büyük Sürmeli Hotel *****
Cihan Sok. 6
Ankara (Sihhiye)

✆ 3 12/2 31 76 60
Fax 3 12/2 29 51 76

Amaxa Hotel ****
Mesrutiyet Cad. 25
Kızılay
✆ 3 12/4 25 46 00
Fax 3 12/4 19 18 55

Best Apart Hotel ****
Ugur Mumcu Sok. 71
✆ 3 12/4 46 80 80
Fax 3 12/4 46 80 90

Pullman Etap Mola ****
Atatürk Bulv. 80
✆ 3 12/4 17 85 85
Fax 3 12/4 17 85 92

Apaydin Hotel ***
Bayindir Sok. 8
Yenişehir
✆ 3 12/4 35 49 50
Fax 3 12/4 33 40 05

Karyagdi Hotel ***
Sanayi Cad./Kuruçeşme Sok. 4
Ulus
✆ 3 12/3 10 24 40
Fax 3 12/3 12 67 12

Segmen Hotel ***
Büklüm Sok. 13
Kavaklıdere
✆ 3 12/4 17 53 74
Fax 3 12/4 17 28 59

Canbek Hotel **
Sogukkuyu Sok. 8
Ankara (Ulus)
✆ 3 12/3 24 33 20
Fax 3 12/3 11 13 73

Melodi Hotel **
Karanfil Sok. 10
Ankara (Kızılay)
✆ 3 12/4 17 64 14
Fax 3 12/4 18 78 58

Konya

Hotel Selcuk ****
Alâeddin Cad. 4
⌀ 3 32/3 53 25 25
Fax 3 32/3 53 25 29

Hotel Dündar ****
Feritpasa Mah./Kerkük Cad. 34
⌀ 3 32/2 36 10 52
Fax 3 32/2 35 91 30

Hotel Balikcilar ***
Mevlana Karsisi 1
⌀ 3 32/3 50 94 70
Fax 3 32/3 51 32 59

Hüma Hotel ***
Alâeddin Bulv. 8
⌀ 3 32/3 50 94 70
Fax 3 32/3 51 32 59

Sifa Hotel **
Mevlâna Cad. 11
⌀ 3 32/3 50 42 90
Fax 3 32/3 51 92 51

Afyon

Termal Res. Oruçoglu Hotel ****
Kütahya Yolu 14 km
⌀ 2 72/2 51 50 50
Fax 2 72/2 51 50 60

ECE Hotel **
Ordu Bulv. 2
⌀ 2 72/2 15 23 23
Fax 2 72/2 15 62 65

Oruçoglu Hotel **
Bankalar Cad. 7
⌀ 2 72/2 12 01 20
Fax 2 72/2 13 13 13

Kütahya

Erbaylar Hotel ***
Afyon Cad. 14
⌀ 2 74/2 23 69 00
Fax 2 74/2 16 10 46

Tahya Hotel ***
Eskişehir Bulv./
Otogar Karsisi
⌀ 2 74/2 24 30 71
Fax 2 74/2 24 30 74

Bakir Sözer Hotel **
Çinigar Cad./Otogar Yani
⌀ 2 74/2 12 33 38

Yüksel Hotel **
Cumhuriyet Cad.
⌀ 2 74/2 16 52 97

Gönen Hotel *
Menderes Bulv.
⌀ 2 74/2 16 17 51

Aksaray

İhlara Hotel ***
Kılıçarslan Mey.
⌀ 3 82/2 13 18 42
Fax 3 82/2 13 32 52

Tezcanlar Hotel ***
Minarecik Mey.
⌀ 3 82/2 13 84 82

Özeller Hotel **
Karasi Mey.
⌀ 3 82/2 13 13 90
Fax 3 82/2 12 13 54

Çakir Ipek Hotel *
Minarecik Mey. Kızılays.
⌀ 3 82/2 13 37 53

Kayseri

Almer Hotel Kayseri ***
Osman Kavuncu Cad./
Düvenömü Mey.
⌀ 3 52/3 20 79 70
Fax 3 52/3 20 79 74

Informationen für unterwegs

Knfor Hotel ***
Atatürk Bulv. 5
Düvenömü Kayseri
✆ 3 52/3 20 01 84
Fax 3 52/3 36 51 00

Titiz Hotel **
Maarif Cad.
Kayseri
✆ 3 52/2 31 71 39
Fax 3 52/2 31 23 46

Turan Hotel **
Turan Cad. 8
✆ 3 52/2 22 35 37
Fax 3 52/2 31 11 53

Eskişehir

Eskişehir Büyük Hotel ***
Sivrihisar Cad. 40
✆ 2 32/2 30 68 00
Fax 2 32/2 34 65 08

Atişkan Hotel ***
Yunusemre Cad. 93
✆ 2 22/2 32 45 45
Fax 2 22/2 32 45 47

Has Termal Hotel **
Hamamyolu Cad.
✆ 2 22/2 31 78 19

Sutan Termal Hotel *
Hamamyolu Cad. 1
✆ 2 22/2 31 83 71

Camping

Die Campinganlagen liegen meistens an den Hauptstraßen und in der Nähe von Städten und Ferienzentren und sind im allgemeinen von April/Mai bis Oktober geöffnet. Eine Liste ist beim Fremdenverkehrsamt in Frankfurt erhältlich.

Essen und Trinken

Die türkische Küche zählt zu den variationsreichsten der Welt; es gibt z. B. mehr als vierzig Arten, Auberginen zuzubereiten. Sie verzichtet auf starkes Würzen, meist genügen Salz und Pfeffer, Knoblauch findet man kaum. Man verwendet Olivenöl, Yoghurt, frische Kräuter und Zwiebeln und Tomaten zum Binden der Gerichte. Lamm-, Hammel- und Rindfleisch sowie Geflügel bestimmen den Speisezettel (in ländlichen Gebieten stehen Fleischgerichte nur an Sonntagen auf dem Tisch). Vor allem ißt man Gemüsegerichte, Reis oder *bulgur* und Salate. Schweinefleisch ist verpönt. Wegen der dezenten Würzung und vom hohen Ölanteil abgesehen sind die türkischen Gerichte gut verträglich.

Vorspeisen *(mezeler)* gehören zu jedem größeren Essen dazu. Die Variationen scheinen unerschöpflich zu sein. Empfehlenswert sind neben scharf gewürzten Tomatensalaten vor allem *börek*, gebackene Teigröllchen oder -taschen mit Füllung. Hier muß sich jeder selbst durchkosten.

Suppen *(çorbalar)* werden auf dem Land schon am frühen Morgen gegessen, sei es die Kuttelsuppe *(işkembe çorbası)*, oder die ›Hochzeitssuppe‹ *düğün çorbası*, eine Rindfleischsuppe. In ländlichen Gegenden findet man Linsen- oder Bohnensuppen, die *yayla çorbası* (Almsuppe), eine Reissuppe mit Yoghurt und Minze.

Fleisch ißt man gegrillt oder gekocht. Bei uns am bekanntesten dürfte *döner kebap* sein, das am senkrechten Drehspieß gegrillte Lammfleisch. *Şiş kebap* sind Fleischstücke an kleinen Spießen, *şiş köfte*, Hackfleisch am kleinen Spieß. Eine Spezialität ist *koyun pirzola* (Lammkotelett). Reichhaltig ist die Zubereitung von Geflügel (Huhn = *tavuk*), Leber *(ciğer)* und Rind *(sığır)*.

Sehr beliebt sind **Eintopfgerichte** aus geschnetzeltem Fleisch mit Auberginen, Tomaten und Zucchini. Gekochter Reis *(pilav)* gilt als eigenes Gericht. Es gibt aber auch *etli pilav* (Reisfleisch), *iç pilavı* (Reis mit Pinienkernen, Korinthen und Leberstückchen) sowie *bulgur pilavı* (Weizengrütze, die wie Reis zubereitet wird).

Nachspeisen *(tatlılar)* sind in der Türkei sehr beliebt und ein unverzichtbarer Abschluß jedes guten Essens. Dazu gehört überbackener Milchreis *(fırın sütlaç)*, *baklava (nemse baklava)*, das aus Blätterteig mit Nüssen, Mandeln, Pistazienkernen besteht und süßem Sirup übergossen wird. Daneben werden verschiedene Puddingsorten, vor allem Schokoladenpudding, gereicht.

Getränke sind in einem im Sommer trockenen und heißen Land unentbehrlich. Man trinkt Wasser von Quellen, die es reichlich gibt *(kaynak suyu)* oder Mineralwasser *(maden suyu)*. Beides erhält man in jeder Größe in verschlossenen Flaschen. In den *lokantas* (Speiselokalen) kann man außer Wasser auch Erfrischungsgetränke, Fruchtsäfte *(meyve suyu)* oder *ayran*, verdünnten Yoghurt, der den Durst besonders stillt, bekommen. Alkoholische Getränke sind nicht mehr verpönt. Allerdings findet man sie meist nur in größeren Dörfern und in den Städten mit Ausnahme von Konya, wo die Gesetze des Islam sehr streng beachtet werden. Bier gibt es als Importbier oder als Bier einheimischer Herkunft. Die türkischen Weine (Doluca, Kavaklıdere) sind meist trocken und von guter Qualität. Rakı, ein hochprozentiger Trauben-Anis-Schnaps, ist fast ein Nationalgetränk geworden und wird, mit Wasser verdünnt, zur Vorspeise getrunken. Das alltägliche Getränk, das überall angeboten wird, ist der Tee *(çay)*, den es in verschiedenen Variationen gibt. Daneben gewinnt der türkische Kaffee *(kahve)* zunehmend an Bedeutung, nachdem er in den Gründerjahren der Republik aus Devisenmangel abgeschafft worden war. Bestellen kann man ihn süß *(sekerli)*, mittelsüß *(orta)* oder auch ohne Zucker *(sade)*.

Wo bekomme ich was?

Restoran: Speiselokal gehobeneren Anspruchs mit türkischer und auch schon europäisierter Küche. Diese Restaurants dürfen in der Regel auch Alkohol (Bier, Wein, *rakı*) ausschenken.

Lokanta: einfaches Speiselokal, in dem vorwiegend fertige Gerichte angeboten werden. Man kann sich in der Küche über das Angebot informieren und sein Menü selbst zusammenstellen.

Kebapçi, köfteçi: Hier werden gegrillte Fleischspieße bzw.

Informationen für unterwegs

Hackfleischspieße mit einfachen Beilagen serviert.
Pide salonu: kleine Eßstuben, in denen pizzaähnliche Gerichte frisch im Ofen gebakken werden. Die flachen, mit Zwiebeln und Tomaten gefüllten Fladenbrote heißen *lahmacun*, die dickeren, mit Ei *(yumurta)*, Käse *(peynir)* und Wurst *(salam)* gefüllten nennt man *pide*.
Büfe: Imbißstube für Getränke, Toast und Sandwiches.
Çayhane: Teehaus, in dem sich die Männer treffen, reden, Zeitung lesen oder ›Tavla‹, das türkische Nationalspiel, spielen. Der Tee wurde anstelle des Kaffees seit der Republikgründung zum Hauptgetränk der Türken.
Pastahanı: unserem Café vergleichbar. Hier werden die zahlreichen traditionellen türkischen Backwaren und Süßspeisen angeboten, für die die türkische Küche bekannt ist.

Festivals und Messen

Internationales Kinderfest am 23. April in Ankara
Internationales Kunstfestival am 5. April–5. Mai in Ankara
Yunus Emre Kultur- und Kunstfestival, 6.–9. Mai in Eskişehir
Internationale Asien-Europa-Biennale, von Mai–Juni in Ankara
İhlara Tourismus- und Kulturfestival, 7.–10. Juni in Aksaray
Keramik-Festival, im Juni in Kütahya
Nasreddin-Hoça-Festspiele, 5.–10. Juli in Akşehir
Traditioneller Rosenwettbewerb am 7. Juli in Konya
Hethiter-Festival, 19.–22. Juli in Çorum
Festival der Köche, im August in Bolu
Hacı Bektaş Veli Gedenkzeremonien, 16.–18. August in Hacıbektaş
Handwerks- und Tourismus-Festival, im August in Avanos
Ertuğrul Gazi Erinnerungszeremonien, im September in Söğüt
Internationales Meerschaumfest ›Beyaz Altın‹, 21.–23. September in Eskişehir
Internationales Weinfest, im September, in Ürgüp
Mevlâna-Gedenkzeremonien, 10.–17. Dezember in Konya

Urlaubsaktivitäten

Skifahren

Bolu/Küroğlu
Ein von Tannenwäldern umgebenes Skigebiet an der Straße İstanbul–Ankara, ca. 50 km nördlich von Bolu. Höhenlage des Skigebiets: 1900–2340 m. Einrichtungen: Zwei Hotels, Swimmingpool, Skilift, Skiverleih und Skilehrer. Saison: Dezember–April
Kayseri/Erciyes
Das Skizentrum befindet sich in 1800–3000 m am Osthang des Erciyes Dağı auf der Tekir Yaylası (Hochplateau), 25 km von Kayseri entfernt. Einrichtungen: Skihütte, Skilift, Skiverleih und Skilehrer. Gute Abfahrtshänge und beste Schneebedingungen. Saison: November–Mai
Kastamonu/Ilgaz
Der Nationalpark liegt zwischen Kastamonu und Çankırı. Höhenlage des Skigebietes: 1850–

Urlaubsaktivitäten

2000 m. Die herrlichen, tannenbewachsenen Berge und die reine Luft ziehen zu jeder Jahreszeit Besucher an. Einrichtungen: Rasthaus und Skilift
Ankara/Elma Dağı
Dieses Skizentrum liegt 25 km von Ankara entfernt. Höhenlage: 1500–1850 m. Einrichtungen: Berghütten, Restaurant, Snackbar und Discothek. Saison: Dezember–März

Bergsteigen

Die Tekir Yaylası (Hochplateau) ist im Sommer ein Erholungsgebiet, das man über Hisarcık erreicht. Sie ist Ausgangspunkt für die Besteigung des **Erciyes Dağı** (3916 m) von der Nordseite (10–11 Stunden; Berghütte mit 100 Betten). Eine andere Route führt über die Gletscher-Hochebene Sütdonduran.

Der **Hasan Dağı** (3250 m) liegt südlich von Aksaray und ist von allen Seiten zugänglich. Günstige Ausgangspunkte sind Taşpınar an der Straße Ankara–Adana und das Dorf Helvadere.

Das Aladagları-Massiv beginnt 60 km südöstlich von Niğde und verläuft in Richtung Osten. Das in 3100 m Höhe gelegene Yedi Göller Vadısı (›Tal der sieben Seen‹) ist von hohen Gipfeln umgeben. Die beste Zeit zum Wandern ist Juni–September. Die Anreise erfolgt über Niğde, Çamardı und Çukurbağ. Ausgangspunkt für die Besteigung des Demirkazık (3765 m, Auf- und Abstieg ca. 9–10 Stunden) ist das ca. 3 Fußstunden von Çukurbağ entfernte Sokulupınar. Sokulupınar ist auch der Ausgangspunkt für die Besteigung des Kızılkaya (3723 m, Auf- und Abstieg ca. 10 Stunden) sowie des Direktas (3470 m Auf- und Abstieg ca. 10 Stunden). Das Yedi Göller Vadısı und der höchste Gipfel der Kaldı-Gruppe (3734 m), die Sinekli-Hochebene, kann von dort aus erreicht werden.

Routenpläne und Bergführer stellen die Tourismus- und Informationsbüros in den betreffenden Gegenden. Darüber hinaus kann man sich an den Türkischen Bergsteigerverein Dağlıcık Federasyonu (B.T.G.M.) Ulus Işhan A-Blok, Ankara-Ulus, ✆ 3 12/1 10 85 66, wenden.

Thermalbäder

Über tausend Thermalquellen sprudeln mit einer Temperatur zwischen 37 °C und 70 °C in der Türkei. In unterschiedlicher Zusammensetzung lindern Sulfate, Karbonate, Schwefel und andere im Wasser gelöste Verbindungen rheumatische, urologische, dermatologische, gynäkologische und kreislaufbedingte Beschwerden. In Kappadokien sind in folgenden Orten Behandlungszentren eingerichtet worden, die Trink- oder Badekuren anbieten:

Ein gutes Kurzentrum liegt 27 km von Kütahya entfernt in Harlek (Ilicahamam). Weitere Behandlungszentren findet man in Hüdayi (10 km südwestlich von Sandıkh, in der Provinz Afyon), Ilgın, Sandıklı, Haracasu (6 km südlich von Bolu), Kızılcahamam, Ayas Içmeçisi (22 km östlich von Beypazarı)

395

und Kırşehir. 17 km nördlich von Afyon liegt an der Straße nach Kütahya der Superlativ aller Thermalbäder, und zwar in Ölmer (Orucoğlu Kaphcaları). Erwähnungswert sind noch Gazlıgöl und Heybeli, beide in der Provinz Afyon.

Wandern

Gute Wandermöglichkeiten gibt es in den Nationalparks von Kızılcahamam, am Ilgaz Dağı und in dem fischreichen Seengebiet von Yedigöller in der Provinz Bolu.

Die Tuffsteinregion von Göreme bietet eine Fülle abwechslungsreicher Wanderwege, ebenso das Tal von Soğanlı. Der İhlara-Canyon bietet einer Wanderung von İhlara im Süden nach Selime am Ausgang des Tales. Eine Einstiegsmöglichkeit besteht über eine Treppe, die in der Nähe eines Restaurants bei İhlara hinunterführt (ausgeschildert).

Kurzinformationen von A bis Z

Apotheken

Apotheken (*eczane*) findet man fast in jedem Ort. Sie sind in der Regel von 8–19 Uhr geöffnet und bieten neben Medikamenten Artikel des Drogeriebedarfs an).

Ärztliche Versorgung

Ärzte (*doctor*) und Kliniken (*hastane*) findet man in allen größeren Orten; die Betreuung ist gut. Die fachärztliche Zuständigkeit ist auf den Praxisschildern vermerkt. Viele Ärzte haben im Ausland studiert und sprechen eine Fremdsprache.

Autovermietung

Die bekannten Verleihfirmen sind am Flughafen und im Stadtzentrum von Ankara vertreten.

Diebstahl

Diebstähle sind in Zentralanatolien, zumindest auf dem Land, sehr selten. Es ist jedoch angebracht, vor allem in den touristischen Zentren, Vorsicht walten zu lassen; unbedachtes Zurschaustellen von Wertsachen verführt allzu leicht.

Diplomatische Vertretungen in der Türkei

... der Bundesrepublik Deutschland

Deutsche Botschaft
Atatürk Bulv. 114, Ankara
✆ 3 12/1 26 54 65/67

Konsulate:
Selim Hatun Camii Sok. 46
İstanbul
✆ 2 12/21 51 54 04

Diplomatische Vertretungen, Drogen, Einkäufe, Feiertage

Atatürk Cad. 260
Alsancak – İzmir
✆ 2 32/21 69 95-96

Kiremithane Mah. 123 , ok. No. 8
Çamlıbel, Mersin
✆ 9-74/37 61 00-3

Kazım Özalp Cad.
Şeref İşhanı
Anatalya
✆ 2 42/2 48 56 48

... Österreichs

Österreichische Botschaft
Atatürk Bulv. 189
Ankara – Kavaklıdere
✆ 3 12/4 34 21 72

Konsulate:
Köybaşı Cad. 46
İstanbul
✆ 2 12/2 62 93 15, 2 62 49 84

Sehit Fethibey Cad. 41
İzmir
✆ 2 32/4 41 58 56

... der Schweiz

Schweizer Botschaft
Atatürk Bulv. 247
Ankara (Kavaklıdere)
✆ 3 12/4 67 55 55/56

Konsulat:
Hüsrev Gerede Cad. 75/3
İstanbul (Teşvikiye)
✆ (2 12) 2 59 11 16

Drogen

Besitz, Verkauf und Genuß von Rauschgiften ist verboten und wird mit sehr hohen Strafen geahndet.

Einkäufe und Souvenirs

In Zentralanatolien werden wie überall im Land Gold- und Silberschmuck, Teppiche und Kelims, Stoffe sowie Kupfer- und Messinggegenstände und Lederwaren angeboten. Im Gebiet von Göreme findet man insbesondere Gegenstände aus Onyx, in und um Eskişehir Produkte aus Meerschaum. Alte Kelims und Teppiche sind sehr selten geworden. Vermeindliche alte Stücke sind manchmal gebleicht oder in anderer Weise auf alt getrimmt. Vorsicht ist geboten. Achten Sie auch auf die Bestimmungen über die Ausfuhr von Antiquitäten! Antiquitäten, die über hundert Jahre alt sind, dürfen nur mit der Zustimmung eines Museums (Zertifikat) ausgeführt werden. Wenn Sie unsicher sind, wie alt Ihr Gegenstand ist, wenden Sie sich an ein Museum.

Handeln gehört bei größeren Käufen unbedingt dazu, auch wenn manche Händler versuchen, mit dem Hinweis auf Festpreise den Käufer festzulegen.

Elektrizität

Die Stromspannung beträgt überall 220 Volt. Es ist ratsam, einen Adapter mitzunehmen, da Schukosteckdosen nicht überall vorhanden sind.

Feiertage und Feste

Offizielle Feiertage:
1. Januar: Neujahrstag
23. April: Tag der Unabhängigkeit und der Kinder

Kurzinformationen von A bis Z

19. Mai: Tag der Jugend und des Sports
30. August: Siegestag
29. Oktober: Tag der Republik (Jahrestag der Gründung der Republik)

Die religiösen Feste, das dreitägige Şeker Bayramı und das viertägige Kurban Bayramı, werden nach dem Mondkalender gefeiert und verschieben sich infolgedessen jedes Jahr. Öffentliche Gebäude, Banken und Schulen sind geschlossen, Museen jedoch an Samstagen und Sonntagen geöffnet.

Der Fastenmonat *Ramazan* mit dem abschließenden Şeker Bayramı dauert 1997 vom 12. 1. bis 11. 2. und verschiebt sich jedes Jahr um 11 Tage nach vorne. Das gleiche gilt für das Kurban Bayramı, das 1997 vom 18. 4. bis 21. 4. gefeiert wird.

Feste und Feiern in der Türkei

Neben den Nationalfeiertagen spielen vor allem die religiösen Hauptfeste Kurban Beyramı und Şeker Beyramı eine bedeutende Rolle. Der islamischen Zeitrechnung nach Mondmonaten folgend, die im Vergleich zum Gregorianischen Kalender eine kürzere Zeitspanne umfaßt, werden daher die islamischen Feste jährlich um elf Tage vorverlegt. Trotz ihres religiösen Ursprungs sind ese gesetzliche Feiertage, an denen Schulen, Banken, Ämter und die meisten Geschäfte geschlossen sind.

Wie bei uns spielen religiöse Feste auf dem Lande noch eine größere Rolle als in den modernen Großstädten mit ihrem westlichen Gepräge. Hier ist der Unterschied zu normalen Feiertagen kaum noch zu spüren.

Das **Şeker Bayramı**, das ›Zuckerfest‹, bildet den Abschluß des Fastenmonats Ramadan (türk. *Ramazan*). Der Name leitet sich von dem Brauch ab, daß Kinder von Haus zu Haus ziehen und um Süßigkeiten bitten. Die Erwachsenen besuchen an diesem Tag Verwandte oder die Gräber ihrer Toten, um das Ende der Fastenzeit zu feiern. Während des *Ramazan*, des neunten Monats im Mondjahr, dürfen Muslime zwischen Sonnenauf- und -untergang weder essen noch trinken, weder rauchen noch Geschlechtsverkehr haben. Da auch auf Medikamente verzichtet werden muß, sind Alte, Kranke und stillende Mütter vom Fasten befreit, ebenso die Fremden. Mit dem Einbruch der Dunkelheit wird im Rahmen der Familie und mit Freunden an einem reich gedeckten Tisch das Fasten gebrochen. Die Nächte des Ramadan sind nach Auffassung der Muslime eine gesegnete Zeit, weil in einer von ihnen Allah den Geist und die Engel herabgesandt habe (Sure 97, Vers 1–5). Zu den in dieser Zeit umfangreicheren Nachtgebeten kommen auch die Frauen in die Moscheen.

Am Ende des Monats Ramadan, in der 27. Nacht, wird die *kadir gecisi*, die nacht der Kraft Gottes, gefeiert. Sie erinnert an die Nacht, in der Mohammed durch den Erzengel Gabriel mit der ersten Offenbarung des Koran zum Boten Gottes

Feste und Feiern

bestimmt wurde, und wird mit besonderen Gebetsritualen begangen.

Das höchste islamische Fest ist das viertägige **Kurban Bayramı**, das Opferfest. Der Hintergrund dieses Festes ist die alttestamentarische Geschichte von der Opferung Isaaks durch Abraham. Die Ergebenheit Abrahams in den Willen Gottes spiegelt den tiefsten Sinn des Islam wider. Gleichzeitig vollzieht sich die grundsätzliche Ablösung des Menschenopfers durch das Tieropfer.

Während des Kurban Bayramı besuchen Millionen Muslime die Kaaba in Mekka und die Orte, die in den Überlieferungen genannt werden. Zu diesem Fest werden in jeder Familie, die es sich leisten kann, ein Schaf, eine Ziege oder – bei höherem sozialen Status – auch eine Kuh geopfert. Die Opfertiere werden schon Monate vor dem Fest gekauft und gemästet. Arme Leute, die sich kein Schaf leisten können, schließen sich zusammen und schlachten das Opfertier gemeinsam. Das Opfer, das am zehnten Tag des Wallfahrtsmonats dargebracht wird, ist zugleich ein Bestandteil der Pilgerfahrt nach Mekka, die jeder Muslim einmal in seinem Leben unternehmen muß. Nach dem Opferfestgebet am Morgen des ersten Tages wird vom Familienoberhaupt das Tier geschlachtet und zerteilt. Ein Drittel des Fleisches erhalten die Freunde, ein Drittel wird an die Armen verteilt, so daß jeder an dem Fest teilnehmen kann. Man gratuliert sich gegenseitig, besucht die Kranken, und die Jüngeren erweisen den Älteren ihre Ehrfurcht, indem sie ihnen die Hände küssen. Die älteren Männer des Dorfes versammeln sich, gehen von Haus zu Haus und wünschen eine gute Zukunft: es ist ein Fest der Versöhnung. Der zweite Tag ist der Tag der Frauen; an diesem Tag sind sie unter sich. An den nächsten beiden Tagen besucht man Verwandte in den umliegenden Dörfern.

Kleinere religiöse Feste bemerkt der Tourist nur am Rande, da es nicht wie die beiden großen Feste staatliche Feiertage sind. Eine Form privater Feiern ist das **Mevlid**, eine Andacht, in der neben dem Gebet auch die Lebensgeschichte Mohammeds in poetischer Form vorgetragen wird. Anlässe für Mevlids sind Hochzeits- und Beschneidungsfeste, aber auch Totengedenken. Diese privaten Feste sind feste Bestandteile im türkischen Alltagsleben, die nicht durch die Religion gesegnet oder vorgeschrieben sind. So ist z. B. die Ehe im Islam kein Sakrament, und auch das Beschneidungsfest, an dem junge Türken zwischen fünf und zwölf Jahren an der Vorhaut des Penis beschnitten werden, ist kein offizielles religiöses Ereignis.

Mit der schwindenden Bindung an die Religion werden vor allem von der wohlhabenderen Mittelschicht in den größeren Städten die freien Tage für einen Urlaub genutzt. Die Kommerzialisierung religiöser Texte, die sich in Westeuropa schon lange vollzogen hat, beginnt auch in der Türkei.

Kurzinformationen von A bis Z

Fotografieren

Es lohnt sich, genügend Filmmaterial mitzunehmen. In den touristischen Zentren und den größeren Hotels kann man jedoch Filme fast aller Marken ohne nennenswerten Aufpreis kaufen.

In Zentralanatolien spielt der Islam noch eine wesentliche (und wieder zunehmende) Rolle. Deshalb und auch aus Gründen der Höflichkeit sollte man mit dem Fotografieren von Menschen, besonders von Frauen, zurückhaltend und diskret sein und zuvor um Zustimmung bitten, die gerne gewährt wird.

Geld und Banken

Die türkische Währung ist die Lira. Im Umlauf sind Banknoten im Wert von 20 000, 50 000, 100 000, 250 000, 500 000 und 1 000 000 Lire Wegen der hohen Inflationsrate ändert sich der Wechselkurs ständig, so daß keine Angaben gemacht werden können.

Man kann bei allen Banken, die entsprechende Hinweisschilder haben, und in den meisten Hotels Bargeld, Euro- und Reiseschecks umtauschen. Neuerdings bietet auch die Post, PTT, einen Geldwechselservice an. Es ist ratsam, vor Antritt der Reise nur eine kleine Summe umzutauschen, da der Wechselkurs in Deutschland für den Reisenden sehr ungünstig ist. Das Wechseln in Hotels geht sehr zügig, das in Banken oftmals sehr umständlich vonstatten.

Kleidung

Es ist sinnvoll, für Wanderungen in Kappadokien strapazierfähige Kleidung und gutes Schuhwerk mitzunehmen. Vielfach gibt es keine Wanderwege, so daß man sich den Weg durch das Gelände selbst bahnen muß. Zusätzlich sind große Sonneneinstrahlung und Hitze, aber auch kühle Nächte im Sommer, große Schwankungen der Temperatur vor allem im Frühjahr einzuplanen – es kann bis in den April hinein Fröste geben, Schneefälle bis in den Mai.

Landkarten

Die Karten sind im allgemeinen umfassend und zuverlässig, die touristischen Ziele wurden allgemein berücksichtigt.
- R & V Euro-Atlas Türkei, 1:800 000
- R & V Große Länderkarte Türkei, 1:800 000
- R & V Große Urlaubskarte Türkei, Südosten Kappadokien/Kommagene, 1:600 000
- Große Shell-Autokarte Türkei, westlicher und mittlerer Teil, 1:750 000
- Kümmerly + Frey Türkei, 1:1 000 000
- ADAC Karte Türkei-Süd, 1:500 000

Besonders empfehlenswert sind die neu erschienenen Kartenblätter des kartographischen Verlags Reinhard Ryborsch, Türkei 3, Türkei 4 und Türkei 5 im Maßstab 1:500 000.

Regionalkarten, z. B. zu Kappadokien, und Stadtpläne, z. B. zu Ankara, sind vor Ort in Souvenirläden oder den Fremdenverkehrsbüros erhältlich.

Moscheen

In der Türkei dürfen Andersgläubige die Moscheen betreten, tunlichst aber außerhalb der Gebetszeiten. Da die Moscheen sehr oft geschlossen sind und es schwierig ist, den zuständigen *hoça* zu finden, der die Moschee öffnet, empfiehlt es sich, kurz vor oder besser noch unmittelbar nach den Gebetszeiten die Moscheen zu besuchen. Die Gebetszeiten schwanken geringfügig; an den meisten Moscheen sind sie angezeigt, auch werden sie in den Tageszeitungen (z. B. ›Cumhuriyet‹, letzte Seite, obere kleingedruckte Zeile) angegeben.

Vor dem Betreten der Moschee muß man seine Schuhe ausziehen und gewisse Kleidervorschriften beachten: Der Kopf sowie Schultern und Beine müssen bedeckt sein; Shorts sind generell verpönt.

Es ist erlaubt, in den Moscheen zu fotografieren; doch sollte man die angemessene Zurückhaltung und Diskretion wahren.

Museen und Öffnungszeiten

Die **Museen** sind in der Türkei generell montags geschlossen. In der Regel sind sie von zwischen 8.30 und 9 Uhr–17/18 Uhr geöffnet. Manche haben eine Mittagspause von 12–13.30 Uhr. Das Hethitermuseum (Museum für Anatolische Zivilsationen) in Ankara ist auch mittags geöffnet. In einigen Museen besteht ein Fotografierverbot.

Die antiken **Ausgrabungsstätten** kann man ab 9 Uhr bis zum Sonnenuntergang besuchen.

Es gibt in der Türkei keine geregelten **Ladenöffnungszeiten**. Kleinere Geschäfte haben bisweilen bis spät in die Nacht und auch sonntags geöffnet. Die Basare erwachen zwischen 8 und 9 Uhr und schließen um 18 Uhr. Das gilt besonders für die abgeschlossenen Basare der Juweliere in Konya, Kayseri und Ankara.

Behörden haben von 8.30–12.30 und 13.30–17.30 Uhr (außer Sa/So), die Banken von 8.30–12 und 13.30–17.30 Uhr (außer Sa/So) geöffnet.

Öffnungszeiten von Museen und Sehenswürdigkeiten:

Ankara

Anıt Kabir
Auf dem Anıt Tepe
10–12 und 14–18 Uhr
Mo durchgehend geöffnet

Atatürk Evi
Am Sitz des Staatspräsidenten in Çankaya
9–12 und 13.30–17.30 Uhr

Afyon

Archäologisches Museum
Kurtuluş Cad.
8.30–12.30 und 13.30–17.30 Uhr

Ethnographisches Museum
İmaret Camii Yanı Cad.
8.30–12.30 und 13.30–17.30 Uhr

Kurzinformationen von A bis Z

Aksaray

Zinciriye Medresesi
8.30–12 und 13–17.30 Uhr

Sultan Hanı und Ağzıkara Han werden vom Wächter aufgeschlossen.

Akşehir

Museum in der Taş Medrese
9–12 und 13–17 Uhr

Alaca Hüyük

Museum auf dem Ausgrabungsgelände
8–12.30 und 13.30–17.30 Uhr

Çorum

Stadtmuseum
Am Kreisel am Ortseingang (ausgeschildert)
9–12.30 und 13.30–18 Uhr

Derinkuyu

Yeraltı Şehri
An der Durchgangsstraße
8–19.30 Uhr

Göreme

Göreme Freilichtmuseum
8–18.30 Uhr

Hacıbektaş

Bektaşı-Kloster
8.30–12 und 13–17.30 Uhr

Hattuscha

Lokales Museum
Am Dorfeingang von Boğazkale
9–12 und 13–17 Uhr

Karaman

Archäologisches Museum
An der Hastane Cad. (hinter der Hatunye Medresesi)
8.30–12 und 13–17.30 Uhr

Kaymaklı

Yeraltı Şehri
8.30–19.30 Uhr

Kayseri

Honat Hatun Medresesi
Im Zentrum
8.30–12 und 13–17.30 Uhr

Archäologisches Museum
In der Nähe der Talas Cad.
9–12 und 13.30–17.30 Uhr

Konya

Mevlâna-Kloster
Mevlâna Cad.
9.30–18.30 Uhr

Karatay Medresesi
Am Zitadellenhügel
9–17.30 Uhr

Museum in der İnce-Minare-Medrese
Am Zitadellenhügel
9–17.30 Uhr

Museum in der Sırçalı-Medrese
9–17.30 Uhr, Mo/Di 12.30–17.30 Uhr

Archäologisches Museum
Sahip Ata Cad.
9–17.30 Uhr

Koyun Oğlu Müzesi
Topraklık Cad.
9–12 und 13.30–17 Uhr

Öffnungszeiten, Öffentliche Verkehrsmittel

Kültepe

*Ausgrabungsgelände des
Karum Kanesch*
(assyrische Handelskolonie)
9–12 und 13–17 Uhr

Kütahya

Archäologisches Museum
An der Ulu Cami
9.30–12 und 13.30–17 Uhr

Kossuth Evi
(Haus des Lajos Kossuth)
9.30–12 und 13.30–17 Uhr

Nevşehir

Zitadelle
8–12 und 13–17 Uhr

Archäologisches Museum
Atatürk Bulvarı (Richtung Göreme)
8.30–12 und 13–17.30 Uhr

Niğde

Archäologisches Museum
Hinter der Dışarı Camii
9–13 und 14–18.30 Uhr

Niğde Müzesi
Öretmen Okulu Cad.
8.30–12 und 13–17 Uhr

Eski Gümüş
(byzantinische Klosteranlage)
Bei Niğde
9–13 und 14–18.30 Uhr

Ürgüp

*Archäologisches und
Etnographisches Museum*
Im Stadtpark
8.30–12 und 13.30–17.30 Uhr

Yalvaç

Museum
(Funde aus Antiochia ad Pisidiam)
Am Hauptplatz
8.30–12 und 13–17 Uhr

Zelve

*Tal von Zelve
Freilichtmuseum*
8–18.30 Uhr (möglicherweise 12–13 Uhr geschl.)

Öffentliche Verkehrsmittel

Für die Personenbeförderung ist der **Bus** das meistgenutzte Verkehrsmittel. Die Überlandbusse verkehren auf den wichtigen Straßen und verbinden die größeren Städte miteinander. Sie sind in technisch gutem Zustand und recht preiswert. Abfahrt ist an den Busbahnhöfen, die in den größeren Städten am Rand, in den kleineren im Zentrum liegen. Dort sind auch die Büros der Busgesellschaften, in denen man die Tickets kaufen kann.

In den Städten verkehren **Taxis**, die für mitteleuropäische Verhältnisse relativ preisgünstig sind. Eine Alternative bieten die sogenannten Dolmuş, Sammel- oder Gemeinschaftstaxen, die nur bestimmte Routen abfahren. Ihre Zielorte sind auf Schildern an den Frontscheiben der Busse angegeben. Man kann überall ein- oder aussteigen.

Das **Schienennetz** ist weniger gut ausgebaut, da sich nach dem Zweiten Weltkrieg der Perso-

Kurzinformationen von A bis Z

nenverkehr fast ausschließlich auf die Straße verlagert hat.

Post

Postämter sind durch die Aufschrift PTT (schwarz auf gelbem Grund) gekennzeichnet. Alle Hauptpostämter sind von Mo–Sa 8–24 Uhr, So von 9–19 Uhr geöffnet. Kleine Postämter haben in der Regel nur wochentags von 9–12 und 14–17 Uhr geöffnet. Fast jeder Ort in der Türkei hat ein zentral gelegenes Postamt. Briefmarken erhält man am Schalter.

In der Post und von öffentlichen Telefonzellen kann man Auslandsgespräche recht preiswert führen. Dazu braucht man Telephonmünzen *(jetons)*, von denen es große *(büyük)*, mittlere *(normal)* und kleine *(küçük)* gibt. Man erhält sie in den Postämtern oder in eigens gekennzeichneten Geschäften.

Für eine Auslandsverbindung wählt man zuerst eine 0; sobald das Freizeichen ertönt, wählt man eine weitere 0 und danach die Landeskennziffer: Bundesrepublik Deutschland 49, Österreich 43, Schweiz 41, dann die Vorwahl ohne 0 und schließlich den gewünschten Hausanschluß.

Rundfunk und Fernsehen

Rundfunk- und Fernsehsendungen in englischer und deutscher Sprache sind im **Feriensender** täglich 7.30–12.45 und 18.30–22.30 Uhr zu empfangen über die Frequenz Nevşehir 103.0 MHz oder İstanbul 101.6 MHz.

Die Nachrichten im Feriensender werden in englischer, französischer und deutscher Sprache um 8.30, 10.30, 12.30, 18.30 und 21.30 Uhr ausgestrahlt. Im zweiten Kanal des Fernsehens werden jeden Abend nach den 22-Uhr-Nachrichten Nachrichten in englischer Sprache gesendet.

Die Deutsche Welle wird täglich von 6–10 Uhr auf 9545 kHz und von 12–18 Uhr auf 1557 kHz auf UKW gesendet.

Trinkgeld

Trinkgelder werden in gehobenen Restaurants mit auf die Rechnung gesetzt, doch ist es üblich, dem Kellner ein weiteres Trinkgeld zu geben, das ca. 10 % betragen sollte. Bedienungen in *lokantas*, Gepäckträger, Zimmermädchen und auch Taxifahrer sollten Sie mit einem Trinkgeld von ca. 10 % bedenken.

Türkisches Bad (Hamam)

In Kleinasien und in den arabischen Ländern haben Badehäuser eine lange Tradition. In der Türkei sind die Hamams seit dem Mittelalter eine feste Institution. Die größeren, *çifte* genannt, haben getrennte Frauen- und Männerabteilungen, in kleineren Hamams in den ländlichen Gebieten gibt es getrennte Badezeiten.

Die Hamams sind, ähnlich wie eine Sauna, in drei Komplexe unterteilt: den Umkleide- und Ruheraum, den Abkühlungs- und den Schwitzraum. Der *göbektaşı*, ein auf einem Sockel stehender Mittelstein aus Marmor, der von unten erhitzt wird, ist das Herzstück des Schwitzraums. Durch zahlreiche Kalt- und Heißwasserbecken an den Seiten, aus denen der Badende schöpfen und sich übergießen kann, wird bei vergleichsweise niedriger Temperatur (37–60 °C) eine durchblutungs- und transpirationsfördernde Wirkung erzielt. Im Anschluß an das Dampfbad können sich die Herren von einem *elak* und die Damen von einer *natır* mit einem Bürstenhandschuh abreiben und massieren lassen.

In den Türkischen Bädern ist man nie völlig nackt, sondern trägt eines der beiden Handtücher um die Hüften oder benutzt dieses beim Waschen vor der Kabine als Sichtschutz.

Türkische Teppiche

Der Inbegriff türkischer Volkskunst sind die Teppiche, die wie der Bauchtanz oder die Wasserpfeife zu den eindrücklichsten Erinnerungen einer Reise in die Türkei gehören. Türkische Teppiche sind mit ihren vielfältigen Mustern Kunstwerke besonderer Art. Die zunächst meist ornamentalen Darstellungen wurden später durch Tier- und Pflanzenmotive ergänzt und können – auch durch ihre Farben – den jeweiligen Stämmen und Regionen zugeordnet werden.

Teppiche sind Erfindungen der turkmenischen Nomadenstämme Mittelasiens, wo bereits im 9. Jh. die Knüpfkunst in hoher Blüte stand und ihre Technik von Generation zu Generation weitervermittelt wurde.

Die Teppiche und Kelims schützten vor Kälte, waren Schlafdecke und Bodenbelag in den Zelten, aber auch festliche Raumdekoration und als Satteltaschen nützliche Utensilien für den Transport von Gütern. Mit der Islamisierung der türkischen Nomadenvölker erhielt das Knüpfprodukt als Gebetsteppich eine zusätzliche Funktion in der Moschee.

Mit den Seldschuken gelangten die Teppiche, »das schönste Geschenk der Türkei an die islamische Kultur«, nach Kleinasien und mit den Timuriden bis nach Indien. Die Kreuzritter brachten sie nach Europa, wo man sich aber erst nach den großen Türkenkriegen gegen Ende des 17. Jh. für diese Kunstwerke interessierte. In der italienischen und spanischen Renaissancemalerei wurde der Teppich als dekoratives Element verwendet. Er setzte sich als Motiv auf Bildern und Fresken, vor dem Thron des Herrschers, zu Füßen der Madonna und später als Tischbedeckung durch. Das Gemälde von Hans Holbein dem Jüngeren, ›Die französischen Botschafter am englischen Hof‹, hat sogar zur Namensgebung ›Holbein-Teppich‹ beigetragen. Die bedeutendsten und ältesten Fragmente anatolischer Teppiche (Mitte des 13. Jh.) sind heute in der Alâeddin-Moschee in Konya ausgestellt.

Kurzinformationen von A bis Z

Marco Polo durchquerte auf seiner Rückkehr aus China 1271 Anatolien und beschrieb die türkisch-anatolischen Teppiche als die schönsten der Welt. Diese Feststellung des Venezianers bestätigen arabische Quellen: Ibn Said und Ibn Battua berichteten, daß die anatolischen Teppiche so beliebt seien, daß sie bis nach Ägypten, in den Irak und nach Persien ausgeführt wurden.

Das heutige Angebot an Teppichen ist unüberschaubar und ihr Wert für den Laien kaum einzuschätzen. Neben älteren Teppichen werden vor allem moderne Knüpfprodukte angeboten, die aber in ihren Mustern und Techniken den alten Verfahren und Vorbildern folgen. Verarbeitet werden Wolle, Baumwolle, Kunst- oder Naturseide. Seidenteppiche, deren Naturseide vorwiegend aus Bursa stammt – noch heute ein Zentrum der Seidenraupenzucht – zählen zu den wertvollsten. Die meisten Teppiche jedoch werden aus der Wolle der anatolischen Hochlandschafe geknüpft. Sie liefern eine hochwertige, fettreiche Wolle, die besonders strapazierfähig ist. Aus ihr werden per Hand oder maschinell unterschiedlich dicke Wollfäden hergestellt, die den Teppichen die Weichheit und die hohe Lebensdauer verleihen. Die Knoten, die den Flor bilden, bestehen aus Wolle. Der türkische Teppich weist ausschließlich den Gördes- oder türkischen Knoten auf, einen Doppelknoten, der jeweils zwei Ketten umfaßt und nach oben durchgezogen wird. In Persien wird der Sine- oder persische Knoten verwendet, der nur um einen Kettenfaden geschlungen wird. Bei den größeren Teppichen sind die Kettfäden meist aus Baumwolle, die in den südlichen Regionen, vor allem in der Çukurova, einer Schwemmlandschaft südlich von Adana, angebaut wird. Die Türkei ist der drittgrößte Baumwollproduzent der Welt.

Nicht nur der Teppich, sondern auch der **Kelim** (Webteppich) ist ein typisches Produkt der nomadischen Lebensweise. Die Farben wurden aus Pflanzen und Mineralien gewonnen, deren Zusammensetzung von den Knüpferfamilien als Geheimnis gehütet wurde. Die Farbstoffe werden den Blättern, Wurzeln und Früchten verschiedener Pflanzen entzogen. Viele Dörfer und Kleinstädte, die vom Teppichknüpfen leben, besitzen Flächen, an denen die für die Farben notwendigen Pflanzen angebaut werden. Heute werden neben pflanzlichen auch synthetische Farbstoffe verwendet.

Mit der Farbgebung ist eine Symbolik verknüpft, wobei rot für die türkischen Teppiche eine besondere Farbe ist: Rot steht für Reichtum, Glückseligkeit und Freundschaft. Grün ist die Farbe des Paradieses, blau die des Adels und der Pracht, gelb bedeutet Schutz vor dem Bösen und schwarz das Reinigen von weltlichem Schmerz.

Handgeknüpfte Teppiche werden im allgemeinen nach den Gebieten und Orten genannt, in denen sie hergestellt werden. Die feinsten und berühmtesten Teppiche der Türkei werden seit osmanischer Zeit in den kleinen Küstenstädtchen Hereke südlich von İstanbul geknüpft. Die Manufakturen von Hereke produzierten ausschließlich für den Sultanshof und für hohe Würdenträger. Die Feinheit des Materials ermöglichte es, mehr als eine Million Knoten auf einem Quadratmeter zu knüpfen.

In Mittelanatolien ist Kayseri, am Kreuzpunkt traditioneller Karawanenwege, eines der bedeutendsten Knüpfzentren der Türkei. Hier werden nach alten Techniken an ca. 10 000 Knüpfstühlen Teppiche hergestellt, die einen bedeutenden regionalen Wirtschaftsfaktor bilden. Fast jedes Haus besitzt einen oder mehrere Knüpfstühle, an denen vor allem Frauen und Kinder sitzen und viele Stunden am Tag arbeiten. Neben Hereke ist Kayseri auch ein Zentrum für die Herstellung von Seidenteppichen aus Naturseide, vor allem aber aus Kunstseide. Neben diesen Orten sind in Zentralanatolien vor allem Kırşehir, Niğde, Mucur, Yahyali und Konya zu nennen, das für den Ladikteppich bekannt ist.

Verhalten im Alltag

Die Türkei ist ein gastfreundliches Land, mit einigen auf Mitteleuropäer fremd wirkenden Höflichkeitsregeln, die beachtet werden sollten. Die vom Islam geprägten religiösen Sitten und Gebräuche sollten Sie respektieren. Insbesondere im Fastenmonat Ramadan, in dem von Sonnenaufgang bis Sonnenuntergang Eß- und Trinkverbot besteht, wirkt es für Muslime provozierend, wenn Sie auf der Straße essen.

Der moslemische Alltag trennt männliche und weibliche Lebensräume strenger. Für alleinreisende Frauen und Paare ist es daher angebracht, in Restaurants die Familienabteilung *(aile salonu)* aufzusuchen. Der Austausch von Zärtlichkeiten in der Öffentlichkeit ist genauso verpönt wie allzu leichte Bekleidung.

Eine Muslima auf der Straße anzusprechen oder sich im Bus neben sie zu setzen, verletzt die Moralvorstellungen. Beim Fotografieren von Personen ist es ratsam, erst um Erlaubnis zu bitten.

Die höfliche Anrede im Türkischen ist *bey* (Herr) bzw. *hanım* (Frau), der der Vorname vorangestellt wird. Begrüßen Sie immer den Gesprächspartner gleichen Geschlechts zuerst.

Im Umgang mit Polizei und Behörden empfiehlt sich Zurückhaltung. Proteste, Ungeduld und aufbrausendes Verhalten schaffen höchstens Verärgerung und verlängern nur die Wartezeiten.

Verkehrsvorschriften

Die Höchstgeschwindigkeit in Ortschaften beträgt 50 km/h, auf Landstraßen 90 km/h (für Motorräder 70 km/h). Es gilt absolutes Alkoholverbot. Zwei Warndreiecke sind mitzuführen, die bei einer Panne vor und hinter dem Fahrzeug aufzustellen sind.

Kurzinformationen von A bis Z

Die **Verkehrsschilder** tragen die internationalen Symbole. Aufschrift und Bedeutung der wichtigsten Schriftschilder:

Bozuk satin	schlechte Wegstrecke
Dikkat	Achtung!
Dur	Stopp!
Düşük banket	nicht befestigte Straße
Park (yeri)	Parkplatz
Park yapılmaz	Parken verboten
Şehir merkezi	Stadtmitte
Tamirat	Straßenarbeiten
Taşit gecemez	Durchfahrt verboten
Yavaş	langsam
Yasak	verboten

Wasser in der Türkei

Trinkwasser gibt es bei den zahlreichen Quellen und Brunnen. In den Städten und *lokantas* sollte man aber Wasser aus versiegelten Flaschen trinken. Obwohl sich die Wasserqualität in den letzten Jahren erheblich verbessert hat, ist Vorsicht geboten. Es bestehen meines Erachtens keine Bedenken gegen einen frischen Salat, der am Brunnen gewaschen worden ist.

Zeitunterschied

Gegenüber der mitteleuropäischen Zeit ist in der gesamten Türkei die Uhr um eine Stunde vorzustellen.

Zoll- und Devisenbestimmungen

Die Ausfuhr von Antiquitäten ist verboten und wird streng bestraft. Dies gilt nicht nur für antike Gegenstände, sondern auch für Antiquitäten aus mittelalterlicher und osmanischer Zeit (Keramik, Metallgegenstände, Buchmalereien, Teppiche). Daher sollte man beim Kauf von altem Kunsthandwerk und Teppichen die Ausfuhrmöglichkeit sichern. Werden Antiquitäten eingeführt, die wieder ausgeführt werden sollen, sollte man diese im Reisepaß vermerken lassen (s. S. 397).

Kleiner Sprachführer

Das Türkische unterscheidet sich stark von den indogermanischen Sprachen. Es gibt fast keine Anknüpfungspunkte an unsere Grammatik und Lexik. Die Übernahme vieler Wörter aus dem Französischen ermöglicht manchmal eine erste Orientierung.

Vielfach begegnet man deutschsprechenden Türken, die einige Zeit ihres Arbeitslebens in Deutschland verbracht haben. Sie stehen gerne als Gesprächspartner und Dolmetscher zur Verfügung. Dennoch sollte man sich einige Wörter und Wendungen einprägen, um den Menschen auf sprachlicher Ebene begegnen zu können.

Seit der Schreibreform unter Atatürk wird die Aussprache des Türkischen exakt in der lateinischen Schrift wiedergegeben. Doch es gibt Besonderheiten.

Die folgenden Buchstaben existieren entweder nicht im deutschen Alphabet oder werden anders ausgesprochen

c wird dsch, wie in Cami (Moschee) = Dschami augesprochen
ç wird tsch, in Çatal Hüyük = Tschatal Hüyük
ğ längt den davor stehenden Vokal und wird nicht gesprochen wie in Dağ (Berg) = Daa
ı (ohne Punkt) ist ein nicht betontes e, wie in Rakı = Rake
ş wird sch, wie in taş (Stein) = Tasch,
v wird w, z. B. Nevşehir = Newschehir,
z wird s, wie in zaman (Zeit) = Saman ausgesprochen.

Begrüßung und Allgemeines

Auf die Redewendung *hoş geldiniz* (Seien Sie willkommen) antwortet man allgemein mit *hoş bulduk*.

Guten Morgen	Günaydın
Guten Tag	Merhaba, iyi günler
Guten Abend	Iyi akşamlar
Wie geht es Ihnen?	Nasılsınız?
Vielen Dank	Teşekkür ederim
Bitte	lütfen
Ja	evet
Nein	hayır
Es gibt ...	Var
gibt es?	Varme?
Es gibt nicht	Yok
Ich verstehe nicht	Anlamıyorum
Auf Wiedersehen	Hasca kalın

Die Zahlen

1	bir
2	iki
3	üç
4	dört
5	beş
6	altı
7	yedi
8	sekiz
9	dokuz
10	on
11	onbir
20	yirmi
25	yirmibeş
30	otuz

Kleiner Sprachführer

40	*kırk*	Busstation	*otogar, garaj*
50	*elli*	Bahnhof	*istasyon*
60	*altmış*	Stadtzentrum	*şehir merkezi*
70	*yetmiş*	Fremdenver-	*turizm bürosu*
80	*seksen*	kehrsbüro	
90	*doksan*	Achtung	*dikkat*
100	*yüz*	langsam	*yavaş*
101	*yüz bir*	Tankstelle	*istasyonu,*
200	*iki yüz*		*benzin deposu*
300	*üç yüz*	Diesel	*mazot*
1000	*bin*	Benzin	*benzin*
10 000	*on bin*	geradeaus	*doğru*
1 000 000	*bir miliyar*	links	*sol*
		rechts	*sağ*
		zurück	*geri*
		vor, weiter	*devam*

Uhr- und Tageszeiten

Zeit	*zaman*	hier	*burada*
Wann?	*ne zaman?*	dort	*orada*
Gestern	*dün*	in dieser	*bu yönde*
Heute	*bugün*	Richtung	
Morgen	*yarın*	Landkarte	*harita*
Jetzt	*simdi*	Stadtplan	*şehir haritasi*
Vormittag	*sabah*	Straße im Ort	*sokak, caddesi*
Nachmittag	*öğleden sonra*	Landstraße,	*yol*
Mittag	*öğle*	Weg	
Wie spät ist es?	*Saat kaç?*	Berg	*dağ*
Eine Stunde	*bir saat*	Hügel	*hüyük, tepe*
Um wieviel Uhr?	*Saat kaçta?*	Bach	*su, dere, çay*
		Fluß	*nehir, irmak*
Es ist ein Uhr.	*Saat bir.*	Moschee	*cami*
		Bethaus	*mescit*
		Burg	*kale*
		Kirche	*kilise*

Wochentage

Sonntag	*pazar*	Kloster	*manastır*
Montag	*pazartesi*		(christl.)
Dienstag	*sah*		*tekke* (islam.)
Mittwoch	*çarşamba*		
Donnerstag	*perşembe*		
Freitag	*cuma*	## Im Hotel	
Samstag	*cumartesi*		
am Montag	*pazartesi günü*	ein Zimmer	*bir oda*
		zwei Personen	*iki kişi*
		ein Zimmer	*Banyolur bir*
## Auf der Reise		mit Bad	*oda*
		Zimmer	*oda*
Bus	*otobüs*	Wieviel kostet es?	*Fiyatı nedir?*
Kleinbus	*minibüs*		
Flughafen	*havaalanı*	warmes	*sıcak su*
Hafen	*liman*	Wasser	

Hotel, Post und Bank, Restaurant

Schlüssel	*anahtar*	Fruchtsaft	*meyva suyu*
Bett	*yatak*	Bier	*bira*
Dusche	*dus*	Eis	*buz*
Bad	*banyo*	Wein	*şarap*
Handtuch	*havlu*	Weißwein	*beyaz şarap*
Koffer	*bavul*	Rotwein	*kirmisi şarap*
Tasche	*çanta*	Rosé	*pempe şarap*
		Anisschnaps	*rakı*

Post und Bank

Postamt	*postahane*
Brief	*mektup*
Postkarte	*kartpostal*
Briefmarke	*postapulu oder pul*
per Luftpost	*uçak ile*
Telegramm	*telegraf*
postlagernd	*postrestant*
Telefonmünze	*jeton*
Bank	*banka*
Bargeld	*nakit para*
Devisen	*döviz*
Wechselkurs	*(resmi)kur*

Yoghurt	*yoğurt*
Yoghurt mit Wasser	*ayran*
Flasche	*şişe*
Fleisch	*et*
Hammelfleisch	*koyun eti*
Lammfleisch	*kuzu eti*
Rindfleisch	*sığır eti*
Kalbfleisch	*dana eti*
Huhn	*piliç/tavuk*
Fisch	*balık*
gekocht	*pişmiş*
gebraten	*tava*
gegrillt	*cızbiş*
gefüllt	*dolma*
heiß	*sıcak*
kalt	*soğuk*

Im Restaurant

Frühstück	*kahvaltı*
Mittagessen	*öğle yemeği*
Abendessen	*akşam yemeği*
Kaffee	*kahve*
Guten Appetit!	*Afiyet olsun!*
Zum Wohl, Prost!	*Serefe!*
Tee	*çay*
Milch	*süt*
Zucker	*şeker*
Brot	*ekmek*
Butter	*tereyağı*
Käse,	*peynir,*
Schafskäse	*beyaz peynir*
Salz	*tuz*
Pfeffer	*biber*
Die Rechnung, bitte!	*Hesap, lütfen!*
Kellner	*garson*
Trinkgeld	*bahşiş*
Wasser	*su*
Mineralwasser	*maden suyu*

Türkische Gerichte

Vorspeisen *(mezeler)*

şiş köfte	scharfgewürzte Fleischbällchen aus rohem Hackfleisch und Weizenschrot
arnavut ciğeri	gebratene Leberstückchen mit Zwiebeln
çerkes tavuğu	Hühnerfleisch in pikanter Sauce aus Walnüssen und Weißbrot
yaprak dolması	gefüllte Weinblätter
dolması	
tarama	Fischrogensauce

Kleiner Sprachführer

Suppen *(çorbarlar)*

yayla çorbası	Reissuppe mit Yoghurt und Minze
düğün çorbası	Hochzeitssuppe
tarhana çorbası	Tarhana-Suppe
ışkembe çorbası	Kuttelflecksuppe

Gegrilltes *(ızgaralar)*

döner kebap	an einem vertikalen Spieß drehend gegrilltes Hammelfleisch
kuzu dolması	mit Reis gefülltes, gegrilltes Lamm
pirzola	Lammkotelett
şiş kebap	gegrillter Lammspieß

Reisgerichte *(pilav)*

iç pilav	Reis mit Korinthen, Pinienkernen und Gewürzen
bulgur pilavi	Weizengrütze

Kalte und warme Gemüsegerichte *(zeytinyağlılar)*

imam bayıldı	(›Den imam hat's umgehauen‹) Auberginen in Olivenöl mit Zwiebeln, Knoblauch und Tomaten
karnıyarık	Gefüllte Auberginen
patlıcan dolmasi	Gefüllte Auberginen
kabak kızartmasi	Frittierte Zucchinischeiben mit Yoghurt
patlıcan musakka	Auberginen-Musakka

Blätterteigpasteten *(börekler)*, gefüllt mit Fleisch oder Käse

Nachspeisen *(tatlılar)*

baklava	mit Walnüssen oder Pistazien gefüllte Blätterteigrombe
tel kadayıf	gegrillte Teigfäden, mit Walnüssen oder Pistazien gefüllt und in Sirup getränkt
sütlaç	Milchreis
revami	in Sirup getränkte Griesspeise
dondurma	Speiseeis

Obst und Gemüse

Gemüse	*sebze*
Aubergine	*patlıcan*
Tomate	*domates*
Gurken	*hiyar, salatalık*
Zucchini	*kabak*
Paprika	*biber*
Bohnen	*fasulye*
Kartoffeln	*patates*
Reis	*pilav*
Salat	*salata*
Obst	*meyva*
Apfel	*elma*
Birne	*armut*
Kirsche	*kiraz*
Erdbeere	*cilek*
Pflaume	*erik*
Banane	*muz*
Trauben	*üzüm*
Orange	*portakal*
Zitrone	*limon*
Aprikose	*kayısı*
Pfirsich	*şeftali*
Zuckermelone	*kavun*
Wassermelone	*karpuz*

Einkaufen

Geld	*para*	Ist dies alt?	*Eski mi?*
Was kostet das?	*Kaç para?*	alt	*eski*
Das ist zu teuer.	*Çok pahalı.*	neu	*yeni*
		Gold	*altın*
billig	*ucuz*	Silber	*gümüş*
		Kupfer	*bakır*
Das gefällt mir nicht.	*Beğenmedim*	Leder	*deri*
		Stoff	*kumaş*
Ich möchte nicht …	*İstemiyorum …*	Baumwolle	*pamuk*
		Seide	*ipek*

Alle in diesem Buch enthaltenen Angaben wurden vom Autor nach bestem Wissen erstellt und von ihm und dem Verlag mit größtmöglicher Sorgfalt überprüft. Gleichwohl sind – wie wir im Sinne des Produkthaftungsrechts betonen müssen – inhaltliche Fehler nicht vollständig auszuschließen. Daher erfolgen die Angaben ohne jegliche Verpflichtung oder Garantie des Verlages oder des Autors. Beide übernehmen keinerlei Verantwortung und Haftung für etwaige inhaltliche Unstimmigkeiten. Wir bitten dafür um Verständnis und werden Korrekturhinweise gerne aufgreifen: DuMont Buchverlag, Postfach 10 10 45, 50450 Köln oder Mittelstraße 12–14, 50672 Köln.

Abbildungs- und Zitatnachweis

Farbabbildungen

Hans Weber, Lenzburg: Titelbild, S. 1, 14, 17u., 40, 41, 51, 99, 128, 146, 154, 160, 163, 184, 198, 202, 204, 206, 207, 213, 216/217, 222, 226, 231, 233, 245, 254, 255, 274, 276, 282o., 288, 294, 295o., 295u., 307u., 314, 315u., 326, 330o., 342, 346/347, 350, 355u., 363o.
Rainer Hackenberg, Köln: S. 13, 16, 17o., 18, 31, 57, 66, 67, 68, 70o., 70u., 83, 84o., 84u., 90, 100, 105, 106, 117, 118, 120, 121, 126, 143, 188, 268, 275, 279, 282u., 292, 305u., 308, 315o., 319, 322, 328, 332, 339, 340, 341, 343, 344, 345, 349o., 353, 354, 355o., 358, 359, 360, 369, 370, 371, 374, 375, hintere Umschlagklappe, Umschlagrückseite unten
Wolfgang Dorn, Isernhagen: S. 19, 24, 26, 34, 37, 39o., 39u., 48, 54, 69, 72, 77, 78/79, 85, 107, 110, 113, 122, 125, 127, 134, 136, 137, 140/141, 144, 147, 148, 152/153, 156, 157, 159, 164, 167, 170, 173, 174, 176, 177, 181, 182, 183, 193, 194, 196, 208, 210, 215, 219, 220, 223, 224, 234, 235, 239, 247, 250, 258, 260, 264, 265, 266/267, 270, 273, 279, 285, 289, 291, 297, 298, 299, 300, 305o., 312, 317, 323, 325, 357, 362, 364, 366, 368, 376
Werner Neumeister, München: S. 64, 81, 88, 95, 112, 114, 133, 232, 237, 241, 243, 257, 280, 310, 330u., 349u., 352, Umschlagrückseite oben
Transglobe/Robert Frerck, Chicago: Vordere Umschlagklappe, S. 277, 306, 307o., 320/321, 335, 336, 363u.
Gerhard Oberzill, Wien: S. 59

Zeichnungen und Grundrisse aus anderen Werken

Mellaart, J.: Çatal Hüyük. London/Bergisch Gladbach 1967: S. 20, 201, 249
Blohm, K.W.: Städte und Stätten der Türkei. Köln 1971: S. 25o., 29, 30, 89
Bittel, K.: Hattuscha. Köln 1983: S. 25u., 98, 102, 104
Giovannini, L. (Hrsg.): Kunst in Kappadokien. Genf 1972: S. 47, 49u., 278, 304li., 304re., 316, 348
Otto-Dorn, K.: Die Kunst des Islam. Baden-Baden 1979: S. 49o., 230, 296.
Akurgal, E.: Ancient Civilizations and Ruins of Turkey. Istanbul 1983: S. 73, 86, 132
Eid, V.: Osttürkei. Köln 1990: S. 87
Orthmann, W.: Der alte Orient. Propyläen Kunstgeschichte Bd. 18. Berlin 1985: S. 101
Bittel, K. u.a.: Das Felsheiligtum von Yazılıkaya. Berlin 1975: S. 110
Akurgal, E.: Die Kunst der Hethiter. München 1976: S. 111
Bittel, K.: Die Hethiter. München 1976: S. 116
Akurgal, E.: Kunst in der Türkei. Würzburg 1980: S. 135, 163
Rice, T.T.: Die Seldschuken. Köln 1963: S. 253, 378 o., 378 u., 379
Demir, Ö.: Kappadokien, Wiege der Geschichte. Ankara 1988: S. 283

Zitat S. 38 stammt aus:
Rice, T.T.: Die Seldschuken.
Köln 1963

Kartographie: Berndtson &
Berndtson, Fürstenfeldbruck
© DuMont Buchverlag

Wir danken den Verlagen für die
Reproduktionsgenehmigungen.

Für einige Abbildungen konnten die Rechteinhaber nicht ermittelt werden; wir bitten diese, sich zu melden.

Register

Personenregister

Abdülarin 237
Abdülaziz 142
Abdülhamit II. 45, 61, 142, 63
Abdülmeçıt I. 45
Abdülmeçıt II. 53
Ahi Evran 374
Ahi Şerifeddin 80, 82
Ahi-Bruderschaft 80, 238, 373f.
Ahmet III. 360
Ahmet Paşa 82
Akşemeddin Hoça 127
Akurgal, Ekrem 29
Alâeddin Bey 242
Alâeddin III. 229
Alâeddin Keykûbat I., seldschukischer Sultan 40, 42, 60, 124, 195, 228, 229, 233, 242, 253, 259, 304, 313, 314, 315, 322, 329, 362
Alexander der Große 28, 33, 59, 89, 178
Alp Arslan 37, 39, 40
Alyattes 32, 58
Amenophis IV. Echnaton 23
Anitta, König von Kuschschar 85, 94, 326
Antigonos 190
Antiochos I., 209
Antiochos III. 59, 209
Araber 36, 59, 60, 124, 150, 161, 183, 211, 228, 256, 271, 278, 303, 309, 311

Archelaos 285
Ariarathes 34
Arius von Alexandria 276
Arkas, König von Arkadien 149
Armenier 46, 271, 340
Aşik Paşa 374
Assyrer 26, 227, 282, 303
Atatürk s. Mustafa Kemal Paşa
Athanasius von Konstantinopel 276
Attalos I., Köng von Pergamon 59
Attalos III., Köng von Pergamon 34, 59
Attis, Hohepriester von Pessinus 137
Augustus, Kaiser von Rom 34, 59, 65, 73, 74, 137, 149, 209, 211
Azan, mythischer Held 149

Badreddin Muslih, Wesir 234
Barbara, Heilige 351
Barnabas, Heiliger 210, 227
Barth, Heinrich 91
Basileios Giagupes. 296
Basilius von Caesarea 38, 276, 278, 301, 308, 311
Bayezıt I., Sultan der Osmanen 43, 44, 60, 124, 146, 192, 259, 256
Bayezıt II. 185
Beyramı-Orden 75
Bedreddin-i Tebrisi 242

Register

Behemund von Antiochien 124
Bektaşi-Orden 138, 181, 186, 187, 238, 368, 369, 374
Bell, Getrude 263
Bittel, Kurt 93
Bonatz, Paul 67, 68
Brandenburg, E. 168
Burhaneddin Termizi, Mystiker 240, 317
Byzantiner 39, 50, 124, 144, 161, 171, 183, 254, 261, 271, 280, 311

Caracalla, römischer Kaiser 71
Çavdaren, Turkmenenstamm 149, 150
Celâleddin Karatay, seldschukischer Großwesir 42, 228, 232, 329
Çelal, Scheich 46
Celâleddin Rûmi 60, 228, 237, 238, 241, 244, 257, 315, 317
Cenabi Ahmet Paşa, Großwesir 81
Chantre, Ernest, Archäologe 92, 327
Çiller, Tansu 56

Damat İbrahim Paşa, Großwesir 360, 361
Danischmendiden 40, 42, 124, 311
Demirel, Süleyman 205
Devreker, J., belgischer Archäologe 137
Diokletian, römischer Kaiser 157
Dschingis Chan 258
Dündar Bey, seldschukischer Bauherr 199
Dündar Hamidoğlu, Emir 209

Edebalı, Derwisch-Scheich 142
Elias, Prophet 322
Erbakan, Necmettin 56
Ertokuş-bin-Abdullah 206
Eumenes I., König von Pergamon 59

Eumenes II., König von Pergamon 34, 59
Evliya Çelebi, türkischer Reisender 259
Evren, Kenan 55

Fatamiden 39
Fatima, Mutter Keyhüsrevs I. 185, 186
Ferdinand I., deutscher Kaiser 74
Fevzi Paşa, Feldherr Atatürks 164
French, David H. 261
Friedrich Barbarossa, deutscher Kaiser 60, 195, 228
Friedrich II., deutscher Kaiser 233

Gabriel, Albert 168
Galater 34, 73, 91
Gedik Ahmet Paşa, 163
Georg, Heiliger 338
Germiyaniden 144, 147, 161
Ghiselin van Busbeck 74
Gijaseddin Keyhüsrev I., seldschukischer Sultan 40
Gijaseddin Keyhüsrev II., seldschukischer Sultan 42, 234
Goff, Michael 306
Gordios, phrygischer König 28, 29
Gottfried von Bouillon 139
Gregor von Nazianz 38, 276, 301
Gregor von Nyssa 38, 276
Griechen 24, 26, 30, 33, 52, 67, 143, 146, 161, 205, 256, 260
Guillaume, E. 134
Güterbock, Hans Gustav 83
Gyges, lydischer König 31, 32

Hacı Abdullah, Scheich 225
Hacı Beyram Veli, Ortsheiliger 75
Hacı Bektaş Veli 368, 369, 371, 374
Hacı Bey 163

Personenregister

Hacı Halfa, Geograph 272
Hadrian, römischer Kaiser 34, 35, 59, 76, 125, 149, 214
Haldi, urartäischer König 89
Halif al-Mamun, arabischer Kalif 271
Hamadiden 161, 199, 205, 208, 217
Hamilton, William J. 91
Hammurabi, babylonischer König 22
Hanak, Anton, Architekt 68
Hannibal, karthagischer Feldherr 137
Hantili, hethitischer Großkönig 94
Harpatus, späthethitischer König 261, 269
Harun al-Raschid, arabischer Kalif 66, 76, 271
Haspels, Emilie 168
Hattier 20, 26, 115
Hattuschili I., hethitischer König 21
Hattuschili III., hethitischer König 25, 92, 94, 99, 100, 103, 323
Hepat, Sonnengöttin von Arinna 26, 98, 108, 112, 118, 135, 324
Heraklios, byzantinischer Kaiser 36, 59, 76
Hethiter 12, 20, 21, 22, 24, 25, 26, 27, 28, 65, 85, 91, 92, 94, 95, 99, 115, 119, 130, 161, 227, 326, 360
Holzmeister, Clemens 67, 68
Honorius, weströmischer Herrscher 36
Hrozny, B., Sprachforscher 93, 327
Humann, Carl 74, 91
Hurri 110, 324
Hurriter 22, 26, 27

İbrahim Bey 259
İbrahim Hakkı Gül, Korangelehrter 123

İbrahim Paşa, Großwesir 303
İnönü, İsmet, türkischer Präsident 53, 54, 164
Izzeddin Keykâvus, seldschkischer Sultan 40
Ibn Battuta, arabischer Reisender 199, 205, 374
İbrahim Bey, Karamanide 288
Ilaschhäer 23
Italiener 52
Izeddin Keykâvus I. 194
Izzeddin Kılıç Arslan II., Sultan 79
Izzededdin Keykâvus II. 322

Janitscharen 45, 176, 185, 369
Jansen, Hermann, Architekt 67
Julian Apostata, frühbyzantinischer Kaiser 71, 72, 73, 137, 276, 302
Justinian I., byzantinischer Kaiser 36, 59, 312

Kalif al-Mutasim 76, 189
Kandaules, heraklidischer König 31, 32
Kara Mustafa Paşa, Großwesir 121, 195
Karakeçili-Nomaden 142
Karamaniden 45, 50, 195, 208, 229, 234, 256, 256, 258, 259, 288, 305, 313
Karer 30
Kaskäer 94
Kerimüddin Karaman 256, 258
Keyhüsrev I. 183, 225
Kılıç Arslan I., seldschukischer Sultan 40, 139
Kılıç Arslan II. 144, 228, 229, 230, 288
Kılıç Arslan IV. 306, 374
Kimmerier 58
Kölük Şemseddin 313
Konstantin I., byzantinischer Kaiser 36, 59
Köprülü, osmanische Großwesirsfamilie 45, 61
Krencker, D. 151

417

Register

Krippel, Heinrich, Bidlhauer 71, 162
Krösus, lydischer König 18, 29, 32, 33, 58, 66
Kurden 52, 56
Kyaxares, Mederkönig 32
Kybele, phrygische Muttergottheit (Meter Steunene) 31, 58, 73, 130, 136, 137, 149, 144, 153, 158, 169, 170, 171, 175, 179, 180, 224, 249
Kyros der Jüngere, persischer Herrscher 197
Kyros II., Perserkönig 32, 58

Labarnas, hethitischer König 21
Laborde, Alexandre de, französischer Reisender 166, 230
Lajos Kossuth, ungarischer Emigrant 147
Lambrechts, Pierre, Archäologe 137
Lanckoronski, Karl Graf, Forschungsreisender 203
Leake, William M. 166, 179, 183
Leo III., byzantinischer Kaiser 161
Leon der Weise, byzantinischer Kaiser 36
Leon II., christlicher Herrscher von Kleinarmenien 256
Libianus von Antiochia 71
Lukas, Evangelist 74
Lyder 12, 28, 31, 33, 58, 66, 130, 178, 227
Lyakonier 288
Lykier 30
Lysimachos, General Alexanders 33, 34

Mahmut II., osmanischer Sultan 45, 176, 185, 369
Mahmut Paşa, Großwesir Mehmets II. 82
Malik Şah, Sultan 40
Mameluken 45
Manuel Komnenos, Kaiser 209

Masud III., seldschukischer Sultan 42
Masud von Ghasna, persischer Sultan 39
Mehmet Bey, Emir 258
Mehmet I., osmanischer Sultan 44, 46
Mehmet II. Fatih, osmanischer Sultan 44, 45, 60, 146, 218, 313
Mehmet Köprülü Paşa, Großwesir 123
Mehmet VI., Sultan 52
Melek Mustafa Paşa, Großwesir unter Süleyman I. 139, 272
Melevi-Derwische 139, 147
Mellaart, James 200, 248
Mesut I., Sultan 229
Mevlevi-Orden (›Tanzende Derwische‹) 163, 227, 238, 241, 258, 374
Midas, phrygischer König 18, 28, 32, 66, 129, 130, 136
Mithridates VI. Eupator, pontischer König 34, 59, 66, 227
Mohamed Bey 219
Mohammead Ibn Kauan, Architekt aus Damaskus 229
Mommsen, Theodor 74
Mongolen 42, 44, 60, 220, 228, 229, 271, 288, 303, 371, 374
Mordtmann, Andreas David, Archäologe 91
Muhacir, europäische Moslems 178
Murat I., osmanischer Sultan 43, 205
Murat II., osmanischer Sultan 168, 374
Murat IV., osmanischer Sultan 45
Murschili I., hethitischer König 21, 22
Murschili II., hethitischer König 23
Mustafa Kemal Paşa (Atatürk) 47, 52, 53, 54, 56, 61, 82, 142, 164, 312, 333, 369

418

Personenregister

Mutwatalli, hethitischer König 25

Nasreddin Hoça, Volksheld 135, 192, 193
Naumann, Rudolf, Archäologe 151
Neve, Peter, Archäologe 93, 107
Nikephoros Phokas, byzantinischer Kaiser 36, 76, 279
Nizam al-Mulk, Großwesir 40
Nüsrettin Hasan Bey 162

Oghuzen 38, 150
Omar, seldschukischer Kalif 59
Onat, Emin 69
Onuphrios, Eremit 352
Orhan Gazi, osmanischer Sultan 142
Ortukiden 42
Osmanen 18, 43, 45, 50, 60, 76, 139, 144, 145, 164, 185, 191, 192, 208, 216, 220, 229, 234, 241, 271, 288
Osten, Hans Henning von der, Archäologe 134
Özal, Turgut 56
Özgüç, T. und N, Archäologen 327

Parther 34, 59
Paulus, Apostel 38, 59, 210, 211, 227, 311
Pausanias, griechischer Geschichtsschreiber 66, 149
Perrot, Georges., Reisender 91, 134
Perser 33, 36, 66, 73, 76, 144, 150, 227, 278, 312, 318
Phryger 12, 24, 28, 30, 31, 58, 94, 95, 100, 115, 119, 130, 136, 139, 144, 166, 178, 175, 183, 227, 272, 282, 303, 326
Pomeius 34, 66, 310
Prudentius 158
Prusias I., bithynischer König 125, 149

Puchstein, Otto, Archäologe 92
Puduhepa, Mutter Tuthalijas IV. 23, 25, 324

Ramsay, Sir William M., Forscher 166, 174, 211, 224, 263
Ramses II. 23, 92
Rheidt, Klaus, Archäologe 151
Romanos IV. Diogenes, byzantinischer Kaiser 37, 39, 60, 139
Römer 18, 34,37, 59, 74,124, 137, 171, 236, 284
Rukneddin Süleymanşah, seldschukischer Sultan 236
Rusa II., urartäischer König 89

Şah Cihan Hatun, Prinzessin 317
Şemseddin aus Täbris, Wanderderwisch 240
Sadeddin Köpek, Baumeister 248
Sahip Ata, Großwesir 42, 195, 228, 232, 235,315
Sarre, Ferdinand 230
Sassaniden 36, 59
Sayce, Archibald H., Archäologe 91
Scharumma, Berggott 25, 112, 113, 135
Schede, Martin, Archäologe 151
Scheri, göttlicher Stier 85, 110, 324
Schuppiluliuma I., hethitischer König 23, 94
Schuppiluliuma II., hethitischer König 24, 94, 102
Seldschuken 19, 37, 38, 39, 40, 42, 49, 60, 124, 135, 176, 184, 190, 195, 209, 218, 220, 227, 241, 254, 256, 261, 271, 278, 303, 311, 333, 340
Seleukiden 34, 59, 195
Seleukos I. 209
Seleukos, General 33
Selim I., osmanischer Sultan 45, 46, 60, 144, 312

419

Register

Selim II., osmanischer Sultan 237, 269
Sethos I., hethitischer König 23
Seyfeddin Süleman Bey 258
Seyfeddin Sunğur, mongolischer Statthalter 305
Seyideddin Süleyman Bey 218
Seyit Battal Gazi, arabischer Truppenführer 82, 161, 184
Seyit Harun, Heiliger 225
Sinan, osmanischer Baumeister 50, 81,124, 143, 146, 147, 191, 195, 205, 237
Steuart, J. R. 166, 175
Strabo 285
Sulan Murat I. 374
Süleyman I. Kanuni, osmanischer Sultan 45, 60, 124
Süleyman der Prächtige, osmanischer Sultan 242
Süleyman Ibn Kutulmuş 40
Sulumeli, hethitischer König 86

Tanzende Derwische s. Mevlevi-Orden
Taut, Bruno 67
Teschup, hurritischer Wettergott 26, 98, 108, 112, 118
Texier, Charles 91, 135, 149, 166, 183, 230
Theodora, byzaninische Kaiserin 277
Theodosius I., römischer Kaiser 36, 37, 59, 137
Thorack, Josef, Archîtekt 68
Tiberius, römischer Kaiser 73, 137, 310
Tigranes von Armenien 310
Timur Lenk, Mongolenfürst 44, 60, 66, 144, 192, 193, 208, 256
Trajan, römischer Kaiser 34, 59, 214
Tut-ench-Amun, ägyptischer König 23
Tuthalija IV., hethitischer Großkönig 23, 24, 25, 94, 100, 103, 104, 108, 113, 114, 196, 317, 318

Ülkü, Falih, Architekt 236
Umur Bey Bin Savat 144
Urartäer 58

Valens, arianischer Kaiser 277
Veled, Sultan 163, 240

Warpalawa, König von Tuwanuwa 272, 308
Winckler, Hugo, Archäologe 92, 327

Xerxes, persischer Herrscher 197

Yarım Ağa, Talfürst 174
Yunus Emre, Volksdichter und Derwisch 138, 258
Yürüken 187
Yusuf Ibn Abd al-Gafar, Architekt 230

Zannanza, hethitischer Prinz 23

Ortsregister

Abant Gölü 126
Acı Göl 16,271
Acıgöl 361
Açık Saray 365ff.
Adada 214
Afghanistan 258
Afyon **161ff.**, 165, 171, 184, 187, 189, 196, 221
– Archäologisches Museum 64
– Burg 163
– Gedik Ahmet Paşa Camii 50, 163
– Kuyulu Camii 164
– Mevlevi Camii 163
– Ulu Cami 162
– Zafer Anıtı 164
Ağıllıköy 360
Ağlasun 203
Ağzıkara Han 362f.

Ortsregister

Ägypten 22, 23, 26, 60, 278
Aizanoi 35, **149ff.**
 – Agora 154
 – dorischer Säulenhof 155
 – Heiligtum der Meter Steunene 158
 – Heroon 154
 – Macellum 156
 – Prunktor 158
 – römische Brücken 156
 – römische Grabbauten 159
 – römische Hauptstraße 158
 – römische Staumauer 159
 – römische Thermenanlage 155, 157
 – Stadion 155
 – Theater 155
 – Zeus-Tempel 151
Ak Dağ 197, 202
Akar Çayı 161, 191
Akif Adası 216
Akköy-Stausee 333, 338
Akpara Kale 182
Akşehir 40, 135, **192ff.**
 – Altstadt 194
 – Atatürk-Denkmal 194
 – Hıdarlık 194
 – Seyit Mahmut Hayranı Türbesi 195
 – Taş Medrese (Archäologisches Museum) 195
 – Türbe des Nasreddin Hoça 192
 – Ulu Cami 194
Akşehir Gölü 190
Aksaray 251, **284ff.**, 288, 298, 360, 362
Aksu, Höhle 214
Alaca Hüyük 20, 24,25, 58, 91, **115ff.**
Alaçatı 259
Alay Hanı 363
Alişat 58
Altınapa-Stausee 225
Amorium 189
Ankara 12, 29, 31, 34, , 42, 44, 52, 53, 61, **65ff.**, 124, 363
 – Ahi Elvan Camii 80
 – Alâeddin Camii 78
 – altes Parlamentsgebäude 71
 – Anıt Kabir 68f.
 – Ankara Kalesi 76f.
 – Ankara Palas 71
 – Arslanhane Camii 79f.
 – Atatürk-Mausoleum 66
 – Atatürk Müzesi 68
 – Basarviertel 75
 – Caracalla-Thermen 71
 – Cumhurbaşkanlığı Köşkü 68
 – Ethnographisches Museum 81f.
 – Hacı Beyram Camii 75
 – Hethitermuseum (Museum für Anatolische Zivilisationen) 82ff., 115
 – Juliansäule 71
 – Kocatepe Camii 68
 – Maltepe Camii 68
 – Nationalversammlung 68
 – Oper 68
 – Reiterstandbild Atatürks 71
 – römisches Theater 76
 – Tempel des Augustus 73
 – Türkischer Rundfunk 68
 – Universität 68
 – Vertrauensdenkmal 68
 – Yeni Cami 81
Antiochia ad Pisidiam 74, 137, **209ff.**
Arezastis-Monument 182
Armenien 19
Arslankaya 30, 168, **169f.**
Arslantaş 174
Assyrien 22, 327
Atabey 206
Athen 150, 156, 188
Avanos **363f.**, 367
Ayazın (Metropolis) 168, **171ff.**
Aydınkent 272

Babylon 22
Balıhisar (Pessinus) 136f.
Balkan Dere 359
Barla 209
Başköy 337

421

Register

Bayındır 225
Bel Dere (Kümbet Dere) 166
Belisırma 292
Berber Ini 177
Beycesultan 58
Beypazarı 124, **127**
Beyşehir 217, **218ff.**
– Eşefoğlu Camii 218, 221
– Taş Medrese 220
Beyşehir Gölü 13, 16, **215ff.**, 222, 248
Beyşehir-Kanal 221
Bilecik 43, 139, **142f.**
Binbir Kilise **262ff.**
Boğazkale 21, 31, 91, 97, 114, 115
Bolu 125f.
Bolvadin (Polybotos) 190f.
Bor 308
Bosporus 34
Boyalı 196f.
Bozüyük 143f.
Budaközü, Fluß 95
Budur **199f.**
Budur Gölü 16, 199, 201
Bursa 43, 50, 52
Büyük Kapıkaya 171
Büyük Menderes 14
Byzanz 36, 37, 39, 59

Cal Dağ 135
Can Hasan 20, 58, **261f.**
Çankırı 119, 124
Çanlı Kilise **288f.**
Çarşamba Cayı 217
Çatal Hüyük 19, 20, 58, **248ff.**
Çavdarhisar 149, 156
Çavuşin 278, **344f.**
Çavuşcu Gölü 196
Çay 190
Çay Hanı 254
Çeltek 290
Çeltikçi Geçidi 202
Ceyhan 25
Chalkedon 38
Chorasan 39
Çiçekler 223
Çorum **119f.**

Çubuk-Tal 65
Çukurkuyu 253
Çukurova 358
Çumra 248
Çumra-Ebene 247

Damsa Çayı 333, 367
Darla-Dağı-Massiv 206
Davras Dağı 208
Demirci Hüyük 139
Dereköy 133, 196
Derinkuyu 282, **283f.**
Develi 319ff.
– Develi Kalesi 319
– Dev Ali Türbesi 322
– Hızır Ilyas Türbesi 322
– Sivasi Hatun Camii 322
– Seyit-i Şerif Türbesi 322
Dinar (Kelainai) 196, **197**
Doğanlı-Tal 183
Döğer **168ff.**
Dumlupınar 161

Eber Gölü 190, 191
Edirne 43, 50
Eflatun Pınar (Pisidien) 91, 222f.
Eğirdir 208f., 214
Eğirdir Gölü 13, 205, 207, 209, 214
El Nazar 357
Elma Dağı 65, 91
Emirdağ 187, **189**
Emre-Göl-Stausee 171
Emre Köy 171
Ephesus 32, 33, 35, 38, 59
Erciyes Dağı 13, 15, 275, 284, 309, 313, 318, 319, 325, 331, 357
Ereğli 15, 267, **271f.**
Erzurum 42, 53
Eski Gümüş 306f.
Eskişehir (Dorylaion) 40, 52, 135, **138f.**, 165, 168

Fassılar 223f.
Firaktın 25, **323f.**
Fisandon 258f.

Ortsregister

Gallos 137
Gavur Kalesi **133ff.**
Gazlıgöl 168
Gediкören 195
Gerdek Kaya 181
Gezi 325
Ghasna 38
Gökgöz Kale 182
Gölcük Gölü 206
Göreme (Korama) 13, 278, 331, 338, **342ff.**
– Barbarkiche 350
– Basiliuskirche 350
– Bezirhane Manastır 344
– Çarıklı Kilise 353
– Durmuş Kadır Kilise 343
– Elmalı Kilise 350
– Freilichtmuseum 350
– Karanlık Kilise 353
– Refektorium 353
– Tokalı Kilise 354ff.
– Yılanlı Kilise 352
– Yusuf Koç Kilise 343
Göynük 127
Gordion **129ff.**
– Großer Tumulus 129
– Museum 130
– Palastanlage 131f.
– Tumulus P 130
Großer Salzsee s. Tuz Gölü
Gülşehir 365, 368, 373
Gümüşhacıköy 123
Gümüşler 306
Gümüşören Köyü 323
Güzelöz 337
Güzelyurt (Gelveri) 298f.

Hacıbektaş 185, **368ff.**
– Bektaşi-Kloster 370f.
Hacılar 19, 200
Hanyeri 324
Harlek (Ilica) 148
Hasan Dağı 14, 249, 275, 284, 288, 302, 318
Hatip Çayı, 67
Hattuscha/Boğazkale 20, 21, 22, 23, 24, 28, 31, 58, **91ff.**, 115

– Büyükkale 100ff.
– Großer Tempel 98ff.
– Haus am Hang 100
– Königstor 104
– Löwentor 105
– Nişantepe 103
– Poternenmauer 100
– Poterne 106
– Sarı Kale 107
– Südburg 103
– Sarı Kale 107
– Viadukte 102
– Westbau 102
– Westtor 106
– Wohnviertel der Unterstadt 100
– Yenice Kale 107
– Yerkapı 105, 108
Helvadere (Viranşehir) 302
Horozlu Hanı 247
Hoyran Gölü 207
Hüseyingazi Dağı 91

İbrala-Stausee 261
İhlara 288, 292
İhlara-(Peristrema-) Tal 13, 261, 276, 284, 285, 290, **292ff.**
– Ağaçaltı Kilise 293
– Ala Kilise 298
– Bahattin Samanlığı Kilise 197
– Direkli Kilise 297
– Eğri Taş Kilise 294
– Karagedik Kilise 296
– Karanlık Kale Kilise 294
– Kırk Dam altı Kilise 296
– Kokar Kilise 293
– Pürenli Seki Kilise 293
– Sümbüllü Kilise 294
– Yılanlı Kilise 295
İhsaniye 168
İmamkulu 324
İmişehir 138
İncesu **318f.**, 331
İscehisar (Dokimeion) 185f. 188, 235
İstanbul 29, 44, 50, 53, 67, 68, 185, 361

İvriz 30, 91, 272
Iconium (Konya) 40, 210
Ilgın 195
Indus-Tal 38
Insuyu Mağarası, Höhle 202
Ipsos 33
Isfahan 39
Isparta (Sabarta) 205f.

Kadesch 23
Kadınhanı 189, 196
Kappadokien 274ff., 318, 342
Kara Dağ 14, 257, 262, 267, 268
Karaburna 373
Karaca Dağ 14, 275
Karahüyük 325
Karain 58
Karaman (Laranda) 240, **256ff.**, 275
– Alâedin Bey Türbesi 259
– Ak Tekke Camii 258
– Hamam Süleyman Bey 258
– Hatuniye Medresesi 50, 258
– İmaret Camii 259
– Museum 259
– Yunus Emre Camii 259
– Zitadelle 259
Karapınar, bei Konya 269ff.
Karapınar, bei Nevşehir 360f.
Karatay Hanı 328f.
Karatepe 138
Karum Kanesch s. Kültepe
Kaukasus 21
Kaymaklı 282, **283**
Kayseri (Caesarea) 12, 40, 42, 49, 50, 254, **309ff.**, 318, 325
– Archäologisches Museum 317
– Atatürk-Denkmal 312
– Avgunu Medresesi 316
– Basar 313
– Çifte Kümbet 317
– Çifte Medrese 316
– Döner Kümbet 317
– Güllük Camii 313
– Hacı Kılıç Camii 316
– Hasbek Kümbet 316
– Hatuniye Medresesi 313
– Hoça Bey Camii 313
– Huant Hatun Külliyesi 314
– Iç Kale 312
– Kadı Hamamı 313
– Kurşunlu Camii 50, 315
– Melik Gazi Medresesi 313
– Sahibiye Medresesi 315
– Seyit Burhaneddin Türbesi 317
– Sırçalı Türbe 317
– Ulu Cami 313
– Vezir Hanı 313
Keciboydoran Dağı 275
Kemerhisar (Tyana) 306f.
Kepez Tepe 365
Keşik Köprü Hanı 376
Kılbasan 269
Kılıçlar Vadisi 356
Kırmır-Bach 124
Kırşehir 368, **373ff.**
– Ahi Evran Türbesi 374
– Aşik Paşa Türbesi 375
– Caca Bey Camii 374
– Caca Bey Türbesi 375
Kız Kulesi 222
Kızıl Dağ 269
Kızıl İrmak 16, 21, 32, 91, 124, 275, 363, 365, 367, 376
Kızıl-Çukur-Tal 348
Kızılcahamam 124f.
Kızılören Hanı 225, 254
Kızlarkaya 104
Kızören 251
Kilikien 21
Koca Su, Penkalas-Fluß 149, 154
Kocatepe 161
Kodarak Dere 342
Köhnüş-Tal **174f.**
Konstantinopel 36, 44, 60, 137, 139, 188, 278, 281, 301
Konya (Iconium) 12, 15, 42, 52, 60, 217, 218, **227ff.**, 242, 246, 248, 251, 254, 258, 269, 311
– Alâeddin Camii 228, 229
– alte Post 236
– Altun Baba Medresesi 237

Ortsregister

- Archäologisches Museum 235
- Avgunu Medresi 313
- französische Kirche 234
- Hasbey Darülhüffazı 234
- Hükümet Binası 236
- İnce Minare Medresesi 49, 230, 232
- Iplikçi Camii 236
- Karatay Medresesi 49, 222, 230
- Mevlâna-Kloster 53, **237ff.**
- Palast Alâeddin Keykûbats I 230
- Sahip Ata Külliyesi 235
- Selimiye Camii 50, 237
- Sırçalı Medrese 49, 234
- Şerefeddin Camii 237
- Şems-i Tebrisi Camii 237

Köprü Çayı (Eurymedon) 214
Köprüköy 376
Köşe Dağı 228
Kubadabad-Palast **221f.**
Küçük Hüyük 133
Küçük Kapıkaya 169
Kültepe (Karum Kanesch) 20, 21, 58, 317, **325ff.**
Kümbet **175f.**
Küplü 143
Kuruçeşme Hanı 225
Kütahya **144ff.**, 165
- Altstadt 145
- Archäologisches Musem 146
- Burganlage 147
- Kurşunlu Camii 147
- Mevlevihane 147
- Paşam Sultan Türbesi 147
- Sadeddin Camii 147
- Tabakhane Camii 147
- Takkacılar Camii 147
- Ulu Cami 50, 146
- Vacidiye Medresesi 146
- Vahit Paşa Kütüphanesi 147

Mada Adası 216
Madenşehir 262, **263f.**
Magnesia 209
Mahalaç Dağı 262, 267ff.
Malatya (Melitene) 328
Maltaş 175
Manastır Vadisi 298, 300
- Burg Sivrihisar 301
- Carfalar Kilise 300
- Fırıntaş Kilise 301
- Hacı Saadet Koç Kilise 300
- Kızıl Kilise 301
- Yüksek Kilise 301
Manzikert 37, 39, 40, 139, 228, 311
Meke Dağı 271
Meke Gölü 270f.
Melendiz Dağı 302
Melendiz Suyu 276, 285
Melitene (Malatya) 276
Meram 246
Merzifon 50, **121**
Midas Şehri 30, 31,175, **178ff.**
- Altar 180
- Brunnen 181
- Flachrelief 180
- Hyazinthenmonument 180
- Küçük Yazılıkaya 179
- Midas-Monument 179
- phrygischer Altar 180
- phrygische Felsgräber180
- phrygisches Wohnviertel 181
- Stufenaltar 180
- Thron 180
- Treppenanlage 181
Milet 32
Muçur 373
Mudanya 52
Mudros 52
Mudurnu 126f.
Mustafapaşaköy (Sinassos) 333
Muvrucan Dere 276
Mykene 28
Myriokephalon 144

Nahida 303
Nevşehir 275, 303, **360f.**, 362, 365
Nicäa (İznik) 38, 40, 60
Niğde 281, **302ff.**, 306

– Alâeddin Camii 48, 304
– Ak Medrese 305
– Dışarı Camii 306
– Fatma Hanım Türbe
– Hudavent Hatun Türbesi 306
– Kahmaniye Camii 304
– Kale 303
– Sunğur Bey Camii 304
Nallıhan 127
Nis Ada 208

Obruk Hanı 249ff.
Öresin Hanı 363
Orthihsar **357ff.**
– Burgfelsen 358
– Hallaç Manastır 359
Osmancık **123f.**
Özgüney (Gemen Köyü) 214
Özkonak **367f.**

Palästina 39, 278
Paşarbağı 348
Pergamon 34, 35, 59, 137
Peristrema-Tal s. İlahra-Tal
Persien 33
Phrygien 30, 74, 59, 164, 165, 166
Phrygisches Hochland 12, **164ff.**
Pişmiş Kale 182
Pisidien 209, 210, 211
Platää 33
Pontisches Gebirge 12, 13
Pontus 34
Porsuk Çayı 138
Pozantı Dağı 302
Priene 32
Prymnessos 189

Şahinefendi 337
Sagalassos **202ff.**, 205
Sakarya Nehir 14, 16, 52, 127, 129
Salamis 33
Salda Gölü 202
Samsun 52
Samsun Dağ 197

Sandıklı 197
Sandıklı Dagları 189
Sardes 33, 58
Sarı Han 367
Schwarzes Meer 21
Sededdin Hanı **247f.**
Selime **290ff.**
Seydişehir 223, 225
Seyit Gazi 166
Seyit Su 166
Seyitgazi (Nacoleia) 165, 171, **183ff.**, 369
– Derwischkloster 185f.
Sille 246f.
Simav Nehir 14
Sirkeli 25
Sivas 40, 52, 53
Sivrihisar 135f., 193, 221
Sivrihisar-Bach 298
Smyrna 32
Soğanlı 333, 338
Soğanlı-Tal 13, 276, 331, **338ff.**
– Balıklı Kilise 338
– Barbara Kilise 339
– Geyikli Kilise 339
– Karabaş Kilise 281, 341
– Kubelli Kilise 340
– Tokalı Kilise 341
– Yılanlı Kilise 340
Söğüt 43, **139f.**
Suğla-See 217
Suhut (Synnada) 185, 189
Sultan Dağları 189, 190, 213
Sultan Hanı 253ff., **329f.**
Sultandağı 191
Sultanssümpfe 319
Sungurlu 115
Susa 33
Syrien 21, 23, 39, 58

Taraklı 127
Taşvkale (Höhlen von Manazan) 261
Taşkınpaşaköy (Damsa) 335
Taşpınar 252
Taurus 13, 21, 202, 205, 210, 217, 256, 272, 275, 302
Tokat 138

Tömek 247
Topraktepe 190
Transoxanien 38
Trapezunt 45
Türkmen Dağı 165, 166
Tuz Gölü (Großer Salzsee) 12, 13, 15, 16, 21, **251**, 284, 285, 327
Tyana (Kemerhisar) 277, 303

Uçhisar 344
Üçkuyu 262, **265f.**
Üçlerkayası 168
Ulukışla 272f.
Ürgüp 275, 331 357, 359
 – Altıkapılı Türbe 333
 – Nukrettin Türbesi 333
 – Tağar Kilise 331
Uşak 196

Yahyalı 322
Yakaören 206

Yalburt 195f.
Yalvaç 207, 214
Yapıldak 177
Yaprakhisar 292
Yarışlı Gölü 202
Yassıhöyük 129
Yazılıkaya 25, 26, 30, 91, **108ff.**, 177, 182
Yazılıkaya in Phrygien s. Midas-Stadt
Yeşil Ada 208
Yeşildağ 221
Yeşildere 261
Yeşilhisar 333, 338, **342**
Yeşilöz 281, 331
Yılanlı 214
Yılantaş 175
Yunus Emre 138
Yunuşlar 235

Zagros-Gebirge 27
Zelve 344, **348f.**

Danksagung
Allen, die mir geholfen haben, damit dieser Kunst-Reiseführer entstehen konnte, möchte ich danken: meinen türkischen Freunden, die mich auf meinen Reisen begleiteten, mir viele Wege zeigten und Verbindungen schufen, dieses Land intensiv kennenzulernen; meinen deutschen Freunden, die durch Ermutigung und selbstlose Hilfe regen Anteil an dem Zustandekommen des Buches hatten, und meiner Familie, die mit großer Geduld und Rücksichtnahme meine Arbeit begleitete.

Wolfgang Dorn

DUMONT
KUNST-REISEFÜHRER

NEUE SICHTWEISEN:

Farbiger, informativer und lesefreundlicher als je zuvor – der Klassiker unter den DUMONT Reiseführern im neuen Gewand. Eine frische und übersichtliche Gestaltung garantiert Ihnen eine schnelle Orientierung im Buch und vor allem – vor Ort. Eine Fülle farbiger Abbildungen und Karten sowie Illustrationen, Stiche und Grundrisse machen den Führer zu einem optischen Genuß. In der Marginalspalte finden Sie ergänzend zum Haupttext wertvolle »Randbemerkungen«, durch die sie zusätzliche Informationen erhalten. Kunst und Kultur des Reiselandes werden von unseren kompetenten Autoren in bewährter Qualität in den gesellschaftlich-sozialen Kontext gestellt.

»Man sieht nur, was man weiß« – wer gründlich informiert reisen will, der kann auf einen DUMONT Kunst-Reiseführer nicht verzichten.

Weitere Informationen über die Titel der Reihe DUMONT Kunst-Reiseführer erhalten Sie bei Ihrem Buchhändler oder beim DUMONT Buchverlag • Postfach 10 10 45 • 50450 Köln.

DUMONT

VISUELL-REISEFÜHRER

»Wer einen der atemberaubenden Reiseführer aus der neuen Reihe ›DUMONT visuell‹ wie unsere Rezensentin in der Badewanne aufschlägt, der sollte sich vorsichtshalber am Rand festhalten, denn was einem in diesen Bänden geboten wird, verführt den Leser geradezu, in das Land seiner Träume einzutauchen.«

Kölner Illustrierte

»Sehfreude wird provoziert, Neugierde geweckt, Leselust angeheizt...« *Rheinischer Merkur*

»Faszinierend sind die detailgetreu gezeichneten Ansichten aus der Vogelperspektive, die Form, Konstruktion und Struktur von Stadtlandschaften und architektonischen Ensembles auf einzigartige Weise vor Augen führen.«

Hamburger Abendblatt

»DUMONT *visuell* bei Besichtigungen stets bei sich zu haben, bedeutet stets gut informiert zu sein.«

Der Tagesspiegel

Weitere Informationen über die Titel der Reihe DUMONT *visuell*-Reiseführer erhalten Sie bei Ihrem Buchhändler oder beim DUMONT Buchverlag • Postfach 10 10 45 • 50450 Köln.

DUMONT
RICHTIG REISEN

»Den äußerst attraktiven Mittelweg zwischen kunsthistorisch orientiertem Sightseeing und touristischem Freilauf geht die inzwischen sehr umfangreich gewordene, blendend bebilderte Reihe ›Richtig Reisen‹. Die Bücher haben fast schon Bildbandqualität, sind nicht nur zum Nachschlagen, sondern auch zum Durchlesen konzipiert. Meist vorbildlich der Versuch, auch jenseits der ›Drei-Sterne-Attraktionen‹ auf versteckte Sehenswürdigkeiten hinzuweisen, die zum eigenständigen Entdecken abseits der ausgetrampelten Touristenpfade anregen.« *Abendzeitung, München*

»Zum einen bieten die Bände der Reihe ›Richtig Reisen‹ dem Leser eine vorzügliche Einstimmung, zum anderen eignen sie sich in hohem Maß als Wegweiser, die den Touristen auf der Reise selbst begleiten.« *Neue Zürcher Zeitung*

Weitere Informationen über die Titel der Reihe DUMONT Richtig Reisen erhalten Sie bei Ihrem Buchhändler oder beim DUMONT Buchverlag • Postfach 10 10 45 • 50450 Köln.

Impressum

Umschlagvorderseite: Mevlâna-Kloster in Konya
Vordere Umschlagklappe innen: Fresko in der Tokalı Kilise in Göreme
Abbildung S. 1: Teetrinker in Kappadokien
Hintere Umschlagklappe innen: Ortahisar in Kappadokien
Umschlagrückseite: Erciyes Dağı (oben), Grundriß der Tokalı Kilise in Göreme (Mitte), Detail der Kuppelbemalung in der Kara Mustafa Paşa Camii in Merzifon

Über den Autor

Wolfgang Dorn, geb. 1944 in Guben/Niederlausitz. Studium der Geschichte, Germanistik und der politischen Wissenschaften in Graz, Berlin (FU) und Göttingen. Fachleiter für Deutsch am Staatl. Studienseminar Hannover. Seit 1967 fast jährlich Reisen durch die Türkei, seit 1973 auch als Reiseleiter von Studienreisen. Zeitweise Planungsleiter für den Nahen Osten für einen süddeutschen Reiseveranstalter.

Die Deutsche Bibliothek – CIP-Einheitsaufnahme

Dorn, Wolfgang:
Zentralanatolien: von Ankara durch das anatolische Hochland: Kulturlandschaften zwischen Orient und Okzident / Wolfgang Dorn. – Köln: DuMont, 1997
(DuMont Kunst-Reiseführer)
ISBN 3-7701-2885-0

© 1997 DuMont Buchverlag, Köln
1. Auflage 1997
Alle Rechte vorbehalten
Satz: Rasch, Bramsche
Druck: Rasch, Bramsche
Buchbinderische Verarbeitung: Bramscher Buchbinder Betriebe

ISBN 3-7701-2885-0

Legende Stadtplan Ankara

Ankara
1 Oper
2 Rundfunkhaus
3 Universität
4 Vertrauensdenkmal
5 Nationalversammlung
6 Cumhurbaşkanlığı Köşkü (Sitz des Staatspräsidenten)
7 Atatürk Müzesi
8 Kocatepe Camii
9 Maltepe Camii
10 Anıt Kabir
11 Atatürk-Denkmal
12 altes Parlamentsgebäude
13 Ankara Palas
14 Caracalla-Thermen
15 Juliansäule
16 Tempel des Augustus
17 Hacı Beyram Camii
18 Altes Basarviertel
19 Römisches Theater
20 Ankara Kalesi
21 Alâeddin Camii
22 Arslanhane Camii
23 Ahi Elvan Camii
24 Yeni Cami
25 Ethnograpisches Museum
26 Museum für Anatolische Zivilisationen (Hethitermuseum)
27 Hippodrom
28 Bahnhof
29 Busbahnhof